KB236883

세계의 역사교육
어떻게 평가하는가

세계의 역사교육 어떻게 평가하는가

초판 1쇄 발행 2024년 9월 27일
초판 2쇄 발행 2025년 10월 15일

저 자 | 박진동·고유경·남한호·구난희·박소영
        정재윤·천은수·김성자·김수미·지모선
발행인 | 윤관백
발행처 | 선인
등 록 | 제5 - 77호(1998. 11. 4)
주 소 | 서울시 양천구 남부순환로 48길 1
전 화 | 02)718 - 6252 / 6257
팩 스 | 02)718 - 6253
E-mail | suninbook@naver.com

정가   27,000원
ISBN   979-11-6068-911-2 93370

· 잘못된 책은 바꿔 드립니다.

세계의 역사교육 어떻게 평가하는가

박진동·고유경·남한호·구난희·박소영
정재윤·천은수·김성자·김수미·지모선

선인

책을 내면서 ————————

　이 책은 10명의 역사교육 연구자가 한 편씩 맡아서 공동집필하였다. '역사교육 기초연구를 위한 공부 모임(이하 역기공)'이 꾸준히 공부한 결과물이다. '역기공'은 2016년 12월 역사교육의 기초가 되는 이론적·경험적 연구를 활성화하기 위해 뜻을 함께한 역사교육 연구자들이 시작하였다. 함께 만나 공부하면서도 형식에 얽매이지 않는 열린 모임을 추구하였다. 모임 내에서 발표와 토론을 하거나 외부 전문가를 초청해서 특정 주제를 학습하기도 했다. 책으로 출판도 했는데, 9개국 역사교육과정을 분석한 『세계는 역사를 어떻게 교육하는가』(한울아카데미, 2018)와 10개국의 나라마다 다른 사회갈등과 관련된 역사 및 시민 교육 논쟁을 소개한 『사회갈등과 역사교육』(한울아카데미, 2022)이다. 앞서 출판한 책에서 보듯이 '역기공'은 우리 역사교육이 학술적 그리고 교육적으로 진전될 수 있도록 필요한 주제를 선정하고 공동연구를 통해 세계 각국의 사례를 탐색하는 작업을 해 왔다.

　이번에 수행한 주제는 '세계의 역사교육 어떻게 평가하는가'이다. 현재 학교교육에서 평가 영역은 큰 변화가 있었을 뿐 아니라 그 범위가 확장되고 있다. 1990년대 말에 등장한 수행평가가 교육에 큰 변화를 불러일으켰던 일을 기억한다. 이에 못지않게 과정 중심 평가나 성취평가제와 같은 움직임은 또 다른 변화를 예고하고 있다. 그 방향은 학습에 대한 평가에서 학습을 촉진하고, 학습과 함께 하는 평가를 지향하는 것이다. 결과 중심의 평가에서 교육과정, 교수학습과 연계된 교육평가, 즉 수업의 과정 속에서 학생의 성장을 도울 수 있는 평가의 역할이 강조되고 있다. 여기에 AI를 포함한 디지털 기술을 활용한 평가가 덧붙여져 이전과 다른 지평을 열고 있다.

거대한 변화에 직면하면서 역사 교과의 특성을 견지하는 평가란 무엇이고 어떻게 해야 할까를 고민하게 된다. 이에 역사 교과를 중심으로 세계 여러 나라에서 시행하는 평가의 원리와 체제, 형태, 활용 등에 대해서 다각적으로 살펴보려고 하였다.

이 책은 세계 역사교육의 평가에 대해서 9개국 10개 주제를 3개 범주로 구분하였다. 국가별 다양한 사례를 여러 측면에서 다루었기 때문에 3개의 범주를 확연하게 구별할 수 없다는 점을 감안하기 바란다.

1부는 역사적 사고 연구와 평가의 범주이다. 학계의 연구에서 시작해서 실제적인 평가로 이어지는 주제에 해당한다. 첫 번째 글은 캐나다 온타리오주에서 역사적 사고 개념을 교육과정에 도입하고 이것을 따른 교과서 발행, 그리고 역사교사가 교수학습과 평가를 수행하는 일련의 체계를 살펴보았다. 하향식이 아닌 역사교육 전문가와 관계자들이 연구와 실천의 기반 위에서 상향식으로 만든 결과였다. 두 번째 글은 독일의 역사의식 개념 연구가 대규모 평가를 개발함으로써 구체적인 실행 가능성을 탐색한 HiTCH 프로젝트를 살펴보았다. 역량모델인 FUER 모델에서 시작해서 "학생들의 역사적 사고력을 평가할 수 있는 대규모 평가를 개발하는" HiTCH 프로젝트까지 연구가 진행된 것은 사고력 평가와 함께 대규모 평가의 가능 여부가 중요한 과제이기 때문이다.

2부는 대규모 표준화 시험에서 나타나는 역사교육 평가의 범주이다. 대학수학능력시험이라는 대규모 표준화 시험에 사회적, 정책적 관심이 쏟아지듯이, 외국에서도 학력 인정이나 대학 입시 관련 시험을 개선하기 위한 노력을 5편의 글을 통해 확인하였다. 세 번째 글은 일본의 대학입학공통테스트의 역사 과목 평가를 다루었다. 일본은 역량기반형 교육정책을 채택하고 대학입학공통테스트에서 사고력·판단력·표현력을 평가하는 대학입시 개혁을 제시하였다. 역사과에서 이러한 역량을 어떻게 평가할까가 관심사가 된다. 네 번째 글은 중국의 가오카오 시험에 대해 다루었다. 엄청난 수험생 규모가 놀랍지만, 서술형 문항이 오랫동안 출제되고 있었다는 점도 경이롭다. 중국사와 세계사를 함께 다루는 시험과목, 선다형과 서술형 문항의 배치, 역사학의 기본소양을 다루는 문항 등 가오카오의 특징에 주목하게 되지만, 국가주의적 색채가 강하게 투영된 점 역시 무시할 수 없다. 다섯 번째 글은 인도의 고등학교 역사과 수료시험을 다루었다. 인도는 암기식 학습과 고득점에 맞춰져 있는 교육 생태계를 개혁하기 위해 2020년에 국가교육정책을 공포하였다. 역사 탐구 역량으로 '지식', '이해', '적용 및 분석', '공식화, 평가, 창안 능력'을 설정한 것처럼 역량 기반 평가를 시도 중에 있다. 아직 새 교과서가 발간되지 않아서 과도기라 할 수 있지만, 공개 문항을 보면 가능성과 한계를 동시에 확인할 수 있다. 여섯 번째 글은 핀란드의 대학입학자격시험을 통해 역사 과목 평가를 다루었다. 이 시험은 고등학교 졸업시험이면서 대학 진학에 활용되는 표준화 평가이다. 교육과정의 일반 목표와 내용은 역사적 사고 평가로 이어지면서 목표, 내용, 평가가 연계성을 갖고 있다. 모의시험 문항과 모범 답안을 통해서 구체적인 면모를 확인할 수 있다. 일곱 번째 글은 미국 뉴욕주가 뉴욕주 사회과 프레임워크에 기반해서 출제하는 고등학교 리전트 졸업 시험을 다루었다. 이 시험은 최근 사고 기능을 강조하는 방향으로 변경하였고 자료 기반 서술형 문항을 도입하였다. 실제 문항 형식과 함께 졸업시험을 교육의 질 향상과 학습 기회 보장이라는 맥락에서 살펴볼 필요가 있다.

3부는 역사적 사고 평가의 새로운 방향과 모색의 범주이다. 앞의 사례에서도 역량이나 사고 평가를 표방했지만, 역사적 사고 평가에 조금 더 방점을 둔 3편의 글을 포함하였다. 여덟 번째 글은 뉴질랜드의 역사적 사고 평가를 다루었다. 뉴질랜드 교육과정은 구체적인 내용 지식을 제시하지 않고 개념적 성취목표만을 제시하고 있다. 우리가 내용을 중시하는 것과 차이가 있다. 그렇다면 뉴질랜드의 역사교육을 어떻게 평가하는지는 고정된 시야의 균열을 가져올 수 있다. 성취기준에 따른 문항 출제와 평가기준의 적용에 대한 사례는 적어도 뉴질랜드에서는 실현가능한 일임을 의미한다. 아홉 번째 글은 싱가포르의 중등학교 졸업자격시험을 다루었다. 싱가포르는 학제가 복잡하고 여러 경로를 가지고 있다. 졸업시험도 복잡하지만 역사 탐구에 기반한 수업을 바탕으로 역사 탐구에 기반한 문항을 지향하고 있다. 교수학습과 평가가 긴밀해야 한다는 전제에서 국가가 주도하는 싱가포르의 교육과정과 수업이 평가와 어떻게 연결되었는지를 구체적인 문항 사례를 통해서 분석하려고 했다. 열 번째 글은 미국 워싱턴주의 교실기반평가를 다루었다. 졸업학력 시험 또는 대학입학 시험이 총괄평가에 해당한다면 학생의 성장을 돕는 평가는 형성평가에 가깝고 교사가 주도하는 교실기반평가에 가깝다. 특정 교사의 교실기반평가를 살펴볼 수도 있겠으나, 공식적으로 소개할 만한 사례 선정은 어려운 문제이다. 대안으로 워싱턴주가 주도해서 교실기반평가를 개발하여 학교 현장을 지원하는 사례를 살펴보았다. 이를 통해 교실기반평가의 구체적인 사례를 확인하는 동시에 교육 당국이 어떻게 지원할 것인지에 대한 아이디어를 얻을 수 있을 것이다.

10편의 글에 대해 개략적인 소개를 했지만, 대체로 역사 지식 습득을 넘어서 역사적 사고력이나 역량을 평가하는 방향에서 평가제도와 도구를 고민하고 있다는 점을 확인하였다. 이들 사례를 통해서 그러한 목표와 기능을 달성할 수 있는 평가도구가 어떤 형태로 나타나는지를 구체적으로 확인할 수 있었다.

이 책을 집필하는 데 어려움이 많았다. 우선 평가도구와 관련 데이터는 특성상 비공개인 경우가 많으며, 국가별로 평가별로 그와 관련된 교육이나 환경이 다르기 때문에 공개된 문서상에서 나타난 것으로는 충분한 이해가 쉽지 않았다. 하지만 이론에 그치지 않고 모두 현실에서 실행하고 있는 사례들이라는 점이 중요하다. 실제 상황에서 발생하는 쟁점이나 난관, 한계와 가능성 등이 포함되어 있는 것이다.

이 책을 위해서 새로 작성한 글은 물론이고, 학술지를 통해 발표한 글이라 해도 책의 체제에 맞도록 수정 보완하였다. 다양한 독자들을 염두에 두었으므로 해당 국가의 교육 소개와 평가제도 설명, 평가도구 예시를 모든 글에서 공통적으로 다루어서 독자의 이해를 도우려고 하였다. 본문에 넣지 못한 중요한 자료는 부록으로 첨부하였다. 용어는 가급적 우리말로 표기하고 원어를 괄호 병기하였다. 하지만 나라마다 평가에 사용하는 용어 표기 및 개념과 활용이 달라서 적절한 우리말을 찾지 못하면 그대로 두었다.

이 책에는 참여하지 못했지만 지금까지 '역기공'이 지속되는 데 중심 역할을 한 강선주 교수께 감사 인사를 전한다. 대학원에서 공부하는 신수민 박사생이 원고를 꼼꼼히 검토해주어 책의 완성도가 높아졌다. 고마움을 전한다. 현재 출판 사정이 어려운데, 흔쾌히 출판을 허락해 준 선인출판사 윤관백 사장과 많은 필자들이 쓴 각각의 원고를 한 권의 통일된 책으로 편집해 준 장유진 편집자께 감사하다는 인사를 드린다. 끝으로 이 책이 역사교육의 평가에 관심 있는 독자들에게 많은 도움이 되기를 기대해 본다.

필자를 대표하여
2024년 9월 박진동

목차

일러두기

- 교과명은 ≪ ≫, 과목명(시험 과목 포함)은 < >, 교과서명은 『 』으로 묶었다. 기타 고유명사 표기에 필요할 경우 ' ' 으로 묶었다.
- 기관 또는 제도 명칭은 한글화하고 원어를 병기한 후, 후속 표기는 약어로 하였다.
  예) 사료 기반 서술형 문항(Document-Based Questions, 이하 DBQ),
  국제학업성취도평가(Programme for International Student Assessment, 이하 PISA)
- 교과서명은 한글화하고 원어를 병기한 후 후속 표기는 한글명을 썼다.
  예) 『밝혀진 역사: 1차 세계대전 이후 캐나다 역사(History Uncoverd: Canadian History since World War Ⅰ)』 『인도사의 탐구 주제(Themes in Indian History)』
- 한글 용어가 정착된 경우 한글로만 표기하였다.
  예) 에세이 → 서술형 또는 논술형, 커리큘럼 → 교육과정, 실러버스 → 교수요목 또는 교육과정
- 한글 용어를 쓰기 어려운 경우 원어대로 한글 표기하였다.
  예) 시권, 대문항, 소문항, 루브릭, 데이터, 모델, 빅 아이디어, 차트, 체크리스트, 프레임워크

1부

역사적 사고 연구와 평가

교육과정, 교과서, 수업 수준에서 역사적 사고 개념을 적용하는 캐나다 온타리오주의 평가

박진동

1. 머리말

'사실을 아는 것'이 필요하지만, '사실을 아는 것'만으로 충분하지 않다. 역사적 사고는 역사적 지식을 대체하지 않으며, 두 가지는 서로 연관되어 있고 상호 의존적이다.[1]

위 글은 세이사스(Seixas, P.) 교수[2]가 2008년에 쓴 것을 캐나다 온타리오주 교육과정 문서에서 인용한 것이다. 이는 세이사스의 역사적 사고 개념(Historical Thinking Concept)을 온타리오주 교육과정에서 수용하였음을 의미한다. 온타리

---

[1] Seixas, P., ""Scaling Up" the Benchmarks of Historical Thinking", *A Report on the National Meeting of The Historical Thinking Project*, 2008; Ontario Ministry of Educaion(이하 Ontario MOE), *The Ontario Curriculum Social Studies Grades 1 to 6 History and Geography Grades 7 and 8*, 2013, p. 11

[2] 세이사스 교수(1947~2022)는 역사교육, 역사의식, 역사적 사고 분야에서 권위자로 캐나다 브리티시컬럼비아 대학교(University of British Columbia, UBC)에서 재직하면서 2001년에 역사의식 연구센터(The Center for the Study of Historical Consciousness)를 설립하고 2006년에는 역사적 사고 프로젝트(HTP)라는 국가 계획을 구상하고 주도하였다. 이 과정에서 6가지 역사적 사고 개념을 정교화하였다. 2022년 10월 암으로 작고하였다.

오주뿐만 아니라 캐나다의 여러 주에서 역사적 사고 개념을 적용하고 있다. 캐나다의 10개 주와 3개 준주 중에서 앨버타주, 브리티시컬럼비아주, 매니토바주, 뉴브런즈윅주, 노바스코샤주, 누나부트 준주, 노스웨스트 준주, 프린스에드워드 아일랜드주, 온타리오주 등에서 정도의 차이가 있지만 역사적 사고 개념을 채택하였다.[3]

세이사스는 사실 학습(learning facts)이 증거에 대한 비판적인 분석이나 독자적인 역사 해석을 촉진하지 못한다면서, 몇 가지 기본적인 역사적 사고 개념을 가르치면 역사적 사고를 달성할 수 있다고 주장하였다. 이어서 역사적 사고 개념 프로젝트((Historical Thinking Project, HTP)를 통해서 6가지 사고 개념을 정리하였다. 6가지 사고 개념은 역사적 중요성(Historical Significance), 역사적 관점(Historical Perspective), 원인과 결과(Cause and Consequence), 연속성과 변화(Continuity and Change), 증거(Evidence), 윤리적 차원(The Ethical Dimension)을 말한다.[4] 세이사스는 캐나다 전역에서 교육할 주제와 학년 수준에 맞는 수업 계획을 개발하여 교사가 교실에서 역사적 사고 개념을 구현하여 교수 학습하는 것을 지원하였다. 역사적 사고 개념이 중요한 문제와 연관되어 있다고 가정하고 각 개념을 질문으로 제시하는 교육 자료를 만들고, 개념과 관련된 빅 아이디어, 즉 역사가의 사고방식으로 들어가는 길(way in)로 설명되는 지도 요점(guideposts)을 제공하였다(부록 참조).[5]

세이사스는 캐나다 역사협회와 사회과학 및 인문학 연구위원회(Social

---

3 Pollock, S., "Education in the Age of Fracture: A Historical Analysis of the Development of Ontario's 2013 and 2015 Canadian and World Studies Curriculum", Ph.D. Dissertarion, University of Toronto, 2017, p. 3; Bussell, D., "Historical Thinking in Ontario Secondary Schools: A Multiple Study", Ph.D. Dissertarion, University of Toronto, 2022, p. 22.

4 Seixas, P., "A Modest Proposal for Change in Canadian History", *Teaching History*, 137, 2009, pp. 28~29.

5 Seixas, P. & Morton, T., *The Big Six*, Nelson Education, 2013, pp. 8~11; '지도 요점'이란 용어는 김민정 외, 『역사교육 첫걸음』, 책과함께, 2022. p. 112에서 번역한 용례를 따랐다.

Sciences and Humanities Research Council, SSHRC)의 지원을 받아서, 교사들에게 역사적 사고가 정확히 무엇인지, 왜 역사교육의 기초로 사용되어야 하는지, 교실에서 교사들이 역사적 사고를 어떻게 사용할 수 있는지에 대해 명확한 정의를 제공하는 임무를 맡았다. 여기에 역사적 사고 프로젝트(HTP), 역사교육 네트워크(The History Education Network/Histoire et éducation en réseau, THEN/HiER) 등 단체[6]와 비판적 사고 컨소시엄(The Critical Thinking Consortium, TC²), 넬슨(Nelson) 등 출판사가 적극적으로 나서서 전국적으로 역사적 사고 개념의 확산을 촉진하고 교육과정 개발자와 교사의 활동을 지원하였다. 결과적으로 캐나다의 많은 주가 역사적 사고 개념을 채택하게 되었다.[7]

역사적 사고를 강조하는 교육을 위해서 평가에도 관심을 기울였다. 세이사스 등은 단답형과 선다형 문항으로 구성된 1시간 시험이라는 역사적 사고 평가 모델을 개발하였다. 이것은 일차적 증거의 사용과 역사적 해석의 도덕적 측면에 대한 이해를 평가하는데 중점을 두었다.[8] 스미스(Smith, M. D.)는 세이사스의 역사적 사고 모델을 채택하여 선다형 평가도구를 개발하였다.[9] 닝쉬(Ningsih, T. Z.) 등은 1차 증거를 사용하는 학생들의 수준을 평가하기 위해서 서술형 평가와 면담지로 구성된 포트폴리오 도구를 개발하였다.[10] 오피안토(Ofianto, A.) 등은 인과관계를 분석하는 6가지 항목으로 구성된

---

6 HEN/HiER는 학자, 교사, 아키비스트, 박물관 교육자, 정책 입안자 등 역사교육에 관심이 있는 사람들이 모여 캐나다의 역사교육을 증진하고 개선하기 위해 노력하는 범캐나다적 조직이다. UBC 대학의 클라크(Clark, P.)가 이끈 THEN/HiER는 SSHRC로부터 7년간 매년 30만 달러를 지원받았다(Pollock, S., "Education in the Age of Fracture", p. 108).

7 Bussell, D., "Historical Thinking in Ontario Secondary Schools", p. 26.

8 Seixas, P., Gibson, L., & Erickan, K., "A design process for assenssing historical thinking: The case of a one-hour test", edited by Ercikan, K. & Seixas, P., *New directions in assessing historical thinking*, Routledge, 2015, pp. 102~116.

9 Smith, M. D., "New multiple-choice measure of historical thinking: An investigation of cognitive validity", *Journal Theory and Research in Social Education*, 46-1, 2017.

10 Ningsih, T. Z., Sariyatun, S., & Sutimin, L. A., "Development of portfolio assessment to measure student's skill of using primary source evidence", *The New Educational Review*, 52-2, 2019.

서술형 평가도구를 개발하였다.[11] 이처럼 역사적 사고 개념을 어떻게 평가할 것인지에 대한 연구가 있었다.

세이사스 등은 '1시간 시험 연구'를 통해서 섬세하게 고안된 선다형 문항이라면 역사적 사고 평가에 활용될 수 있다고 보았다. 최근에는 스마트 기기를 사용하는 디지털 평가도구로 선다형 문항을 사용하기도 한다. 하지만 역사적 사고 개념을 적용하는 캐나다의 역사 수업에서는 일반적으로 선다형 평가도구를 사용하지 않고 있다. 그렇다면 역사수업에서 평가를 어떻게 하는지 살펴볼 필요가 있다.

우리나라에서는 역량 기반 교육과정을 연구하고 개발하면서 캐나다 교육과정을 집중적으로 탐색하였다. 선행 연구들은 퀘벡주, 온타리오주, 앨버타주, 브리티시컬럼비아주 등의 교육과정을 살펴보았다. 그 결과 핵심역량의 설정, 역량 기반 교육과정의 요소와 구조, 역량 중심 교과 교육과정의 실제 등을 살필 수 있었다.[12] 다만, 교육과정 문서를 넘어 교육과정에 기초해 개발한 교과서나 교실 수준의 수업, 평가에 대해서는 살펴보지 못하였다.

---

11 Ofianto, A., Ningsih, T. Z., & Abidin, N. F., "The development of historical thinking assessment to examine students' skills in analyzing the causality of historical events", *European Journal of Educational Research*, 11-2, 2022.

12 2010년 이후의 연구들을 제시하면 다음과 같다. 홍원표 외, 『외국의 역량기반 교육과정 현장 적용 사례 연구: 호주와 뉴질랜드, 캐나다, 영국의 사례를 중심으로』 연구보고 RRC 2010-2, 한국교육과정평가원, 2010; 이근호 외, 『미래 핵심역량 계발을 위한 교과 교육과정 탐색: 교육과정, 교수·학습 및 교육평가 연계를 중심으로』 연구보고 RRC 2013-2, 한국교육과정평가원, 2013; 조철기, 「캐나다 퀘벡 주 지리교육과정과 지리과의 핵심역량」, 『한국지리환경교육학회지』 21-3, 2013; 소경희·강지영·한지희, 「교과교육과정 개발을 위한 역량 모델의 가능성 탐색: 영국, 독일, 캐나다 교육과정 고찰을 중심으로」, 『비교교육연구』 23-3, 2013; 장채옥, 「역사교과서를 통해 본 캐나다의 다문화교육」, 경인교육대학교 석사학위논문, 2015; 최진영·장혜인, 「캐나다 온타리오와 호주의 사회과 교육과정 및 미국 C3 Framework의 핵심 개념, 일반화된 지식과 기능 관련 내용 분석: 역사 영역을 중심으로」, 『교과교육학연구』 20-5, 2016; 박은아, 「해외 사회과 교육과정 비교를 통한 역량기반 사회과 교육과정 구성의 시사점 탐색」, 『교육과정평가연구』 23-1, 2020; 정혜승, 「캐나다 온타리오주 자국어 교육과정의 학생 질문 교육 내용 분석」, 『교육과정평가연구』 25-3, 2022; 소경희, 『주요국의 핵심역량 중심 교육과정 운영 실태 조사 연구』, 교육부, 2013; 박진동, 「역사교육의 정의하는 핵심 역량: 캐나다의 역량 중심 교육과정」, 강선주 편, 『세계는 역사를 어떻게 교육하는가』, 한울 아카데미, 2018.

이 글에서는 평가를 포함한 캐나다의 역사교육을 교육과정, 교과서, 수업 수준에서 살펴보려고 한다. 특히 온타리오주를 대상으로 삼았다. 온타리오주가 전체 캐나다인의 약 40%에 달하여 인구가 가장 많은 주이므로 영향력이 크며, 교육과정을 2013년부터 2018년까지 개정하여 비교적 최신의 것임을 고려하였다. 자료는 온타리오주 교육과정 문서, 교과서, 교실수업 사례 연구 등을 활용하였다.[13] 온타리오주의 역사교육은 역사적 사고 개념을 중심으로 이론을 정립하고 그것을 역사교육 전문가와 교사들이 공유하고 확산시켰다. 이를 토대로 주 단위 교육과정 개발, 교과서 발행으로 이어졌고 다시 수업 실천으로 이어졌다. 이러한 실행 과정은 우리 역사교육의 각 주체들에게 시사하는 바가 적지 않을 것이다.

2. 역사적 사고 개념을 반영한 온타리오주의 역사교육과정

온타리오주에서는 2013년 역사교육과정을 개정하면서 1~8학년 사회, 역사, 지리 교육과정과 9~10학년 과정에 역사적 사고 개념을 적용하였고, 2015년에는 11~12학년 과정에도 적용하였다.[14] 특이하게도 온타리오주에서는 6가지 사고 개념 중에서 증거와 윤리적 차원을 제외하고 역사적 중요성, 역사적 관점, 원인과 결과, 연속성과 변화 4가지만을 교육과정에 포함하였다.[15]

---

13 온타리오주 교육과정 문서는 온타리오주 교육부 홈페이지에 탑재되어 있다. 온타리오주에서 승인한 교과서 목록은 https://libguides.lakeheadu.ca/c.php?g=717711&p=5123230 (2023. 7. 22. 검색)에서 확인할 수 있다. 교실 수업 사례는 버셀(Bussell, D.)의 박사학위논문에서 찾을 수 있었다.

14 Bussell, D., "Historical Thinking in Ontario Secondary Schools: A Multiple Study", p. 22.

15 Ontario MOE, *The Ontario Curriculum Social Studies*, 2013, pp. 130~131.

왜 증거와 윤리적 차원을 제외했는지에 대해서는 공식적인 설명이 없다. 다만, 주 교육담당관이었던 홀만 총(Hallman-Chong, S.)은 당시 역사적 사고 개념에 익숙한 교사가 많지 않았고, 교육과정에 증거를 명시하지 않았어도 교육과정 기준(expectation)에서는 존재하며, 윤리적 차원도 시민교육에 포함해서 다루고 있는 것으로 주 교육부가 생각한다고 보고하였다.[16] 6가지 사고 개념 중에서 4가지를 명기했지만 나머지 2가지를 배제하지 않았다는 것이다. 정치적 갈등 문제로 비화하는 것을 걱정했기 때문에 윤리적 차원을 제시하지 않았다는 견해도 있었다.[17] 그러나 역사적 사고 개념은 탐구 과정에 초점을 두는 것이지 학습 주제를 정하면서 "누구의 역사, 어떤 역사를 가르쳐야 하는지" 내용을 논쟁하는 것이 아니었다. 이러한 특성 때문에 역사적 사고 개념은 우려와 달리 별다른 논쟁 없이 온타리오주 교육과정에 도입될 수 있었다.[18]

결과적으로 개정 교육과정은 이전 교육과정과 큰 차이가 있었다. 개정 교육과정은 '전통적' 교육을 비판하면서 역사적 사고 개념에 포함된 절차적 및 비판적 사고를 받아들였다. 학생들은 "교육과정과 교실 밖의 삶에서 중요한 사건, 발전 및 문제에 대해 비판적으로 사고하는 능력을 개발"하기 위해서 주요 역사 텍스트를 분석해야 하였다.[19] 교사들에게는 학생들이 적극적으로 참여하고 해석하고 토론해야 하는 일련의 문제로 다루도록 권장하였다. 역사적 기록, 사실, 신화를 수동적으로 학생에게 관찰하도록 했던 이전 교육과정과 확실히 대비되었다.

하지만 사실에 기반한 '전통적' 측면이 사라진 것은 아니었다. 예를 들어, 10학년 〈1차 세계대전 이후 캐나다 역사〉 과목의 내용조직은 이전처럼

---

16 Bussell, D., "Historical Thinking in Ontario Secondary Schools: A Multiple Study", p. 24.
17 Pollock, S., "Education in the Age of Fracture", p. 149.
18 Bussell, D., "Historical Thinking in Ontario Secondary Schools: A Multiple Study", p. 29.
19 Ontario MOE, *The Ontario Curriculum Social Studies*, p. 7.

연대순으로 배열되었다. 일부 교육과정 개발진이 역사적 사고 이론을 잘 알지 못한 데다가, 다른 일부 개발진은 교육과정에 특정 내용을 포함시키려고 했기 때문이었다.[20]

온타리오주 역사교육은 1~8학년까지가 초등교육으로 1~6학년까지 《사회과(Social Studies)》, 7~8학년은 《역사와 지리(History, Geography)》로 구성된다. 9~12학년인 중등교육은 《사회과학 및 인문학(Social Sciences and Humanities)》으로 구분된다. 1학년부터 6학년까지 《사회과》에 편제되어 있고, 크게 'A. 유산과 정체성(Heritage and Identity)'과 'B. 인간과 환경(People and Environments)'이라는 2개 영역(strands)으로 나뉜다. 7~8학년은 《사회과》에서 벗어나 《역사와 지리》로 구분되며, 각 학년별 2개 영역으로 구성된다. 9학년부터는 진로 및 수준에 맞는 단계로 과목을 구성한다. 9학년, 10학년에서는 학문 과정과 응용 과정으로 구분하여 과목을 제공하고, 11학년, 12학년에서는 4수준(UP/ UCP/ CP/ WP)으로 나누어 제공하며, 응용 과정이라 볼 수 있는 개방(open) 과목도 있다.[21] 이에 따라 9학년은 〈캐나다의 문제〉, 〈지리〉, 10학년은 〈1차 세계대전 이후 캐나다 역사〉를 필수로 학습한다. 11~12학년은 경제, 지리, 역사, 법, 정치 영역에서 선택과목을 개설한다. 역사 영역에 해당하는 선택과목을 보면, 11학년에서 〈미국사〉, 〈15세기 말 이전 세계사〉, 〈기원과 시민권: 캐나다 소수 민족의 역사〉, 〈1900년 이후 세계사: 세계적 지역적 교류〉, 12학년에서 〈캐나다: 역사, 정체성, 문화〉, 〈15세기 이후 세계사〉, 〈세계사 탐험〉이 있다.[22]

---

20 Pollock, S., "Education in the Age of Fracture", p. 195; Bussell, D., "Historical Thinking in Ontario Secondary Schools: A Multiple Study", p. 24.

21 김영은 외, 『고교학점제 도입에 따른 교과목 체계와 이수 경로 탐색』 연구보고 RRC 2021-2, 한국교육과정평가원, 2021, pp. 75~81.

22 Ontario MOE, *The Ontario Curriculum Social Studies Grades 1 to 6 History and Geography Grades 7 and 8*; Ontario MOE, *The Ontario Curriculum, Grades 9 and 10: Canadian and World Studies*, 2018; Ontario MOE, *The Ontario Curriculum, Grades 11 and 12: Canadian and World Studies*, 2015.

교육과정 문서에서는 평가와 관련해서 각 학년 및 과정별로 독립적으로 다루는 항목이 있다. 여기서는 9~10학년 캐나다와 세계탐구 교육과정 문서에서 제시한 '학생 성취기준에 대한 사정과 평가(Assessment and Evaluation of Student Achievement)'를 중심으로 평가 부분을 탐색해 보겠다. 이것은 역사에 한정한 것이 아니고 역사, 지리, 시민 영역을 포괄하는 것이며 다른 학년과 동일한 내용이다.[23]

표 1 성취기준 차트: 캐나다와 세계 탐구, 9~12학년[24]

범주	1수준	2수준	3수준	4수준
지식과 이해 – 각 학년에서 습득한 과목별 내용(지식), 의미와 의의에 대한 이해(이해)				
	학생은			
내용 지식 (예: 사실, 용어, 정의)	내용에 대한 제한적인 지식을 보여준다.	내용에 대한 어느 정도의 지식을 보여준다.	내용에 대한 상당한 지식을 보여준다.	내용에 대한 철저한 지식을 보여준다.
내용 이해 (예: 개념, 아이디어, 이론, 해석, 과정, 절차, 방법, 공간 기술)	내용에 대한 제한적인 이해를 보여준다.	내용에 대한 어느 정도의 이해를 보여준다.	내용에 대한 상당한 이해를 보여준다.	내용에 대한 철저한 이해를 보여준다.
사고 – 비판적, 창의적 사고 기술 또는 절차의 사용				
	학생은			
계획 기술의 사용 (예: 질문 구성, 질문 공식화, 데이터, 증거 및 정보 수집 및 정리, 목표 설정, 연구 집중하기)	제한적인 효과로 계획 기술을 사용한다.	어느 정도 효과적으로 계획 기술을 사용한다.	상당히 효과적으로 계획 기술을 사용한다.	높은 수준의 효율성으로 계획 기술을 사용한다.
처리 기술의 사용 (예: 데이터, 증거 및 정보 해석, 분석, 종합 및 평가, 지도 분석, 관점 및 편견 감지, 결론 도출)	제한적인 효과로 처리 기술을 사용한다.	어느 정도 효과적으로 처리 기술을 사용한다.	상당히 효과적으로 처리 기술을 사용한다.	높은 수준의 효율성으로 처리 기술을 사용한다.

23 Ontario MOE, *The Ontario Curriculum, Grades 9 and 10: Canadian and World Studies*, pp. 30~37.

24 Ontario MOE, *The Ontario Curriculum, Grades 9 and 10: Canadian and World Studies*, pp. 36~37.

범주	1수준	2수준	3수준	4수준
비판적/창의적 사고 과정 사용 (예: 학문적 사고 개념의 적용-탐구, 문제 해결 및 의사결정 과정의 사용)	제한적인 효과로 비판적/창의적 사고 과정을 사용한다.	어느 정도 효과적으로 비판적/창의적 사고 과정을 사용한다.	상당히 효과적으로 비판적/창의적 사고 과정을 사용한다.	높은 수준의 효율성으로 비판적/창의적 사고 과정을 사용한다.
의사소통 – 다양한 형태로 의미 전달				
	생략			
적용 – 다양한 맥락 내에서 그리고 다양한 맥락 사이에서 연결을 만들기 위한 지식과 기술의 사용				
	생략			

교육과정은 내용기준(content standards)과 수행기준(performance standards)으로 구성된다. 내용기준은 과목 및 영역에 대해 제시한 전반적이고 구체적인 교육과정 기대기준이다. 수행기준은 〈표 1〉과 같이 성취기준 차트에 나타나 있다. 성취기준 차트는 주 전체의 표준 지침이며 교사가 교과목에서 학생의 성취도를 평가하기 위한 프레임워크로 사용한다. 이를 통해 교사는 명확한 수행기준과 수집한 증거를 기반으로 학생 학습의 질에 대해 일관된 판단을 내릴 수 있다. 또한 학생과 학부모를 위한 명확하고 구체적인 피드백을 개발하는데 필요한 기초 정보를 제공한다.

〈표 1〉과 같이 성취기준 차트는 평가기준(criteria)과 수행설명(descriptors)을 제공한다. 성취기준 차트의 범주는 지식과 기능 범주와 성취수준으로 구분된다. 지식과 기능 범주는 지식과 이해, 사고, 의사소통, 적용 4가지로 구분하였다. 성취수준도 4가지로 제시하였다. 각각의 정의는 다음과 같다.

1수준은 주 정부 기준에 훨씬 못 미치는 성취도를 나타낸다. 학생은 제한된 효율성으로 특정 지식과 기술을 보여준다. 학생들은 특정 영역에서 크게 향상을 위해 노력해야 한다.

2수준은 기준에 근접한 성취도를 나타낸다. 학생은 특정 지식과 기술을 어느 정도 효과적으로 보여준다. 학생은 미래의 성공을 위해 드러난 학습

격차를 해결해야 한다.

3수준은 기준 달성을 나타낸다. 학생은 상당한 효율성으로 특정 지식과 기술을 보여준다. 학생의 부모는 자녀가 다음 학년에 준비가 되어 있다고 확신할 수 있다.

4수준은 기준을 능가하는 성취도를 나타낸다. 학생은 높은 수준의 효율성으로 특정 지식과 기술을 보여준다. 다만, 4수준의 성취도가 해당 학년에서 설정한 것 이상으로 기대기준을 달성했다는 것을 의미하지 않는다는 것에 유의할 필요가 있다.

각 성취수준에 해당하는 특정한 한정어(qualifiers)를 사용하게 된다. 1수준에 대해서는 '제한적(limited)', 2수준에 대해서는 '어느 정도(some)', 3수준에 대해서는 '상당한(considerable)', 4수준에 대해서는 '높은 수준 또는 철저한(a high degree of or thorough)'이란 표현을 사용하였다.

성취기준 차트의 모든 범주가 중요하며 교수·학습, 평가 과정에서 반영되어야 한다. 학생들은 교육과정 기대기준에 도달했음을 입증할 수 있는 다양한 기회를 제공받아야 한다.

온타리오주 역사교육과정은 빅 아이디어와 질문 구성하기, 학습에 대한 기대기준 및 역사적 사고 개념을 중심으로 역사 내용을 구성하려고 하였다. 이러한 구조는 "학생들의 호기심과 비판적 사고를 자극하고 공부하는 내용의 관련성을 높이기 위한 것"으로 역사적 사고력의 신장을 목표로 한다.[25]

교과목별로 교육과정 문서가 어떻게 제시되어 있는지를 설명하기 위해서, 10학년 〈1차 세계대전 이후 캐나다 역사〉 과목의 일부를 〈표 2〉로 제시하였다.[26] 여기서 영역 A는 역사 탐구 및 기술에 대한 것으로 여기서 제

---

25 Ontario MOE, *The Ontario Curriculum Social Studies*, p. 13; Bussell, D., "Historical Thinking in Ontario Secondary Schools: A Multiple Study", p. 24.

26 Ontario MOE, *The Ontario Curriculum, Grades 9 and 10*, pp. 107~129.

시한 기대기준과 관련된 교수 학습은 영역 B의 기대기준과 관련된 교수 학

습과 연관되어야 한다.

표2 <1차 세계대전 이후 캐나다 역사> 과목의 영역 A와 B의 제시[27]

A. 역사적 탐구 및 기술 개발		
전반적 기대기준		
A1. 역사 탐구: 1914년 이후 캐나다 역사의 측면을 조사할 때 역사적 탐구 과정과 역사적 사고 개념을 사용한다.		
A2. 전이 가능한 기술 개발: 역사적 조사를 통해 개발된 기술을 일상적인 맥락에 적용하고 이러한 기술이 유용할 수 있는 몇가지 직업을 식별한다.		
B. 캐나다, 1914~1929		
전반적 기대기준과 연관된 역사적 사고 개념	빅 아이디어	질문 구성하기
B1. 사회적, 경제적, 정치적 맥락: 1914년부터 1929년 사이의 주요 사회적, 경제적, 정치적 사건, 동향 및 발전을 설명하고 캐나다 원주민, 메티스족, 이누이트속[28]을 포함한 다양한 집단과 공동체에 대한 중요성을 평가한다(초점: 역사적 중요성, 역사적 관점).	이 기간 동안 국내외 사건, 동향 및 발전이 캐나다의 다양한 집난과 공동체에 영향을 미쳤다.	같은 사건, 동향 및 발전에 대해 캐나다의 여러 개인과 공동체가 다르게 보는 이유가 무엇인가? 우리가 지금 다르게 보는 이유는 무엇인가?
B2. 공동체, 갈등 및 협력: 1914년부터 1929년까지 캐나다 원주민, 메티스 및 이누이트 공동체를 포함한 캐나다의 다양한 공동체 내부 및 공동체 간의 그리고 캐나다와 국제 공동체 간의 주요 상호 작용과 이러한 상호 작용이 캐나다 사회 및 정치에 미친 영향을 분석한다(초점: 역사적 중요성, 원인과 결과).	이 기간은 캐나다와 해외에서 큰 갈등과 변화의 시기였다.	이 시기 정부 정책은 캐나다 사회에 어떤 식으로 분열을 유발했는가? 이 시기가 캐나다 여성들에게 전환점이 되었는가? 이 시기 다양한 개인, 집단, 지역 사회의 삶과 투쟁은 캐나다의 형성에 어떤 방식으로 도움이 되었는가?
B3. 정체성, 시민권, 유산: 1914년부터 1929년 사이의 다양한 개인, 조직, 특정 사회 변화가 캐나다의 정체성, 시민성, 유산의 발전에 어떻게 기여했는지 설명한다(초점: 연속성과 변화, 역사적 관점).	이 기간 동안, 여성, 이민자, 캐나다 원주민, 메티스, 이누이트, 인종화된 집단과 공동체에 대한 지배적인 태도는 캐나다의 정체성과 시민권의 발전에 영향을 미쳤다.	그들은 캐나다에 어떤 지속적인 영향을 미쳤는가?

---

27 Ontario MOE, *The Ontario Curriculum, Grades 9 and 10*, pp. 107~108.

28 캐나다 원주민(First Nations)는 유럽인 정착 이전부터 캐나다에 살아온 원주민이다. 메티스는 원주민과 유럽인의 혼혈 후손이며, 이누이트는 북극 지역의 원주민을 말한다.

A1, A2의 전반적 기대는 B1, B2, B3의 전반적 기대와 사고개념과 연관되어 있다. 여기서 빅 아이디어는 영속적 이해(enduring understanding)를 의미하며, 이것을 왜 배우는가 또는 요점이 무엇인가와 같은 기본적인 질문을 해결한다. 교육과정 문서에서 빅 아이디어는 전반적 기대기준과 각 영역의 학문적 사고 개념과 연결되어 있다. 빅 아이디어는 각 영역별로 제공되는 질문 구성하기(framing questions)와 연결된다. 질문 구성하기는 광범위하고 개방적이며 일련의 기대기준과 전체 영역을 구성하는데 사용할 수 있다. 주목할 점은 전반적 기대기준 B1, B2, B3별로 초점으로 삼아야 할 역사적 사고 개념을 제시했다는 것이다.[29]

표 3　1차 세계대전 이후 캐나다 역사 과목의 영역 B의 전반적 기대기준와 구체적 기대기준[30]

B. 캐나다, 1914~1929

전반적 기대기준
이 과정을 마치면, 학생들은 …할 것이다.

〈표 2〉의 전반적 기준(B1, B2, B3의 반복이므로 지면관계상 생략하였음)

구체적 기대기준
초점: *역사적 중요성, 역사적 관점*

이 과정을 마치면, 학생들은 …할 것이다.

B1.1. 1914년에서 1929년 사이에 캐나다의 주요 인구 통계 동향(예: 캐나다 이민 관련 동향, 캐나다 원주민, 메티스 및 이누이트 인구, 지방 간 및 도시 중심으로의 이주, 노동력 내 여성의 수와 수행한 작업 유형, 출생률 또는 기대 수명)을 파악하기 위해 역사 통계 및 기타 주요 정보를 분석하고 캐나다 원주민, 메티스 및 이누이트 공동체를 포함한 캐나다의 다양한 집단 및 공동체에 대한 동향의 중요성을 평가한다.

---

29 Ontario MOE, *The Ontario Curriculum, Grades 9 and 10*, p. 14.
30 Ontario MOE, *The Ontario Curriculum, Grades 9 and 10*, p. 112.

〈표 3〉을 보면, 전반적 기대기준과 구체적 기대기준에서 역사적 사고 개념을 제시하였다. 구체적 기대기준은 기대되는 지식과 기능의 좀더 상세한 진술이다. 숫자는 영역과 전반적 기대기준과의 관계를 나타낸다. 초점은 전반적 기대기준과 구체적 기대기준과의 관계를 나타낸다. 기대되는 지식을 예시한 것은 기대에 부합하는 필요 사항을 명료히 하고 복잡성의 심도와 수준을 나타내는 데 도움을 주기 위한 것이다. 이것은 예시일 뿐이며 필수 사항은 아니다. 예시 질문은 기대하는 바에 부합하는 필요 사항과 심도 및 수준과 관련해서 교사가 제기할 만한 질문들을 제시한 것이다.

3. 역사적 사고 개념의 역사 교과서 적용

교과서 수준에서 역사적 사고 개념을 어떻게 구현했는지 확인하기 위해서 10학년 역사 과목 '1차 세계대전 이후 캐나다 역사'를 다룬 교과서를 찾아보았다. 이 과목에서 인가받은 교과서는 6종이었다.[31] 6종 교과서 중에서

---

31 온타리오주에서 10학년 역사에서 인가받은 교과서 6종은 다음과 같다. Magarrey, M. & Hundey, I. M., *Canadian History 1900-2000*, Irwin Publishing, 2000; Armstrong,

『밝혀진 역사: 1차 세계대전 이후 캐나다 역사(History Uncovered: Canadian history since World War I)』(이하 『밝혀진 역사』)를 입수하였다. 이 역사 교과서는 세이사스 교수가 자문을 했고, 암스트롱(Armstrong, J.), 콜리쇼(Collishaw, R.), 파이퍼(Piper, J.), 루이퍼스(Ruypers, J.)이 공동으로 집필하였다. 세이사스가 자문을 한 것으로 보아 역사적 사고 개념을 살펴보는 데 적합한 교과서라고 볼 수 있다. 〈표 4〉는 해당 교과서의 목차이다.

<그림 1> 『밝혀진 역사: 1차 세계대전 이후 캐나다 역사』 교과서 표지

표 4　『밝혀진 역사』의 목차

1단원	역사란 무엇인가?
2단원	1914~1929
1장	전쟁 중인 캐나다: 1914~1918
2장	전쟁의 그늘에서: 1918~1929
3장	1차 세계대전 후 캐나다: 1920~1929
3단원	1929~1945
4장	대공황: 1929~1939
5장	갈등과 인종 차별: 1930~1939
6장	캐나다와 2차 세계대전: 1939~1945

J., Collishaw, R., Piper, J., & Ruypers, *History Uncovered: Canadian History Since World War I*, Nelson Education, 2014; Freeman-Shaw, E., Haskings-Winner, J., & Vautour, D., *Canadian Sources : Investigated 1914 to the present*, Emond Montgomery Publications, 2014; Colyer, J., Cecillon, J., Draper, G., & Hoogeveen, M., *Creating Canada : A History - 1914 to the present*, McGraw Hill Ryerson, 2010; Seixas, P., Armstrong, J., & Fornazzari, S., *History Uncovered. Canadian history since World War* I, Nelson Education Ltd., 2014; Cranny, M., Moles, G., & Hux, A. D., *Think history: Canadian history since 1914*, Pearson, 2015, https://libguides. lakeheadu.ca/c.php?g=717711&p=5123230 (2023. 7. 22. 검색).

4단원	1945~1982
7장	2차 세계대전 이후의 캐나다: 1945~1960
8장	변화의 도전: 1945~1982
9장	캐나다, 정체성을 찾다: 1956~1982
5단원	1982~현재
10장	변화하는 세계: 1982~1990
11장	변화하는 관계: 1990~2001
12장	캐나다의 형성: 2001~현재

목차를 보면 교육과정이 제시한 영역 A~D가 각각 1~5단원으로 반영되었다. 1단원을 도입 단원으로 만들고 이어서 캐나다 현대사의 주제를 연대기적 순서로 배열하였다. 교육과정을 교과서 목차에 정확하게 반영하였다.

책의 앞에 실린 교과서 사용법을 통한 교과서의 구성을 보면 〈표 5〉와 같다.

표 5 교재 사용법에서 나타난 『밝혀진 역사』의 구성[32]

단원 도입 Unit Opener	- 단원이 다루는 시기 소개 - 빅 아이디어 제시 - 사건과 진행 순서를 보여주는 연표 제시
장 도입 Chapter Opener	- 장에서 다루는 주제와 내용 소개 - 초점 질문(Focus question) 제시 - 학습목표 제시
주제 학습 Topics	- 2쪽마다 한 가지 질문을 검토한다. - 시민권 질문을 사용하여 내용과 능동적인 시민이 되는 방법 연결한다. - 체크인 질문 2가지는 이해도를 확인한다. 첫번째 질문은 역사적 사고 개념 적용이고, 두번째 질문은 탐구 기술을 적용하라는 것이다. - 매쪽마다 다양한 증거(예: 인용문, 기사, 편지, 지도, 사진, 도표)를 검토하게 된다. 각 증거에 대한 정보는 교과서의 캡션이나 섹션에 포함되어 있다. - 용어 해설은 해당 용어에 가까이 표시되어 있다. - 리터러시 과제 질문(literacy link)을 통해 온타리오주 학력평가 시험(OSSLT)에 필요한 기술을 연습하도록 한다. - 각 장의 말미에서 초점 질문에 대한 이해를 평가한다.

---

32 Armstrong, J., Collishaw, R., Piper, J., & Ruypers, J., *History Uncovered Canadian History Since World War I*, pp. viii~xi.

| 중점 탐구
Focus On | – 한 가지 역사적 사고 개념 또는 탐구 기술을 자세히 살펴보고 이를 활용하는 연습을 한다.
– 집중할 역사적 사고 개념이나 탐구 기술을 위해 질문 목록이나 기준을 제공한다.
– 사례 연구를 통해 역사적 사고 개념이나 증거를 활용한 탐구 기술에 중점을 두는 연습을 한다. |
| 단원 정리
Looking Back | – 3개의 장을 통해서 배운 학습 내용을 정리한다.
– 단원의 연표와 각 장의 주요 질문을 재검토하여 빅 아이디어를 생각해 본다.
– 역사적 사고 개념과 탐구 기술을 적용하고 답변에 증거를 사용한다.
– 빅 아이디어에 대한 학습 내용을 보여주기 위한 3가지 선택지에서 하나를 고른다. 각 선택지는 답변을 보여주는 다양한 방법을 제공한다. |

교과서는 단원 및 장의 도입 부분, 주제 학습, 중점 탐구, 단원 정리로 구성하였다. 주제 학습에서는 역사적 사고 개념을 적용하고 탐구 기술을 활용하기 위한 질문을 제시하였다. 또한 다양한 증거를 제공하며 용어 해설과 리터러시 학습, 초점 질문에 대한 이해 평가를 포함하였다. 중점 탐구는 역사적 사고 개념 또는 탐구 기술을 집중적으로 탐구하는 연습을 위한 것이었다. 단원 정리에서는 학습 내용을 정리하는 과정을 가진다.

영역 A가 반영된 1단원 역사란 무엇인가?는 역사적 사고 개념을 2쪽씩 배정해서 안내하고 있다. 〈표 6〉은 1단원이 안내한 역사적 사고 개념을 나타낸 것이다.

표 6 1단원 역사란 무엇인가?에서 안내하는 역사적 사고 개념[33]

주제명(질문 또는 문장)	교재 내용
과거에 대해 우리가 아는 것을 어떻게 알 수 있을까?	〈증거와 설명〉 – 증거를 이용한 과거 이해하기 – 이야기 공유 – 역사에서 당신의 역할 – 역사가 우리에게 무엇을 말해 줄 수 있을까?

---

33 Armstrong, J., Collishaw, R., Piper, J., & Ruypers, J., *History Uncovered Canadian History Since World War I*, pp. 6~17.

주제명(질문 또는 문장)	교재 내용
과거를 이해하는데 어떤 도구(Tools)가 도움이 되겠는가?	〈역사적 사고 개념과 탐구 과정〉 – 해석과 분석 – 평가와 결론 도출 – 증거 수집과 조직 – 질문 제기 – 의사 소통
역사적 사고 개념: 역사적 관점	– 관점 – 관점 이해
역사적 사고 개념: 원인과 결과	– 차량 크기 변화 사례 – 배경 원인: 소비자, 사회적 조건, 의식과 신념, 경제적 조건 – 결과: 의도한 결과, 의도하지 않은 결과
역사적 사고 개념: 연속성과 변화	– 의복의 지속과 변화 사례
역사적 사고 개념: 역사적 중요성	– 비행기 추락 사고의 역사적 중요성
역사를 공부하면 어디로 갈 수 있을까?	– 전이 가능한 기술 – 역사 관련 직업 – 역사에 대한 관점

첫 번째 주제인 '과거에 대해 우리가 아는 것을 어떻게 알 수 있을까?'에서는 "당신은 친구들과 함께 주말을 보냈다. 함께 보낸 시간에 대해 친구들이 서로 달리 이야기 한다면, 당신은 어떻게 자신의 입장을 주장할 수 있을까?"라고 질문하면서 증거의 사용을 말한다. 또한 2011년 6월 3일 캐나다 상원에서 침묵 시위로 왕좌 연설을 방해하는 드파프(DePape, B.)의 사진을 제시하고 질문을 유발한다.[34] 그리고 민주주의 국가인 캐나다에서 사회에 영향을 미치는 책임이 있으며, 결정을 위해서 역사 학습이 도움이 될 수 있다고 서술하였다.

이런 식으로 1차 세계대전 이후 캐나다 역사의 서술에 앞서 역사적 사고 개념을 다루는 단원을 설정해서 이 개념에 따른 교과서 사용을 안내하

---

34 2011년 드파프는 캐나다 상원 학생보조자로 일하고 있다가 하퍼(Harper, S.) 총리의 연설 중에 "하퍼 중단"이라는 피켓을 들고 하퍼 총리의 정책에 반대하는 항의 행동을 하였다. 이 일로 드파프는 해고되었지만, 이후에도 그녀는 지속가능성한 세상을 만드는 활동을 이어갔다.

고 있다. 구체적인 예시를 보기 위해서 역사 내용을 다루는 2단원 1장을 〈표 7〉로 제시하였다.

표 7 2단원 1장 "전쟁 중인 캐나다: 1914~1918"에서 나타난 역사적 사고 개념의 적용[35]

구분	제목	내용
도입	전쟁 중인 캐나다: 1914~1918	빅 아이디어 / 연표
중점탐구	원인과 결과	성취기준 / 초점 질문
주제	제2 공병대대가 창설된 이유는?	백인들의 전쟁 / 흑인 대대를 창설한 이유
주제	전쟁 신기술: 어떤 영향을 끼쳤는가?	기술적 진보 / 염소 가스 / 기관총과 대포
주제	빌리 비숍 또는 레이몬드 콜리쇼: 전쟁 영웅?	새로운 형태의 전쟁 / 비행기 조종사 영웅
주제	비미 능선 전투는 1차 세계대전에서 캐나다의 가장 큰 전투였는가?	비미 능선 전투 이야기
주제	전시 여성의 노동	가사 노동 / 새로운 역할
중점탐구	질문 구성하기	의미있는 질문 만드는 방법 / 사례 연구: 적성국가 이민자 수용소
주제	핼리팩스 폭발 사고 당시의 생활은 어떠했는가?	1917년 12월 6일 핼리팩스 폭발 사고
주제	시민은 징병돼야 할까?	징집 방침의 변화

이중에서 비미 능선 전투(Vimy Ridge Battle)를 다룬 주제를 살펴보기로 한다. 이 전투는 1917년 4월 9일부터 4월 12일까지 영국 제1군 소속 캐나다 군단 4개 사단과 독일군 사이에 벌어진 것으로, 캐나다 군단이 승리하였다. 2쪽에 걸친 교과서 서술은 먼저 비미 능선 전투의 이야기를 설명하였다. 그리고 역사가들이 이 전투가 캐나다에 결정적 순간이었다고 말한다면서 당신은 캐나다를 국가로 정의하는 것이 무엇이라고 생각하는가라는 질문을 던진다.

계속해서 6개의 자료가 제시된다. 즉, 캐나다 군의 커리(Currie, A.) 장군의 전

---

35 Armstrong, J., Collishaw, R., Piper, J., & Ruypers, J., *History Uncovered Canadian History Since World War I*, pp. 20~39.

투 당일 설명, 캐나다 군인들이 비미 능선 점령 후 환호하는 사진, 로스(Ross, A. E.) 장군의 1969년 회고록에서 발췌한 내용, 1964년 CBC와의 인터뷰에서 44대대 러센홀트(Russenholt, E. S.)가 전투에서 캐나다 군이 받은 지원에 대한 설명, 주요 전투에서 발생한 캐나다 군 사상자 비교표, 1921년 캐나다가 유럽에 제1차 세계대전 기념관을 건립하려고 했을 때 커리 장군이 한 곳만을 선택하는 것에 반대한 의견 등이었다. 매 자료마다 해당 자료가 비미 능선 전투를 지지하는 내용인지, 아니면 문제를 제기하는 내용인지를 묻는 질문이 제공된다. 마지막의 확인 질문(Check In)은 다음과 같다. 첫째, 비미 능선 전투가 어떠했는지 생각하는 것을 기술하시오. 여기서 제공한 증거를 사용해서 답변을 설명하시오. 이것은 역사적 관점에 해당하는 질문이었다. 둘째, 비미 능선 전쟁의 이야기를 지지하거나 도전하는 증거를 정리하기 위한 표를 만드시오. 표에서 제시한 각 열의 증거에서 무엇을 발견했는가? 이것은 해석과 분석에 해당하는 질문이었다. 이렇게 역사적 평가에 대한 판단의 근거를 논쟁적인 관점에서 구성하고 마지막 질문은 스스로의 판단과 함께 근거를 제시하도록 하는 것과 분석한 자료를 정리하고 표현하는 기능이라는 차원에서 대답하도록 하였다. 교과서가 수업에 활용된다면 이러한 자료 제시와 질문과 대답이 곧 교수학습과 평가 활동에 해당한다고 볼 수 있다.

4. 역사적 사고 개념을 활용한 수업과 평가

캐나다에서는 대학에 진학할 학생들은 영어, 수학, 과학, 역사, 지리, 경제 등 학문 분야의 수업에 열중하고, 나머지 학생들은 중등학교의 첫 2년간만 교양과목을 이수하고 나머지 기간은 전문 과정을 거쳐 졸업과 동시에 자격증을 따서 취업하게 된다. 이 시기에 제공되는 교육과정은 학생의 졸업 후 목표에 따라 크게 다섯 가지 수업 형태로 구분된다. ① 전문대학 대비, ② 대학 대비, ③ 전문대학/대학 대비, ④ 취업 대비, ⑤ 통합 수업이 있다. 먼저 언급한 세 종류(① 전문대학 대비, ② 대학 대비, ③ 전문대학/대학 대비)의 수업은 각 교육기관의 특정 학과에 진학하는 데 필요한 일종의 선수과목이다. 취업 대비 수업은 졸업 후 바로 취업을 하거나 기술 숙련 프로그램에 지원하는 학생들이 갖추어야 할 지식과 기술에 대한 내용을 제공한다.

학생 평가는 대체로 수시 평가이며 내신 성적은 교과목에 대한 기본적인 실력배양뿐 아니라 대학 입학에서 중요하다. 온타리오주의 중등교육 기간 4년은 중등교육 이수자격증에 해당하는 '온타리오 중등 교육 디플로마(Ontario Secondary School Diploma, 이하 OSSD)' 취득을 위한 과정이다. 4년간의 중등교육과정은 학점제로 운영되며, 이 기간 동안 학생들은 OSSD를 취득하기 위하여 필수 18학점과 선택 12학점을 합한 총 30학점을 이수해야 한다. 한 과목을 이수하면 110시간 1학점을 취득하게 된다. OSSD를 취득하기 위해서는 교과학습 이외에도 40시간의 봉사점수와 '온타리오주 학력평가 시험(the Ontario Secondary School Literacy Test, 이하 OSSLT)'에 합격해야 한다.[36] OSSLT는 매년 온타리오주의 모든 10학년 학생을 대상으로 실시되며, 초등학교부터 9학년까지의 읽기와 쓰기 과목을 포괄적으로 평가한다. OSSLT의 최종 결과는 '합격' 또는 '불합격'으로 제시되며, 두 과목 모두에서 합격하는 것이 온타리오주 고교 졸업을 위한 요건 중 하나이다.[37] 〈1차 세계대전 이후 캐나

---

36 임영석, 「캐나다 중등교육 연구: 교육의 내실화를 중심으로」, 『학습자중심교과교육연구』 18-10, 2018, pp. 177~183.

37 박중규, 「캐나다의 전기 중등 교육과정에서의 서술형 평가 실태」, 『2016 해외교육동향 기획기사(상권)』, 한국교육개발원 교육정책네트워크연구센터, 2016, pp. 58~62; EQAO, *Ontario Secondary School Literacy Test (OSSLT) Framework*, 2021, https://www.eqao.com/the-assessments/osslt/ (2024. 3. 2. 검색).

다 역사〉는 10학년 과목이므로 주 단위로 시행하는 역사교육 평가는 없다
고 해야 할 것이다.

결국 온타리오주의 역사 평가는 학교 수업에서 살펴봐야 할 것이다. 마
침 버셀이 질적 연구 방법을 사용해서 역사적 사고 개념을 적용한 수업과
평가 사례를 연구한 박사학위논문을 찾을 수 있었다. 여기에는 돈(Don), 조
지(George), 제임스(James), 사라(Sarah) 등 4명의 교사(모두 가명임)의 사례가 등장
하였다.[38] 질적 연구를 위한 사례들이기 때문에 온타리오주의 일반적인 수
업과 평가라고 할 수는 없다. 하지만 이 역시 실제 수업을 관찰한 결과이므
로 이를 통해서 역사적 사고 개념을 적용한 온타리오주 역사 수업과 평가
의 일면을 살펴보려고 한다.

사례는 크게 두 가지로 나누어진다. 하나는 역사적 사고 개념을 일반적
기능으로 전환 가능한 '비판적 사고를 개발하기 위한 기능'으로 보는 것이
다. 이때 비판적 사고는 일반적인 기술로 간주되며, 역사적 사고는 비판적
사고라는 목적을 위한 수단이 된다.[39] 다른 하나는 '역사적 사고 개념을 비
판적 탐구 렌즈로 사용'하는 것이다. 학습자가 새로운 지식을 창출하거나

---

38 4명의 이력을 간략히 보면, 돈은 오스트레일리아에서 교육학 석사학위를 마친 후 온타리오주
에서 13년 경력의 전업 교사이다. 조지는 온타리오주에서 교육학 학사학위를 받았고, 31년 동
안 온타리오주는 물론 외국의 국제학교에서 역사를 가르쳤으며 IB 프로그램을 담당하는 책임
자였다. 제임스는 정치학을 전공했으며 역사학을 부전공으로 하였다. 온타리오주에서 2개 학
교에서 근무한 14년의 경력 교사이다. 온타리오주 교육과정 초안 개발에 참여했으며 역사적
사고 프로젝트에 앞장섰다. 사라는 학부에서 법학과 역사학을 전공했으며, 뉴욕주에서 교사
교육과정을 수료하였다. 2개 중등학교에서 10년 동안 근무한 경력 교사이다.
평가에 대한 면접조사에서는 다음과 같은 질문이 포함되었다. 역사적 사고에 대한 학생들의
이해를 어떻게 평가하는가? 어떤 유형의 평가를 사용하는가, 아니면 최근에 또는 과거에 수
행한 좋은 평가 사례는 무엇인가?라는 질문을 하는 면접조사와 생각말하기 방법을 통해 자신
이 선택한 평가도구를 개발하도록 요청하는 면접조사로 두 단계로 진행되었다(Bussell, D.,
"Historical Thinking in Ontario Secondary Schools: A Multiple Study", p. 50).

39 학생들은 각 과목에 대한 조사 과정의 구성 요소를 사용하여 중요한 사건, 발전 및 문제에 대
한 조사 결과를 전달한다. 탐구 과정을 적용함으로써 학생들은 비판적으로 사고하고, 문제
를 해결하고, 정보에 입각한 판단을 내리고, 아이디어를 전달하는 데 필요한 기술을 개발한다
(Ontario MOE, *The Ontario Curriculum Social Studies*, 2013, p. 7).

인간과 사회를 해석하는 과정으로서 역사를 이해하도록 돕는 것이며, 역사적 사고는 그 자체로 목적이 된다.[40] 버셀은 돈과 조지를 전자로 분류하였고, 제임스와 사라는 후자로 분류하였다. 교사별로 수업과 평가의 사례를 소개하면 다음과 같다.

먼저, 비판적 사고를 개발하기 위한 기능으로 보는 사례들이다.

교사 돈은 수업에서도 역사적 중요성을 강조했는데 평가에서도 마찬가지였다. 그가 만든 시험은 정형화되어 있는데, 그 중 하나는 중요성을 파악하고 설명하는 것으로 구성되어 있다. 이렇게 해서 첫 번째 시험부터 마지막 시험까지 학생의 성취도를 확인할 수 있고 학생이 역사적 중요성을 표현하는 능력이 향상되었는지를 알 수 있다고 보았다.

이를테면 10학년 과목의 1차 세계대전 단원에서 '잃어버린 유물(Lost Artifacts)'이라는 과제를 진행하였다. 학생들은 간호사, 군인, 징집된 농부, 지도자 등 인물들에 대해 비판적으로 사고하게 된다. 학생들은 잃어버린 유물과 박물관에 기증할 유물을 중심으로 역사적 역할을 재현했다. 그리고 박물관 전시를 위해 유물에 대한 단어 250개 분량으로 요약문을 작성하였다. 이 과제에는 역사적 사고 개념 중에서 역사적 중요성, 증거, 역사적 관점이 포함되어 있다. 학생들은 처음에는 무엇을 할지 몰라 하다가 차츰 원하는 것을 할 수 있음을 깨닫게 되면서 수업 활동에 매력을 가지게 되었다.[41]

교사 조지는 역사적 인물을 재판에 회부하는 시뮬레이션 활동을 평가에 사용하였다. 이때 집중 토론(hot seat debate)은 윤리적 차원뿐만 아니라 역사적 관점을 발전시킨다. 원인과 결과에 집중하게 하고 역사적 중요성을 살펴보

---

40 Bussell, D., "Historical Thinking in Ontario Secondary Schools: A Multiple Study", pp. 9~10.
41 Bussell, D., "Historical Thinking in Ontario Secondary Schools: A Multiple Study", p. 80.

게 한다. 또한 1차 자료와 2차 자료도 본다. 즉, 6가지 역사적 사고 개념을 모두 다룬다는 점에서 매력적이라고 한다.

조지의 모든 평가 활동이 모두 역사적 사고 개념과 직접 연결된 것은 아니었다. 예를 들어, 3D 캐나다 제1차 세계대전 전장 모형 제작(Making a 3-D World War I Canadian battlefield model) 과제는 참호전에 대해 배운 내용을 적용하고 추가 조사하는 과제 수업이었다. 학생들에게 과제를 시작하기 앞서서 10명의 역사가들의 관점이 담겨 있는 제1차 세계대전에 관한 비디오를 시청하도록 하였다. 역사가들의 관점에 대해 토론한 다음, 모둠을 편성하고 과제 수행을 할 수 있도록 노트북을 제공하였다. 학생들이 역사 토론에 참여하고 실습을 통해 탐구하도록 하는 교사의 신념이 투영된 과제였다. 학생들은 캐나다 군인들이 참전한 제2차 이프르 전투, 솜 전투, 비미 능선 전투, 70고지 전투, 파쉔다엘 전투 등[42] 제1차 세계대전 전투 중에서 하나를 미리 선택하고 제작 학습을 한다. 학생들에게는 모형을 제작할 수 있도록 서면 계획서와 자료 목록 등을 제공하였다. 그리고 루브릭에 따라 학생들이 묘사한 전투에 대한 이해도, 설계도(layout)의 전반적인 정확성, 필수 요소 포함 여부, 참호전 이론의 적용, 제작한 모형과 실제 전투 현장간의 연결성을 평가하였다.[43]

다음은 탐구 렌즈로서의 역사적 사고 개념의 해석과 실행 사례들이다. 역사 교과의 고유한 추론 방식에 초점을 맞추며 학문적 사고 이론을 강조

---

42 제2차 이프르 전투(Second Battle of Ypres)는 1915년 4월 22일부터 5월 25일까지 일어났으며 독일군이 독가스를 사용하면서 초기에는 진격했으나 연합군이 방어에 성공한 전투였다. 솜 전투(Battle of the Somme)는 1916년 7월 1일부터 11월 18일까지 일어났으며, 연합군이 대규모 공세를 가했으나 소모전으로 끝났으며 양측 모두 엄청난 사상자를 냈다. 비미 능선 전투(Battle of Vimy Ridge)는 1917년 4월 9일부터 12일까지 일어났으며 캐나다 군대가 처음으로 하나의 단위로 통합되어 독자적인 작전을 수행한 전투였다. 70고지 전투(Battle of Hill 70)는 1917년 8월 15일부터 25일까지 일어났으며 캐나다 군이 성공적으로 고지를 방어한 전투였다. 파쉔다엘 전투(Battle of Passchendaele)는 1917년 7월 31일부터 11월 10일까지 일어났으며 우천으로 인해 열악한 환경에서 전투가 벌어졌으며 막대한 사상자가 발생하였다.

43 Bussell, D., "Historical Thinking in Ontario Secondary Schools: A Multiple Study", pp. 81~82.

하는 입장이다.

　　교사 제임스가 평가에 접근하는 방식은 개별 학생과 그들의 능력을 이해하려는 노력에 기반한다. 그는 수업에서 학생의 흥미를 돕기 위해서 다양한 평가방식을 탐색하였고, 그것을 맞춤형 접근방식(a tailored approach)이라 불렀다. 수업은 역사적 사고 개념과 연결된 질문을 중심으로 구성되었다. 예를 들면, "캐나다는 평화유지국인가?"라는 질문을 중심으로 하는 수업에서 그는 학생들에게 '원인과 결과 플래너(a cause and consequence planner)'를 제공하였다. 플래너(planner)는 마인드 맵과 비슷한데 가운데에 사건이 있고 왼쪽에 일련의 원이 있다. 원인과 결과에 대한 오른쪽 원이 있고 사건이 발생한 원인은 무엇인가? 그리고 그 사건이 왜 이러한 결과를 낳았는가?와 같은 원인과 결과를 연결하는 질문도 있다. 교사 제임스는 파워포인트를 사용하여 배경 지식을 제공하고 1990년대 캐나다의 평화 유지 임무의 중요성에 대해 강의하였다. 그리고 평화 유지 국가로서의 캐나다에 대한 내러티브가 어떻게 형성되었는지 생각해 보도록 했다. 학생들은 증거를 가지고 토론한 뒤, 모둠을 나누어 걸프전, 유고슬라비아, 르완다 등 1990년대 분쟁에서 캐나다의 역할에 관한 사례 연구를 배정받았다. 추가 정보를 수집하고 캐나다가 평화 유지 국가인지 판단하는 활동을 하고 '주장, 증거 및 설명 형식(PPE)'으로 글을 작성하게 하였다. 여기서 다룬 질문은 우리가 무엇을 했는가? 그렇게 한 원인은 무엇인가? 결과는 무엇인가? 추상적인 개념으로 캐나다 정체성과 구체적인 개념으로 캐나다 국민과 국가에 어떤 영향을 미쳤는가?와 같이 원인과 결과를 다룬 것이었다. 플래너라고 부르는 흐름도를 사용하여 평가를 수행하기 때문에 아이디어의 발전 과정을 쉽게 확인할 수 있다. 이러한 구성은 탐구 과정과 직접적으로 연결되는 기초가 되

었으며 학생들이 역사적 사고 개념에 참여하도록 하는 것이었다.[44]

　교사 사라는 역사적 개념들을 개별적으로 평가하기보다, 좀 더 내재적이고 통합적인 방식으로 다루었다. 즉, 모든 개념을 함께 사용하여 역사적 사고를 구성한다고 말한다. 예를 들면 12학년 역사 과목 최종 과제에서 온타리오주 역사교육과정의 4가지 역사적 사고 개념을 기반으로 한 과제를 부여한다. 첫 번째 과제는 연속성과 변화 개념을 중심으로 히스토그래프(histograph) 또는 연표(timeline)를 만드는 것이었으며, 이에 대한 질문은 '상황이 변했는가, 아니면 그대로인가?', '글로벌 정체성에 대한 우리의 의식은 진전되었는가, 아니면 퇴보했는가? 왜? 어떻게?'였다. 두번째 과제는 역사적 중요성에 초점을 맞추었다. 학생들은 공동체, 갈등과 협력, 정체성, 시민권 및 유산과 같은 주제를 선택하고 원인과 결과 과제를 위해 1차 자료를 분석했다. '1차 자료는 역사를 어떻게 이야기하는가'라는 질문틀에 따라 분석하였다. 일련의 과제는 역사적 관점 과제를 향해 구축되었다. 역사적 관점에서 학생들은 직접 '집중 과정(CrashCourse)' 동영상을 제작하였다. 역사적 관점에 대한 질문은 '세계의 발전은 어떻게 표현될 수 있을까?', '자신의 역사적 관점에 따라 이러한 표현이 어떻게 달라질까?'였다. 동영상에는 4가지 역사적 사고 개념이 모두 포함되어야 하며 역사적 사고 개념과 탐구 질문이 포함된 한 학기를 마무리하는 평가였다.[45]

5. 맺음말

　지금까지 역사적 사고 개념을 적용한 캐나다 온타리오주의 역사교육과

---

[44] Bussell, D., "Historical Thinking in Ontario Secondary Schools: A Multiple Study", p. 94·106.
[45] Bussell, D., "Historical Thinking in Ontario Secondary Schools: A Multiple Study", pp. 113~114.

정, 교과서, 수업을 살펴보았다. 온타리오주에서는 역사적 사고 개념이 교육과정, 교과서, 수업 수준에서 적용되고 있으며, 그 결과가 역사교육의 변화로 나타났다. 내용을 요약하면 다음과 같다.

첫째, 역사적 사고 개념을 적용한 교육과정은 비판적 사고력을 증진하는 탐구 절차를 강조하고 있다. 역사적 지식을 부정하는 것은 아니지만 사고 개념을 이전에 비해서 더 강조하게 된 것이다.

둘째, 10학년 캐나다 역사 교과서를 통해서 본, 역사 교과서는 교육과정이 요구하는 바를 충실히 구체적으로 반영하였다. 중요한 역사 주제를 선정하고 역사적 사고 개념을 증진할 수 있도록 구성하고 있다.

셋째, 캐나다에서도 대규모 평가는 있지만 역사과 평가에서는 적용하지 않고 있다. 평가는 수업의 과정으로 이루어진다. 일반적인 평가도 이루어지지만, 역사적 사고 개념을 반영한 수업과 평가가 온타리오주 역사 교사들에 의해서 수행되었다. 사례들은 질적 연구의 결과여서 제한적이지만 교사별로 역사적 사고 개념을 평가에 다양하게 적용하고 있음을 확인하였다.

넷째, 역사적 사고 개념은 세이사스 교수가 이론화한 것이지만, 교수자들이 연구하고 수업에 적용하면서 확산되었다. 각 주에서 교육과정으로 채택하기 이전부터 역사 교사들은 자신의 수업에 역사적 사고 개념을 실천에 옮기고 있었다. 즉, 연구를 통해서 이론이 마련되고, 출판물과 워크숍 등을 통해서 교사들에게 보급되었고 마침내 교육과정에 공식적으로 반영된 것이었다.

다섯째, 역사적 사고 개념을 구현하기 위해서 주제와 사고 개념에 대해 질문을 제시하였다. 교육자료를 통해서 질문을 제시하였고, 교육과정 수준에서도 질문 구성하기, 예시 질문을 포함하였다. 분석한 역사 교과서에서도 초점 질문을 제시하고 주제 학습별로 질문들을 제공하여 역사적 사고를 하도록 만들었다. 역사교사의 수업에서도 연속적인 질문의 구성이 흐름을 이어갔다. 질문들은 역사적 사고 개념과 연결되어 있고, 질문을 탐색하고 해결하는 과정이 곧 교수학습이자 평가 활동이 된다고 볼 수 있다.

　우리나라에서도 일찍이 역사적 사고에 대한 연구와 실천이 있었고, 학술의 장에서뿐만 아니라 역사교사들의 활동을 통해서 많은 성과들이 축정되어 왔다. 그런데 국가 수준의 교육과정을 개발할 때마다 역사교육 연구와 실천과 맞지 않다는 문제의식이 존재한다. 역사교육 내에서도 이론과 실천의 장에서 간극을 지적하는 인식이 적지 않다. 이런 점에서 캐나다 온타리오주의 사례는 우리 역사교육 관련 주체들에게 역사교육의 전체상을 만들어 가는 것에 대해 시사하는 바가 있다고 볼 수 있다.

부록

6가지 역사적 사고 개념과 지도 요점[46]

	역사적 중요성 - 과거 학습에서 중요한 것을 어떻게 결정할까?
지도 요점 1	사건, 인물 또는 발전이 **변화를 가져왔다면** 역사적 중요성이 있다. 즉, 장기간 다수의 사람들에게 깊은 영향을 미쳤다는 의미이다.
지도 요점 2	사건, 인물 또는 발전이 **드러난 것**이라면 역사적 중요성이 있다. 즉, 역사적으로나 현대 생활에서 지속되거나 새롭게 떠오르는 문제를 조명하는 것이다.
지도 요점 3	역사적 중요성은 구성적이다. 즉, 사건, 인물, 발전은 **내러티브에서 의미 있는 위치를** 차지하게 될 때 역사적 중요성의 기준을 충족한다.
지도 요점 4	역사적 중요성은 시대에 따라 집단에 따라 **다르다.**
	증거 - 과거에 대해 알게 된 것을 어떻게 알 수 있을까?
지도 요점 1	역사는 1차 자료에서 **추론한** 내용을 바탕으로 **해석한** 것이다. 1차 자료는 설명일 수 있지만, 유적, 유물, 기록일 수도 있다.
지도 요점 2	출처에 대해 **좋은 질문을 하면** 증거가 될 수 있다.
지도 요점 3	출처확인은 종종 자료를 읽기 전에 **누가 언제** 만들었는지를 질문하는 것에서 시작한다. 여기에는 저자나 제작자의 **목적, 가치관, 세계관**을 의식적 무의식적으로 유추하는 작업을 포함한다.
지도 요점 4	출처는 **역사적 배경의 맥락**, 즉 해당 시기에 널리 퍼져있던 상황과 세계관과 관련해서 분석해야 한다.
지도 요점 5	출처에서 도출된 추론은 단독으로 지지할 수 없다. 항상 다른 출처(1차 또는 2차)와 대조하여 **확증해야** 한다.
	연속성과 변화 - 역사의 복잡한 흐름을 어떻게 이해할 수 있을까?
지도 요점 1	연속성과 변화는 서로 얽혀 있으며 양립할 수 있다. **연대기는** 좋은 출발점이 될 수 있다.
지도 요점 2	변화는 다양한 속도와 패턴을 가진 하나의 과정이다. **전환점**은 변화의 과정에서 방향이나 속도가 바뀌는 순간이다.
지도 요점 3	**진보와 퇴보**는 시기 전환에 대한 광범위한 평가이다. 변화의 영향에 따라서 어떤 이에게는 진보가 어떤 이에게는 퇴보가 될 수 있다.
지도 요점 4	**시기구분**은 연속성과 변화에 대한 생각을 정리하는데 도움이 된다. 이것은 어떤 사건이나 발전이 역사의 한 시기를 구성하는지 결정하는 해석의 과정이다.

---

[46] Seixas, P. & Morton, T., *The Big Six*, pp. 8~11.

원인과 결과 - 사건은 왜 발생하며, 그 영향은 무엇인가?	
지도 요점 1	변화는 **여러 가지 원인**에서 일어나며 **여러 가지 결과**를 초래한다. 이로 인해 서로 연결된 단기적, 장기적 원인과 결과의 복잡한 그물망을 형성한다.
지도 요점 2	특정한 역사적 사건으로 이어지는 **원인**은 그 **영향력이 다양하며**, 어떤 원인은 다른 원인보다 더 중요하다.
지도 요점 3	사건은 두가지 유형의 요인이 상호작용하여 발생한다. 즉, (1) 역사적 사건을 일으키는 행동을 한 사람(개인 또는 집단)으로 **역사적 행위자**, (2) 행위자가 활동하는 사회적, 정치적, 경제적, 문화적 **조건**
지도 요점 4	역사적 행위자는 항상 조건에 따라 예측할 수 없으며 예측과는 반대되는 행동이나 의도하지 않은 반응을 보일 수 있다. 이로써 **의도하지 않은 결과**를 초래할 수 있다.
지도 요점 5	역사에서 사건은 **피할 수 없는 것이 아니며**, 미래의 사건도 마찬가지이다. 어떤 행위나 조건이 바뀌었다면 사건은 다르게 전개되었을 수 있다.
역사적 관점 - 과거의 사람들을 어떻게 잘 이해할 수 있을까?	
지도 요점 1	현재의 **세계관**(신념, 가치관, 동기)과 이전 시기의 세계관 사이에는 엄청난 **차이**가 있을 수 있다.
지도 요점 2	과거 행위자에게 현재의 사상을 강요하는 **현재주의를** 피하는 것이 중요하다. 그럼에도 불구하고 인류의 보편적 경험을 신중하게 참조하면 역사적 행위자의 경험을 공감하는데 도움이 될 수 있다.
지도 요점 3	역사적 행위자의 관점은 **역사적 맥락**을 고려할 때 가장 잘 이해된다.
지도 요점 4	**역사적 행위자의 관점을 취한다는 것**은 과거 사람들의 감정과 사고를 추론하는 것을 의미한다. 행위자와 **동일시하는 것을 의미하지는 않는다.** 유효한 추론은 **증거에 근거한** 추론이다.
지도 요점 5	역사적 행위자마다 관여한 사건에 대해 **다양한 관점**을 가진다. 이를 탐구하는 것은 역사적 사건을 이해하는 핵심이다.
윤리적 차원 - 역사는 우리가 현재를 살아가는 데 어떻게 도움이 될 수 있을까?	
지도 요점 1	저자는 역사 내러티브를 쓸 때 **암묵적이거나 명시적인** 윤리적 판단을 한다.
지도 요점 2	과거 행위에 대한 합리적인 윤리적 판단은 해당 행위자의 **역사적 맥락**을 고려하여 내려진다.
지도 요점 3	윤리적 판단을 할 때 과거에 옳고 그름에 대한 **현대적 기준을 강요하는 것에 신중해야** 한다.
지도 요점 4	역사의 윤리적 함의에 대한 공정한 평가는 과거의 공헌, 희생, 불의를 **기억하고 대응해야 할 우리의 책임**을 알려줄 수 있다.
지도 요점 5	역사에 대한 우리의 이해는 우리가 현재 문제에 대해 **정보에 입각한 판단**을 내리는 데 도움을 줄 수 있지만, 과거로부터 직접적인 '교훈'의 **한계를 인식**할 때에만 가능하다.

*제시된 순서와 굵게 쓴 표기는 원문에 의함.

제2장

독일 HiTCH 프로젝트의
역사적 사고 역량 평가[*]

고유경

1. 머리말

역사교육은 역사적 사고 역량을 창조해야 한다. 역사는 다양한 관점으로 교수되어야 하고, 학생들 자신의 필요와 경험으로부터 출발해야 한다. (중략) 역사는 하나의 명료한 사고 양식, 세계와 자신에 대한 더 나은 이해를 위한 방법론적 접근, 현재의 현상을 이해하고 미래의 방향을 설정하기 위한 도구다.[1]

역사적 사고의 중요성에 대한 보리스(Borries. B. v.)의 설명은 오늘날 독일 역사교육이 추구하고 있는 방향성을 분명하게 보여준다. 그것은 '다원적 관점', '생활세계(Lebenswelt)', '정체성', '현재 관련성', '방향 설정'으로 요약할 수 있다. 이상의 핵심 개념들은 학문과 삶의 긴밀한 연계를 강조하는 독일

역사교육의 전통은 물론, 2000년대 이후 역량중심 교육과정으로 재편되고 있는 역사교육의 현실을 반영한다.

독일 역사교육에서 역량에 관한 논의는 역사적 사고 이론의 발전과 밀접한 관련이 있다. 특히 야이스만(Jeismann, K. E.)의 역사의식 이론과 뤼젠(Rüsen, J.)의 역사학습 이론은 독일 역사적 사고 이론의 기초를 이룬다. 현재 독일 여러 주의 역사과 교육과정에서 활용 중인 FUER 역량모델은 이들의 논의에 바탕을 두고 설계된 것이다. 튀링겐, 작센, 바이에른, 바덴뷔르템베르크 주가 대표적이며, 벨기에의 독일어권과 오스트리아 일부 지역에서도 이 모델을 수용하였다. FUER는 '성찰적 역사의식의 진흥과 발전[Förderung und Entwicklung von reflektiertem und (selbst-)reflexivem Geschichtsbewusstsein]'의 줄임말이다.

2007년 완성된 FUER 모델은 총 4개 역량영역으로 이루어져 있다. ① 역사적 질문역량, ② 역사적 방법역량, ③ 역사적 지향역량(방향설정역량), ④ 역사적 사실역량이 그것이다.[2] 국내에도 여러 차례 소개된 FUER 모델의 구상에 따르면,[3] 학생들의 역사적 사고 과정은 과거 사실에 대한 역사적 질문을 제기하는 것으로 출발한다. 이는 제시된 자료의 의미를 해체하고 재구성하는 분석 작업을 거쳐 현재와 미래의 방향을 설정하는 단계로 이어지며, 그것은 다시 새로운 역사적 질문을 제기할 수 있는 토대가 된다. 말하자면 역사학습은 역사학의 학문적 원리에 기초해야 함은 물론, 학생들의 생활세계와 연계되어 삶의 동력으로 작용할 수 있도록 해야 한다는 것이다.

그러나 역사적 사고를 둘러싼 다양한 논의에서 상대적으로 간과되고 있는 부분은 그것을 진단하고 평가하는 방법의 문제다. 학생들은 얼마나 정

---

2 Körber, A., editiors. *Kompetenzen historischen Denkens. Ein Strukturmodell als Beitrag zur Kompetenzorientierung in der Geschichtsdidaktik*, ars una, 2007, p. 36.

3 고유경, 「독일의 역량중심 교육과정과 역사교육의 변화」, 『독일연구』 35, 2017; 이미미, 「역사적 사고 그리고 역사 역량 ―우리는 무엇을, 왜 추구할 것인가―」, 『역사교육연구』 40, 2021; 박미향, 「독일 역사교육에서 역사의식과 역량 논의 ―뤼젠(Jörn Rüsen)의 역사이론과 FUER 모델을 중심으로―」, 부산대학교 박사학위논문, 2022.

교하게 질문을 구성할 수 있으며, 어느 정도로 역사적 자료를 다룰 수 있는가? 학생들이 자료를 통해 재구성해 낸 과거인식과 그들이 삶에서 설정한 방향이 서로 연관되어 있는 양상을 확인하는 방법은 무엇인가? 이 장은 이와 같은 질문에 대한 독일 역사교육의 응답을 소개하고자 한다.

독일에서는 오랫동안 역사적 사고를 측정할 수 있는 표준화된 방법이 정립되어 있지 않았다. 역사적 사고가 갖는 개별적인 속성이 과연 교육의 아웃풋을 중시하는 사회적 요구에서 출발한 역량교육과 접목될 수 있는지에 대해서도 회의적인 시각이 존재하였다.[4] 이러한 상황은 FUER 모델이 나온 뒤에도 마찬가지였다. FUER 모델에서 제시하는 역량 개념은 여전히 그 성격이 모호하며 경험적으로 타당성을 입증하기 어렵다는 비판을 받았다.[5] 이에 대한 반응으로 나온 후속 연구가 바로 HiTCH(Historical Thinking-Competencies in History: 역사적 사고-역사의 역량) 프로젝트다. 명칭에서 알 수 있는 것처럼, HiTCH 프로젝트의 목적은 역사과 역량모델과 역사적 사고 평가를 정교하게 결합한 평가모델을 개발하는 데 있다. 이 점은 수업과 평가의 유기적 연결을 모색하는 우리 역사교육에도 유용한 시사점을 줄 수 있을 것이다.

2. 역사적 사고: FUER 역량모델에서 HiTCH 프로젝트로

HiTCH 프로젝트의 이론적 기원은 20세기 후반 서독 역사교육의 전환기로 거슬러 올라간다. 1970년대에 쇼에르켄(Schörken. R)과 야이스만의 선구

---

4 Körber, A., et al., "Sind Kompetenzen historischen Denkens messbar?", edited by Frederking. V, *Schwer messbare Kompetenzen. Herausforderungen für die empirische Fachdidaktik*, Schneider Verlag, 2008, pp. 65~84.

5 Daumüller, M. & Seidenfuß, M., *Endstation Geschichtsunterricht. Die Sicht von Schulabgängern auf ihren Geschichtsunterricht*, LIT, 2017, pp. 13~24.

적 논문이 연달아 발표되면서,[6] 역사의식은 본격적으로 독일 역사교육의 핵심 개념으로 부상하였다. 야이스만은 역사교육이 "학문적으로 성찰된 역사가의 역사 이해만이 아니라 넓은 의미의 역사의식 전체에 관심을 가진다"라고 서술하였다. 그것은 학문중심 역사교육으로부터의 일대 전환을 예고하는 발언이었다. 이 글에서 야이스만은 역사의식을 "과거 해석, 현재 이해, 미래 전망" 사이의 복잡한 상호작용으로 정의하였다. 그가 정립한 '성찰적 역사의식'은 개인이 다른 사회 구성원들의 역사적 질문과 지향, 해석을 인식할 뿐만 아니라 항상 이와 소통해야 한다는 점을 강조하였다. 역사의식에 관한 이러한 논의는 거대서사 중심의 '전통적' 역사교육으로부터 현재에 대한 비판적 태도를 양성하는 '해방적' 역사교육으로의 전환을 가져왔다. 이는 역사학습의 평가에서도 지식과 이해의 측정에서 역사적 사고력에 대한 평가로의 변화를 예고하는 것이었다.

야이스만에 이어 독일 역사의식 이론의 발전에 이바지한 인물은 판델(Pandel, H. J.)과 뤼젠이다. 판델의 '역사의식 구조 모델'은 역사의식의 차원을 기본 범주(시간의식, 실재의식, 역사성의식)와 사회적 범주(정체성의식, 정치의식, 사회-경제의식, 윤리의식)로 나눈다.[7] 판델이 제시한 역사의식의 사회적 범주는 2005년 독일

---

6 Schörken, R., "Geschichtsdidaktik und Geschichtsbewußtsein", *Geschichte in Wissenschaft und Unterricht*, 23, 1972, pp. 81~89; Jeismann, K. E., "Didaktik der Geschichte. Die Wissenschaft von Zustand, Funktion und Veränderung geschichtlicher Vorstellugen im Selbstverständnis der Gegenwart", edited by Kosthorst, E., *Geschichtswissenschaft. Didaktik-Forschung-Theorie*, Vandenhoeck & Ruprecht, 1977, pp. 9~33.

7 7개 하위범주 가운데 시간의식은 사건을 시간적 질서로 배열하는 데 필요한 역사의식을 말한다. 실재의식이란 실제로 존재한 역사 현상을 허구와 대조하는 데 필요한 역사의식이다. 역사성의식은 연속성과 변화에 대한 의식을 말한다. 정체성의식은 사회 집단에 대한 소속감을, 정치의식은 사회에 내재하는 권력관계에 대한 의식을, 사회-경제의식은 사회의 불평등에 대한 의식을, 윤리의식은 과거에 일어난 일 가운데 적절한 것과 부적절한 것을 평가할 수 있는 의식을 의미한다. Pandel, H. J., "Dimensionen des Geschichtsbewußtseins. Ein Versuch, seine Struktur für Empirie und Pragmatik diskutierbar zu machen", *Geschichtsdidaktik*, 12, 1987, pp. 130~142; Pandel, H. J., Geschichtsdidaktik. *Eine Theorie für die Praxis*, Wochenschau, 2013, pp. 37~150; Kölbl, C. & Konrad, L.,

이 이주국임을 공식 선언함으로써 다문화 사회(독일의 용어로는 상호문화적 사회)로 전환된 상황에서 필요한 역사교육의 방향을 설정하였다. 새로운 방향은 학생들이 역사학습을 통해 인종·젠더·종교·계급의 여러 요소가 사회에 미치는 영향을 인식하고 그것이 역사의 어느 부분에서 기원하는지를 성찰하기를 기대하는 독일 사회의 바람을 나타내고 있었다. 즉 판델의 역사의식 이론은 독일 역사교육의 목표와 방법론을 재편하는 데 큰 영향을 미쳤다.

역사의식 개념은 현재 독일의 16개 주 역사과 교육과정에서 중요한 위치를 차지하며, 여기에는 야이스만은 물론 판델과 뤼젠의 흔적이 짙게 나타난다. 역사의식은 21세기에 들어와 측정 가능한 역사 역량으로 변화하였으며, 역사적 사고의 핵심을 '성찰적 역사의식의 진흥과 발전'으로 규정한 FUER 역량모델의 이론적 기초가 되었다.

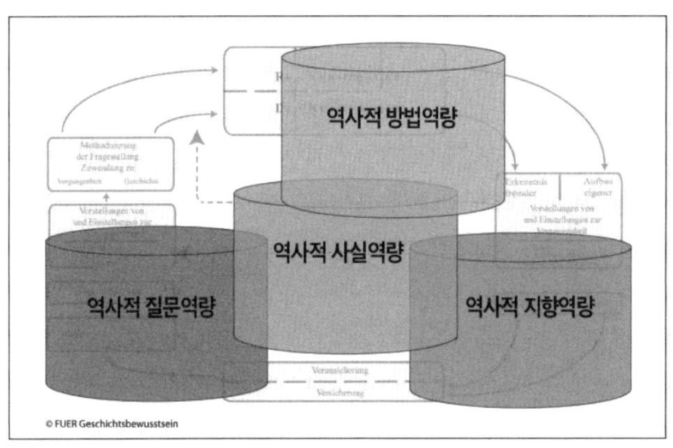

〈그림 1〉 FUER 역량모델[8]

"Historical Consciousness in Germany. Concepts, Implementation, Assessment", edited by Ercikan, K. & Seixas, P., *New Directions in Assessing Historical Thinking*, Routledge, 2015, pp. 19~20.

8 Trautwein, U., et al., *Kompetenzen historischen Denkens erfassen: Konzeption, Operationalisierung und Erste Befunde des Projects "Historical Thinking-Competencies in History(HiTCH)*, Waxmann, 2017, p. 30.

FUER 모델의 4개 역량영역은 〈그림 1〉처럼 서로 긴밀하게 연계되어 있다. 첫째, 역사적 질문역량은 역사에서 의미 있는 주제를 파악하고 역사에 관심을 가지며 타인의 역사적 질문을 이해하고 이를 자신의 문제의식과 연결하는 것을 의미한다. 둘째, 이러한 질문에 답하기 위해서는 역사적 방법역량이 필요하다. 그것은 다양한 자료를 읽고 역사 내러티브가 어떻게 구성되는지를 인식(재구성 역량)하는 동시에, 사람들이 갖고 있는 역사상이란 언제나 '해석'된 것이며(해체 역량) 그러므로 이를테면 역사책과 박물관은 특정한 관점을 전달한다는 사실을 아는 것이다. 셋째, 이렇게 획득한 결과를 현재 이해 및 미래 방향 설정과 연결하는 것이 역사적 지향역량이다. 뤼젠이 강조한 '생활세계와의 연관성'과 직결되는 이 역량을 통해, 학생들은 자신과 타인을 역사의 일부로 이해할 수 있다. 이상의 3개 역량영역을 아우르는 메타 역량이 역사적 사실역량이다. 역사적 사고의 과정에서 중시되는 전문 개념을 다룰 수 있는 역사학이라는 학문의 특성을 인식할 수 있는 사고 역량을 뜻한다.[9]

FUER 모델이 독일어권에서 나온 다른 역량모델과 구별되는 지점은 무엇보다도 그 적용 범주에 있다. 교실에서 이루어지는 역사학습에 초점을 맞춘 다른 역량모델과는 달리, FUER 모델은 역사적 사고가 개인의 삶과 사회에서 수행하는 현재와 미래의 방향 설정 기능을 중시한다.[10] 다만 FUER 모델에 따른 역사적 사고력 향상에 대한 경험 연구가 아직 부족한 실정이다. 학생들을 역사적 사고 역량을 갖춘 시민으로 양성하기 위해서는 무엇보다도 역량모델의 성공 여부를 가늠할 수 있는 도구가 절대적으

---

9 한국에서 '역사적 사실역량'으로 번역되는 이 개념은 독일어 원어로는 'Sachkompetenz'이며, 영어권 국가에서는 통상 'subject matter competency'로 번역된다. 독일어에서 Sache가 '사실'을 의미하는 까닭에 이 개념이 역사적 사실에 관한 역량을 의미하는 것인지에 대해 논란이 많다. 예컨대 2006년과 2010년 독일역사교사협회가 제시한 역사과 사실역량은 과거 사건, 개인, 구조 등에 대한 구체적 지식이나 내용을 가리키는 의미로 사용되었다. 고유경, 「독일의 역량중심 교육과정과 역사교육의 변화」, pp. 59~60.

10 Trautwein, U., et al., *Kompetenzen historischen Denkens erfassen*, p. 14.

로 필요하다. FUER 모델은 물론 독일의 다른 역량모델 역시 그저 이론일
뿐, 그 구체적 타당성을 입증할 수 없다는 비판이 반복적으로 제기되었다.[11]
FUER 연구진 가운데 일부는 이에 대한 응답으로 HiTCH 프로젝트를 출범
시켰다.

　HiTCH 프로젝트는 독일연방교육부의 지원을 받아 2012년 2월부터
2015년 3월까지 수행되었다. 이 프로젝트의 취지는 "학생들의 역사적 사
고력을 평가할 수 있는 대규모 평가를 개발하는 것"[12]이었다. HiTCH 프
로젝트는 독일·스위스·오스트리아의 역사교육 및 경험교육연구(Empirische
Bildungsforschung)에 종사하는 18명의 학제 간 연구진으로 구성되었다.[13] 프로
젝트 주관기관은 튀빙겐 대학교의 헥터 연구소(Hektor Institut)이며, 연구책임
자는 교육심리학자 트라우트바인(Trautwein, U., 헥터 연구소)이다. 공동연구원으로
는 FUER 연구진의 주축인 역사교육학자 쾨르버(Körber, A., 함부르크 대학교)와 그
스승인 보리스, 역사교육학자 슈라이버(Schreiber, W., 아이히슈태트-잉골슈타트 가톨릭대
학교)와 교육학자 슈반(Schwan, S., 라이프니츠 교육매체연구소)이 있으며 그 외에 13명
이 연구원으로 참여하였다.

　HiTCH 프로젝트는 역사란 단순히 자료와 사실에 관한 지식의 모음이
아니라, 미래를 향한 방향 설정과 정체성 형성을 가능하게 해야 한다는 전
제에서 출발하였다. 오늘날 사회가 계속 변화하며 다원화되고 있는 상황에
서, 학생들에게 필요한 역사학습은 역사적 질문을 새롭게 제기하고 현재와
미래에 그것이 갖는 의미를 비판적으로 성찰하며 대면할 수 있는 역사적 사

---

11 Bracke, S., et al., "History Education Research in Germany. Empirical Attempts at
Mapping Historical Thinking and Learning", edited by Köster, M. et al., *Researching
History Education. International Perspectives and Disciplinary Traditions*,
Wochenschau, 2014. p. 33.

12 Trautwein, U., et al., *Kompetenzen historischen Denkens erfassen*, p. 11.

13 경험교육연구는 교육의 질적 특징에 대한 표준화된 측정과 제도화된 교육의 결과를 다루는 학
제적 연구 분야로서, 교육학, 심리학, 사회학과 다른 전공 분야의 협업으로 진행된다.

고력을 배양하는 일이라는 것이다. 연구진은 역사와 그 해석에 대한 사회의 논쟁에 참여하는 것이야말로 성숙하고 책임 있는 시민의 자세임을 역설하였다. 이 같은 문제의식은 시민교육(독일의 용어로는 정치교육)의 중요성을 강조하는 독일 역사교육의 현주소를 보여준다. 아울러, FUER 역량모델에 이어 HiTCH 프로젝트에도 뤼젠의 역사이론이 뚜렷한 자취를 남겼음을 확인하게 한다.

HiTCH는 현장 연구가 충분하지 않은 독일 역사교육의 상황을 혁신하려는 야심적인 기획의 하나다. 연구진은 역사적 사고 역량을 측정할 수 있는 표준화된 도구를 개발하고 현대 사회에 필요한 역사교육의 방향성에 대한 논의를 자극하는 것을 HiTCH 프로젝트의 목적으로 삼았다. 연구 대상은 PISA 테스트와 마찬가지로 중등 I 단계가 마무리되는 9학년(15세) 학생으로 설정되었다. 평가 대상에는 특수학교를 제외하고 인문계와 실업계를 아우르는 모든 유형의 중등학교가 포함되었다. 궁극적으로 HiTCH는 유럽 학생들의 역사적 사고 역량을 평가하는 도구, 말하자면 '역사과의 PISA 테스트'를 지향한다.

3. HiTCH 테스트의 구성: 평가 설계와 역량별 문항 사례

1) HiTCH 테스트의 설계

HiTCH 연구진은 FUER 역량모델의 네 역량영역별로 250개 이상의 과제군과 1,500개에 이르는 문항을 개발하였다. 과제군이란 주어진 자료를 중심으로 하나 또는 여러 역량영역을 포괄하는 개별 문항들의 모음을 지칭한다. 문항은 선택형(진위형) 또는 선다형의 폐쇄형 과제로 구성된 평가의 최소 단위를 가리킨다. HiTCH 테스트가 채택한 정량평가 방식은 역사적 사고 이론의 토대인 '내러티브로서의 역사'가 전제로 하는 '역사의 구성성'과 충돌하는 것처럼 보이기도 한다. 그러나 연구진은 역사의 구성성이란 사료 해석을 연구자의 자의적 판단에 맡기는 것을 의미하는 것이 아니라, 언제나 설득력과 타당성 같은 질적 기준을 통과해야 하는 것이기에 표준화된 정량평가 방식을 도입하는 것이 불가능하지는 않다고 설명한다.[14]

연구진은 2013년 봄과 2014년 봄, 두 차례 예비 평가를 시행하였다. 1,701명이 참여한 1차 예비 평가에는 233개의 과제군과 1,308개의 문항이 활용되었다. 이 평가에서는 학생들에게 총 8개 주제(아테네 도편추방제, 로마제국의 몰락, 페스트, 마녀사냥, 미국사, 뉘른베르크 재판, 동독사, 국가제도 발전)와 관련된 자료가 실린 소책자를 주고, 그 가운데 한 주제를 선택하여 답하게 하였다. 1,295명이 참여한 2차 예비 평가에서는 15개의 과제군과 152개의 문항이 보완되었으며 일본사, 1980년대 청소년 폭동, 영국의 아서 왕에 관한 주제를 추가하였다.[15]

연구 타당성을 검증하기 위한 본 평가는 2014년 9월과 10월에 실시되었으며, 52개 학교 2,853명의 학생이 참여하였다.[16] 본 평가에는 15개 과제군에 속한 106개 문항이 사용되었는데, 이중 최종적으로 91개 문항이 선별되었다. 역량별 과제군의 수는 질문역량 2개, 방법역량 8개, 지향역량 1개,

---

14 Trautwein, U., et al., "Entwicklung und Validierung eines historischen Kompetenztests zum Einsatz in Large-Scale-Assessments (HiTCH)", *Forschung in Ankopplung an Large-Scale Assessments*, Bundesministerium für Bildung und Forschung, 2016, p. 101.

15 Trautwein, U., et al., *Kompetenzen historischen Denkens erfassen*, 2017, pp. 77~80.

16 응답한 학생들의 평균 연령은 14.41세로, 성별로는 남학생 49.4%, 여학생 50.6%이다. 학교별로는 김나지움 53.7%, 통합학교(Gesamtschule) 22.4%, 실업학교(Realschule) 15.9%, 직업학교(Hauptschule) 7.9%이다. 지역별로는 바덴뷔르템베르크 22.9%, 바이에른 4.1%, 함부르크와 슐레스비히홀슈타인 25.3%, 노르트라인베스트팔렌 17.0%, 튀링겐 0.6%, 스위스 9.5%, 오스트리아 20.6%로 구성되었다. 또한 연구진은 평가에 참여한 일부 학생들을 대상으로 '소리 내어 생각하기(Think-aloud)' 기법을 활용하여 HiTCH 테스트에 대한 생각, 문제 풀이 전략, 주제에 대한 사전지식 등을 파악하였다.

사실역량 4개이다. 역량별 문항 수의 '불균형'은 폐쇄형 문항 형식으로 질문 역량과 지향역량을 평가하는 표준화된 문항을 구성하는 일이 쉽지 않다는 사실을 보여준다. 각각의 주제와 해당 역량은 〈표 1〉과 같다.[17]

표 1 HiTCH 테스트의 15개 과제군

번호	주제	역량
1	마녀사냥을 주제로 한 목판화 해석	방법역량(재구성)
2	마녀사냥 주제에 대한 두 텍스트 사료 해석	방법역량(재구성)
3	마녀사냥에 대한 논리적 진술을 구성하기 위한 텍스트 모듈 배열	지향역량
4	과거와의 적절한 대면	사실역량
5	미국사에 대한 두 서술에 나오는 사건의 배열	방법역량(재구성)
6	미국사에 대한 두 서술의 해석	방법역량(해체)
7	미국사에 대한 두 이미지 사료의 설명	방법역량(재구성)
8	미국사에 대한 두 이미지 사료의 상이한 진술	방법역량(해체)
9	국가 개념의 유형별 특징에 따른 배열	사실역량
10	국가 개념의 연대순 배열	사실역량
11	현재의 위기를 역사적 고찰을 통해 설명하는 전략에 대한 텍스트 모듈 배열	질문역량
12	역사적 진술의 의도에 따른 평가	사실역량
13	과거/역사/현재와 미래에 관한 언급에 따른 질문의 배열	질문역량
14	도편추방제에 대한 역사가들의 진술 해석	방법역량(해체)
15	도편추방제에 대한 역사가들의 방향 설정 제안	방법역량(해체)

2) HiTCH 테스트의 역량별 문항 사례

HiTCH 테스트 문항을 제작하기 위해 연구진이 염두에 둔 요소는 아래와 같다.

첫째, 문항에 등장하는 역사 주제는 학생들이 수업에서 다룬 것이든 생

---

17 Trautwein, U., et al., *Kompetenzen historischen Denkens erfassen*, p. 91.

소한 것이든, 평가 결과에 영향을 주어서는 안 된다. 즉, 과제 수행에 필요한 모든 정보는 문항 안에 포함되어 있어야 한다는 것이다. 이 점은 국가교육과정 없이 주마다 독자적인 교육과정을 운영하는 독일의 상황에서 특히 중요한 조건이다. 특정 교육과정으로 학습한 학생에게 유리한 문항이 출제되면 평가 결과에 영향을 미칠 수 있기 때문이다.

둘째, 단일한 주제가 아닌 여러 주제를 결합한 문항을 설계해야 한다. 이는 첫 번째 사항과도 관련되는 문제로서 HiTCH가 지식이 아닌 역량을 측정하는 시험이라는 점을 염두에 둔 것이다. 역량을 측정한다고 해서 역사적 사건이나 맥락을 도외시한 추상적인 문항이 되어서는 안 되지만, 그렇다고 하여 특정 주제만을 집중적으로 다루는 것은 문제가 될 수 있기 때문이다. 문항에서 여러 주제를 다루는 것은 보안 유지를 위해서도 중요하다.

셋째, 평가 대상이 되는 학생들의 문해력, 해당 주제에 대한 사전지식과 관심, 문화적 배경과 기억, 그리고 전통 등을 고려해야 한다. 이러한 요소가 역사적 사고 역량을 측정하는 데 본질적이라고 할 수는 없지만, 평가 결과에 직간접적으로 영향을 미칠 수 있기 때문이다.[18] 연구진은 테스트 결과에서 변수를 최소화하기 위해, 학생들에게 부담을 주는 길고 복잡한 문항과 역사적 사고력 없이 단순 독해 능력으로도 풀 수 있는 문항을 배제하는 것을 원칙으로 삼았다.[19] 정해진 시간 안에 평가를 끝마치기 위해서라도 문항의 길이를 제한할 필요가 있었다.

---

[18] 연구진은 학생의 개인적 배경이 테스트 결과에 미치는 영향을 파악하기 위해 차별 기능 문항 (Differential Item Functioning)을 HiTCH 테스트에 포함하였다. 그 결과 성별, 가정의 책 보유량의 요인은 평가 결과에 그다지 영향을 미치지 않았지만, 학교 유형별로는 인문계 학교인 김나지움 학생들과 직업학교 등 여타 학교 재학생들의 성적 사이에 유의미한 차이가 있음을 확인하였다. 과목 점수별로는 역사, 독일어 과목 점수와 HiTCH 테스트 결과 사이의 상관관계가 상대적으로 높게 나타났다. 이는 주제에 대한 사전지식과 문해력이 역사적 사고 역량과 관련이 있음을 보여준다.

[19] Trautwein, U., et al., *Kompetenzen historischen Denkens erfassen*, p. 63.

보안상의 이유로 HiTCH 테스트에 사용되는 문항은 공개되지 않는다. 2016년부터 운영된 HiTCH 컨소시엄 홈페이지도 지금은 폐쇄되었다.[20] 대신에 연구진은 2017년 출간된 「HiTCH 보고서」를 온라인상에 무료 공개하고 있다.[21] 이 보고서에는 두 번의 예비 평가에 사용된 문항 가운데 8개 문항(질문역량 2문항, 방법역량 3문항, 지향역량 1문항, 사실역량 2문항)이 수록되어 있다. 아래에 역량별로 1개 문항을 소개함으로써, HiTCH 테스트가 추구하는 평가의 형식과 내용을 살펴보고자 한다.

(1) 역사적 질문역량 평가

학생들은 일상에서 과거와 관련하여 불확실성과 호기심을 느끼며, 의문을 갖는다. 과거에 대해 질문하는 일은 역사적 질문역량의 출발점이 된다. 〈예시문항 1〉의 과제군은 '마녀사냥'이라는 구체적인 역사적 사실에 관해 얼마나 아는지 묻고 있지 않다.[22] 예를 들면, 마녀사냥을 위한 교본으로 쓰인 『마녀를 심판하는 망치』(1486)의 저자가 누구인지를 아는 것은 중요하지 않다. 그보다는 학생이 과거에 대한 다양한 유형의 질문을 이해하고 구별할 수 있는 역량을 평가하고자 한다. FUER 모델의 네 역량영역에 서로 중첩되는 부분이 있으므로, 질문역량으로 대표되는 아래 과제군은 과거가 현재에 갖는 의미와 관련된 지향역량과 타인의 질문을 이해할 수 있는 방법역량(해체)을 부분적으로 포함한다.

---

20 http://hitch-project.de/ 현재는 사이트가 폐쇄된 상태이다.
21 다음 사이트에 공개되어 있다. https://elibrary.utb.de/doi/book/10.31244/9783830985983 (2024. 6. 7. 검색).
22 Trautwein, U., et al., *Kompetenzen historischen Denkens erfassen*, p. 68.

마녀사냥에 관해 관심이 있다면 매우 다양한 질문을 던질 수 있다. '마녀'에 관한 아래의 질문에 직접 답해서는 안 된다. 이 질문들이 각각 어떠한 질문 유형에 해당하는지 선택하라.

아래 질문은 과거의 개별 <u>사실</u>(이름, 사건)에 관한 것인가? 또는 과거의 여러 <u>관계</u>(사례: 발전)에 관한 것인가? 또는 과거가 <u>현재에 주는 의미</u>에 관한 것인가?

질문의 핵심이 위치한 곳에 한 줄당 하나만 표시하라.

질문	질문 유형		
	과거의 사실	과거의 관계	현재의 의미
독일에서 마지막 마녀 화형은 몇 년도에 일어났는가?	○		
근대 초에 많은 '마녀들'이 박해받은 이유는 무엇인가?		○	
마녀사냥에서 얻을 수 있는 외부적 통찰은 무엇인가?			○
14~17세기에 '마녀' 박해의 논거는 어떻게 변했는가?		○	
마녀사냥의 반대자들은 우리에게 본보기가 될 수 있는가?			○
『마녀를 심판하는 망치』의 저자는 누구인가?	○		

(2) 역사적 방법역량 평가

두 번째로, 방법역량 가운데 재구성역량을 평가하는 과제군을 소개하고자 한다. 재구성역량이란 사료에서 과거 현상에 대한 정보를 수집하고, 이를 통해 과거를 현재와 연관된 내러티브로 종합하며, 이 내러티브의 타당성을 검토하는 것을 말한다. 역사학의 전통적인 방법론인 '사료 비판'에 해당하는 이러한 작업은 1970년대 역사교육의 전환 이후에도 독일 역사학습에서 빠질 수 없는 중요한 부분이다.

HiTCH 연구진인 쾨르버와 마이어-함메(Meyer-Hamme, J.)는 재구성 역량을 평가할 때 염두에 두어야 하는 사항을 세 가지로 요약한다. 하나는 제시된 자료에서 정보를 추출하는 능력이다. 이를 단순한 독해력과 구별하기 위해, 과제군에는 다양한 관점과 다양한 유형의 사료들이 포함되어야 한다. 학생들은 자료의 내용을 반복하는 것이 아니라, 주어진 정보를 이해하고 과제를 해결하기 위한 절차를 수립해야 한다. 다음은 내러티브 종합 능력이다. 학생들에게 같은 주제에 대한 복수의 내러티브를 제시하고, 이를 활용하여 타당성 있는 역사 내러티브를 구성하도록 한다. 마지막은 타당성의 기준을 논평하는 능력이다. 학생들에게 특정한 내러티브의 타당성을 '완전히 적절한', '부분적으로 적절한', '완전히 부적절한' 것으로 구별해 판단하도록 한다.[23]

〈예시문항 2〉는 이러한 요소들을 반영한 과제군이다.[24] 1차 십자군 운동의 원인에 대한 사료 가운데 서유럽 교회의 일반적 입장을 대변하는 12세기 연대기 작가 알베르트 폰 아헨(Albert von Aachen)이 쓴 〈사료 1〉과, 예루살렘 성지 회복을 호소한 프랑스 수도사 은자 피에르의 태도를 비잔티움 제국의 입장에서 진술한 황녀 안나 콤네나가 쓴 〈사료 2〉를 비교하도록 한다. 학생은 두 사료에서 동일한 진술과 서로 충돌하는 진술들을 비교 분석하여, 어떠한 역사 내러티브가 타당한지를 판단해야 한다. 또한 특정한 정보가 사료에 등장하는지를 판단하고, 두 사료가 제공하는 정보가 모순되는 경우 판단을 유보하는 것도 포함된다.

---

23 Körber, A. & Meyer-Hamme, J., "Historical Thinking, Competencies, and Their Measurement", edited by Ercikan, K. & Seixas, P., *New Directions in Assessing Historical Thinking*, Routledge, 2015, pp. 95~97.

24 Trautwein, U., et al., *Kompetenzen historischen Denkens erfassen*, p. 71.

<사료 1> 알베르트 폰 아헨은 1101년 1차 십자군 운동(1096~1099)의 원인을 보고한다.

프랑스의 수도사 피에르가 열정적으로 이 운동을 요구한 첫 번째 인물이었다. 이 수도사는 예루살렘으로 성지순례를 떠났다. 그곳에서 그는 성묘 교회에서 벌어지는 죄악으로 가득하고 사악한 일들을 목격하고 슬픔으로 가슴이 찢어지는 듯했다. 그는 신에게 복수를 호소했다. 그때 하늘은 암흑으로 덮여 있었다. 피에르는 성묘에 가서 기도했다. 그러자 예수께서 나타나 말씀하셨다. "피에르야. 되도록 서둘러 프랑스로 돌아가 내 백성과 성소가 이곳에서 겪는 일을 전하고, 믿는 사람들의 마음을 움직여 예루살렘과 성소를 정화하고 성지를 해방하도록 하여라." 피에르는 프랑스로 돌아와 교황에게 신이 말씀하신 것을 전했다. 그러자 프랑스의 주교들과 공작들과 백작들, 그 밖의 많은 사람들이 성묘로 떠났다. 성직자들과 여러 나라의 제후들과 민중이 그의 호소에 따랐다. 여성을 포함한 기독교 신자들 모두가 기꺼이, 회개하는 마음으로, 이 운동에 참여했다.

<사료 2> 안나 콤네나(1083~1154)는 1차 십자군 운동의 원인을 보고한다.

피에르라는 이름의 프랑스인이 성묘로 성지순례를 떠났으나, 도중에 투르크인과 사라센인으로부터 많은 고초를 겪고 간신히 고국 프랑스로 돌아왔다. 그는 목표를 달성하지 못했기에 이를 받아들이지 않고 다시금 같은 길을 떠나려고 했다. 그러나 성지순례를 다시 시작하기가 간단치 않다는 사실을 그는 곧 알게 되었으니, 더 나쁜 일을 겪을 수 있기 때문이었다. 그래서 그는 영리한 계획을 세웠다. 그는 서유럽의 모든 국가에 다음과 같이 알리고자 했다. "신의 목소리가 나에게 이르기를, 프랑스의 모든 귀족이 고국을 떠나 성묘까지 성지순례를 하고 몸과 마음을 다해 예루살렘을 이슬람교도들의 손에서 해방하도록 설교하라고 하였습니다. 그는 이를 실천에 옮겼다. 그는 신의 목소리를 모두의 마음에 전하여 무기와 말을 모으도록 했다. 그리하여 그들은 완벽한 준비와 감동으로 가득하여 모든 거리가 그들로 채워졌다.

1차 십자군 운동에 대한 다음 진술 중 어느 것이 <사료 1>과 <사료 2>를 뒷받침하고 있는가? 또는 반박하고 있는가? 한 줄당 하나만 표시하시오.

진술	이 진술은 <사료 1>과 <사료 2>를		
	반박한다.	결정할 수 없다.	지지한다.
교황은 십자군의 호소를 지원하라는 압력을 받았다.		○	
1차 십자군 운동에는 기사들만이 참여했다.	○		
피에르는 십자군을 제창하라는 계약을 신으로부터 받았다고 주장했다.			○
피에르가 십자군을 제창한 것은 이기적인 이유 때문이었다.		○	

(3) 역사적 지향역량 평가

지향역량은 역사란 과거를 오늘날의 관점에서 조명하며 현재와 미래를 위한 방향 설정 기능을 갖는다는 인식을 바탕으로 한다. 이러한 기능을 통해 학생들은 세계·자아·타자에 대하여 이해를 키울 수 있다.[25] HiTCH 연구진은 개인적인 방향 설정이 아니라, 역사적 주제를 사례로 현재와 미래를 연결하는 사고가 가능한지를 평가하는 문항을 제작하였다. 이는 지향역량과 필연적으로 관련되는 정체성의 문제를 표준화된 폐쇄형 문항으로 평가하기는 어렵다는 판단에 따른 불가피한 선택으로 보인다.

〈예시문항 3〉은 학생들이 과거·현재·미래의 관련성을 참조하여 내러티브 진술을 체계화하고 다양한 유형의 '의도'에 이를 연결할 수 있는 역량을 평가하는 과제군이다.[26] 한 가지 주제에 집중한 앞의 두 과제군과는 달리 〈예시문항 3〉은 서로 다른 시간과 공간에 관한 네 개의 서로 다른 주제를 포함하고 있어, 다양한 주제를 결합한 문항을 제작해야 한다는 HiTCH 테스트의 취지에 부합하도록 노력한 흔적이 나타난다. 다만 이 과제군에는, 문제 풀이에 영향을 미치지는 않는 사실관계의 오류가 있다. 〈예시문항 3〉의 세 번째 진술에서, 미국인의 권리와 자유를 규정한 것은 미국 헌법의 수정조항 1~10조를 일컫는 권리장전(Bill of Rights, 1791)이다.

---

25 Trautwein, U., et al., "Entwicklung und Validierung eines historischen Kompetenztests", p. 100.

26 Trautwein, U., et al., *Kompetenzen historischen Denkens erfassen*, p. 75.

어떠한 의도가 각각의 진술에 가장 적절한지를 평가하시오. 한 줄당 하나만 표시하시오.

진술	의도			
	입증된 사실이므로 확실하게 말할 수 있다.	과거 사례를 통해 일반 규칙이 나타나야 한다.	과거 발전을 설명함으로써 변화가 평가되어야 한다.	과거를 비판하며 현 상황을 변화시키려 한다.
과거의 전쟁을 학습해 보면, 전쟁이 많은 사람을 뒤흔들어 그 뒤에도 이들이 더 이상 편안하게 살아갈 수 없다는 사실이 분명해진다.		○		
올림픽 표어처럼 더 높이, 더 빨리, 더 멀리 발전한다는 진보 이념은 대회를 개선하지 못했다. 관심과 후원을 받으려는 싸움은 스포츠를 해친다.				○
1787년 미국 헌법이 발효되고 나서 미국인의 권리와 자유가 보장되었다.	○			
중국은 지난 수십 년 동안 빈곤국에서 경쟁력 있는 경제 대국으로 발전했다. 아마도 중국은 곧 세계 제1의 경제 대국으로 부상할 것이다.			○	

(4) 역사적 사실역량 평가

FUER 역량모델은 사실역량을 '역사적 사고의 여러 과정을 수행하는 전제조건을 구성하는 지식'을 뜻하는 용어로 사용한다. 이때 '사실'이란 단순히 과거에 일어난 사건이나 주제가 아니라, 정신적 구성물로서의 역사와 역사적 사고를 뜻한다. 그러므로 역사적 사실역량이란 역사 개념을 체계적으로 인식하고(개념역량) 사료 접근법에 관한 절차적 지식과 정보를 연대순으로 배열하는 지식, 사료를 분석하고 해석하는 지식 등 역사적 사고를 구성하는 절차들을 구조화하는(구조화역량) 역사적 역량을 의미한다.[27]

〈예시문항 4〉는 개념역량에 초점을 맞춘 과제군으로, 학생들이 역사적 사고에 반영되어야 하는 원리를 얼마나 잘 파악하고 있는가를 측정하고자 한다.[28] 이는 주어진 세 가지 진술 중에서 적절한 내러티브를 도출하는 데 필요한 원리를 선별할 수 있는 역량이 있는지를 진단하기 위한 것이다. 사료가 과거의 전체상을 반영하지 못한다는 역사인식의 기본 전제하에서, 역사서술을 위해 해야만 하는, 할 수 있는, 또는 해서는 안 되는 진술이 무엇인지를 찾아내도록 하는 것이 핵심 목적이다. 이 과제군은 학생들이 역사해석의 개연성을 판단할 수 있는 역량을 갖추고 있는지를 확인하는 것 외에도, 사료 비판의 기본적인 원리를 인지하고 있는지를 평가할 수 있도록 설계되었다.

---

27 Schöner, A., "Kompetenzbereich historische Sachkompetenzen", edited by Körber, A., et al., *Kompetenzen historischen Denkens. Ein Strukturmodell als Beitrag zur Kompetenzorientierung in der Geschichtsdidaktik*, ars una, 2007, pp. 265~314; Körber, A. & Meyer-Hamme, J., "Historical Thinking, Competencies, and Their Measurement", p. 94.

28 Trautwein, U., et al., *Kompetenzen historischen Denkens erfassen*, p. 66.

과거에 대한 설득력 있는 역사를 서술하려 할 때, 해서는 안 되는 것, 할 수 있는 것, 해야만 하는 것을 각각 표시하시오.

왜냐하면	다음과 같이 반응한다.	해서는 안 되는 것	할 수 있는 것	해야만 하는 것
과거에 일어난 일이 모두 전해지는 것은 아니기 때문에	여러 정보원(영화 보기, 책 읽기, 전문가와 이야기하기)을 활용하여 과거의 상을 스스로 만들려고 한다.		○	
	사료에 문자로 기록되지는 않았으나, 그럼에도 전승되는 사료와 일치하는 내용을 직접 찾아낸다.			○
	사료를 계속해서 찾음으로써, 과거에 대한 모든 사실을 알 수 있다고 가정한다.	○		
	역사 전문가들은 검증될 수 없는 것까지도 무엇이든 주장할 수 있다고 가정한다.	○		

　최종 선별된 HiTCH 테스트의 91개 문항에 대해 응답 결과를 분석한 결과, 남학생과 여학생의 성취도에 유의미한 차이는 발견되지 않았다. 학교 유형별로는 김나지움 학생들의 성취도가 확실히 높게 나타났으며, 가족 구성원의 교육 정도는 학생들의 점수에 큰 영향을 미치지 않았다. 한편 HiTCH 테스트 결과와 역사과 및 독일어 과목의 성적, 일반적 문해력 검사 결과 사이에 비교적 뚜렷한 상관관계가 나타났는데, 이 같은 결과는 앞으로 역사교육에서 비판적 읽기에 더 많은 관심을 기울여야 한다는 점을 시사한다.

　2015년 초 프로젝트가 공식 종료된 뒤, HiTCH 테스트는 실용화 단계로 접어들었다. 슐레스비히홀슈타인 주는 HiTCH 테스트를 활용한 역사과 역량 진단을 실시하였다.[29] 바이에른 주와 노르트라인베스트팔렌 주에서는 중등학교 교사들을 대상으로 HiTCH 테스트를 비롯한 다양한 도구들을 역사 수업에 활용하도록 지원하는 KLUG(Inklusiv Geschichte lehren: 통합적으로 역사를 가르치다) 프로젝트가 진행 중이다.[30] 이러한 노력은 앞으로 독일 역사교육에서 역사적 사고 역량의 교수학습과 평가 분야에서 더욱 풍부한 자료들이 산출될 것을 기대하게 한다.

4. HiTCH 프로젝트의 보완: 내러티브 역량, 해체역량, 구술사

HiTCH 1기 프로젝트는 3개국 18명의 연구진으로 구성된 방대한 기획이었다. 그러므로 엄밀히 말해 HiTCH 테스트는 '독일'이 아닌 '독일어권'의 역사적 사고 역량 평가라고 정의하는 편이 정확하다. 1기 연구진은 프로젝트의 진행 중은 물론 그 종료 후에도, HiTCH 테스트가 포괄하지 못한 역사적 사고 역량을 평가하기 위한 새로운 도구를 계속해서 개발하고 있다. 이 장에서는 HiTCH 연구진이 수행한 평가 관련 연구 가운데, 내러티브 역량과 해체역량 및 구술사 학습의 효과를 진단하는 평가 사례들을 소개하고자 한다.

---

29 HiTCH 프로젝트 주관기관인 튀빙겐 대학교 헥터 연구소 홈페이지에 관련 정보가 수록되어 있다. https://uni-tuebingen.de/fakultaeten/wirtschafts-und-sozialwissenschaftliche-fakultaet/faecher/fachbereich-sozialwissenschaften/hector-institut-fuer-empirische-bildungsforschung/forschung/aktuelle-studien/hitch/#c1510410 (2022. 2. 10. 검색).

30 프로그램은 한 학기 단위로, 2회의 대면 교육과 6회의 100분 비대면 수업으로 이루어져 있으며, 신청자에 한해서 무료로 진행된다. https://klugprojekt.de/#fortbildungsprogramm (2022. 1. 7. 검색).

1) 개방형 글쓰기 과제를 통한 내러티브 역량 평가

HiTCH 1기 프로젝트에서 개발된 역사적 사고 역량의 평가 도구는 모두 폐쇄형 문항으로 이루어져 있다. 그러나 뤼젠의 연구 이래 독일의 역사교육계에서는 역사적 사고를 본질적으로 내러티브적 사고로 합의하고 있다.[31] 헤센주와 베를린 브란덴부르크주가 역사과 역량영역들을 아우르는 메타 역량을 내러티브 역량으로 설정한 것은 그 중요성을 보여주는 한 가지 사례다.[32] 이런 면에서 본다면, 폐쇄형 문항으로만 이루어진 HiTCH 1기 테스트는 학생들의 내러티브 역량을 측정하기 어렵다는 근본적인 문제가 있다.

이러한 한계를 보완하기 위해 HiTCH 연구진인 북서스위스 응용과학대학교의 치글러(Ziegler, B.)와 발디스(Waldis, M.)는 학생들의 내러티브 역량을 측정하기 위한 평가 프로젝트 'Narratio'를 2012년부터 1년간 별도로 운영하였다. 연구진은 스위스와 독일의 세 도시(아라우, 뮌스터, 오스나브뤼크)의 9개 학급(9학년-4학급, 10학년-3학급, 11학년-2학급) 학생 193명을 대상으로, 내러티브 역량을 진단하는 개방형 글쓰기 평가를 실시하고 그 결과를 분석하였다. 연구 결과는 2015년 캐나다의 세이사스(Seixas, P.)가 주도한 국제 역사적 사고 평가 연구에 관한 단행본의 일부로 출간되었다.[33]

Narratio 연구진은 먼저 내러티브 역량을 역사적 질문, 역사적 분석,

---

31 하스베르크와 쾨르버는 뤼젠의 학문모형에 따라, 역사적 사고의 두 기본 작용을 '역사 내러티브를 구성하는 능력(재구성역량)'과 '기존 내러티브를 이해하고 비판적으로 문제를 제기하는 능력(해체역량)'으로 구분하였다. Hasberg, W. & Körber, A., "Geschichtsbewusstsein dynamisch", edited by Körber, A., *Geschichte-Leben-Lernen. Bodo von Borries zum 60. Geburtstag*, Wochenschau, 2003, p. 185; 박미향, 「독일 역사교육에서 역사의식과 역량 논의」, pp. 58~59.

32 박주현, 「역사과 교과 역량 설정과 평가의 과제」, 『역사와 교육』 31, 2022, pp. 16~24; 이미미, 「역사적 사고 그리고 역사 역량」, pp. 50~54.

33 Waldis, M., et al., "Material-Based and Open-Ended Writing Tasks for Assessing Narrative Competence among Students", edited by Ercikan, K. & Seixas, P., *New Directions in Assessing Historical Thinking*, Routledge, 2015, pp. 117~131.

역사적 사실판단, 역사적 가치판단이라는 네 가지 하위 작용의 상호작용으로 정의한 다음, 학생들의 글쓰기 답안에서 이중 명확하게 나타나는 요소는 무엇이며, 각 요소 간의 상관관계는 어떠한지를 분석하였다. 분석 내용은 〈표 2〉와 같다. 연구진은 이를 위해 학생들에게 16~17세기 일본과 유럽의 무역 관계, 1933년 나치의 유대인 상점 불매운동 가운데 한 주제에 관한 자료집을 주고 이를 활용하여 글쓰기 과제를 제시하였다. 글쓰기 형식으로는 패널 토론에 활용할 수 있는 글, 학교신문 기사, 블로그에 실을 글 가운데 한 가지 유형을 선택하도록 하였다. 연구진은 제출된 답안을 문장별로 코딩하여 내러티브 역량의 네 가지 하위 작용 중 하나로 분류하였다. 교사 3명이 코딩 작업에 투입되었다. 연구진은 또한 역사 내러티브에서 중요한 일곱 가지 자질을 역사 참고자료 작성(역사적 분석), 역사적 사고의 일관성, 언어의 응집성, 사실의 정확성(역사적 분석, 역사적 사실판단), 규범적 타당성(역사적 가치판단), 용어의 명확성, 개념의 취급으로 설정하고, 학생들의 답안을 0점부터 3점까지 4점 척도로 평가하였다.

표 2   역사적 사고: 범주, 설명, 지표[34]

범주	설명	지표/사례
역사적 질문	·사실, 사실판단, 가치판단을 위해 역사적 질문을 제기하기	− "일본은 왜 의도적으로 방해를 하는가?"와 같은 직접 질문 − "나는 자문한다", "우리는 질문할 필요가 있다", "나는 ~에 놀랐다" 등으로 시작되는 문장 − "x가 y에 실제로 영향을 미쳤는지", "~에 대한 후속 연구가 필요하다" 같은 간접 질문
역사적 분석	·역사 자료에 대한 참고문헌 확인하기	− 특정 사료/설명을 가리키는 인용이나 문장 − 자료에 포함된 구체적 정보의 활용을 드러내는 참고문헌 − 사례: "유대인 상점주들의 상황에 대한 히틀러의 언급은 ~를 보여준다."

---

34 Waldis, M., et al., "Material−Based and Open−Ended Writing Tasks for Assessing Narrative Competence among Students", p. 121.

범주	설명	지표/사례
역사적 사실판단	·논쟁 형식을 활용하여 관계 설명하기	− 인과적(x는 y의 이유), 도구적(x는 y를 달성하기 위한 수단), 귀속적(x는 y의 일부), 비교적(x는 y와 유사) 등과 같은 논증 유형의 발생 − 사례: "일본인이 포르투갈인에게 적대적이었던 이유 중 하나는 그들이 인색했기 때문이며, 이는 일본인들이 그들을 증오하도록 만들었다."
역사적 가치판단	·현재 관점에서 역사적 사실이나 상황 평가하기 ·현재와 미래 지향에 부합하는 결론 도출하기	− "우리는 이 조상들을 솔직히 부끄러워해야 한다"와 같은 비판적 진술 − 특히 이 코드는 넓은 의미에서 판단 형용사를 가진 문장들을 포함

총 193명의 학생 중 186명이 답안을 제출하였다. 답안의 길이는 1~33문장으로 다양하게 나타났다.[35] 각각의 답안이 포함한 내러티브 역량을 측정한 결과를 보면, 전체 답안의 4/5가 제시된 자료를 참고하여 작성되었으며(역사적 분석), 대부분은 역사적 사실판단과 가치판단을 포함하였으나 역사적 질문을 포함한 답안은 절반도 채 되지 않았다. 이로써 학생들의 인식론적 관심을 드러내는 질문역량이 상대적으로 취약하다는 결론이 나왔다. 다음으로 역사 내러티브의 일곱 가지 자질을 측정한 결과 평균 1.4로 비교적 낮은 점수가 나왔다. 이로써 연구진은 글쓰기를 통한 역사적 사고 역량을 개발하는 데 역사교육이 더욱 노력해야 한다는 결론을 내렸다.

평가 결과에서 나타난 흥미로운 사실은, 학생들이 교육과정상으로나 일상의 역사문화에서나 그들에게 매우 친숙한 주제인 나치즘에 대한 문항과 상대적으로 그렇지 않은 주제인 일본사에 대한 문항에서 모두 유사한 정도로 '과도한 가치판단'이나 '비판적 성찰의 결여'와 같은 역사인식의 미숙함을 보였다는 것이다. 달리 말하면, 주제는 학생들의 역사 내러티브 수행과 유의미한 상관관계를 보이지 않았다. 이는 일반적인 예상과는 달리, 선

---

35 186명이 쓴 답안 길이의 평균은 11.4(표준편차 5.74) 문장이다. 학생 중 16.1%는 패널 토론글, 29.0%는 블로그 글, 34.7%는 신문 기사를 선택했으며, 19.7%는 특정 유형을 선택하지 않았다.

행지식이 학생들의 내러티브 역량에 거의 영향을 미치지 않는다는 점을 시사한다. 다만 Narratio 연구진은 이처럼 예상 밖의 결과가 나타난 이유를 조심스럽게 해석하였다. 즉 제시된 사료와 연구 문헌을 반영하여 역사 내러티브를 산출하도록 하는 글쓰기 과제 형식이 학생들에게 일반적으로 익숙하지 않기 때문에, 선행지식을 갖춘 나치즘의 경우라도 정제된 논증 구조를 활용하기 어려웠을 가능성이 있다고 보았다. 또한 학생들이 나치즘에 관해서는 역사적 사실판단이나 사회적으로 바람직하다고 생각되는 가치판단에 익숙한 상태이기 때문에, 제공받은 사료와 연구 문헌을 더 정밀하게 검토하는 일은 불필요하다고 생각했을 수도 있다고 추측하였다.

2) 다양한 매체를 활용한 해체역량 평가

HiTCH 1기 프로젝트에서 충분한 성과를 내지 못한 또 다른 영역은 해체역량의 평가다. 2015년 3월 HiTCH 프로젝트에 대한 연방교육부의 지원이 종료되기 전에도 연구진 일부가 별도의 컨소시엄을 구성하여 후속 연구를 진행한 것은 아마도 이 때문인 듯하다. 'HiTCH 2기 프로젝트'라고 불리는 이 작업에는 독일·스위스·오스트리아·벨기에의 독일어 사용 지역이 연구 대상에 포함되었다.[36]

잘츠부르크 교육대학교의 퀴베르거(Kühberger, C.)를 비롯한 3인의 연구자들은 22개 과제군에 속한 136개 문항을 개발하였다.[37] 이들은 뤼젠이 강조한

---

36 Meyer-Hamme, J., et al., "Der HiTCH-Test-ein Instrument zur Erfassung von Kompetenzen historischen Denkens", edited by Schreiber. W, et al., *Geschichtsdidaktischer Zwischenhalt. Beiträge aus der Tagung 《Kompetent machen für ein Leben in, mit und durch Geschichte》 in Eichstätt vom November 2017*, Waxmann, 2019, p. 300.

37 Kühberger, C., et al., "Umgang mit Darstellugen der Vergangenheit. Historische De-Konstruktion historisch empirisch messen", *Geschichte in Wissenschaft und Unterricht*, 69, 2018, pp. 418~434.

역사의식과 생활세계와의 관련성을 포착하기 위해, 일상생활과 밀접한 매체들(만화, 삽화, 포스터, 컴퓨터 게임, 신문 기사, 인터넷 기사, 노래 가사, 광고 등)을 평가 문항 제작에 활용하였다. 평가의 목적은 학생들이 이들 매체에 나타난 과거의 상에 영향을 준 요인들과 그 의도를 해석하고 비판할 수 있는 역량을 진단하기 위한 것이었다. 이들은 HiTCH 1기와 마찬가지로 두 차례의 예비 평가와 본 평가를 통해 문항의 적절성을 판별하는 작업을 진행하였다. 2015년 가을에 실시된 본 평가에는 오스트리아의 9학년 학생 587명이 참여하였다.[38]

해체역량을 진단하는 HiTCH 2기 테스트의 과제군 사례는 〈예시문항 5〉와 같다.[39] 연구진은 히틀러 전기의 일부와 그것이 히틀러가 수상으로 임명된 해에 출간되었음을 알 수 있는 정보를 제공함으로써, 학생들이 자료 작성자의 의도를 파악할 수 있는 역량이 있는지를 평가하고자 하였다. 연구진은 학생들의 시간적 부담을 줄이기 위해, 자료를 가능한 한 요약하여 핵심 내용만을 제시하였다. 총 4개의 문항으로 구성된 이 과제군에서 1번 질문은 작성자의 의도에 초점을 맞추고 있다. 3번 문항은 사료와 역사서술의 차이를 학생들에게 각인시키는 동시에, 학생들이 이를 분명하게 이해하고 있는지를 진단한다.[40] 제시된 자료는 히틀러에 대한 동시대의 시각을 보여준다는 점에서 사료이지만, 히틀러의 청소년 시절에 대한 사후의 해석이라는 점에서는 역사서술이다. 학생들은 문제를 푸는 과정에서 역사가 사료 작성자의 관점과 의도가 결부된 해석의 산물임을 깨달을 수 있다. 그렇기

---

38 남학생 292명(49.7%), 여학생 280명(47.7%), 무응답 15명(2.6%)으로 이루어졌다. 1기 테스트 때와 달라진 부분은 독일어를 모국어로 쓰지 않는 이주 배경의 학생들이 상대적으로 많이 참여했다는 점이다. 587명 가운데 절반에 가까운 282명(48%)의 학생들이 최소한 부모 중 한 명은 외국 출신인 가족의 구성원이었다.

39 Kühberger, C., et al., "Umgang mit Darstellugen der Vergangenheit", p. 418. 이 논문에는 원래 문항별 정답이 표기되어 있지 않지만, 문항 이해를 돕기 위해 답을 추가하였다.

40 다만 〈예시문항 5〉에서 생략한 문항 2와 문항 4의 경우 변별도와 반응분포도에서 부적절한 결과가 나왔기 때문에, 이 과제군은 최종 테스트에 포함되지 않았다. HiTCH 2기 테스트 역시 평가에 실제 사용되는 문항은 보안 대상이다.

에 이 문항은 역사학습의 목적과 평가를 결합한 사례로서도 의미가 있다.

예시문항 5　역사적 방법역량(해체역량) 평가

1933년 바이에른 주 교육부와 나치 교사협회의 의뢰로 아돌프 히틀러의 청소년 시절을 다룬 전기가 출간되었다. 학생들은 이 책을 읽어야 했다. 다음은 그 내용 중 일부다.

> "히틀러는 소년 시절부터 곧바로 지도자의 자질을 보였다. 그는 종종 급우들에게 열정적으로 연설했다. 급우들은 곧바로 그의 탁월함을 알아차렸다. 그의 고무적인 연설 때문에 조용하고 얌전한 소년이 대담하기 그지없는 장난꾸러기가 되는 일도 드물지 않았다. 그들은 종종 난폭해졌다. 당혹한 부모들, 특히 어머니들은 다른 아이들을 자극하는 '주동자'에 대해 불평했다. 물론 현명한 사람들은 학교에서 뛰어난 성취를 보일 뿐 아니라 거리에서 놀 때도 지도자의 자질을 뚜렷하게 보이는 이 소년의 천재성을 알아차렸다."
>
> (출전: 『독일 청소년, 여러분의 지도자』, 1933, p. 18)

문항 1. 인용된 글의 목적은 무엇인가?

A. 히틀러를 평범한 사람으로 서술하는 것
B. 히틀러를 영웅적인 주동자로 서술하는 것
C. 히틀러를 거친 싸움꾼으로 서술하는 것
D. 히틀러를 노력하는 학생으로 서술하는 것

문항 2. (생략)

문항 3. 여러분은 사료와 역사서술의 차이를 알고 있을 것이다. 사료란 예를 들면 우리가 알고자 하는 시대에 쓰인 편지나 기록 같은 과거의 흔적이다. 역사서술이란 예를 들면 역사적 사건에 대한 논문처럼, 과거에 대해 후대에 나온 이야기다. 다음 진술이 참인지 거짓인지 표시하라.

진술	참	거짓
윗글은 아돌프 히틀러의 생애 중 일부를 다룬 역사서술이다.	○	
윗글은 아돌프 히틀러의 청소년기 일부에 관한 사료다.		○
윗글은 1933년 당시 아돌프 히틀러의 청소년기에 대한 인식을 보여주는 사료다.	○	
윗글은 사료가 아니다.		○

문항 4. (생략)

3) 구술사를 결합한 역사적 사고 역량 평가

HiTCH 2기 프로젝트의 또 다른 시도로, 베르트람(Bertram, C.)의 연구가 있다. 베르트람은 튀빙겐 대학교 헥터 연구소와 협업하여, 동독 민주화 운동을 비롯한 현대사의 주요 주제들을 소재로 증인들의 구술이 학생들의 역사적 사고 역량에 미치는 영향을 진단함으로써 HiTCH 테스트의 저변을 확대하는 작업을 진행 중이다. 그는 현대사 증언이 갖는 사료적 가치에도 불구하고 이 주제와 역사과 평가를 결합한 경험 연구가 빈약하다는 문제의식에서 연구를 시작하였다.[41]

베르트람은 독일 중등학교 9학년 학생 35개 학급 900명을 네 집단으로 나누었다. 실험집단으로는 동독 민주화 운동에 참여한 증인의 구술을 수업에서 직접 들은 학생들·동영상을 통해 접한 학생들·녹취록으로 학습한 학생들의 세 집단(각 10개 학급)으로 나누고, 통제집단으로 같은 주제에 관해 일반적인 역사 수업을 경험한 학생들의 집단(5개 학급)을 설정하여, 네 집단의 역사적 사고 역량을 비교 평가함으로써 구술사 학습의 효과를 진단하는 실험을 설계하였다.[42] 교수 내용에 따라 생길 수 있는 실험 결과의 변수를 줄이기 위해 베르트람이 직접 실험집단 30개 학급을 대상으로 7차시 수업을 진행했으며, 5~6차시에는 학급별로 증언·동영상·녹취록의 자료를 다르게 활용하였다. 그는 1차시 수업에 앞서 65분의 진단평가를, 7차시 수업 직후 90분의 총괄평가를, 2~3개월 후 후속평가를 각각 실시하였다.

---

41 Bertram, C., et al., "Empirische Bildungsforschung trifft Geschichtsdidaktik: Die Zeitzeugenstudie", edited by Schreiber. W., et al., *Geschichtsdidaktischer Zwischenhalt. Beiträge aus der Tagung 《Kompetent machen für ein Leben in, mit und durch Geschichte》 in Eichstätt vom November 2017*, Waxmann, 2019, p. 324.

42 Bertram, C., et al., "Learning Historical Thinking With Oral History Interviews: A Cluster Randomized Controlled Intervention Study of Oral History Interviews in History Lessons", *American Educational Research Journal*, 54-3, 2017, pp. 444~484.

이 평가는 학생들의 재구성역량, 해체역량, 구술사 이해, 사료와 역사서술의 차이 이해를 진단하는 데 주안점이 있었다. 평가를 시행하기 전, 베르트람은 증인을 직접 만난 학생들이 그렇지 않은 학생들보다 전반적으로 더 우수한 역사적 사고 역량을 보일 것이라는 가설을 세웠다. 그러나 평가 결과, 예상과 달리 증인과 만난 학생들이 오히려 동영상·녹취록을 통해 증언 내용을 들은 학생들보다 해체역량에서 낮은 점수를 받았다. 즉 구술 증언이 갖는 수업 교재로서의 가치는 '양날의 검'과 같다는 사실이 드러난 것이다. 이는 증인의 증언이 사건과 시간적 거리를 둔 '기억'의 소산이며, 기억은 본질적으로 다양한 요인에 의해 재구성된다는 점을 염두에 둔다면 충분히 납득이 가능한 결과다.

위 실험을 통해 베르트람은 현대시 증인과의 대화를 수업 교재로 활용하는 경우 신중하고 철저한 준비 절차를 거쳐야 한다는 결론을 내렸다. 즉 학생들이 증언과 '거리 두기'를 할 수 있도록 미리 학생들에게 증인의 이력을 전달하여 질문을 준비하게 하는 작업이 필요하였다. 또한, 학생들의 사실판단 및 가치판단을 돕기 위해서는 같은 주제에 대하여 다른 증인의 증언이나 증거를 함께 제시할 필요가 있었다. 이는 비판적인 시각을 키우는 데 중요하였다. 베르트람의 연구는 구술사 수업 방법과 역사적 사고 역량 평가를 결합했다는 점에서, HiTCH 프로젝트의 파생 연구 중에서도 독창적인 면모를 지닌다. 이 연구는 HiTCH 테스트가 역사교육의 다양한 주제와 결합하여 다각도로 활용될 가능성을 시사했다는 점에서, 의미 있는 작업으로 평가받고 있다.[43]

---

43 Meyer-Hamme, J., et al., "Der HiTCH-Test-ein Instrument", p. 302.

5. 맺음말

HiTCH 테스트는 1970년대 이후 반세기에 걸친 독일 역사교육의 노력이 응축된 평가 프로젝트의 소산이다. 그것은 야이스만과 뤼젠의 역사이론에 뿌리를 두고 '성찰적 역사의식의 진흥과 발전'을 목표로 2007년 완성된 FUER 역량모델의 효용성을 경험적으로 입증하기 위해 기획되었다. 2012년에 시작된 HiTCH 프로젝트는 FUER 역량모델의 네 역량영역에 따른 1기 테스트의 개발을 2015년 초에 완료한 후에도, 그 한계를 스스로 보완해 가면서 진화를 거듭하고 있다. 독일 역사교육의 평가 연구는 HiTCH 프로젝트를 분기점으로 확실히 진일보했다고 말할 수 있다. 오늘날 HiTCH 테스트는 독일어권 역사교육계의 광범위한 공감과 지지를 얻으며, 유럽 역사교육계를 대표하는 역사적 사고 역량의 대규모 평가모델로서 국제적으로 주목받고 있다.

독일 역사교육계 일각에서 HiTCH 프로젝트가 전제로 삼고 있는 역량 중심 역사교육에 대하여 비판적인 견해가 제기되기도 한다. FUER 역량모델의 지향역량이나 판델 역량모델의 역사문화역량이 학문과 생활세계의 긴밀한 관련성을 포착한다는 점에서 현실성을 강조하는 역량중심 교육과정의 취지에 부합한다고 해도, 그것은 근본적으로 다른 학문과 구별되는 역사학의 고유성을 반영하기에 공허하며 무엇보다 역사교육의 핵심인 개개인의 역사 이해가 이루어지는 과정을 섬세하게 파악하기에는 불충분하다는 이유에서다.[44] 그렇지만 후자의 문제는 HiTCH와 같은 대규모 역량 평가의 취지와는 차이가 있다. 또한 소수의 우려와 달리 HiTCH 테스트로 대표되는 역사적 사고 역량 평가에서 구체적인 역사지식의 역할을 경시하는 것은 아니

---

44 Daumüller, M. & Seidenfuß, M., *Endstation Geschichtsunterricht. Die Sicht von Schulabgängern auf ihren Geschichtsunterricht*, LIT, 2017, p. 16.

다. 이러한 비판을 의식한 HiTCH 연구진은 "양털 없이 옷을 뜨는 것"은 불가능하다는 표현으로, 세간의 우려를 에둘러 차단한 바 있다.[45]

역량중심 역사교육으로의 전환은 시대적·사회적 요구의 산물이다. 지금 우리에게 필요한 것은 역사교육 현장에 있는 교수자와 학습자들이 역량중심 교육과정에 입각한 역사 수업이나 평가 방안의 효용성을 어떻게 바라보고 있는지를 구체적으로 파악하고, 그 결과에 따라 계속해서 연구 방향을 점검하고 보완하는 작업이다. 평가가 서열화나 당락을 결정하기 위한 도구가 아니라 역사교육 본연의 목적에 부응하는 방향으로 이루어져야 한다는 사실은 새삼 강조할 필요가 없을 것이다.

역사교육의 목적인 역사적 사고력 향상에 이바지할 수 있는 평가 방안을 마련하고자 할 때, 독일의 HiTCH 프로젝트는 우리 역사교육에 유의미한 시사점을 남긴다. HiTCH 프로젝트가 개발한 평가 방식은 수업에 실제로 응용할 수 있으며, 그럼으로써 역사학습을 개선하는 데 도움을 줄 수 있다. 그것은 역사적 사고 역량의 중요성에 대한 학문적 논의를 풍부하게 할 수 있다. 무엇보다도 HiTCH 프로젝트가 매진하고 있는 역사적 사고 역량 평가 작업은 역사교육의 목적과 의미에 대한 개인적·사회적 차원의 성찰에 실질적인 도움을 줄 것이다. 다만 HiTCH 테스트가 지난 50여 년간 이루어진 독일 역사의식 및 역사적 사고 연구의 장기적 성과라는 사실은 '평가도구의 개발' 그 자체에만 매달려서는 이 분야에 대한 근본적인 혁신이 일어나기 어렵다는 점을 시사한다. 우리 역사교육계의 역사적 사고 이론 연구와 현장 교수 경험을 바탕으로 검증된 평가 도구를 개발하기 위해 계속해서 노력해야 할 것이다.

---

45 Trautwein, U., et al., *Kompetenzen historischen Denkens erfassen*, p. 120.

2부

대규모 표준화 시험에서 나타나는

역사교육 평가

일본의 '대학입학공통테스트' 역사 과목 평가

남한호

1. 머리말

(현재) 대학 입학자 선발은 지식의 기억 등 측정하기 쉬운 일부 능력이나 선발하는 시점에 가지고 있는 능력의 평가에 머물러 있다. 또한, 고등학교 교육에서 쌓아온 능력이나 앞으로의 대학 교육에서 배우는 데 필요한 능력을 측정하는 세심한 평가보다 학생 확보를 우선시하고 있다. 이러한 배경에는 연령, 성별, 국적, 문화, 장애 유무, 지역 차이, 가정환경 등 다양한 배경을 가진 고등학생 개개인이 고등학교까지 쌓아온 다양한 경험과 능력을 도외시한 채, 18세 무렵에 치르는 한 번뿐인 일제고사라는 획일화된 조건에서 지식의 재기억 문제를 이용한 시험 점수에 의한 객관성 확보를 지나치게 중시하고, 그러한 점수에만 의존하여 선발하는 것이 공평하다는 기존의 공평성 관념이 사회에 뿌리내리고 있는 것으로 생각된다.[1]

---

1 中央教育審議会,「新しい時代にふさわしい高大接続の実現に向けた高等学校教育、大学教育、大学入学者選抜の一体的改革について−すべての若者が夢や目標を芽吹かせ、未来に花開かせるために−」(答申), 2014. 12. 22, p. 5.

위 글은 일본의 교육개혁과 대학입시제도 개혁의 필요성을 강조하며 제시한 그 배경 중 일부이다. 글에서 제기하고 있는 대학 입학 전형의 문제는 우리나라에서 제기되고 있는 대학수학능력시험을 중심으로 한 정시전형의 확대 주장에 대한 반론과 흡사하다.[2]

2013년부터 시작된 일본의 교육개혁에서 가장 큰 관심을 끌었던 것이 대학입학자 선발 방식과 내용의 변화였다. 중요한 내용으로는 학력의 3요소를 중심으로 지식·기능 위주의 평가에서 벗어날 것, 대학입시센터시험(이하 센터시험)에서 마크시트 방식에서 벗어나 서술형 평가를 도입하는 것, 그리고 영어과목의 평가방식 변경 등을 들 수 있다.

서술형 평가의 도입은 차기 학습지도요령의 방향성을 바탕으로 각 교과와 과목의 특성에 따라 사고력·판단력·표현력을 중시하는 서술형 문항을 도입한다는 내용이었다. 서술형 문항은 기존의 평가도구와 전혀 다른 방향의 출제 방식을 추구하였다.[3] 서술형 문항의 출제는 우선 《국어》와 《수학》 교과에서 먼저 실시하며,[4] 이후 다른 교과·과목으로 확대하는 것이 주된 개혁의 방향이었다. 〈영어〉 과목의 평가 개혁은 읽기와 듣기로 구성되어 있던 평가 영역을 4기능 평가(읽기, 듣기, 말하기, 쓰기)로 전환하고 외부의 자격·

---

2 김평원, 「대입 제도의 공정성에 관한 교사의 인식과 학생부종합전형의 개선 방안 연구」, 『인하교육연구』 24-3, 2018; 김태훈, 「정시확대보다 학종 개선과 근본적 교육개혁이 우선」, 『National Assembly Review』, 대한민국국회, 2019.

3 서술형 문항은 문제의 문장에서 제시된 흐름에 따라 답하는 것뿐만 아니라 문제해결의 과정을 스스로 선택하면서 답하는 방식, 여러 개의 글이나 자료를 제시하여 필요한 정보를 조합하여 사고하고 판단하게 하는 방식, 학습내용을 일상생활과 연계하여 탐구하는 방식, 다른 교과·과목이나 사회와 관련성을 담은 내용의 방식, 정답이 하나만 존재하는 것이 아닌 문항 등으로 구성할 것을 제안하였다. 福澤光祐, 「高大接続改革と「大学入学共通テスト(仮称)」の検討状況」, 『化学と教育』 65-7, 2017, pp. 319~320.

4 국어와 수학교과의 서술형 문항 출제 방향에 대해 국내에서도 관심을 보였다. 최미숙, 「일본 '대학공통테스트' 국어 서술형 문항 연구」, 『국어교육학연구』 53-2, 2018; 김선희·김부미, 「일본 대학입학공통테스트의 수학 평가 방안 분석」, 『학습자중심교과교육연구』 20-10, 2020.

검정시험을 활용한다는 계획이었다.[5]

그러나 2021년 7월 문부과학성은 지리적·경제적 격차와 공정성·공평성의 문제를 들어 대학입학공통테스트(이하 공통테스트)의 서술형 평가문항 도입, 영어의 4기능 평가와 민간시험의 활용을 포기한다고 발표하였다.[6] 결국 일본의 대학입학자 선발 개혁은 이전과 비교하여 큰 변화 없이 기존의 센터시험에서 공통테스트로 평가의 명칭을 변경하는 데 그치고 기존과 마찬가지로 대학입시센터에서 담당하는 것으로 정리가 되었다.[7]

일본의 대학입학전형은 일반선발의 비중이 가장 크다. '일반선발은 학력시험을 중심으로 합격자를 선발한다. 학력시험은 공통테스트와 대학이 독자적으로 시행하는 학력시험으로 구분한다. 각 대학에서는 공통테스트의 성적만으로 합격자를 선발하는 방식, 공통테스트와 대학독자의 제2차 학력시험의 성적에 따라 합격자를 선발하는 방식으로 운영한다.[8]

학교추천형 선발이나 종합형 선발 과정에서도 학력시험을 공통테스트

---

5 영어의 민간시험 활용은 2019년 11월 1일에, 서술형 문항은 2019년 12월 17일에 도입한다고 발표하였다(文部科学省, 「高大接続改革」).

6 山村滋, 「高大接続の実相と課題」, 『名古屋高等教育研究』 22, 2022, p. 197; 니시오 히로유키는 서술식 문항을 포기할 수밖에 없었던 원인을 정책과정에서 찾고 있다. 다음 논문 참조. 西尾博行, 「大学入学共通テストの政策過程に関する一考察」, 『大学教育研究ジャーナル』 18, 2021.

7 공통테스트의 실시배경으로 기존의 센터시험이 단순히 지식과 기술을 묻는 문제가 중심이었다고 비판하면서 '지식과 기술을 활용하여 스스로 과제를 발견하고, 그 해결을 위해 탐구하고, 그 결과를 표현하는 데 필요한 사고력·판단력·표현력 등의 능력'을 평가하기 위해 공통테스트로 대체한다고 하였다(中央教育審議会, 「新しい時代にふさわしい高大接続の実現に向けた高等学校教育、大学教育、大学入学者選抜の一体的改革について―すべての若者が夢や目標を芽吹かせ、未来に花開かせるために―(答申)」, pp. 14~15).

8 공통테스트와 대학독자의 개별시험을 함께 활용하는 방식도 공통테스트의 성적으로 대학 독자 개별시험 응시자를 결정하는 2단계 전형방식과 공통테스트와 개별시험 성적을 종합하여 합격 여부를 결정하는 방식으로 구분된다. 각 전형방식은 대학의 설립 주체에 따라 차이가 두드러지게 나타난다. 사립대학은 공통테스트의 성적만으로 합격 여부를 결정하는 방식의 비율이 높은 반면, 국·공립대학은 공통테스트와 대학 독자개별시험 점수를 종합하여 합격 여부를 판단하는 방식의 비율이 높게 나타난다. 椎名久美子, 「令和3年度入学者選抜における共通テストの利用実態」, 独立行政法人 大学入試センター 研究開発部, 『大学入学共通テストはどのように利用されているのか』, 令和4 (2022)年度大学入試センター研究開発部報告書(Report2022-07), 2023. 5, p. 16, https://www.dnc.ac.jp/albums/abm.php?d=120&f=abm00003464.pdf&n=大学入試センター·シンポジウム2022.pdf (2024. 2. 4. 검색).

로 대체하는 대학이 많기 때문에 공통테스트는 전국단위에서 공통된 기준으로 대학 입학전형에 활용되는 대학입학시험이다. 일본의 대학입학시험의 특징을 공통테스트를 중심으로 살펴보고, 역사영역의 공통테스트 문항을 분석하여 그 시사점을 얻고자 한다.

2. 일본의 교육개혁과 대학입시의 변화

1) 일본의 교육개혁과 고대접속

일본정부는 교육개혁의 방향을 고대접속(高大接続)으로 지칭하였다. 고대접속은 고등학교와 대학 간의 연계를 위한 방안으로 고등학교 교육, 대학교육, 그리고 이를 연계하는 대학입학전형에 대한 개혁을 뜻한다.[9]

일본이 교육개혁에 나서게 된 배경으로 세계화의 진전, 생산연령인구의 급격한 감소, 노동 생산성의 침체 등의 위기 속에서 미래에 대비할 수 있는 교육의 방향 설정 등을 들 수 있다. 변화가 심한 사회에서 새로운 가치를 창출할 수 있는 힘이 필요한데 그 힘을 사회에서 자립적으로 활동하기 위해 필요한 '학력'으로 보았다.

대학입시 개혁에서 지향하는 인간상은 OECD의 핵심역량론과 교육 2030의 영향을 받은 역량기반형 교육정책이 채택되었으며, 문부과학성은 입시개혁을 계기로 고등학교 교육과 아울러 대학교육도 개혁하는 것을 목표로 하였다.[10] 고대접속은 고등학교 교육과정과 대학교육이 이질적인 데다

---

9 中央教育審議会, 「新しい時代にふさわしい高大接続の実現に向けた高等学校教育、大学教育、大学入学者選抜の一体的改革について－すべての若者が夢や目標を芽吹かせ、未来に花開かせるために－(答申)」.

10 鈴木誠, 「コンピテンス基盤型教育とフィンランドの大学入試改革」, 東北大学高度教養教育・

가 학생들의 학력부족 현상이 두드러지기 때문에 고등학교와 대학의 교육 과정의 재검토와 더불어 학생들의 학력을 향상시켜야 한다는 관점이 반영 되었다.[11]

고대접속 개혁에 대해서는 교육재생실행회의 제4차 제언(2013. 10.),[12] 중앙교육심의회 고대접속 답신(2014. 12.)[13]을 근거로 고대접속개혁실행계획을 수립·공표(2015. 1.)하였다.[14] 또한, 개혁의 구체적인 내용에 대해서는 고대접속시스템개혁회의의 최종보고서가 제출되었다(2016. 3.).[15] 이 최종보고서에 대해 검토해 온 여러 가지 개혁을 문부과학성에서 「고대접속 개혁의 진척 상황에 대하여」라는 보고서의 내용에 포함하여 발표함으로써 고대접속 개혁은 국가 교육정책으로 확정되었다.[16]

중앙교육심의회 고대접속 답신에서는 고등학교 교육이 전통적인 학력관에 의한 지식의 습득 방식으로 진행되기 때문에 청소년들이 꿈과 목표를 싹 틔우고 미래를 꽃피울 수 없다고 단언하였다. 고등학교 교육의 문제를 해결하기

学生支援機構編, 『個別大学の入試改革』, 東北大学出版会, 2018. p. 185; 水原克敏, 「教育課程政策の原理的課題－コンピテンシーと2017年学習指導要領改訂－」 『教育学研究』 84-4, 2017, pp. 25~37; 「2020 年大学入試改革に向けた大学及び高等学校の動向分析－多面的・総合的な評価を中心に－」, 『尚絅学院大学紀要』 78, 2019, p. 1.

11 山村滋, 「高大接続の実相と課題」, p. 198.

12 教育再生実行会議, 「高等学校教育と大学教育との接続・大学入学者選抜の在り方について (第四次提言)」, 2013. 10. 31, https://staff.gku.ac.jp/~soumu/data/1.toushin/H25_1031teigenNo.4.pdf (2023. 6. 4. 검색).

13 中央教育審議会, 「新しい時代にふさわしい高大接続の実現に向けた高等学校教育、大学教育、大学入学者選抜の一体的改革について－すべての若者が夢や目標を芽吹かせ、未来に花開かせるために－(答申)」.

14 文部科学省, 「高大接続改革実行プラン」, 2015.1.16, https://www.mext.go.jp/b_menu/shingi/chukyo/chukyo12/sonota/__icsFiles/afieldfile/2015/01/23/1354545.pdf (2023. 4. 8. 검색)

15 高大接続システム改革会議, 「高大接続システム改革会議「最終報告」」, 2016.3.31, https://www.mext.go.jp/component/b_menu/shingi/toushin/__icsFiles/afieldfile/2016/06/02/1369232_01_2.pdf (2023. 4. 2. 검색).

16 文部科学省, 「高大接続改革の進捗状況について」, 2019.1.18, https://www.mext.go.jp/b_menu/shingi/chukyo/chukyo3/siryo/__icsFiles/afieldfile/2019/01/24/1412253-4.pdf (2023. 4. 2. 검색).

위해서 (1) 주체성을 가지고 다양한 사람들과 협동하여 배우는 태도(주체성, 다양성, 협동성)와 (2) 지식과 기술을 활용하여 스스로 문제를 발견하고 그 해결을 위해 탐구하며, 성과 등을 표현하는 데 필요한 사고력, 판단력, 표현력의 육성, (3) 그 기초가 되는 지식과 기술의 습득해야 하며, 대학입학 전형은 청소년의 배움을 지원하는 관점에서 청소년 각자가 꿈과 목표를 가지고 그 실현에 필요한 능력을 갖출 수 있도록 고등학교 교육과 대학교육을 원활하게 연계하는 관점에서 실시하는 고대접속의 새로운 대학입시 전형을 제시하였다.[17]

일본의 대학입학자선발방식은 대학에 따라 다양한 선발 제도를 운영하고 있다.[18] 대체로 대부분의 대학은 일반선발, 종합형 선발, 학교추천형 선발을 중심으로 대학별 특성을 반영한 전형 제도를 운영하고 있다.[19] 같은 전형방법이라 하더라도 전형의 내용은 대학별로 다양하다. 국·공립대학교의 입학전

---

17 中央教育審議会,「新しい時代にふさわしい高大接続の実現に向けた高等学校教育, 大学教育, 大学入学者選抜の一体的改革について−すべての若者が夢や目標を芽吹かせ, 未来に花開かせるために−(答申)」.

18 도쿄도 소재 대학만을 비교해 보면 국립인 도쿄대학은 일반선발, 종합형 선발, 학교추천형 선발, 특별선발(외국학교졸업생, 영어코스특별선발, 사회인 등)로 전형하며(https://www.u-tokyo.ac.jp/content/400192909.pdf), 공립인 도쿄도립대학은 일반선발, 학교추천형 선발, 종합형 선발, 특별선발(사회인 입시, 귀국자녀 입시, 사비외국인유학생입시, 추계입학 입시 등)로 전형 방법을 나눈다(https://www.tmu.ac.jp/entrance/faculty.html). 사립대학에서도 와세다 대학은 대학입학공통테스트 이용 입시, 종합형 선발(일본어에 의한 학위 취득 프로그램/영어에 의한 학위 취득 프로그램), 학교 추천형 선발, 귀국생·외국 학생을 대상으로 한 입시, 지역 탐구·공헌 입시, 기타 입시로 구분하여 전형(https://www.waseda.jp/inst/admission/undergraduate/system/)하는 반면, 릿쿄대학은 독특하게 일반입시와 대학입학공통테스트 이용 입시 이외에 자유형 선발 입시, 국제코스 선발 입시, 운동특기자(어슬리트) 선발 입시, 귀국생 입시, 외국인 유학생 입시, 사회인 입시 등으로 전형 방법을 나눈다(https://www.rikkyo.ac.jp/admissions/undergraduate/). 이에 반해 게이오대학은 공통테스트를 이용하지 않고 대학 독자시험으로 일반선발을 한다(https://www.keio.ac.jp/ja/admissions/). 대학입학안내 홈페이지 (2024. 2. 15. 검색).

19 2022년도 조사보고서에 따르면 일반 선발에 의한 대학 진학자의 비율이 줄어들고 종합형과 학교추천형 선발이 증가하는 추세이다. 비율은 일반 선발이 49.5%, 학교추천형 선발 37.6%, 종합형 선발 12.7%이다. 荒井清佳,「シンポジウムの趣旨と大学入学共通テストの概要」, 独立行政法人 大学入試センター 研究開発部,『大学入学共通テストはどのように利用されているのか』, 令和4 (2022)年度大学入試センター研究開発部報告書(Report2022−07), 2023. 5, p. 6, https://www.dnc.ac.jp/albums/abm.php?d=120&f=abm00003464.pdf&n=大学入試センター·シンポジウム2022.pdf (2024. 2. 4. 검색).

형과 사립대학의 입학전형이 다르며, 동일한 대학 내에서도 학부·학과에 따라 전형요소를 다양하게 활용하고 있다. 일본의 대학입학생은 해당 대학·학부·학과의 교육과정(커리큘럼 정책)과 졸업 인증 및 학위수여 정책(디플로마 정책)에 따라 선발(어드미션 정책)하는 것으로, 입학전형에 해당 대학·학부·학과에서 학습하고 졸업하기 위해 필요한 능력과 적성 등을 평가·판단하는 것을 원칙으로 한다. 대학 입학자의 선발은 각 대학의 정책을 바탕으로 하고 있기 때문에 각 대학이 입학자 선발의 내용과 방법을 결정하는 책임 주체로서 대학과 전공 영역에 따라 적합한 입학자를 선발하고 있기 때문이다.[20]

일례로 도쿄대학은 교육연구 환경을 활용하여 주체적으로 학습하고, 각 분야에서 창의적인 역할을 수행할 수 있는 인재로 성장하려는 의지를 가진 학생을 대학이 원하는 학생상으로 제시하고 있다. 이러한 학생을 선발하기 위하여 다음과 같은 입학시험의 기본 방침을 제시하고 있다.[21]

·고등학교 교육 단계에서 달성하고자 하는 목표의 평가
·교양교육에 충분히 대응할 수 있는 자질로서 문·이과의 통합
 지식과 외국어 기초능력 평가
·지식을 연관하여 문제를 해결할 수 있는 능력 평가

이 때문에 고대접속 개혁은 지식전달형 수업의 시대가 끝나고 능동적인 학습을 통해 성장을 이루는 교육을 이루는 일대 전환의 계기가 될 것이라는 긍정적인 평가도 존재한다.[22]

---

20 文部科学省, 「大学入試のあり方に関する検討会議 提言(案)」, 大学入試のあり方に関する検討会議(第28回)R3.6.30, 2021. 6. 30, p. 2, https://www.mext.go.jp/content/20210629-mxt_daigakuc02-000016365_2_1.pdf (2023. 5. 9. 검색).

21 東京大学, 「東京大学入学者選抜要項」, 2023. 5. 7, https://www.u-tokyo.ac.jp/content/400192909.pdf (2024. 2. 15. 검색).

22 山內太地·本間正人, 『高大接続改革－変わる入試と教育システム』, 筑摩書房, 2016, pp. 7~14.

2) 센터시험에서 공통테스트로

(1) 공통테스트의 시행

대학입시의 개혁 조치로 2020년부터 '일반입시'는 일반 선발로, AO입시는 종합형 선발, 추천입시는 학교추천형 선발로 입시와 관련한 명칭이 바뀌었다.[23] 이와 함께 센터시험을 공통테스트로 바꾸었다. 시험의 명칭을 바꾼 것에 대해 문부과학성은 공통테스트가 대학입학 희망자에게 요구되는 공통의 학력으로 지식·기능에 더하여 사고력·판단력·표현력 등을 중심으로 평가하며, 대학입학 희망자의 고등학교에서의 학습 성과를 파악하여 대학교육으로 연결시키기 위해 이용 대학이 공동으로 실시하는 공통시험의 성격을 갖고 있기 때문이라고 설명하고 있다.[24]

전국 단위 학력검사인 공통테스트의 운영 방식은 이전의 센터시험과 다

---

23 대학입학자선발 방식을 변경한 이유로 문부과학성은 다면적이고 종합적인 평가의 관점에서 각 선발의 특성을 명확히 하려는 데 그 취지가 있다고 하였다. 일반입시가 필기시험을 중심으로 합격자를 선발하는 방식인 데 반해 일반선발은 주체성을 가지고 다양한 사람들과 협력하여 학습하는 태도를 적극적으로 반영하는 데 주안점을 두었다. AO(Admissions Office)입시는 각 대학의 입시정책(Admission·Policy)에 부합하는 우수한 인재를 발굴하기 위해 학력뿐만 아니라 학생의 능력과 경험, 적성 등을 종합적으로 평가하는 방식이었다. AO입시에서 종합형 선발로 명칭을 바꾼 것은 대학입시 개혁에 따라 대학교육에 필요한 지식·기능, 사고력·판단력·표현력을 적절히 평가하기 위해 각 대학이 실시하는 평가 혹은 대학입학공통테스트 중 하나 이상을 활용하도록 의무화한 데 따른 것이었다. 추천입시는 학력검사를 반영하지 않는 전형방식이었으나 대학입시 개혁에서 강조한 역량을 평가하기 위해 학교추천형 선발에서는 대학이 실시하는 평가 혹은 대학입학공통테스트 중 하나 이상을 반드시 반영하도록 하였다 [文部科学省, 「平成３３年度大学入学者選抜実施要項の見直しに係る子告(平成29年７月通知)」における多面的·総合的な評価の実施について」, 2020. 3. 18, https://www.mext.go.jp/content/20200318-mxt_daigakuc02-000005730_7.pdf (2023. 7. 2. 검색)].

24 文部科学省, 「大学入学共通テスト実施方針策定に当たっての考え方」, 2017. 10. 24, https://www.mext.go.jp/component/a_menu/education/micro_detail/__icsFiles/afieldfile/2017/10/24/1397731_002.pdf (2023. 10. 3. 검색).
그러나 일본의 대입제도개혁은 합교과형·종합형·서술형 문항의 도입, 영어의 민간자격시험 활용 등의 도입과 함께 진행된 것으로, 결국 일본의 대입제도의 개혁은 센터시험에서 공통테스트로 명칭이 변경된 것 이외에는 큰 변화가 없다(倉元直樹, 「大学入試制度改革の論理に関する一考察−大学入試センター試験はなぜ廃止の危機に至ったのか−」, 「大学入試研究ジャーナル」27. 2017).

르지 않다. 공통테스트는 센터시험과 마찬가지로 독립행정법인 대학입시센터(이하 대학입시센터)에서 주관하고 있으며, 문부과학성의 관리 아래 운영되고 있다. 공통테스트는 센터시험과 마찬가지로 대학입시센터와 각 대학이 공동으로 운영하고 있다. 공통테스트는 이 시험을 이용하는 국·공립, 사립대학이 대학입시센터와 협력하여 동일한 일정에 동일한 시험문제를 통해 공동으로 실시한다.

센터시험과 공통테스트의 차이점은 우선 〈표 1〉의 실시대강에서 찾아볼 수 있다. 시행의 취지에서 공통테스트는 각 교과·과목의 특성에 따라 지식·기능뿐만 아니라 사고력·판단력·표현력도 중시하여 평가한다고 제시하였다. 이는 고대접속의 취지와 부합하는 것으로 2017년 문부과학성이 발표한 「대학입학공통시험 실시방침」과 2018년 개정 고시된 「고등학교 학습지도요령」을 기반으로 공통테스트를 실시한다는 것을 의미한다.

공통테스트는 대학에 입학하는 지원자를 대상으로 고등학교 단계에서의 기초적인 학습의 성취 정도를 판단하고, 대학교육을 받기 위해 필요한 능력을 파악하는 데 목적을 두고 있다. 즉, 공통테스트는 고등학교 교육의 성과로 습득한 대학교육의 기초가 되는 지식·기능이나 사고력, 판단력, 표현력의 파악에 초점을 둔다. 따라서 고등학교 학습지도요령을 기반으로 지식의 이해를 파악하는 문제, 사고력·판단력·표현력을 요구하는 문제를 중시한다. 아울러 고등학교의 주체적·대화적·심층적 학습의 실현을 위한 수업개선을 염두에 두고 수업과정에서 학습하는 장면이나 사회생활 혹은 일상생활 속에서 과제를 발견하고 해결방법을 구상하는 장면, 자료나 데이터를 바탕으로 탐구하는 문항의 개발을 강조하고 있다.[25]

---

25 独立行政法人大学入試センター, 「令和5年度大学入学者選抜に係る大学入学共通テスト問題作成方針」, https://www.dnc.ac.jp/albums/abm.php?d=494&f=abm00000288.pdf&n=令和5年度大学入学者選抜に係る大学入学共通テスト出題教科·科目の出題方法等及び問題作成方針.pdf (2024. 1. 7. 검색).

공통테스트	센터시험
제1 실시 취지 대학입학공통테스트는 대학에 입학하기 위한 지원자를 대상으로 고등학교의 단계에서 기초적인 학습의 성취 정도를 판단하고, 대학 교육을 받기 위해 필요한 능력을 파악하는 것을 목적으로 이를 이용하는 각 대학이 공동으로 실시하는 것이다. 대학입학 공통시험에서는 각 교과·과목의 특성에 따라 지식·기능뿐만 아니라 사고력·판단력·표현력도 중시하여 평가한다. 각 대학은 대학 교육을 받기에 적합한 능력·의지·적성 등을 다면적이고 종합적으로 평가–판단하는 데 기여하기 위해 각자의 판단과 창의적 고안으로 이를 적절히 활용한다. (중략)	제1 실시 취지 대학입시센터시험은 입학지원자의 고등학교 단계에서의 기초적인 학습의 성취 정도를 판단하는 것을 주된 목적으로 하며, 대학이 각각의 판단과 창의적 고안으로 적절히 활용함으로써 대학 교육을 받기에 적합한 능력·의욕·적성 등을 다면적·종합적으로 평가–판단하는 데 기여하기 위해 실시된다. (중략)
제3 각 대학에서의 이용 1. 각 대학은 입학자 수용 정책(입학 정책)에 따라 대학입학공통테스트의 이용 방법을 정한다. 또한, 입학 지원자가 고등학교에서 배운 다양한 성과를 평가할 수 있도록 가능한 한 많은 교과목·과목을 지정하는 것이 바람직하다.	제3 각 대학에서의 이용 1. 각 대학은 각각의 판단과 창의적 고안에 따라 또는 각 대학이 가입한 단체에서 협의된 바에 따라 대학입시센터 시험의 이용방법을 정한다.

공통테스트가 센터시험과 다른 점은 제3 각 대학의 이용에서 센터시험에서는 각 대학의 판단과 창의적 고안이라는 막연한 기준을 설정했다면 공통테스트에서는 이용 방법을 각 대학의 입학 정책에 따라 정하도록 하고 있어 입학자 수용방침에 따른 다면적이고 종합적인 평가의 실시, 대학에서 학습이 원활하게 이루어질 수 있도록 고등학교 학습과정을 충분히 평가할 것 등이 포함되었다. 2024년 현재 일본의 대학수는 국·공·사립대학, 단기대학, 고등전문학교 포함 971개이며,[28] 그 중 785개 대학에서 공통테스트

---

26 文部科学省, 「令和3年度大学入学者選抜に係る大学入学共通テスト実施大綱」, 2019. 6. 4.

27 文部科学省, 「平成32年度大学入学者選抜に係る大学入試センター試験実施大綱」, 2018. 6. 4.

28 文部科学省, 「学校基本調査」, https://www.mext.go.jp/b_menu/toukei/chousa01/kihon/1267995.htm (2024. 2. 11. 검색).

를 이용하고 있다.[29]

공통테스트는 대학 입학자 선발에서 일반 선발뿐만 아니라 종합형 선발, 학교추천형 선발에서도 평가 방법으로 활용하고 있다. 학교추천형 선발에서 학력시험을 중시하지 않는 방향으로 옮겨가는 추세이긴 하지만, 2021학년도 대학 입학자 선발 실시 요강에서 종합형 선발에 지원 서류뿐만 아니라 재검토에 관한 예고에서 제시한 평가방법 또는 공통테스트 중 적어도 하나 이상을 반드시 활용하도록 하였다.[30] 공통테스트의 활용 비율에서는 상대적으로 사립대학보다는 국·공립대학의 비율이 높다.[31]

(2) 출제교과와 과목

2023학년도 공통테스트는 6교과 30과목으로 이루어져 있다. 시험일정은 본시험과 추시험으로 2회 실시한다.[32] 본시험은 매년 1월 둘째 주 토요일과 일요일 2일 간 진행하며, 추시험은 1월 마지막 주 토요일과 일요일에 진행된다. 첫째 날은 〈지리역사〉·〈공민〉·〈외국어〉, 둘째 날은 〈이과〉와 〈수학〉 평가를 실시한다.

역사영역은 《지리역사과》에 포함되어 있으며 《공민과》를 포함하여 10과목 가운데 최대 2과목을 선택하여 응시한다.

---

29 大学入試センター, 「大学入学共通テスト利用大学情報」, https://www.dnc.ac.jp/kyotsu/daigaku_jouhou.html (2024. 2. 11. 검색).

30 荒井清佳, 「シンポジウムの趣旨と大学入学共通テストの概要」, p. 6.

31 椎名久美子, 「令和３年度入学者選抜における共通テストの利用実態」, p. 15의 표 참고

32 수험생이 질병이나 부상, 사고 등으로 본시험에 응시할 수 없는 경우 추시험을 신청하여 응시한다. 재시험은 눈이나 지진 등 자연재해로 본시험을 치르지 못하거나 완료하지 못했을 경우에 지역과 실시하지 못한 시험을 지정하여 실시한다.

표 2 2023년도 대학입학공통시험 출제교과·과목과 출제 방법[33]

교과	시험과목	과목선택 방법	시험시간과 배점
국어	〈국어〉		80분(200점)
지리 역사	〈세계사 A〉, 〈세계사 B〉, 〈일본사 A〉, 〈일본사 B〉, 〈지리 A〉, 〈지리 B〉	《지리역사》와 《공민》교과 의 10과목 중에서 2과목 선택 응시	1과목 선택 60분(100점)
공민	〈현대사회〉, 〈윤리〉, 〈정치·경제〉, 〈윤리, 정치·경제〉		2과목 선택 130분(200점)
수학	〈수학 I〉, 〈수학 I ·수학A〉	2과목 중 1과목 선택 응시	70분(100점)
	〈수학 II〉, 〈수학 II ·수학B〉, 〈부기·회계〉, 〈정보관계기초〉	4과목 중 1과목 선택 응시	60분(100점)
이과 ①	〈물리기초〉, 〈화학기초〉, 〈생물기초〉, 〈지학기초〉	응시 과목의 선택 1) 이과 ①에서 2과목 2) 이과 ②에서 1과목 3) 이과 ①에서 2과목+② 에서 1과목 4) 이과 ②에서 2과목	[이과 ①] 2과목 선택 60분(100점)
이과 ②	〈물리〉, 〈화학〉, 〈생물〉, 〈지학〉		[이과 ②] 1과목 선택 60분(100점) 2과목 선택 130분(200점)
외국어	〈영어〉, 〈독일어〉, 〈프랑스어〉, 〈중국어〉, 〈한국어〉	5과목 중 1과목 선택	[영어] 읽기 80분(100점) 듣기 60분(100점) [영어 외 외국어] 필기 80분(200점)

(3) 문항 제작의 방향

공통테스트 문항은 선다형으로 출제하며, OMR카드의 정답에 표시하는

---

33 文部科学省, 「令和５年度大学入学者選抜に係る大学入学共通テスト実施大綱」, 2021; 独立行政
法人大学入試センター, 「令和５年度大学入学者選抜に係る大学入学共通テスト問題作成方針」.
2024학년도 공통테스트 문항은 2024년 5월 1일 기준 저작권 문제로 아직 대학입시센터에 탑
재되지 않고 있기 때문에 공통테스트의 출제 교과와 과목, 방법, 그리고 문항의 분석은 2023
학년도를 대상으로 한다.

방식이라고 하여 마크시트(mark sheet)식 문항이라고 부른다. 공통테스트는 대학에 입학하려는 지원자를 대상으로 고등학교 단계에서의 기초적인 학습의 성취 정도를 판단하고, 대학교육을 받기 위해 필요한 능력을 파악하는 데 평가의 목적이 있다.

문부과학성은 지식·기능과 사고력·판단력·표현력의 관계에 대해 고등학교 교육을 통해 길러지는 학력 중 지식·기능을 활용하여 과제를 해결하기 위해 필요한 사고력·판단력·표현력을 발휘하는 것을 통해 깊은 이해를 수반하는 지식과 기술이 습득되고, 그로 인해 사고력·판단력·표현력 등이 더욱 높아지는 상호관계에 있다고 규정하였다.[34]

지식에 대해서는 학생이 학습과정을 통해 개별적인 지식을 학습하면서 새로운 지식 등이 이미 습득하고 있는 지식 등과 연결되어 깊이 이해되고, 다른 학습이나 생활 장면에서도 활용할 수 있는 다른 학습이나 생활 장면에서도 활용할 수 있는 확실한 지식으로 습득되도록 하는 것을 강조한다. 그러기 위해서는 학생이 가지고 있는 지식을 활용하여 사고함으로써 지식을 상호 연관시켜 더 깊이 이해하고, 다른 학습이나 생활 장면에서 지식을 활용할 수 있도록 하는 학습이 필요하기 때문에 고등학교의 학습경험이 중요하다. 이러한 깊은 이해를 수반하는 지식의 습득은 각 교과 등의 학습에서 중시되는 주요 개념의 이해와 습득으로 이어진다. 공통테스트의 지식평가에서는 개별적인 지식뿐만 아니라 깊은 이해를 수반하는 지식, 각 교과의 주요 개념을 포괄하도록 규정되어 있다.[35]

문제는 사고력·판단력·표현력의 습득, 특히 사고력 측정 문항의 제작이다. 마크시트식 문제작성의 유의점에서는 복수의 텍스트나 자료, 분야가 다

---

34 文部科学省, 「大学入学共通テスト実施方針策定に当たっての考え方」, p. 2.
35 文部科学省, 「大学入学共通テスト実施方針策定に当たっての考え方」, p. 2.

른 복수의 문장, 일상생활이나 다른 교과, 과목, 사회와의 관련성을 다루도록 하고 있어 정보 활용 능력이나 지식의 응용력을 묻는 것이라 할 수 있다.[36]

○ 여러 텍스트나 자료를 제시하여 필요한 정보를 조합하여 사고하고 판단하게 한다.

○ 분야가 다른 여러 글의 심도 있는 내용을 비교 검토하게 한다.

○ 배운 내용을 일상생활과 연계하여 생각하게 한다.

○ 다른 교과 및 과목, 사회와의 연관성을 의식한 내용을 포함한다.[37]

또한 고등학교의 주체적·대화적·심층적 학습의 실현을 위한 수업 개선을 고려하여 수업에서 학생이 학습하는 장면이나 사회생활이나 일상생활에서 과제를 발견하고 해결하는 방법을 구상하는 장면, 자료나 데이터 등을 바탕으로 고찰하는 장면 등 학습과정을 의식한 문제의 장면 설정을 구성하여 고등학교 수업의 개선과 아울러 사고력과 연관시킨 문항을 제작하도록 하였다.[38]

○ 기존의 문항에 대한 평가와 개선요구를 받아들여 대학입학공통테스트에서 측정하고자 하는 능력을 명확하게 반영한 문항을 작성한다.

○ 고등학교 교육을 거치면서 대학교육의 진입단계까지 어떤 능력을 갖추었는지를 확인할 수 있는 문항을 작성한다.

---

36 山地弘起, 「大学入学共通テストがめざすもの─「思考力」をどう捉えるか─」, 『薬学教育』 4, 2020.

37 이 유의점은 서술형 문항의 제작을 염두에 둔 기준으로 현행 공통테스트 문항의 특성과 맞지 않은 항목이 있으나, 계속 견지해 온 유의점을 중심으로 논지를 이어간다(文部科学省, 「大学入学共通テスト実施方針策定に当たっての考え方」, p. 19).

38 独立行政法人大学入試センター, 「令和5年度大学入学者選抜に係る大学入学共通テスト問題作成方針」, pp. 1~2.

○ 고등학교 교육과정에서 습득한 지식·기능, 사고력·판단력·
표현력을 측정할 수 있는 문항을 작성한다.

○ 2009년 개정 고시된 고등학교 학습지도요령에서 목표로 하
는 자질과 능력을 바탕으로 지식의 이해의 정도를 파악할 수
있는 문항이나 사고력·판단력·표현력 등을 발휘하여 해결해
야 하는 문항을 작성한다.

○ 문항에서 요구하는 역량이 고등학교 교육의 목표에 해당하는
역량과 대학교육에서 공통적으로 요구되는 역량을 반영할 수
있는 문항을 작성한다.

○ 배우는 과정을 고려한 상황, 즉 고등학교의 주체적·대화적·
심층적 학습을 반영함으로써 수업 개선에 활용할 수 있는 문
항을 작성한다.

○ 수업에서 학생이 학습하는 장면, 사회생활이나 일상생활 속
에서 과제를 발견하고 해결방법을 구상하는 장면, 자료나 데
이터 등을 바탕으로 탐구할 수 있는 학습과정을 고려한 문항
의 작성을 출제의 방향으로 설정한다.

정리하면, 공통테스트 문항은 고등학교 교육과 대학교육을 연결할 수
있는 능력을 확인하기 위한 도구로 활용하며, 그를 위해서는 지식의 암기
에 그치는 것이 아니라 다양한 상황에서 지식을 활용하여 문제를 해결할
수 있는 능력의 파악에 초점을 두어 제작한다는 점을 강조하고 있다. 이와
연관하여 공통테스트의 취지 중 대학교육을 받는데 필요한 능력에 대해 내
용에 대한 충분한 지식과 본질적인 이해를 바탕으로 문제를 주체적으로 사
고하고 판단하며, 그 과정과 결과에 대해 주체적으로 표현하고 실행할 수
있는 제반 능력으로 보고 있다.[39]

---

39 高大接続システム改革会議, 「高大接続システム改革会議 最終報告」, pp. 51~52.

3. 공통테스트 역사영역 문항의 분석

1) 공통테스트 응시자 수와 역사 영역 과목의 선택 비율[40]

2023학년도 공통테스트 지원자 수는 추·재시험을 포함하여 모두 512,581명이었다. 최근 3년간 공통테스트 응시자 수는 감소하는 추세이다. 2014년과 비교해 보면 감소 추세는 더욱 뚜렷하다.[41]

표 3 최근 3년간(2021~2023학년도) 공통테스트 응시자 수[42]

학년도	2021	2022	2023
응시자수(명)	535,245	530,367	512,581

〈표 4〉는 2021학년도부터 2023학년도 3년간 실시한 공통테스트의 결과 중《지리역사》와《공민》의 과목 선택자 수와 비율, 그리고 평균점을 나타낸 표이다. 앞서 언급한 바와 같이 공통테스트에서는《지리역사》와《공민》10과목 중 1~2과목을 선택하여 수험한다.

응시자 수를 비교하면《지리역사》에서 〈세계사 B〉와 〈일본사 B〉, 〈지리 B〉의 선택율이 높다. 대학의 일반전형에서 공통테스트의《지리역사》교과의 〈세계사 B〉와 〈일본사 B〉, 〈지리 B〉를 지정과목으로 반영하는 것이 일반적이며, 대학별로 출제하는 시험에서도 마찬가지로 적용하고 있기 때문

---

40 이 장에서는 2023년도 대학입학공통테스트를 기준으로 문제 작성 방침을 제시한다.

41 2014년 센터시험 응시자 수는 560,672명으로 10년 사이 48,091명이 감소한 수치로 인구의 감소를 이유로 교육개혁의 필요성을 강조한 요인이기도 하다[独立行政法人大学入試センター, 「平成26年度大学入試センター試験実施結果の概要」, 2014.2.6., https://www.dnc.ac.jp/albums/abm.php?d=589&f=abm00002867.pdf&n=平成26年度大学入試センター試験実施結果の概要.pdf (2024. 1. 7. 검색)].

42 시험 결과 데이터는 대학입시센터 홈페이지에서 확보하였다.
独立行政法人大学入試センター, 「問題評価·分析委員会報告書」, https://www.dnc.ac.jp/kyotsu/hyouka/ (2024. 3. 6. 검색).

이다. 참고로 공통테스트의 반영 점수는 표준점수로 변환하지 않고 원점수를 그대로 반영한다.

표 4 《지리역사》·《공민》 교과의 과목 선택자 수와 비율, 평균점수[43]

교과	과목	2021학년도			2022학년도			2023학년도		
		응시자수 (명)	비율 (%)	평균 점수	응시자수 (명)	비율 (%)	평균 점수	응시자수 (명)	비율 (%)	평균 점수
지리 역사	세계사 A	1,558	0.4	46.14	1,414	0.4	48.10	1,289	0.4	36.32
	세계사 B	85,995	23.0	63.49	83,161	22.0	65.83	78,651	21.7	58.43
	일본사 A	2,379	0.6	49.57	2,175	0.6	40.97	2,439	0.7	45.38
	일본사 B	143,774	38.4	64.26	147,562	39.0	52.81	137,817	38.1	59.75
	지리 A	1,968	0.5	59.98	2,191	0.6	51.62	2,086	0.6	55.19
	지리 B	139,011	37.1	60.06	141,631	37.5	58.99	139,830	38.6	60.46
공민	현대사회	69,198	38.9	58.40	63,716	36.3	60.84	65,129	37.0	59.46
	윤리	20,043	11.3	71.96	21,887	12.5	63.29	20,007	11.4	59.02
	정치·경제	45,442	25.6	57.03	45,804	26.1	56.77	44,965	25.6	50.96
	윤리, 정치·경제	43,169	24.3	69.26	43,947	25.1	69.73	45,875	26.1	60.59

2) 공통테스트 역사영역 문항의 분석[44]

(1) 공통테스트 역사영역 문항 구조의 특징

가. 문항의 구성 방식

일본의 공통테스트 문항은 하나의 문제 아래에 여러 개의 하위 문항을 배치하여 구성하는 방식이다. 최근 3년간 역사 영역 공통테스트 문항을 보

---

43 独立行政法人大学入試センター, 「問題評価·分析委員会報告書」.

44 문항은 대학입시센터 홈페이지에서 확보하였다.
　独立行政法人大学入試センター a, 「過去3年分の試験問題」, https://www.dnc.ac.jp/kyotsu/kakomondai/ (2024. 3. 6. 검색).

면 하나의 문제에 4~9개의 하위 문항을 연결시키는 방식으로 구성된다.

　문제의 구성은 문항의 의도와 방향을 안내하기 위한 머리글을 먼저 서술하고 이후 문제를 풀어나기기 위한 자료를 배치한다. 문제에서 제시하는 자료는 다양하다. 가장 많이 활용하는 자료는 수업상황이나 일상에서 이루어지는 대화문의 형식이다. 그리고 해당 역사 사실과 관련된 사료, 그래프, 도표, 그림, 사진 등 자료를 통해 역사적 사실을 파악하거나 해석할 수 있도록 제시하면서 하위 문항으로 연결하는 구성 방식을 취하고 있다. 자료의 구성에서 하위 문항별로 문제의 자료와 연관성이 있는 자료를 별도로 제시한다.

표 5　최근 3년간(2021~2023학년도) 역사영역 공통테스트 문항의 구성

| 문제 번호 | 하위 문항 수 | | | | | | | | | | | |
| | 세계사 A | | | 세계사 B | | | 일본사 A | | | 일본사 B | | |
	2021	2022	2023	2021	2022	2023	2021	2022	2023	2021	2022	2023
1	6	8	6	5	9	6	7	7	7	6	6	6
2	6	5	9	6	5	6	4*	4*	4*	5	5	5
3	9	5	9	8	8	8	7	7	7	5	5	5
4	6	5	6	9	6	8	7*	7*	7*	5	5	5
5	6	8		6	6	6	7	7	7	4*	4*	4*
6										7*	7*	7*
계	33	31	30	34	34	34	32	32	32	32	32	32

*는 일본사 A와 일본사 B의 공통 문항

　문제 수는 〈일본사 A〉가 5개, 〈일본사 B〉가 6개로 차이가 있지만, 하위 문항 수는 32개로 같다. 〈세계사 A〉의 하위 문항 수는 점차 줄어드는 추세인데, 특히 2023학년도 〈세계사 A〉와 〈세계사 B〉의 하위 문항 수의 차이가 크다. 이는 과목의 내용범위의 차이에서 비롯된 측면이 크다. 〈세계사 A〉는 2단위로 편성하여 근현대사를 중심으로 세계의 역사를 큰 틀에서 이해시키는 것을 목표로 하고 있다면 〈세계사 B〉는 4단위로 고대부터 현대

까지 세계 역사를 다루고 있다. 특히 〈세계사 B〉는 대부분의 고등학교에서 필수과목으로 지정하여 운영하고 있기 때문에 〈표 4〉에서 제시한 바 〈세계사 A〉보다 선택 비율이 높다. 〈일본사〉 문항에서 보이는 특징은 근현대를 중심으로 〈일본사 A〉와 〈일본사 B〉에서 2개의 대문항은 공통 문항으로 출제된다.

나. 자료의 활용

문제와 하위 문항의 자료는 주체적 전제로 수업이나 일상생활에서 과제를 발견하고 해결하는 방법을 찾아나가는 방법을 구상하는 장면, 사료나 통계, 그래프 등을 활용하는 방식으로 제시하고 있다.

표 6　2023학년도 역사영역 공통테스트 문항 자료 형식

자료형식		세계사 A	세계사 B	일본사 A	일본사 B	계
역사적 사실과 연관된 자료	설명문	7	10	5	5	27
	사료	1	3	1	2	7
	그래프	·	·	1	1	2
	표	·	2	·	·	2
	지도	1	1	·	3	5
	그림	2	·	2	3	7
	사진	1	1	4	·	6
	논저인용	·	3	·	·	3
학생 활동과 관련된 자료	대화문	7	10	5	5	27
	여행자료	·	·	1	1	2
	학생메모	4	2	·	·	6
	연극대본	·	4	2	·	6

문항에 활용된 자료는 설명문, 사료, 그래프, 표, 지도, 그림, 사진, 논저인용 등 역사적 사실과 연관된 자료와 대화문, 여행자료, 학생의 학습 메모, 연극대본 등 학생 활동과 관련된 자료로 크게 나누어 볼 수 있다. 이전

공통테스트 문항에서는 2023학년도 자료 이외에도 연표와 학생 발표자료, 이력서, 팜플렛 등 다양한 자료가 활용되었다.

활용 비중이 가장 높은 자료는 설명문과 대화문이다. 설명문은 단독으로 역사적 사실이나 국가, 인물을 설명하는 방식으로 사용하기도 했지만, 이외 자료를 설명하는 역할로 사용되기도 하였다. 대화문은 수업 과정에서 이루어지는 교사와 학생 간 대화, 사진이나 그림, 여행 등 대학입학공통테스트 문제 작성 방침에서 강조한 자료의 형식, 즉 수업에서 학생이 학습하는 장면 또는 사회생활이나 일상생활에서 과제를 발견하고 해결하는 방법을 구상하는 장면으로 구성이 되어 있다.

다. 답지 구성

답지는 선다형으로 구성하지만 4지선다형에서 8지선다형까지 제시하는 등 특정한 형식을 취하지는 않는다. 또한 합답형 등 복수의 정답을 배정하지 않고 하나의 답을 선택하도록 한다. 대체로 6지 선다형 답지는 역사적 사실(건)의 시대적 순서를 배열하는 문항에 주로 활용한다(<예사문항 1> 3-2). 세 개의 역사적 사실(건)을 배열할 때 필요한 경우의 수를 나타내기 위한 답지의 구성이기 때문이다. 〈예시문항 1〉의 3-5처럼 여러 개의 요소를 조합하는 문항에서도 6지 혹은 8지 선다형으로 답지를 구성한다.

3-2 밑줄 친 부분 @과 관련하여 헤이안쿄 주변에 세워진 사원에 관해 서술한 다음 문장 Ⅰ~Ⅲ에 대해, 오래된 것부터 연대순으로 바르게 배열한 것을 다음 ①~⑥ 중 하나만 고르시오.

> Ⅰ. 법왕이 법승사를 건립하여 거대한 불탑을 세우고 권세를 자랑하였다.
> Ⅱ. 극락정토를 표현한 아미타당을 중심으로 법성사가 조성되었다.
> Ⅲ. 선종이 송나라에서 전래되어 선종 사찰이 건립되었다.

① Ⅰ-Ⅱ-Ⅲ   ② Ⅰ-Ⅲ-Ⅱ   ③ Ⅱ-Ⅰ-Ⅲ
④ Ⅱ-Ⅲ-Ⅰ   ⑤ Ⅲ-Ⅰ-Ⅱ   ⑥ Ⅲ-Ⅱ-Ⅰ

3-5 유우카 씨와 쿄 씨는 중세 교토에 대해 조사한 내용을 바탕으로 중세 경제의 특징을 도식화하여 다음 <그림 2>에 정리했다. 중세 재화의 움직임을 나타낸 <그림 2>의 화살표 X~Z와 그에 해당하는 단어 a~f에 대해 가장 적절한 조합을 다음 ①~⑧ 중 하나만 고르시오.

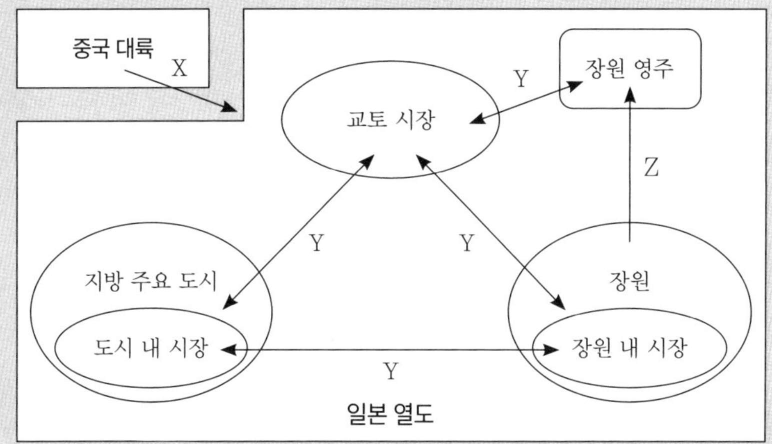

<그림 2>

a. 주조된 돈   b. 산출된 금   c. 환전(爲替)
d. 고리대금(借上)   e. 대금납부(代錢納)   f. 주점세(酒屋役)

① X－a, Y－c, Z－e   ② X－a, Y－c, Z－f   ③ X－a, Y－d, Z－e
④ X－a, Y－d, Z－f   ⑤ X－b, Y－c, A－e   ⑥ X－b, Y－d, Z－f
⑦ X－b, Y－d, Z－e   ⑧ X－b, Y－d, Z－f

구분	2021학년도				2022학년도				2023학년도			
	세계사 A	세계사 B	일본사 A	일본사 B	세계사 A	세계사 B	일본사 A	일본사 B	세계사 A	세계사 B	일본사 A	일본사 B
4지선다형	28	25	30	28	30	31	27	26	27	30	28	26
6지선다형	5	9	2	4	1	3	5	6	3	4	4	5
8지선다형	·	·	·	·	·	·	·	·	·	·	·	1

　　답지는 형식적인 틀을 갖추고 있으며, 최근 3년간 답지의 구성 형식은 차이가 없다. 가장 많은 답지의 형식은 복수의 항목을 연결시키는 조합형 답지 구성이다. 구체적으로는 대문항 빈칸의 어구와 역사적 사실의 조합(<예시문항 2> 4-1), 문제의 제시자료와 연관된 역사적 사실과 하위 문항의 제시 문장을 연결시키는 조합(<예시문항 2> 5-1), 문제의 제시자료와 연관된 역사적 사실에 대한 문장 혹은 어구의 정오(正誤) 조합(<예시문항 2> 6-2) 형식으로 구성한다.

예시문항 2

4-1 다음 문장 a~d 중 대화문의 빈칸 　가　, 　나　에 들어갈 문장의 조합으로 가장 알맞은 것을 다음 ①~④ 중 하나만 고르시오.

　a. 여러 다이묘들이 에도(江戶)에 저택을 두고 고쿠겐(国元)과 왕래하게 되었다.
　b. 교통의 장애가 되는 하코네의 관문이나 신이세키(新居の関)와 같은 관소가 폐지되었다.
　c. 고카미산리(御蔭参り)에 나가는 많은 승객을 실어 나른다.
　d. 연공미, 목재 등 대량의 물자를 운반한다.

　① 가 – a, 나 – c　　② 가 – a, 나 – d　　③ 가 – b, 나 – c　　④ 가 – b, 나 – d

5-1 설정된 마키노 린의 생몰년 사이에 일어난 사건에 대해 서술한 다음 문장 X·Y와 그에 해당하는 단어 a~d의 조합으로 옳은 것을 다음 ①~④ 중 하나만 고르시오.

> X: 마키노 린이 4살 때쯤, 이 지역이 영국, 프랑스, 미국, 네덜란드 연합 함대에 의해 포격을 당했다.
> Y: 마키노 린이 13세가 되었을 때, 새로 설립된 내무성의 장관(경)에 이 인물이 취임했다.
>
> a. 가고시마　b. 시모노세키　c. 데라시카 무네노리(寺島宗則)　d. 쿠보 도시미치(大久保利通)

① X – a, Y – c　　② X – a, Y – d　　③ X – b, Y – c　　④ X – b, Y – d

6-2 밑줄 친 부분 ⓑ와 관련하여, 당시 수학여행단 학생의 상하이에서의 체험기를 담은 다음 사료1의 내용에 관해 서술한 후의 문장 X·Y에 대해, 그 옳고 그름의 조합으로 옳은 것을 다음 ①~④ 중에서 하나만 고르시오.

> <사료 1> (생략)
>
> X: 수학여행단이 '국제적인 번영의 도시'라고 칭한 상하이는 안정 5국 조약이 체결되기 전에 개항한 도시였다.
> Y: 수학여행단은 청일전쟁의 승리로 일본이 얻은 이권의 일부를 목격하고 청나라의 패배에 대한 상하이 시민들의 반응을 체험했다.

① X – 정, Y – 정　　② X – 정, Y – 오　　③ X – 오, Y – 정　　④ X – 오, Y – 오

(2023학년도 〈일본사 B〉 문항)

그 외 답지 구성 형식으로는 역사적 사실과 관련한 답지를 찾는 문항,[45] 연대순 배열 등이 있다.

(2) 공통테스트 역사영역의 평가문항 분석 기준

2006년 〈세계사〉 미이수 문제가 불거진 이후 고등학생들이 갖춰야 할 역사인식을 둘러싸고 논의가 진행되었다.[46] 이 문제를 해결하기 위한 방

---

45 대체로 긍정문항 보다는 부정문항의 비율이 높다.

46 다수 고등학교에서 필수과목인 〈세계사〉를 이수하지 않는다는 사실이 밝혀진 뒤 2007년 일본 학술회의에서 고등학교 지리역사과 교육에 관한 분과회를 설치, 검토를 거친 뒤 역사교육의

안 중 하나로 역사적 사고력을 평가하는 방향으로 대학입시를 개혁하여야 한다는 의견이 제시되었다.[47] 역사적 사고력의 평가는 고대접속 개혁과 그에 따라 개정된 학습지도요령에서 제시한 바 암기 위주의 지식주입형 평가에서 지식·기능, 사고력·판단력·표현력, 배움을 향한 힘과 인간성을 측정하는 방향으로 이루어져야 한다고 주장하였다. 우선 명확히 하여야 할 것은 역사영역에서 사고력·판단력·표현력이 무엇인가 하는 것이다.

2018 개정 학습지도요령에서는 사고력·판단력·표현력을 지식·기능을 활용하여 과제를 해결하기 위해 필요한 능력으로 규정하고 있다.[48] 지리역사과의 경우 "사회적 사건 등의 의미와 의의, 특징과 상호 연관성을 고찰하는 힘, 사회에 나타나는 과제를 파악하고 그 해결을 위해 구상하는 힘과 고찰한 것과 구상한 것을 설명하는 힘, 그것들을 바탕으로 토론하는 힘"으로 사고력·판단력·표현력을 규정하고 있다.[49] 즉 교과의 특정적인 지식과 사

강화를 위한 방안으로 고등학교 지리·역사교육에 일본사와 세계사를 융합한 〈역사기초〉를 신설할 것을 제안하였다. 이후 2016년 문부과학성 중앙교육심의회의 고등학교 역사교육에 관한 분과회에서 「(제언)「역사종합」에 기대하는 것」을 발표함으로써 2018년 개정 고시된 「고등학교 학습지도요령」에서 「역사종합」이 신설되기까지 이르렀다(日本学術会議 心理学·教育学委員会·史学委員会·地域研究委員会合同 高校地理歴史科教育に関する分科会, 『提言 新しい高校地理·歴史教育の創造－グローバル化に対応した時空間認識の育成－』, 2011. 8. 3.; 日本学術会議 史学委員会 高校歴史教育に関する分科会, 『提言 再び高校歴史教育のあり方について』, 2014. 6. 13.; 日本学術会議 史学委員会 高校歴史教育に関する分科会『提言〈歴史総合〉に期待されるもの』, 2016. 5. 16.).
〈역사종합〉은 고등학교 학생들이 학습해야 할 영역이 세계사와 일본사의 양자택일이 아니라 글로벌한 관점에서 현대 세계와 그 속에서 일본의 과거와 현재, 미래를 주체적이고 종합적으로 생각할 수 있도록 교육이 이루어져야 한다는 관점에서 신설되있다(日本学術会議 史学委員会 中高大歴史教育に関する分科会, 「(提言)歴史的思考力を育てる大学入試のあり方について」, 2019. 11. 22, p. 3).

47 日本学術会議 史学委員会 中高大歴史教育に関する分科会, 「(提言)歴史的思考力を育てる大学入試のあり方について」.

48 文部科学省, 「高等学校学習指導要領(平成30年告示)解説(総則編)」, 2018. 7, p. 40.

49 文部科学省, 「高等学校学習指導要領(平成30年告示)解説(地理歴史編)」, 2021. 8. 일부개정, pp. 10~11. 「고등학교학습지도요령(총칙)」에서도 사고력·판단력·표현력을 교과의 특성에 따라 "사물 속에서 문제를 발견하고, 그 문제를 정의하고 해결방향을 결정하고, 해결 방법을 찾아 계획을 세우고, 결과를 예측하면서 실행하고, 되돌아보며 다음 문제의 발견·해결로 이어가는 과정, 조사한 정보를 바탕으로 자신의 생각을 형성하고 표현하고 목적이나 상황 등에 따라 서로의 생각을 전달하고, 다양한 생각을 이해하고 집단으로서의 생각을 형성해 가는 과정, 생

고력을 활용하여 과제를 해결하기 위해 설명하고 토론하는 능력을 사고력·판단력·표현력으로 정리할 수 있다. 이를 역사영역에 적용했을 때 역사 해석을 구성하고 설명과 토론을 할 수 있는 힘으로 규정할 수 있다. 구체적으로는 수업에서 다루는 역사적 사건에 대해 자료 등의 가치를 평가·판단하고, 각 사물의 영향과 상호 인과관계를 평가하여 역사 해석을 구성하고, 설명이나 반론 등의 논의를 하는 것이 사고력·판단력·표현력으로 볼 수 있다.[50]

이러한 관점을 받아들여 2018년 대학입시센터에서 실시한 '공통테스트 시행조사'에서는 평가하고자 하는 역사영역의 사고력·판단력·표현력을 역사적 사건의 시계열과 추이 및 변화, 여러 사건의 비교, 배경과 원인, 결과, 영향 등 사건 상호간의 연관성, 역사적 사건에 대한 의미와 의의의 파악, 현대적 과제에 적용하는 것으로 정리하였다.[51] 공통테스트 문항구성의 특성상 토론을 할 수 있는 능력은 평가 항목에 적용하기 곤란하다는 점을 감안하면 역사영역 공통테스트 문항은 역사지식과 역사지식을 기반으로 역사적 사실의 특성을 파악하고 문제를 해결하는 능력을 평가하는 데 초점을 맞추고 있다고 볼 수 있다. 2023학년도 대학입학공통테스트 역사영역(〈세계사 A〉, 〈세계사 B〉, 〈일본사 A〉, 〈일본사 B〉)의 문제 작성 방침[52]에서도 사고력·판단력·표현력의 범주를 제시하고 있다.

각을 바탕으로 구상하고 의미와 가치를 창출해 나가는 과정"으로 규정하고 있다. 이를 역사과의 특성을 고려한 사고력·판단력·표현력으로 볼 수 있다(文部科学省, 「高等学校学習指導要領(平成30年告示)解説(総則編)」, p. 41).

50 倉知三裕, 「大学入学共通テスト試行調査問題(歴史的分野)の分析ー思考力·判断力·表現力を評価する歴史テスト問題の特色ー」, 『探究』 31, 2021, p. 42.

51 独立行政法人大学入試センター, 「【歴史】作問のねらいとする主な「思考力·判断力·表現力」についてのイメージ(素案)」, https://www.dnc.ac.jp/albums/abm.php?d=110&f=abm00000587.pdf&n=歴史_h30.pdf (2024. 1. 7. 검색).
공통테스트 문항 제작을 위해 시행조사로 설정한 구분이기는 하지만 역사영역의 사고력·판단력·표현력을 규정하는 데 참고가 된다.

52 独立行政法人大学入試センター, 「令和5年度大学入学者選抜に係る大学入学共通テスト問題作成方針」.

역사에 관련된 사건을 다면적·다각적으로 고찰하는 과정을 중시한다. 용어 등을 포함한 개별 사실 등에 대한 지식뿐만 아니라 역사적 사건의 의미와 의의, 특색과 상호 연관성 등에 대해 종합적으로 고찰하는 능력을 요구한다. 문제 작성에 있어서는 사건에 대한 깊은 이해를 바탕으로, 예를 들어 교과서 등에서 다루지 않은 처음 보는 자료라도 거기서 얻은 정보와 수업시간에 배운 지식을 연관시키는 문제, 가설을 세우고 자료를 바탕으로 근거를 제시하거나 검증하는 문제, 역사의 전개를 고찰하거나 시대나 지역을 넘어 특정 주제에 대해 고찰하는 문제 등을 포함하여 검토한다(밑줄 필자).

역사영역의 지식·기능, 사고력·판단력·표현력에 대한 논의를 종합해 보면 공통테스트 역사영역의 문항에서 다루는 지식·기능과 사고력·판단력·표현력을 다음과 같이 분류할 수 있다.

표 8   공통테스트 역사영역 문항의 지식·기능, 사고력·판단력·표현력의 구분 기준[53]

가. 지식·기능	나. 사고력·판단력·표현력
① 역사의 개별적 사실에 대한 지식·개념 ② 역사지식을 활용한 새로운 지식의 이해 ③ 역사지식을 다른 학습이나 생활 장면에 활용할 수 있는 지식	① 역사적 사건의 의미를 파악하는 능력 ② 역사적 자료의 가치와 내용을 파악하는 능력 ③ 역사적 사건의 인과관계/연관성을 파악하는 능력 ④ 가설을 세우고 검증하는 능력 ⑤ 역사적 사건을 근거를 들어 해석하는 능력 ⑥ 역사적 사건의 과제를 파악하고 해결하는 능력 ⑦ 역사적 사건을 해결하기 위해 토론하는 능력

공통테스트의 문항이 역사적 사고력과 판단력·표현력의 정도를 파악하기 위하여 〈표 8〉의 내용을 기준으로 삼아 분석하고자 한다. 분석 대상은

---

53 〈표 8〉의 분류 기준 가운데 나-⑦은 공통테스트가 선다형으로 구성되어 있다는 점을 감안하면 공통테스트 문항 제작에 반영하기에 한계가 있을 것이다.

2023학년도 〈일본사 B〉 문항으로 한다.

(3) 2023학년도 공통테스트 〈일본사 B〉 문항의 분석[54]

2023학년도 〈일본사 B〉 문항에 대한 문제작성부회의 평가는 엇갈린다. 고등학교 역사교사와 센터자체 분석 위원회에서는 역사적 사실에 대한 정확한 이해와 지식을 바탕으로 다양한 자료를 활용하여 문제를 해결하는 능력을 묻는 문항으로 구성되어 있기 때문에 수험생의 자질과 능력을 평가하는 데 적합하다는 의견을 제시하였다. 이에 반해 전국역사교육연구협의회의 의견은 문항의 상당수가 사고력·판단력·표현력보다는 지식·기능 영역에 치중되어 있다는 입장을 제시하였다.

위원회 내부에서 평가가 엇갈리는 대표적인 문항은 〈예시문항 3〉을 들수 있다. 〈예시문항 3〉의 문제 2는 일본 고대 사상사를 주제로 한 문항이다. 고등학교 역사교사들은 이 문항을 문장과 사료의 정보와 귀족의 생활에 대한 지식이 통합된 사고력·판단력·표현력을 요구하는 대표적인 문항으로 보았다.

---

54 공통테스트의 출제와 관리를 담당하고 있는 대학입시센터에서는 문제평가·분석위원회를 구성하여 매년 공통테스트의 문항에 대한 보고서를 발행하고 있다. 역사영역 평가문항 분석을 담당하는 문제평가·분석위원회는 고등학교 역사교사, 교육연구단체인 전국역사교육연구협의회, 센터자체 분석 위원회인 문제작성부회로 구성되어 있다. 역사영역 문제평가·분석위원회에서 공통으로 사고력·판단력·표현력에 부합하는 문항이라고 판단한 문항을 대상으로 분석하고자 한다[独立行政法人大学入試センター, 「令和6年度 問題評価·分析委員会報告書(本試験)」, https://www.dnc.ac.jp/kyotsu/hyouka/r6_hyouka/r6_hyoukahoukokusyo_honshiken.html (2024. 3. 6. 검색)].

2. 일본 고대 음양도(陰陽道)의 역사에 대해 서술한 다음 문장 A·B를 읽고 다음 물음(문1~5)에 답하시오(사료는 일부 생략되기도 하고 고쳐 쓴 것도 있다). (배점 16)

A

ⓐ 음양도는 중국에서 전래된 역학과 천문학, 음양오행 사상 등을 바탕으로 점차 형성되었다.

율령제 하에서는 이러한 기술과 사상을 관할하는 ⓑ 음양료(陰陽寮)가 설치되었다. 음양료는 천문, 달력, 시간에 관한 일을 담당했으며, 이변이 있을 때 국가적 재난이나 이변의 징조인지 아닌지를 판단했다. 지방에서도 다자이후(大宰府)에는 율령 제정 단계부터 음양사(陰陽師)를 두었다.

9세기 이후 정세가 불안정해진 동북지방과 동국에도 음양사가 배치되기 시작했다. 한편, ⓒ 원귀나 역신을 모셔 재앙을 피하려는 신앙이 확산되면서 음양사에 소속된 음양사들은 재해나 이변의 원흉을 제거하는 제사에도 종사하게 되었다. 10세기에 이르러 음양사는 천황이나 귀족 개인의 요청에 응하여 길흉을 점치거나 주술을 행하기도 했다.

B

음양오행의 중요한 업무 중 하나는 달력 제작이었나. 고대의 달력 중에는 ⓓ 날의 길흉화복을 기록한 구주력(舊注曆)이라는 것이 있었다. 작성된 구주력은 먼저 천황에게 올리고, 천황이 태정관을 통해 각 관사 등에 하사하여 하급 관사나 지방 관청 등에서도 필사하여 비치하였다. 구주력은 행정 현장에서 문서 행정이나 징세 납기 관리 등에 사용되었다.

구주력은 관공서뿐만 아니라 개인에서도 활용되었다. 헤이안 시대에 이르러서는 섭정이나 고위 귀족들이 구주력을 구해 이를 이용해 일기를 남기기도 했다. 그것들을 보면 그날 있었던 정무와 의례, 일상적인 행동이 상세히 기록되어 있다.

2-4 밑줄 친 부분 ⓓ와 관련하여 다음 <사료 1·2>를 바탕으로 고대 사회에서 달력의 영향에 대해 설명한 후에 문장 X·Y에 대해 그 옳고 그름의 조합으로 옳은 것을 다음 ①~④ 중에서 하나만 고르시오.

<사료 1>

〈국무조사〉
1. 임지에 가는 길일(吉日)에 관한 것
　새로 부임한 관리(주 1)는 임지로 갈 때는 반드시 길일을 택하여 하향(下向)(주 2)해야 한다.
1. 길일을 택하여 관(館)(주 3)에 들어가야 한다.
　입관 날짜와 시간은 서울에 있는 기간 중 음양가에서 정한다.
1. 길일을 택하여 교체정(交替政)(주 4)을 시작하는 것.

(『朝野群載』)

(주 1)　새로 부임한 관리(新任の吏): 새로이 임명된 국사(國司)
(주 2)　하향(下向): 서울로부터 임명된 고쿠로 내려가는 것
(주 3)　관(館): 임명된 고쿠에 설치된 국사가 거처할 관청
(주 4)　교체정(交替政): 신임 고쿠지가 전임 고쿠지와 교대하는 절차. 행정사무의 하나

<사료 2>

〈유계(주 5) 하루 중 행사〉

먼저 일어나서 (중략) 거울을 들고 얼굴을 보고 달력을 보고 그날의 길흉을 알 수 있다. (중략) 다음으로 어제의 일을 기록하라. 다음으로 죽을 먹는다. 다음에는 머리를 빗고(주 6) 다음에는 팔다리의 껍질을 제거한다. 다음으로 날을 택하여 목욕을 하라. (중략) 일 년 중 행사는 거의 달력에 적어두고, 날마다 보는 것 다음으로 먼저 그 일을 알아서 겸하여 준비하라.

『九条殿遺誡』

(주 5) 유계(遺誡): 여기서는 후지와라 사스케(藤原師輔)가 후손에게 남긴 훈계
(주 6) 두소(頭梳): 머리를 빗는다.

> X. 중앙과 지방의 정무에는 달력에 적어둔 그 날의 길흉이 이용된다.
> Y. 귀족의 일상생활은 구주력에 기입된 역주에 영향을 받았다.

① X-정, Y-정   ② X-정, Y-오   ③ X-오, Y-정   ④ X-오, Y-오

2-5 문장 A·B와 <사료 1·2>를 바탕으로 고대 음양오행과 귀족의 생활에 대해 설명한 다음 문장 a~d에 대해 가장 알맞은 조합을 다음 ①~④ 중에서 하나 고르시오.

> a. 천황이 달력을 하사한 것은 천황이 시간을 지배하고 있음을 나타내는 의미가 있었다고 생각된다.
> b. 지방 관청에는 음양사가 배치되어 달력을 독자적으로 만들었을 것으로 생각된다.
> c. 귀족들에게 중요한 연중행사는 구주력을 이용한 일기에 기록하여 미리부터 준비를 시작했을 것으로 생각된다.
> d. 음양사는 귀족의 개인적 길흉화복은 점치지 않았을 것으로 생각된다.

① a, c   ② a, d   ③ b, c   ④ b, d

그러나 〈예시문항 3〉의 2-4에서 이미 사료를 분석하여 2-5의 답지와 연관된 내용까지 파악할 수 있기 때문에 문제 간 간섭이 발생한다. 또한 답지의 내용면에서도 이 문항은 설명문과 사료에 부합한 역사적 사실을 찾는 문제이기는 하지만, 단순히 제시된 자료와 비교하는 것만으로도 정답을 찾아낼 수 있기 때문에 사고력·판단력·표현력 문항으로 보기 어렵다.

1. 마리 씨와 켄토 씨는 고등학교 수업에서 '지도로 생각하는 일본 역사'라는 과제 연구를 위해 각자 지도를 가져와서 토론을 하게 되었다고 한다. 다음 두 사람의 대화 A·B와 자료를 읽고, 다음 질문(문1~6)에 답하시오(자료는 일부 생략하거나 수정한 부분도 있다). (배점18)

A

마리: 나는 가마쿠라 시대에 만들어진 〈지도 1〉을 가져왔어.

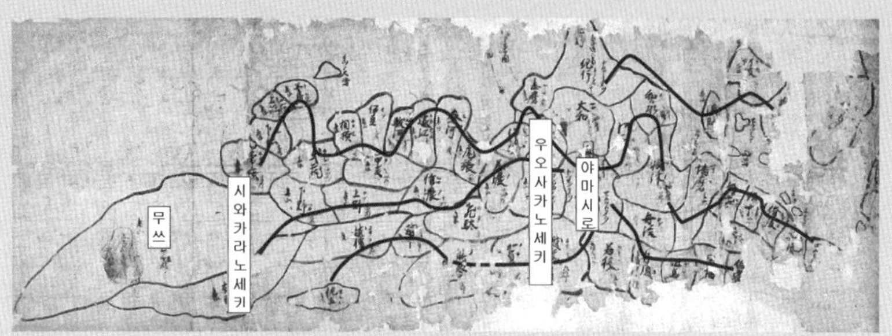

<지도 1> 닌나지(仁和寺) 소장 '일본지도'

켄토: 이게 일본 지도인가? 왼쪽에 동일본이 그려져 있네.

마리: 중국 지방의 일부와 규슈 지방은 남아 있지 않아. 야마시로국(山城國)을 기점으로 기나이(畿內)·시치도(七道)를 선으로 연결하고 있어.

켄토: 시치도는 고대의 도로이자 고대 행정구역이기도 하지? 나라의 형태는 대략적인 모양이네.

마리: 기나이, 시치도별로 각 나라의 위치 관계를 알 수 있었으면 좋았을 텐데. 이것과 비슷한 시기에 만들어진 지도인데, 〈지도 2〉도 가져왔어. 규슈, 시코쿠와 혼슈의 서쪽 부분만 남아 있어.

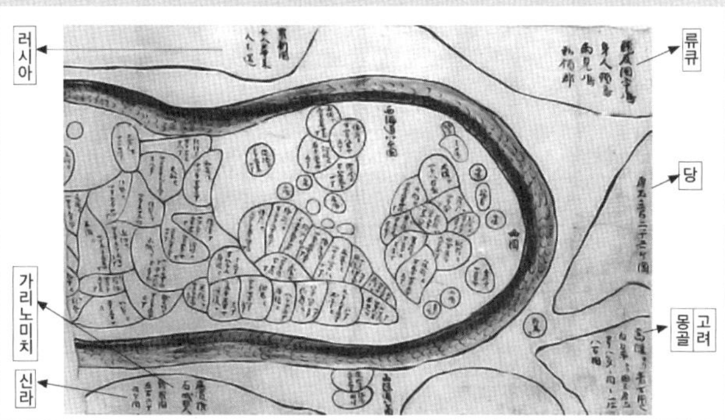

<지도 2> 쇼모지 소장, 가나가와 현립 가나자와문고 보관 '일본지도'

켄토: 일본 열도를 둘러싸고 있는 것은 무엇일까?

마리: 용이라는 설이 있어. 그 바깥쪽에는 ⓑ <u>이 지도가 제작될 당시 실존했던 나라</u> 외에 이미 존재하지 않는 나라나 상상의 나라도 그려져 있다고 하네.

켄트: 흐음, 재미있네. '러시아(羅刹國)'나 '가리노미치(雁道)'가 상상의 나라군.

마리 : ⓒ <u>고대나 중세의 경계에 대한 의식</u>은 각각 다른 특징이 있는 것 같네.

B

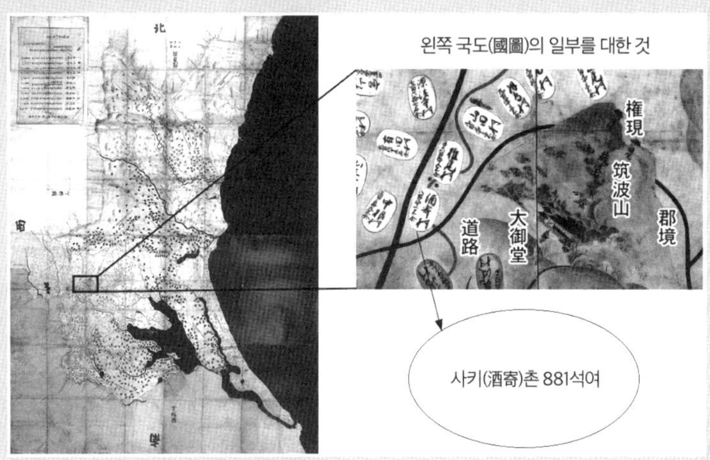

<지도 3> 겐로쿠(元禄)히타치(常陸)국지도, 1696~1702[55]

켄토: 다음은 내 차례다. 〈지도 3〉은 에도 막부가 각 번 등에 명령해서 만든 국의 지도야. 에도 시대를 통해 막부는 이런 국의 지도들을 여러 번 만들게 했어.

마리: 확대해서 보면 일본 국내의 대표적인 산과 사찰도 그려져 있는 것을 알 수 있네. 작은 판형으로 그려진 것은 마을이네.

켄토: 〈지도 3〉은 겐로쿠(元禄)시대에 만들어진 것으로, 막부는 국의 지도를 제출하게 하여 가 를 확인했었지.

마리: 흐음, 그렇구나. 에도 시대의 지도라고 하면, 서양 천문학을 바탕으로 해안 측량으로 일본 전역의 지도를 제작한 것은 이노 타다타카(伊能忠敬)였지?

켄토: 그는 에도시대부터 측량을 시작했는데, 그것은 나 와 관련된 것이었어. 막부는 그의 지도의 정확성을 인정했고, 그것이 일본 전역의 지도 제작으로 이어졌지.

---

55 에도 막부의 명령에 따라 4회에 걸쳐 전국지도가 작성되었다. 해당 지도는 그중 겐로쿠 시기에 작성된 전국지도 중 히타치국의 지도이다. 군별로 색으로 구분된 테두리 안에는 마을 이름과 식량 생산량이 적혀 있다. 지도에 표시된 사키촌의 식량 생산량은 881석 정도로 기록되어 있다[국립공문서관디지털아카이브, https://www.digital.archives.go.jp/gallery/0000000219 (2024. 7. 19. 검색)].

마리: 그래, 정확한 지도가 필요했던 거군.
켄트: 그래. 이노 타다타카의 지도는 막부 말기에 일본에 온 외국 선박이 일본 근해를 측
　　　량하고 해도를 제작할 때에도 활용됐어.
마리: 육지 지도만 생각했는데, 해도도 있었군.
켄트: 해도는 군사적 목적뿐만 아니라 ⓓ 대형 상선이나 여객선이 좌초하지 않도록 하기
　　　위해서도 필요했던 거군.
마리: 지도를 통해 여러 가지를 알 수 있군. 이것으로 과제를 잘 정리할 수 있을 것 같아.

1-6 마지막으로 마리 씨와 켄트 씨는 논의한 내용을 정리하여 '지도에서 생각하는 일본의 역사'
　　　에 대해 생각한 것을 정리했다. 두 사람이 정리한 다음 문징 a~d에 대해 가장 석설한 조합
　　　을 다음 ①~④ 중에서 하나만 고르시오.

> a. 고대 율령제에서는 시치도(七道)가 행정구역의 단위로 사용되었으며, 국가와 국가
>   의 경계는 확정되지 않았다고 생각된다.
> b. 중세에는 상상력을 가미하여 일본 열도와 그 주변 바다와 지역을 그린 지도도 제작
>   되었다고 생각된다.
> c. 근세에 막부가 전국을 지배하고 있다는 것을 확인하려는 목적이 있었을 것으로 생각
>   된다.
> d. 근대에 이르러서는 육지 지도보다 해도가 중시되어 그 이전의 일본 지도는 무시당
>   하게 되었다고 생각된다.

① a, c　　② a, d　　③ b, c　　④ b, d

〈예시문항 4〉는 지도를 바탕으로 일본 역사를 파악하는 문제이다. 가
마쿠라 시대에 작성된 두 장의 지도를 소재로 학생들의 대화문이 설정되어
있다. 역사 용어나 역사적 사건의 옳고 그름을 묻는 것이 아니라 자료를 바
탕으로 시대를 조망할 수 있는 능력을 요구하는 문항으로 〈표 8〉의 구분
기준 나-②에 해당한다.

2-3 밑줄 친 부분 ⓒ와 관련하여, 사후에 원귀가 되어 귀신을 부렸다고 전해지는 인물에 관해 서술한 다음 문장 Ⅰ~Ⅲ에 대해, 오래된 것부터 연대순으로 바르게 배열한 것을 다음 ①~ ⑥ 중 하나만 고르시오.

Ⅰ. 후지와라씨를 외척으로 여기지 않는 천황에 의해 중용되어 천황의 퇴위 후 우대신이 되었으나, 대립하는 후지와라씨의 계략에 의해 다이자이후로 좌천되었다.
Ⅱ. 좌대신으로서 정계를 주도했으나, 외척의 지위가 위태로워진 후지와라씨 형제의 계략에 빠져 반역죄를 뒤집어쓰고 자살했다.
Ⅲ. 천황의 동생이자 황태자였으나 신도시 건설 책임자가 암살된 사건의 주모자로 몰려 아와지(淡路)국으로 유배되어 그 도중에 굶어 죽었다.

① Ⅰ-Ⅱ-Ⅲ　② Ⅰ-Ⅲ-Ⅱ　③ Ⅱ-Ⅰ-Ⅲ　④ Ⅱ-Ⅲ-Ⅰ　⑤ Ⅲ-Ⅰ-Ⅱ　⑥ Ⅲ-Ⅱ-Ⅰ

〈예시문항 5〉는 일본 고대 사상사를 주제로 중국과 문화교류를 고려하면서 음양도의 역할을 이해하고, 사료를 분석하여 사고하는 과정을 중시하는 문항이다. 2-3은 후지와라씨와 관련된 제시문으로 구성되어 있지만 단순한 지식을 기반으로 하기 보다는 시대를 조망하는 문제이다. 〈표 8〉의 구분 기준 나-②와 ③에 해당하는 문항으로 구분할 수 있다.

〈예시문항 4〉의 1-6과 〈예시문항 5〉의 2-3 이외의 문항들은 대체로 역사적 지식과 이해에 해당하는 문항의 성격이 강하다. 앞서 언급한 바 공통테스트 문항은 학생이 학습활동 과정이나 일상생활에서 접할 수 있는 상황에서 문제를 해결하는 방법을 찾거나, 자료를 활용하여 역사적 사실의 의미를 파악하도록 제작하는 것이 일반적인 경향이다. 그러나 풀이를 위해서는 주어진 상황이나 자료를 해석하여 그 의미를 파악하는 과정이 필요하지 않은 문항도 상당수 보인다. 〈예시문항 6〉의 1-2는 〈예시문항 5〉의 2-3과 같은 형식의 문항이지만, 문제 풀이는 주어진 자료에 관계없이 역사적 지식의 습득 여부에 따라 결정된다.

> 1-2 밑줄 친 부분 ⓑ와 관련하여, 중세 동아시아의 사건에 대해 서술한 다음 문장 Ⅰ∼Ⅲ
> 에 대해 오래된 것부터 연대순으로 바르게 배열한 것을 다음 ①∼⑥중에서 하나만 고
> 르시오.
>
> Ⅰ. 막부는 천룡사 건립을 위해 원나라에 무역선을 파견했다.
> Ⅱ. 원에 복속되는 것에 저항한 삼별초가 반란을 일으켜 일본에 원군을 요청했다.
> Ⅲ. 쇼하시(尚巴志)가 三山을 통일하여 류큐 왕국을 세웠다.
>
> ① Ⅰ-Ⅱ-Ⅲ ② Ⅰ-Ⅲ-Ⅱ ③ Ⅱ-Ⅰ-Ⅲ ④ Ⅱ-Ⅲ-Ⅰ ⑤ Ⅲ-Ⅰ-Ⅱ ⑥ Ⅲ-Ⅱ-Ⅰ

다양한 상황에서 지식을 활용하여 문제를 해결할 수 있는 능력, 즉 사고력·판단력·표현력을 측정하기 위한 문항에서도 '나-② 역사적 사료의 가치와 내용을 파악하는 능력', '나-③ 역사적 사건의 인과관계/연관성을 파악하는 능력' 이외 역사영역의 사고력을 다양하게 측정할 수 있는 문항을 찾기 어렵다.

공통테스트는 각 교과·과목의 특성에 따라 지식·기능을 기반으로 사고력·판단력·표현력을 중심으로 평가한다는 것이 그 취지이다. 그러나 공통테스트가 원래 의도했던 바에 부합하는 문항을 개발하고 시험을 진행하였는지에 대한 평가는 긍정적이지 않다.

공통테스트의 한계는 역사적 사실과 관련한 자료의 의미와 가치를 판단하고 해석을 구성하고 설명할 수 있도록 설명문이나 자료를 제시하면서도 소문항의 구성은 역사적 사실 지식의 습득 여부를 판단하는 문항이 다수를 차지하고 있다는 점이다. 〈일본사 A〉, 〈세계사 A〉, 〈세계사 B〉 문항도 〈일본사 B〉 문항의 성격과 다르지 않다. 자료를 기반으로 탐구할 수 있는 능력을 측정하도록 문항을 구성하여야 한다는 문제출제방침을 수행하기 위해서 다양한 자료를 제시하는 문항의 구성만으로는 해결할 수 없다.

4. 맺음말

지금까지 일본의 교육개혁 방향과 그에 따른 대학입시제도의 변화, 그 중에서도 공통테스트를 중심으로 살펴보았다. 공통테스트는 전국 단위의 대학입학시험이다.

고대접속 개혁에서 강조했던 교육개혁을 위해서는 지식의 습득 여부를 평가하는 방식에서 벗어나 교과의 특성을 반영한 사고력을 측정하기 위한 문항의 개발이 필수적이다. 역사영역의 공통테스트 문항은 역사적 사고력의 평가라는 측면에서 다양한 자료를 해석하고 판단하며 복합적인 사고를 평가할 수 있도록 제작한다는 지침을 명확히 하고 있다.

그러나 공통테스트 문항을 분석해 보면 평가문항의 제작 지침이 온전히 적용된다고 보기는 어렵다. 다양한 상황을 가정한 대화문이나 사료, 지도, 도표, 그림 등의 자료를 제시함으로써 학생들로 하여금 상황과 자료를 통한 역사적 사실의 의미와 해석을 끌어내려는 의도는 명확하지만, 정작 학생들의 문제 풀이를 하는 과정에서는 역사적 사실의 기억 여부에 의존하는 문항이 다수이기 때문이다. 이 문제를 해결할 수 있는 방향은 자료를 기반으로 한 탐구의 과정과 문제 풀이의 과정이 같은 수준에서 연결되어야 하지만 이 경우에도 해결해야 할 과제가 있다.

첫째, 공통테스트의 목적과 교육개혁의 요구가 상충될 가능성이 있다. 공통테스트는 각 교과(과목)의 기초적인 학습의 정도를 판단하는 데 목적이 있다. 필요 이상으로 문제를 구성하기 위한 자료가 많아지거나 해답 방식이 복잡해지면 본래 측정하고자 하는 기초학력이 충분히 반영되지 않을 가능성이 있다.

둘째, 공통테스트에서 정보 활용 능력이나 지식의 응용력을 평가한다거나, 여러 자료를 제시하여 필요한 정보를 조합하여 사고하고 판단하게 하는 문항의 제작, 분야가 다른 심도 있는 여러 글의 내용을 비교·검토하게 하는 등의 사고력을 측정하기 위한 문항을 제작하는 방향은 사고력·판단력·표현력을 측정하려는 공통테스트의 목적에 부합한다. 그러나 여러 자료의 활용은 문제를 풀이할 시간이 적정한지에 대한 문제가 발생할 수 있다. 문제평가·분석 위원회에서는 공통테스트의 문제와 하위문항의 수, 그리고 문제와 관련된 자료의 양이 모두 적정수준이라고 평가하고 있다. 그러나 역사영역의 문항 분량은 출제 과목에 따라 27면에서 32면에 이른다. 사고를 요구하는 문제의 비중을 높이게 되었을 때 풀이에 시간이 필요하기 때문에 전체 문항의 수가 줄어들 가능성도 있다. 그 경우 출제 영역의 편중과 점수의 신뢰도 저하를 초래할 가능성도 있다.[56]

2025학년도 대학입학공통테스트는 2018년 3월 고시 고등학교 학습지도요령에 따라 진행된다. 물론 2018년 고시 학습지도요령에 따른 공통테스트의 출제 방향은 2020학년도부터 적용되어 왔다. 이는 2025학년도 대학입학공통테스트에 대응하기 위한 준비가 필요했기 때문이었다.[57] 2025학년도 공통테스트의 출제 방향은 2020학년도 센터시험에서 공통테스트로 전환하였을 때 내세웠던 변경 배경과 같다. 따라서 2025학년도 공통테스트는 2020~2024학년도의 출제 구성과 크게 다르지 않을 것으로 보인다. 다른 점은 2018년 개정 고시된 고등학교 학습지도요령의 과목 편제를 기빈으로 하기 때문에 출제과목의 변화와 《정보》 교과가 포함된 7교과로 구성하여 시행한다는 점 이외에는 이전 공통테스트와 큰 차이는 없다. 다만 2018

---

56 山地弘起, 「大学入学共通テストがめざすもの―「思考力」をどう捉えるか―」, p. 3.

57 独立行政法人大学入試センター, 「平成30年告示高等学校学習指導要領に対応した令和7年度大学入学共通テストからの出題教科·科目について」, 独立行政法人大学入試センタープレス発表資料, 2021. 3. 24, https://www.dnc.ac.jp/news/albums/abm.php?d=186&f=abm00003082.pdf&n= (2024. 1. 7. 검색).

개정 학습지도요령에 따라 역사영역의 과목에서 함양하도록 한 자질과 능력을 더욱 중시할 수 있도록 문항을 개발한다는 방향을 제시하고 있다.[58] 그렇기 때문에 고등학교 단계에서의 기초적인 학습의 성취 정도를 판단하고, 대학교육을 받기 위해 필요한 능력을 파악하려는 공통테스트의 본래 취지가 어느 정도 반영될 수 있을지 주목할 필요가 있다.

---

[58] 独立行政法人大学入試センター, 「令和7年度大学入学者選抜に係る大学入学共通テストに関する検討状況について－別添5 令和7年度大学入学者選抜に係る大学入学共通テストの 出題教科·科目の問題作成方針に関する検討の方向性について」, 2023. 3. 31, https://www.dnc.ac.jp/kyotsu/shiken_jouhou/r7/r7_kentoujoukyou/ (2024. 1. 7. 검색).

중국의 가오카오 역사 시험이 보여주는
대규모 대입 시험의 도전과 한계*

구난희

1. 머리말

학생의 역사 핵심 소양은 새로운 맥락에서 역사적 문제를 해결하는 능력으로 드러난다. 이러한 능력은 지식의 주입만으로 형성될 수 없으며, 역사적 지식을 종합적으로 적용하고 역사적 방법을 탐구하며 역사적 문제를 해결하는 과정에서만 개발될 수 있다.[1]

역사학습이 역사적 사실 지식 습득에 그쳐서는 안 되며 역사적 문제 해결 능력을 개발해야 한다는 중국 역사교육자의 소회로부터, 여느 국가와 다름없이 중국 또한 역사교육의 변화를 도모하고 있음을 엿볼 수 있다. 더욱이 이것이 2018년 가오카오(高考) 역사 시험을 평가한 논고 말미에 진술된 내용이라는 것을 감안해보면 과연 가오카오 역사 시험은 역사교육에 쏟아지는

---

* 이 장은 구난희, 「高考 역사 시험의 운영구조와 문항구성 양상」, 『역사교육연구』 47, 2023의 내용을 수정·보완한 것이다.
1 鄭林趙·璐孫瑞, 「基于學科能力的高考歷史命題研究」, 『中國考試』 2019-8(328), 2019. pp. 18~19.

요구를 실현하기 위해 어떤 도전과 한계를 마주하고 있는지 궁금해진다.

가오카오란 보통고등학교초생전국통일고시(普通高等學校招生全國統一考試)의 약칭이다. 중국 고등학생이 치르는 대입시험으로[2] 한국의 대학수학능력시험(이하, 수능)에 해당된다. 1952년부터 시작되었으므로[3] 대규모 대입 시험은 한국보다 더 오랜 역사를 갖고 있는 셈이다.[4]

하지만 가오카오의 영향이 급속하게 확대된 것은 1994년 시장경제 도입부터라 할 수 있다. 기업과 마찬가지로 대학이 민영화된 데다 중국의 경제 성장과 함께 대학 진학률도 지속적으로 증가하면서 관심이 증폭되었기 때문이다. 실제 가오카오 수험생 수는 매년 증가하고 있는데 2024년 언론 보도에 따르면 수험생은 1,342만 명에 달하였다.[5]

사정이 이렇다 보니 한국과 마찬가지로 가오카오에 쏠리는 사회적 관심은 매우 높다. 앞서 언급하였듯 역사적 사실 지식 습득을 넘어서 다양한 사고력을 함양시키는 역사교육으로 전환해야 한다는 논의도 지속적으로 이루어지고 있다. 이러한 요구는 가오카오에 쏠리는 관심과 어떻게 조응하고 있으며 또 이와 상반된 요구와는 어떻게 경합하고 있을까? 이 장은 이를 살핌으로써 가오카오 〈역사〉의 공과(功過)를 진단하고 좁게는 한국의 수능에 넓게는 한국 역사 과목 평가에 시사하는 바를 구해 보고자 한다.

가오카오 〈역사〉를 본격적으로 다루기에 앞서 글의 전반부는 가오카오

---

2 중국에서 고등학교라는 용어는 대학을 지칭하며 한국의 고등학교에 해당하는 것은 고급중학(高級中學)이다. 다만 이 장에서는 고급중학이라는 표현을 사용하지 않고 독자의 이해를 위해 모두 고등학교로 표기하였다.

3 1960년대 후반부터 십여 년간 중단되기도 하였는데 문화대혁명하에 대학 진학자의 선발은 노동자, 농민, 해방군 중에서 지원 또는 추천한 뒤 학교 심사를 거쳐 선발하였기 때문이다.

4 한국의 경우 1968년 10월 대학입학 예비고사 실시가 공고되어 1969학년도 대입부터 실시되었으며 1982학년도 대입부터는 학력고사로 치러졌다. 1994학년도 대입 이후 대학수학능력시험으로 실시되고 있다.

5 「中 수능 '가오카오' 내일 시작」, 『뉴시스』, https://www.newsis.com/view/NISX20240606_0002763446 (2024. 6. 10. 검색).

운영 양상을 살펴보고자 한다. 한국의 수능과 달리 가오카오는 일원적으로 운영되지 않고 각 지방별로 학업 성취수준이나 수험자 상황이 달라 구체적인 시행 상황은 다소 복잡하다. 아직 국내에는 이러한 상황을 알기 쉽게 정리한 논고가 없으므로 가오카오 〈역사〉를 이해하기 위해서는 우선 이를 언급해 둘 필요가 있다고 판단하였다.

2. 가오카오의 운영과 역사시험 실시 현황

가오카오는 전국 단위 시험으로(이하 전국권으로 명명) 운영되었지만 과정표준(課程標準)의 도입을 전후로[6] 지역 독자의 시권(試券)[7]이 등장하였다. 2000년대 초반 일부 지역에서는 독자의 과정표준을 개발하고 그에 의거한 교과서가 개발되기 시작하였다.[8] 이러한 추세와 함께 각 성급(省級) 지방 정부(교육부)[9]는 자체적으로 가오카오를 출제·운영하였으며 2010년대에 들어와서는 시행 지역이

---

6 과정표준은 중국의 현행 교육과정을 일컫는 용어이다. 1990년 이전까지는 교학대강 체제였지만 2001년부터 '과정표준' 체제로 전환되었다. 전자가 역사지식 획득에 주목하여 교사 중심의 교수 학습 내용을 제시한 반면, 후자는 지식 획득의 과정과 방법에 주목하고 학생의 학습 과정을 안내하고 있다.

7 시권(試券)이란 과거(科擧) 답안을 가르키는 전통 용어이나 중국에서는 시험지를 표현하는 용어로 현재 사용되고 있다. 다만 가오카오에서 시권은 단지 시험지를 지칭하는 것이 아니라 해당 지역에서 운영하는 시험체제라는 의미도 내포하고 있다. 따라서 이 장에서는 별도 번역하지 않고 사용 용어 그대로 시권으로 표현하기로 한다.

8 1985년 1월 국가교육위원회가 공포한 「全國中小學敎材編纂審定委員會工作章程」에 따라 1986년 9월 전국 초·중학교교과서 심사위원회 및 각교과 교과서심사위원회가 설립되었다. 발행제도 상으로 본다면 국정제 발행에서 검정제(審定制)로 전환되었다고 할 수 있다. 이에 따라 복수의 교육과정안과 복수의 교과서 체제가 운영되었으며 이를 다강다본(多綱多本) 시대라 칭한다. 다만 한국이나 일본의 검정제 발행과는 다른 방식으로 운영된다. 교과서 개발과 편집은 국가교육위원회가 지정한 기관만이 하도록 되어 있으므로 자유경쟁 원칙의 검정과는 다소 차이가 있다. 中華人民共和國敎育部令, 『中小學敎材編寫審定管理暫行辦法』, 2001, 第13條.

9 33개 성급(省級) 지방 정부 중 마카오와 홍콩은 예외로 분류되고 총 31개 지방 정부가 있다. 이 중 베이징, 상하이, 텐진, 충칭은 직할시이며, 광시, 닝샤, 시장(티벳), 신장, 네이멍구는 자치구이다. 홍콩의 역사교육에 대해서도 점차 중앙정부의 간섭이 강화되고 있으나 아직까지 본격적으로 교육부교육고시원의 관리 대상으로 편입되지는 않았다.

더욱 늘어났다. 이렇게 운영되는 시권은 자주명제(自主命題)라고 한다.

전국 통합 시권인 전국권도 여러 차례 변화를 겪었다. 거대 인구와 넓은 지역을 가진 중국의 특성상 지역별로 변화된 전국권의 도입 시기나 운영 방법은 제각각이다.

2008년 과정표준 이후 전국권은 신과표전국권(新課標全國卷, 이하 앞의 것을 구전국권, 이를 신전국권으로 표기)이라 명명한다. 전국권에서 역사는 〈문과종합〉의 한 영역으로 포함되고, 난이도에 따라 전국권 Ⅰ, Ⅱ, Ⅲ 3종을 두었는데 가장 높은 수준이 Ⅰ이고 반대로 Ⅲ가 가장 낮은 수준이다.[10] 이와 달리 자주명제에서는 〈역사〉가 별도 수험과목으로 편성된다.

2015년에 종래 사용하던 교학대강이 전면 폐지되었고 이와 함께 구전국권도 사라졌다. 그리하여 시험 체제는 신전국권과 자주명제로 이원화되었다. 2021년이 되면서 다시 신전국권에 변화가 일어난다. Ⅰ, Ⅱ단계를 통합(사실상 Ⅱ단계를 폐지)하여 이를 을(乙)로 명명하고 가장 낮은 수준의 Ⅲ단계를 갑(甲)으로 이름붙이면서 2단계 체제가 되었다. 이를 앞의 신전국권과 구분하기 위해 전국갑권과 전국을권으로 명명한다. 동시에 2023년부터는 단계 구분이 없는 일원화된 시권으로 운영되는 '신과표종합권'이 새롭게 출현하였다. 현재 가오카오 〈역사〉는 전국갑권과 전국을권, 신과표종합권 그리고 자주명제의 4개 유형의 시험이 있다. 이를 간략히 정리하면 〈표 1〉과 같다.

---

10 중국 가오카오의 시험 과목은, 한국의 수능 과목과 달리, 교육과정상의 과목과 일치하지 않는다. 즉 〈문과종합〉과 〈역사〉는 교육과정상의 과목이 아니라 가오카오의 시험과목이다. 이 글에서는 이 또한 별도의 시험 '과목'으로 보아 교육과정상의 과목과 동일하게 〈 〉로 표하였다.

표 1   가오카오 시험의 운영 양상

	2000년 이전	2000년대	2010년대	2020년대~현재	비고
구전국권 Ⅰ, Ⅱ, Ⅲ			(2015*)		*교학대강 폐지
신전국권 Ⅰ, Ⅱ, Ⅲ		(2008*)			*과정표준 시행 확대
전국갑·을권				(2021)	
신과표종합권				(2023)	
자주명제	(1998*)	(2002**)			*상해시 **북경시

그렇다면 실제 각 지방 정부는 이 중 어떤 유형의 시험을 채택해 왔을까? 〈표 2〉는 역대 가오카오 〈역사〉 시권 자료를 토대로 최근 운영 상황을 정리한 것이다.

표 2   지역별 가오카오 〈역사〉 시권 현황

년도	사용 시권	해당 지방 정부	소계
2018 ~ 2019	① 신전국권 Ⅰ (문종)	허베이(河北), 산시1(山西), 안후이(安徽), 푸젠(福建), 장시(江西), 산둥(山東), 허난(河南), 후베이(湖北), 후난(湖南), 광둥(廣東)	10
	② 신전국권 Ⅱ (문종)	네이멍구(內蒙古), 랴오닝(遼寧), 지린(吉林), 헤이룽장(黑龍江), 충칭(重慶), 산시2(陝西), 간쑤(甘肅), 칭하이(青海), 닝샤(寧夏), 신장(新疆)	10
	③ 신전국권 Ⅲ (문종)	광시(廣西), 쓰촨(四川), 구이저우(貴州), 윈난(雲南), 시장(西藏)	5
	④ 자주명제(문종)	베이징(北京), 톈진(天津)	2
	⑤ 자주명제(역사)	상하이(上海), 장쑤(江蘇), 저장(浙江), 하이난(海南)	4
2020	① 신전국권 Ⅰ (문종)	허베이, 산시1, 안후이, 푸젠, 장시, 허난, 후베이, 후난, 광둥	9
	② 신전국권 Ⅱ (문종)	네이멍구, 랴오닝, 지린, 헤이룽장, 충칭, 산시2, 간쑤, 칭하이, 닝샤, 신장	10
	③ 신전국권 Ⅲ(문종)	광시, 쓰촨, 구이저우, 윈난, 시장	5
	④ 자주명제(역사)	베이징, 톈진, 상하이, 장쑤, 저장, 하이난, 산둥	7

년도	사용 시권	해당 지방 정부	소계
2021 ~ 2022	① 전국갑권(문종)	광시, 쓰촨, 구이저우, 윈난, 시장	5
	② 전국을권(문종)	산시1, 안후이, 장시, 허난, 네이멍구, 지린, 헤이룽장, 산시2, 간쑤, 칭하이, 닝샤, 신장	12
	③ 자주명제(역사)	베이징, 텐진, 상하이, 장쑤, 저장, 하이난, 산둥, 허베이, 푸젠, 후베이, 후난, 광둥, 랴오닝, 충칭	14
2023	① 신과표종합권(문종)	산시1, 안후이, 윈난, 지린, 헤이룽장, 시장	6
	② 전국갑권(문종)	광시, 쓰촨, 구이저우	3
	③ 전국을권(문종)	장시, 허난, 네이멍구, 산시2, 간쑤, 칭하이, 닝샤, 신장	8
	④ 자주명제(역사)	베이징, 텐진, 상하이, 장쑤, 저장, 하이난, 산둥, 허베이, 푸젠, 후베이, 후난, 광둥, 충칭	14

* 2018년에 제시된 지방성의 순서대로 재정리함.

〈표 2〉에서 문종이라고 표기한 것은 문과종합을 뜻하며 '역사'라고 표기한 것은 〈역사〉가 단일 시험과목으로 운영되는 경우이다. 문과종합은 2018년과 2019년 사이 베이징시와 텐진시의 사례를 제외하고는 전국권의 수험과목인데 여기에는 〈역사〉 외에 〈지리〉, 〈정치〉가 포함된다. 이와 달리 〈역사〉를 단독 수험과목으로 운영하는 곳은 모두 자주명제가 시행되는 지역이다. 자주명제의 경우 각각 출제한 시권이 있으므로 2023년 기준으로 보면 자주명제 14종 전국권 3종으로 모두 17종이 있는 셈이다.

자주명제는 2018년 이후 계속 확산 추세에 있으며 지역적으로 보면 동남 임해 지역에 분포되어 있다. 전국권도 지역별로 차이를 보이는데 중부 지역은 대체로 높은 수준의 시권(Ⅰ 혹은 을권)으로 시행하는 것과 달리 외곽으로 갈수록 낮은 수준의 시권(Ⅲ 혹은 갑권)을 사용하고 있다. 다만 2023년부터 새롭게 도입된 신과표종합권 채택 지역은 6개 지역만 있어 아직 특성을 판단하기는 이르다. 이것이 향후 확대될지 여부도 좀 더 지켜보아야 한다.

다음은 가오카오 전체 과목 편성 방식을 통해 〈역사〉의 비중과 위상을 짚어 보기로 한다. 1954년 가오카오가 시작되면서 문·이과 계열 체제가 기본을 이루어 왔다. 〈정치상식〉, 〈국어〉, 〈외국어〉 3개 과목은 계열 구분 없이 공통 필수과목(統合科目)이며 동시에 계열별로도 각각 필수과목을 두었는데 이과의 경우 〈수학〉, 〈물리〉, 〈화학〉 3과목으로 설정되지만 문과는 〈역사〉만이 지정되어 역사의 위상이 꽤 높았다.

그러나 1980년대가 되면 상하이와 저장에서 3+1이라는 새로운 시도가 도입되었다. 계열 구분 없이 〈어문〉, 〈수학〉, 〈외국어〉 '3과목'을 필수과목으로 정하고 여기에다 〈정치〉, 〈역사〉, 〈지리〉, 〈물리〉, 〈화학〉, 〈생물〉 6개 과목 중 '1과목을 선택'하도록 하였다. 1991년이 되면서 이 모델은 후난, 윈난, 하이난에 수용되어 4×4의 체제로 변용되었다. 4×4 체제란 3개 필수과목을 포함한 4개 과목을 응시하는 점에서는 상하이 방식과 동일하지만 선택 필수 과목을 〈역사〉, 〈물리〉, 〈생물〉, 〈지리〉 4개 과목만 둔 점에서 차이가 있다. 후난, 윈난, 하이난에서 시작되었다 하여 산난모델(三南模式)이라고도 한다.

4×4의 체제가 확산되면서 전국권의 과목 편성 방식에도 변화가 나타났다. 1993년에 도입된 3+2 체제가 바로 그것이다. 이 체제는 공통 필수과목 3개 과목에다 계열별로 2개 과목을 포함하여 응시하는 방식이다. 문과는 〈정치〉와 〈역사〉, 이과는 〈물리〉와 〈화학〉이 시험과목이 되었다. 1994년부터 2000년까지 전국권을 시행하는 대부분의 지역에서 도입하였다.

한편 1999년 광둥에서는 3+X 체제를 도입하였다.[11] 이는 필수과목 3개에 다양한 선택과목을 두는 체제를 포괄하는 것이다. 저장과 상하이에서는 3+3 체제를 도입하였고 2017년이 되면 베이징, 톈진, 산둥(山東), 하이난에 확대되었다. 이는 3개의 공통 필수과목에 3개의 선택과목을 편성하는 방법으로 문·이과 구분 없이 〈역사〉, 〈정치〉, 〈지리〉, 〈물리〉, 〈화학〉, 〈생물〉

---

11 혹자는 X를 문과종합/이과종합 중 1개 과목을 선택하는 체제라고 이해하지만 문과종합 또는 이과종합 중 하나를 선택하면서 굳이 'X'라고 표기하였는지 의문이 든다. 상식적으로 'X'라는 문자는 미지수의 의미를 내포하는 문자이므로 다양한 방식을 포괄하는 의미로 사용된 것으로 보는 것이 타당하다.

6과목 중에서 임의로 3과목을 선택할 수 있다. 3+3 체제는 사실상 문과와 이과의 구분을 허문 획기적인 개혁이라고 평가된다.[12]

그런데 2019년이 되면 허베이, 랴오닝, 장쑤, 푸젠, 후베이, 후난, 광둥, 충칭 등 8개 지방에서 3+3을 변형한 3+1+2 방식을 도입하였다. 이는 3개 공통 필수과목과 함께 물리 혹은 역사 중 1개 과목을 필수선택 과목으로 하고 여기에 2개의 개별 선택 과목을 구성하는 방식이다. 이는 3+3 체제로 선택과목의 폭이 확대되면서 종래 중시되던 〈역사〉(와 <물리>) 과목 지위가 약화되었다는 비판에 대응한 보완책으로 이해된다.[13]

전국권(신전국권, 신과표종합권) 지역은 3+X의 'X'를 문과종합으로 시행하는 경우가 대부분이다. 반면 'X'를 3+3과 3+1+2 체제로 운용하는 지역은 자주명제 지역이다. 전자는 문·이과의 이원 체제를 유지하는 반면, 후자는 이를 허물고 학습자 선택 폭을 확대하고 있는 것이다.

이상의 가오카오 체제와 운영 양상으로 보면 〈역사〉는 오랫동안 문과 과목 중 비중있게 취급되어 온 것이 사실이다. 문과의 유일한 수험과목으로 지정되었다가 1990년대 이후부터 선택 과목 중의 하나가 되기는 하였지만 그렇다고 해서 〈역사〉의 지위가 현격하게 낮아졌다고 단언할 수는 없다. 확고한 지위를 제도적으로 보장하지 않는다는 정도로 이해하면 좋을 듯하다.

이후 등장한 다양한 과목 편성 체제에서도 〈역사〉의 지위는 일정하게 유지되고 있다. 전국권 시행 지역에서 적용되는 '3+문과종합' 체제하에서 역사는 지리, 정치와 나란히 시험과목으로 안착되었다. 자주명제 지역의

---

12 鄭若玲·徐東波, 「高考科目改革向何處去－基于70年高考科目設置變遷與困境的分析」, 『中國敎育科硏參考』 2021-2(492), 2021, p. 10.

13 普通高中歷史課程標准修訂組·徐藍·朱漢國, 『普通高中歷史課程標准(2017年版2020年修訂) 解讀』, 高等敎育出版社, 2020.

3+3 체제에서 문·이과 구분없이 과목을 선택하지만 선택대상 6과목에 역사가 포함되어 있으며 2021년 설문조사에 따르면 지원자 중 54%는 물리를, 28%는 역사를 선호한다고 집계되어 여전히 〈역사〉의 선택률은 높다.[14] 게다가 2019년 이후 적용지역이 확대되고 있는 3+1+2 체제에서 〈역사〉는 필수선택으로 우선적 위치를 점하고 있어 제도 안팎으로 역사는 여전히 문과 과목 중 가장 높은 선택을 보장받고 있다.

3. 가오카오 〈역사〉 시험 문항의 양상과 특징

이제 본격적으로 역사 시험의 면면을 주요 시권 문항 사례를 들어 소개하고자 한다. 전반부는 문항 구성상의 특성을 짚어보기 위해 몇가지 기준에 따라 비중을 수량화하여 살펴보았으며, 후반부에서는 주목할만한 문항 사례를 통해 대규모 역사 시험의 문항 유형과 특징을 한국의 수능과 비교해 보고자 한다.

치열한 대학 입시 경쟁의 관문이라 할 수 있는 가오카오 〈역사〉가 고등학교 역사교육에 많은 영향을 미치는 것은 중국도 한국과 마찬가지다. 학교 수업의 많은 부분이 가오카오 대비에 초점이 맞추어지고 있는 가운데 역사 수업 또한 역사적 사실의 단순 이해와 암기에서 크게 벗어나지 못하고 있다.[15] 이를 개선해야 한다는 비판은 상존해 왔고 그에 대한 개선 노력은 2000년대에 접어들어 '교학대강'에서 '과정표준'으로 전환되면서 본격화되었

---

14 「重磅！2022高考人数比例提前曝光！歷史生不到三成？選物理更困難上大學」, 『搜狐網』, https://www.sohu.com/a/494688668_701436 (2023. 10. 20. 검색). 비록 이 기사는 종전에 비해 〈역사〉 응시생이 낮아졌다고 보도하고 있으나 여전히 문과 과목 중에서는 선택율이 높다.

15 高月新, 「'考試大綱'與高考試題觀照下的高中歷史教學」, 『基礎敎育論輯』, 2015-3, 2015.

다. 과정표준에서 두드러지게 달라진 지점은 학생의 태도와 가치관, 주체성을 중시하고 창의적 학습능력과 다양한 해석을 강조하는 소질교육(素質敎育)에 중점을 두는 것이었다.[16] 앞서 언급했듯이 가오카오에서 자주명제 체제가 확산된 것은 이와 궤를 같이 한다.

급기야 2020년에는 매년 가오카오 시행과 출제 방향을 안내하던 고시대강을 폐지하였는데 학생들의 지덕체의 고른 성장을 도모하고 가오카오의 개방성과 유연성을 강화함으로써 '기계적 암기(機械刷題)'를 극복하려는 취지에 있다고 밝혔다.[17] 이처럼 중국 교육계는 교육과정(과정표준)부터 가오카오에 이르기까지 모든 영역에서 다양성과 자율성을 확대하는 교육 개혁을 추진해 왔다.

하지만 다른 한 편에서는 중국 특색의 사회주의 건설과 중화민족의 위대한 부흥을 겨냥한 자민족중심주의가 강화되는 현실을 맞이하고 있다. 『2017년 보통고중 역사 과정표준(2017年普通高中歷史課程標準)』에서 '사회주의 핵심가치'가 전면에서 강조되었고,[18] 초중등학교 역사에서는 중화우수전통문화 교육, 혁명전통교육, 민족단결교육, 국가주권과 해양교육 등이 주요 방향으로 확립되었다.[19] 급기야 2019년 9월에는 사상정치, 어문과 함께 역사는 통편 교과서로 발행되어 하나의 교육과정과 하나의 교과서 체제(一綱一本)로 회귀하고 말았다.[20] 통편 교과서의 대표저자(주편자)인 장하이펑(張海鵬)이

---

16 권소연·김유리·박장배·오병수·구난희, 『중국의 역사교육과 교과서』, 고구려연구재단, 2006, pp. 48~51.

17 中華人民共和國敎育部, 「國務院辦公廳關于新時代推進普通高中育人方式改革的指導意見(2019-06-19)」, 2019; 中華人民共和國敎育部, 「關于做好2021年普通高校招生工作的通知(2021-02-08)」, 2021.

18 中華人民共和國敎育部, 『普通高中歷史課程標準(2017年版2020年修訂』, 人民敎育出版社, 2020, pp. 3~4.

19 김유리, 「역사교학대강에서 역사과정표준으로 －최근 중국의 역사교육과정 개혁－」, 『역사교육』 96, 2005.

20 통편 교과서란 국가(교육부)가 통일적으로 교재를 편찬하고 통일적으로 심사하여 전국에 통

밝혔듯이 이러한 조치는 국가의 의지와 사회주의 핵심가치를 기초교육 단계에서 체현하고 중화민족의 위대한 부흥과 중국몽을 실현한다는 시진핑(習近平)의 역사이념을 직접적으로 반영한 것이다. 같은 해 11월 중국 국무원은 '신시대 애국주의 교육 실시 강요(新時代愛國主義教育實施綱要)'를 하달하여 중국 특색 사회주의의 위대한 승리와 중화민족의 위대한 부흥이라는 중국몽의 실현을 위해 애국주의 교육 강화를 거듭 지시하였다. 교육부고시중심(教育部考試中心)은 이러한 정책이 시권의 문항 구성과 세부 서술에도 적극적으로 반영되도록 고무하였다.[21] 2020년대 중국의 역사교육에는 서로 다른 양날이 작동되고 있으며 가오카오 〈역사〉에도 이러한 현실이 반영되고 있다.

이 같은 중국 역사교육계의 변화를 고려하여 이 장에서 다루고자 하는 가오카오 역사 시권의 대상은 다음과 같다. 우선 시기별로 과정표준이 본격적으로 적용되는 2008년, 2017 보통고중 역사 과정표준과 통편 교과서가 본격 적용되기 시작한 2020년, 그리고 2023년 현재의 네 시기에 주목하였다. 지역별로는 전국권의 각 유형이 실시되는 대표 지역, 자주명제 지역의 4곳을 검토하였다. 자주명제 실시 지역으로는 일찍부터 이를 선도해 온 베이징, 장쑤, 저장 지역과 최근에 자주명제로 전환한 산둥 지역을 선정했고 일찍이 자주명제를 시작한 상하이도 필요에 따라 참고하였다.

가오카오 〈역사〉 문항의 분석은 우선 한국의 수능에서 상대적으로 취약하거나 개선의 가능성을 엿볼 수 있는 가오카오만의 특성에 주목하려고 하지만, 서술 과정에서 자연스럽게 자민족중심주의 시각이 발현되는 지점을

일적으로 사용하도록 규정한 것으로(김유리, 「국정제로 회귀한 중국의 중학교 역사교과서 분석」, 『역사교육』 148, 2018, pp. 75~76) 이전에 한국에서 실행했던 국정 교과서 체제와 동일하다. 2019년 8월 27일 중국교육부가 공식발표하고 9월부터 베이징, 상하이 등 6개 성에서 사용하기 시작하여 최근 전면 확대하였다.

21 教育部考試中心, 「落實立德樹人根本任務推進歷史學科考試改革—2017年高考歷史評析」, 『中國考試』 2017-7, 2017, pp. 32~35; 徐奉先, 「恢復高考40年歷史科考試命題評述」, 『中國考試』 2017-10(306), 2017, p. 25.

마주하고 언급하게 될 것이다. 서로 다른 속성은 가오카오 〈역사〉의 장단점으로 연결될 수도 있겠으나 그렇다고 해서 이 글이 중국 가오카오 〈역사〉에 대한 호불호나 우열을 가리려는 데 있는 것은 아니라는 점을 밝혀둔다. 그러므로 부디 독자들도 전자의 사례로 가오카오를 긍정 일색으로 평가하거나 역으로 후자의 사례를 가지고 부정 일색으로 판단하지 않기를 바란다.

1) 선다형과 서술형의 안배

문항은 크게 공통 필수 문항과 선택 문항으로 이루어져 있는데 공통 문항을 먼저 제시하고 후반부에 선택 문항을 두었다. 선택 문항의 경우 유사한 유형의 복수 문항을 제시한 뒤 그 중 하나를 택하도록 하였다. 따라서 시험에 제시된 문항과 학생들이 풀어야 할 문항의 수 사이에는 차이가 있다. 〈표 3〉은 21종의 시권을 유형별로 문항 수와 배점 비중을 정리한 것이다. 여기에 제시된 수치는 수험생 개인이 수행해야 하는 문항 수를 기준으로 하였다.

표 3 시권별 선다형·서술형 문항의 비중 현황

년도	시권	신전국권 I		신전국권 II		장쑤권		저장권		베이징권		상하이권	
		문항	배점	문항	배점	문항	배점	문항	배점	문항	배점	문항	배점
2008	선다형	11	44	11	44	20	60	12	48	12	48	30	48
	서술형	2	56	2	56	4	48	2	52	2	52	5	52

년도	시권	신전국권 I		신전국권 II		전국권		장쑤권		저장권		베이징권		상하이권	
		문항	배점	문항	배점	문항	배점	문항	배점	문항	배점	문항	배점
2020	선다형	12	48	12	48	12	48	20	60	25	50	15	未	15	45
	서술형	3	52	3	52	3	52	4	60	4	50	3	未	4	55

년도	시권	전국갑권		전국을권		종합권		장쑤권		저장권		베이징권		산둥권	
		문항	배점	문항	배점	문항	배점	문항	배점	문항	배점	문항	배점
2023	선다형	12	42	12	42	12	42	16	48	23	49	15	45	15	45
	서술형	3	58	2	58	3	58	2	52	3	51	5	55	4	55

〈표 3〉에서 확인되듯 서술형 문항의 배점을 감안해 보면, 전반적으로 선다형과 서술형이 서로 비등하거나 서술형 비중이 선다형보다 높은 경우도 있다. 1,000만 이상의 수험생을 대상으로 하는 대규모 가오카오에 서술형 문항이 이런 정도의 비중을 차지하고 있다는 점은 한국의 수능과 자못 다른 특징이라 하겠다.

2) 자국사와 세계사의 종합적 구성

다음으로 주목해 볼 특징은 〈역사〉 단일의 수험과목 내 다양한 역사 과목을 종합적으로 구성하고 있다는 점이다. 2011년 과정표준에 따르면 고등학교 역사과에는 필수과목인 〈중국역사〉, 〈세계역사〉와 함께 〈역사상 중대개혁의 회고(歷史上重大改革回眸)〉, 〈20세기 전쟁과 평화(20世紀的戰爭與和平)〉, 〈역사인물평설(中外歷史人物評說)〉, 〈세계문화유산 모음(世界文化遺産薈萃)〉 등 4개의 선택과목이 있다.

2017년 과정표준에서는 중국사와 세계사가 결합된 〈중외역사강요(中外歷史綱要)〉가 필수과목이며 선택과목은 2개의 계열로 구성하였다. 선택 1 계열에서는 〈국가 제도와 사회 통치(國家制度與社會治理)〉, 〈경제와 사회 생활(經濟與社會生活)〉, 〈문화 교류와 전파(文化交流與傳播)〉의 3과목이 있고, 선택 2 계열에서는 〈사학입문(史學入門)〉, 〈사료연독(史料研讀)〉으로 구성하였다.[22] 선택 1과 선택 2는 심화과목에 해당하는데 특히 선택 2의 2개 과목은 새로운 시도의 파격적 과목이라 할 수 있다.[23]

그렇다면 가오카오 〈역사〉에서 중국사와 세계사의 비율은 어느 정도나 될까? 〈표 4〉는 이를 기준으로 문항 수를 정리한 것이다. 〈표 4〉에 제시된

---

22 中華人民共和國敎育部, 『普通高中歷史課程標準(2017年版2020年修訂)』, 人民敎育出版社, 2020.

23 윤세병, 「중국의 역사과 교육과정의 현황 −2011·2017 과정표준을 중심으로−」, 『역사교육논집』 65, 2017, pp. 113~115.

문항 수는 출제된 문항 전체를 대상으로 하였다. 즉 수험생 개인이 4문항 또는 3문항 중에서 한 문항을 선택하는 경우라도 모두 '1'이 아닌 또는 '3' 또는 '4'로 처리하였다. 원문자로 표기된 수치는 서술형 문항의 수이다.

표 4 시권별 영역 비중 현황

연도	시권	중국사	세계사	통합	선택과목	
2008	신전국권 I	6+①	5	①	없음	
	신전국권 II	5+①	6	①	없음	
	장쑤권	11	7	2+③	4과목 중 2 선택 중①+세②+통①	
	저장권	7	5	②	없음	
	베이징권	8+②	4		없음	
	상하이권	A22+①	8+④		없음	
		B19+①	11+④			
2020	신전국권 I	8+①	4	①	3과목 중 1 선택 중②+세①	
	신전국권 II	8+①	4+①		3과목 중 1 선택 중②+세①	
	신전국권 III	8+①	4	①	3과목 중 1 선택 중②+세①	
	장쑤권	13+①	7+①	①	4과목 중 2 선택 중②+세②	
	저장권	25+①	②	①	없음	*7월[24]
	베이징권	10+①	5+①	①	없음	
	상하이권	7+③	8+①		없음	
2023	전국갑권	8+①	4	①	3과목 중 1 선택 중①+세①+통①	
	전국을권	8	4	①	2과목 중 1 선택 중①+세①	
	신과표종합권	7+①	5+①	①	없음	
	장쑤권	12+①	4+①		2과목 중 1 선택 중①+세①	*2022
	저장권	12+②	10	1+①	없음	*1월
	베이징권	10+③	5+①	①	없음	
	상하이권	8+③	6+①	1	없음	

　가오카오 〈역사〉에서 세계사 영역은 모든 종류의 시권에서 일정한 비중

---

24 저장성의 경우 가오카오를 년 2회 실시하고 그 중 우수한 성적을 대입에 활용하도록 하고 있다. 수험시기는 해마다 다른데 2020년은 후반부 시권을 2023년은 전반부 시권을 참고하였다. 참고로 한국도 1994년 2회 대학수학능력시험을 치른 바 있으나 수험생의 이중 부담, 시기별 난이도 형평성 시비 등의 문제가 대두되면서 1회로 정착되었다.

을 유지하고 있는데 평균적으로는 1/3을 차지하고 있고 많은 경우는 절반 수준에까지 이른다. 2020년 7월 저장권은 선다형을 모두 중국사로만 구성하는 대신 서술형에서는 세계사의 비중을 중국사보다 높게 안배한 것이 특징적이다.

이처럼 세계사에 대한 안배는 서술형 문항에서도 다르지 않다. 서술형 문항에서 세계사 영역은 거의 1문항 이상 출제되고 있다. 2008년판 저장권이나 베이징권, 신전국권Ⅰ의 경우도 중국사와 세계사가 통합된 문항이 있으므로 서술형 문항에서 세계사 영역은 모든 시권에서 포함하고 있다. 2008년 상하이권은 서술형이 중국사의 4배에 달하기까지 한다.

3) 역사적 사실 지식 확인부터 종합적 사고력 평가까지

이 절에서는 가오카오 〈역사〉 문항의 특성을 좀 더 구체적인 사례와 함께 다루기로 한다. 세부 문항을 다루기에 앞서 각 문항이 추구하는 사고력의 성격과 이를 평가하기 위한 문항의 유형을 구분할 필요가 있을 듯하다. 앞서 언급했듯 중국은 2008년 과정표준이 적용되기 시작하면서 '소질교육'을 표방하였고 과정표준이 전면적으로 시행되던 2015년부터 '역사소양'과 '창의성'에 대한 논의가 활성화되고 가오카오에서도 '창의적 학습'과 '다양한 해석' 능력이 가오카오 평가의 주요 과제가 되었다.[25] 2019년까지 발표해오던 고시대강에도 이러한 취지는 그대로 반영되었다. 평가의 목표와 요구는 문과종합에서 제시한 정보획득과 해독, 지식의 동원과 활용, 사물의 묘사와 논술, 문제의 논증과 연구 토론의 4개 영역을 기본으로 삼았다. 그

---

25 徐奉先, 「恢复高考40年历史学科考试命题评述」, pp. 23~25; 劉暉龍, 「試論學科思維價值在新課程高考歷史科的考查創新」, 『中國考試』 2016-04, 2016, pp. 19~20.

리고 각 영역에 하위 세부 목표를 〈표 5〉와 같이 진술하고 있다.[26]

하지만 고시대강에서 제시한 세부 목표는 한국에서 진술되는 학습목표나 평가 요소와 표현을 달리하고 있어 한국의 수능 평가 요소[27]와 이에 따른 문항 특징[28]을 연결지어 이해하고자 한다. 이하 개별 문항을 소개하면서도 이 표에서 제시한 문항 유형의 어떤 속성을 포함하는지 첨언하기로 한다. 축약하여 ① 사실, ② 개념, ③ 변화와 발전, ④ 인과관계, ⑤ 상황인식, ⑥ 쟁점인식, ⑦ 정보분석, ⑧ 사실 추론, ⑨ 의미 해석, ⑩ 질문 선정, ⑪ 사료 수집 및 방법 선택, ⑫ 역사 탐구 수행, ⑬ 상황 추론, ⑭ 적절성 판단하기로 표기하겠다.

표 5　가오카오 〈역사〉의 목표와 한국 수능 평가기준 대비

중국 가오카오 〈역사〉 고시대강		한국 수능 〈한국사〉 평가 요소 및 문항 특징	
문과종합 공동목표	역사과 세부목표	평가기준	문항 유형
정보획득과 해독	– 문제가 제공하는 다양한 자료(圖文材料)와 요구를 이해한다 – 자료를 정리하고 유효한 정보를 최대한 습득한다. – 유효한 정보를 제대로 모아 정확하고 합리적인 해독을 진행한다.	역사지식의 이해 / 연대기의 파악	① 역사 학습에 필요한 기본적인 **사실** 기억하기 ② 사실 간의 관계, 용어, **개념** 이해하기 ③ 역사의 연속성과 **변화 및 발전** 이해하기 ④ 역사 사건이나 상황의 시간 순서 및 **인과 관계** 파악하기

---

26 教育部考試中心, 「2019年普通高等學校招生全國統一考試大綱(歷史)」, 2018.

27 김진구 외, 『2017학년도 한국사 수능 필수화에 따른 출제 방안 탐색』, 한국교육과정평가원, 2014, pp. 27~29.

28 한국교육과정평가원, 『2025학년도 대학수학능력시험 학습 방법 안내』, 한국교육과정평가원, 2024, p. 140, https://www.suneung.re.kr/boardCnts/view.do?boardID=1500229&boardSeq=5086603&lev=0&m=0301&searchType=S&statusYN=W&page=1&s=suneung (2024. 6. 14. 검색).

중국 가오카오 <역사> 고시대강		한국 수능 〈한국사〉 평가 요소 및 문항 특징	
지식의 동원과 활용	− 역사적 사실과 역사적 서술을 구분(辨別)한다. − 역사적 서술과 역사적 논리(結論)를 이해한다. − 역사적 현상과 역사적 견해(觀點)를 설명한다.	역사 상황 및 쟁점의 인식	⑤ 복합적인 역사적 사실이나 역사적 **상황 인식**하기 ⑥ 역사적인 갈등 관계 속에 내재된 주장이나 **쟁점 인식**하기
사물의 묘사와 논술	− 역사적 사실을 객관적으로 서술한다. − 역사적 사물(事物)을 정확하게 해독한다. − 역사적 사물의 본질을 인식한다.	역사자료의 분석 및 해석	⑦ 역사 자료에 담겨 있는 핵심내용과 **정보 분석**하기 ⑧ 역사 자료의 분석을 통한 역사적 사실 **추론**하기 ⑨ 역사 자료의 시대적 배경과 사회적 **의미 해석**하기
문제의 논증과 연구토론	− 역사문제를 발견한다. − 역사문제를 논증한다. − 독립적 견해를 제출한다.	역사 탐구의 설계 및 수행 / 역사적 판단	⑩ 역사 문제의 해결을 위한 **질문 선정**하기 ⑪ 역사 탐구의 절차 제시와 적합한 **사료 수집 및 방법 선택**하기 ⑫ 절차와 방법에 따라 **역사 탐구 수행**하기 ⑬ 주어진 사실이나 자료를 토대로 있을 법한 역사적 **상황 추론**하기 ⑭ 당시의 상황을 고려하여 역사적 사실이나 행위의 **적절성 판단**하기

먼저, 선다형 문항은 정답형과 합답형이 대부분이고 부정형은 거의 사용되지 않는다. 문항의 진술 구조가 괄호 ( )가 포함된 불완전한 문장을 제시하고 괄호 안에 들어갈 적당한 내용을 고르도록 하고 있기 때문이다.

〈예시문항 1〉의 사례는 중요한 역사적 사실을 확인하는 비교적 평이한 문항으로 중국사와 세계사를 고루 다루고 있다.

1. 2019년 7월 랑저우(良渚) 고성유적이 세계문화유산으로 등재되었다. 랑저우 유적은 5000여 년전 중국의 도작문화의 위대한 성취이자 초기 도시 문명의 뛰어난 사례로서, 중화 5천년 문명사를 확인해주는 중화 민족의 보물이자 인류의 공동 문화유산이다. 랑저우 유적에 대한 아래의 서술 중 옳은 것은 (   )이다.

① 하문화 유적에 속한다.　② 사적소유가 출현하였다는 증거이다.
③ 고급 옥기가 출토되었다.　④ 대규모 제단과 사원이 출현하였다.

A. ①, ②, ③　　B. ①, ②, ④　　C. ①, ③, ④　　D. ②, ③, ④

【정답】D

(2023年 1월 저장권 1번 문항)

2. 당시와 당삼채에서 낙타와 서역인(胡人)은 점차 문화적 상징이 되었는데 이러한 현상의 원인은 (   )이다.

① 민족융합 강화　② 실크로드의 확대 개통
③ 문화 정책의 개방　④ 고대 상인단의 활발한 활동

A. ①, ②, ④　　B. ②, ③, ④　　C. ①, ②, ③　　D. ①, ②, ③, ④

【정답】C

(2008年 장쑤권 4번)

3. 유럽 식민자들이 오기 전 인디언은 석기를 사용하고 자원을 직접 구입·사용하였고 만물에 정령이 있다고 믿으며 고유문화를 창조하였다. 다음 중 인디언들의 독특한 문화 성취는 (   )는 것이다.

① 마야문자를 창안하였다.　② 깃털뱀신 피라미드를 건설하였다.
③ 숫자 '0'을 발명하였다.　④ 마차를 널리 사용하였다.

A. ①, ②　　B. ①, ④　　C. ②, ③　　D. ③, ④

【정답】A

(2023年 1월 저장성 11번)

4. 다음 그림은 서구작품 첫걸음이다. 이 그림의 대표적인 화풍은 ( )이다.

A. 내면의 '자기느낌'에 주의를 기울인다.
B. 직관적인 느낌의 역할을 강화한다.
C. 소묘의 정확성을 강조한다.
D. 그림의 엄정한 조화를 추구한다.

【정답】A

(2020년 신전국권Ⅲ 11번 문항)

5. 아래 그림은 중국 예술가의 그림입니다. 이것은 ( )에 창작되었을 가능성이 있다

A. 18세기 말기
B. 19세기 중기
C. 19세기 후기
D. 20세기 초기

【정답】D

(2008년 장쑤권 17번)

빠지지 않고 나오는 내용은 중국 역사상의 주목할만한 사건이나 유산을 다루는 것으로 ① 사실 유형이 주를 이룬다. 〈예시문항 1-1〉과 같이 구체적인 질문을 던지기 이전에 도입문을 통해 중국 문화의 우수성을 각인시키고 있다.

〈예시문항 1-2〉와 〈예시문항 1-3〉은 중국사와 세계사에서 ① 사실을 중심으로 하되, 각각 ⑤ 상황인식 및 비교의 유형을 더하고 있다. 〈예시문항 1-4〉는 그림자료를 이용하여 ① 사실과 ② 개념에 대한 이해를 묻고 있으며 〈예시문항 1-5〉는 여기에 더해 ⑤ 상황인식과 ⑬ 상황 추론 요소를 더하고 있다.

〈예시문항 2〉는 중국근현대사 중 주요 사건이나 인물을 다루는 문항이다. 사회주의 건설의 역사를 통해 국가정체성을 확립하는 것이 중국 역사교

육의 주요 목적의 하나인만큼 이와 관련한 주요 역사 장면이나 인물을 다루는 문항은 변함없이 일정한 비중을 차지한다.

1. 1920년 5월 천두슈(陳獨秀)가 연설하였다. "고대 중국인들은 '정신에 힘쓰는 자가 사람을 다스리고 육체에 힘쓰는 자는 다스림을 받는다(勞心者治人, 勞力者治于人)'라 했으나 지금은 '육체에 힘쓰는 자가 사람을 다스리고 정신에 힘쓰는 자는 다스림을 받는다(勞力者治人, 勞心者治于人)'라 말해야 할 것이다. 또한 그는 9월에 혁명적 수단으로 노동계급(즉 생산계급)의 국가를 건설해야 한다"고 주장하였다. 이는 (   )을 반영한다.

A. 노동자의 처우가 크게 개선되었음
B. 민주주의와 과학이 사람들의 마음에 뿌리를 내렸음
C. 무산계급이 정치 무대로 부상했음
D. 노동운동과 농민운동의 활발한 발전

【정답】C

(2023년 전국을권 6번 문항)

2. 1938년 7월 산간닝(陝甘寧) 지역 인민극단이 성립되었다.[29] 극단 공연시 양측에 '중국풍은 민족, 노동자·농민 대중이 기쁘게 듣고 보고 즐긴다(中國氣派 民族形式 工農大衆 喜問樂見); 세상 이치를 분명히 하고 정서와 이론에 힘쓰면 즐거움과 웃음이 있고 뜨겁고 활기찬 기운이 뻗어난다(明白世理 盡情盡理 有說有笑 紅火熱鬧)'를 내걸고 1년간 순회 공연을 실시하였다. 이 극단의 주요임무는 (   )이다.

A. 민족문화 선적을 혁신하는 것
B. 국경지역구 정권건설에 노동자와 농민을 단결시키는 것
C. 인민을 민족민주혁명에 동원하는 것
D. 중국공산당의 대중노선을 구현하는 것

【정답】D

(2023년 산동권 7번 문항)

---

29 산간닝(陝甘寧) 지역이란 산시(陝西) 북부-간쑤(甘肅) 동부-닝샤(寧波) 일부를 포함하는 국경 지역을 가르키는 것으로, 이 지역은 중국 공산당이 설치한 주요 항일 거점으로서 별도의 의회와 행정 조직을 운영하였다. '산간닝'은 1937년부터 불리던 이 지역 공식 명칭이었다.

3. 1956년 마오쩌둥(毛泽东)은 국가와 공장의 관계에 대하여 "통일성과 독립성은 대립적인 것의 통일이다. 통일성도 필요하며 독립성도 필요하다(統一性和獨立性是對立的統一, 要有統统一性, 也要有獨立性)"라고 연설하였다. 마오쩌둥이 강조한 것은 (   )는 것이다.

A. 공산의 생산 및 관리에 자율성을 적절히 높인다
B. 시장의 규제 역할을 적절히 발휘한다.
C. 상공기업 변화에 민관(公私) 관계의 균형을 유지한다.
D. 개별 민간 경제의 발전을 장려한다.

【정답】A

(2023년 산둥권 8번 문항)

대개 이러한 내용을 다루는 문항은 ② 개념, ⑤ 상황인식, ⑦ 내용분석의 요소를 포함하고 있다. 특히 〈예시문항 2-1〉, 〈예시문항 2-3〉과 같이 주요 인물의 연설문을 제시하거나 〈예시문항 2-2〉와 같이 당대의 역사 장면을 생생하게 제시하는데 당대의 사진이나 가공하지 않고 원문을 그대로 제시하는 경우가 대부분이다. 물론 특정 인물에 편중된 영웅주의 사관을 유의해야 할 것이지만, 생생한 역사 장면과 당대의 감성을 직접 접할 수 있는 소재 발굴과 활용을 통한 학습효과는 짚어 둘 만하다.

민족통합 역시 중국 사회주의 건설만큼이나 중요하게 여기는 핵심지식의 하나라 할 수 있다. 아래 〈예시문항 3〉은 〈예시문항 2〉에 비해 비중면에서 매우 소략하지만 빠지지 않고 등장한다.

1. 중국의 다양한 민족은 중국 문명의 창조자이자 전파자이다. 하늘을 찌를 듯한 기세로 세계의 지붕에 우뚝 선 포탈라 궁전은 티베트-중국의 합작풍으로 민족의 통합과 협력의 정신을 강력하게 뒷받침하고 있다. 다음 중 이러한 정신을 반영하고 있는 것은 (   )이다.

  A. 지역에 최적화된 조치, 자연환경과 조화
  B. 선명한 적백색과 높이가 다른 구조물간의 조화로운 조합
  C. 목조복수(伏獸, *필자 부기 엎드려 사는 동물)와 인면사자상의 교묘한 통합
  D. 목석결구의 망루와 천정 그리고 아치의 유기적인 조합

【정답】D
(2020년 7월 저장권 4번 문항)

2. 다음 그림은 염입본(閻立本)의 『보련도(步輦圖)』이다. 당 태종 이세민이 토번 사신을 맞이하는 장면을 묘사한 것이다. 이 작품은 (   )을 구현하고 있다.

  A. 서양풍과 중국문화의 합류
  B. 문인의 취향과 도시풍의 결합
  C. 예술적 미학과 역사가치의 통일
  D. 사실주의와 낭만주의의 융합

【정답】C
(2020년 신전국권 I 2번 문항 문항)

3. 한 학교에서 '화목대가정(和睦大家庭)'이라는 주제로 민족관련 사진전을 조직하였다, 전시내용은 20세기 서로 다른 시대를 항목별로 구성하였는데 1960년대 항목에 전시할만한 사진은 (   )이다.

  A. 『공동강령(共同綱領)』[30]의 표지
  B. 신중국 제1부 헌법 조문
  C. 티베트 자치구 창립 회의
  D. 내몽고자치주 창립 30주년 기념식

【정답】C
(2008년 장쑤권 10번 문항)

〈예시문항 3〉의 민족통합 관련 문항은 사회주의 가치를 전면에 내세워

---

30 공동강령은 신중국의 국가 성격을 명확히 하고 주요 제도의 원칙을 밝힌 문서로, 1949년 9월 29일 베이징에서 열린 중국인민정치협상회의 제1차 전체회의에서 채택되었다.

다룬 〈예시문항 2〉처럼 민족통합의 필요나 당위를 전면에 드러내지는 않는다. 문화적 요소나 탐구활동의 소재로 대상화하고 이 문제를 해결하는 가운데 자연스럽게 민족통합의 역사적 연원을 인식하도록 유도하고 있다. 문항 유형으로 보면 ⑤ 상황인식, ⑬ 상황 추론의 유형이 복합되어 있다.

선다형 문항 중에는 아래 〈예시문항 4〉와 같이 2023년도부터 새롭게 등장하는 유형이 있어 이목을 끈다.

예시문항 4

1. 다음 각 사료 내용을 보고 이원량(李元諒)[31] 생애에 대한 3개 사료 중 (   ) 속에 들어갈 알맞은 내용은?

사료내용	출처
낙원광(駱元光)이다. 성은 안씨로 그의 선조는 안식인(安息人)인데 어려서 환관 낙봉선(駱奉先)의 양자가 되어 성이 낙씨이다. (중략) 787년 당 덕종이 그 노고를 가려 이씨 성을 하사하고 원량(元諒)이라 이름을 고쳤다.	『구당서·이원량전(舊唐書·李元諒傳)』(오대 유후(劉昫)등 편찬)
공은 본래 안씨이며 휘는 원광이다. 선조는 안식왕의 후손이다. 사방에 있는 헌원씨(軒轅氏)의 아들 25명 중 한 명이다. (중략) 당 덕종이 이씨 성을 내려 같은 족속이 되었고 이름을 원량이라 고쳤다. 793년 11월 15일 양원진의 공관에서 사망하였는데 67세였다.	『이원량묘지(李元諒墓志)』
공은 본래 이름이 원광이고 성은 낙씨이며 무위고장(武威姑臧) 사람이다. 개황헌제의 손자로 안식에 내려와 거주하다가 고양왕국(高陽王國) 고장에 머물렀다.	789(貞元5)년 『이원량송비(李元諒頌碑)』

A. 구당서가 상대적으로 객관적이다.
B. 모든 자료는 서로 정확한 사실을 갖고 있다.
C. 묘지는 구당서 기록을 채용하였다.
D. 비교적 이른 사료가 가장 진실하다.

【정답】A
(2023년 신과표종합권 4번 문항)

---

31 이원량은 서역인으로 본래 성은 안(安)씨였는데 이것은 자신의 출신지역 안식(安息)에서 비롯된 것이다. 그러나 환관인 낙봉선(駱奉先)의 양자가 되자 그는 성을 낙(駱)으로 바꾸었다. 이후 덕종 때 토번의 위협을 맞이하자 적극적으로 동맹을 주청하여 화를 면하게 하여 그 공으로 덕종으로부터 이(李)씨 성을 하사받았다.

2. 역사적 사실에 대해 학계는 다양한 견해를 가지고 있다. 일부 학자들은 역사적 사실의 범주는 실제로 일어난 역사적 사실(a) 자료 중의 역사적 사실 즉 역사 그대로의 흔적과 유적(b), 사서 중의 역사적 사실(c) 등 세가지로 구분한다. 이 그림은 역사적 사의 서로 다른 구성 요소를 그린 것이다. 다음 중 빗금친 영역에 대한 올바른 설명은 ( )이다.

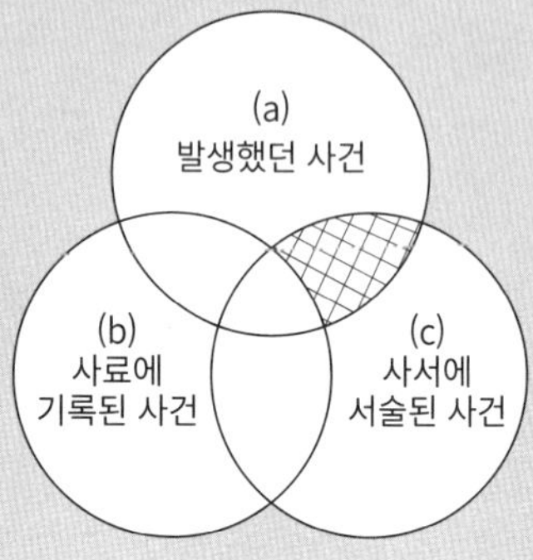

A. 객관적으로 일어났고 기록이 있지만 아직 역사책에 기록되지 않은 사실
B. 객관적으로 발생했고, 역사적 자료가 있으며, 역사책에 기록된 역사적 사실
C. 객관적으로 발생한 사실이지만 증거는 없고 유추 등에 의해 역사책에 기록된 사실
D. 일어나지 않았는데 역사자료에 잘못 기록되어 역사책에 잘못 기록된 사실

【정답】C
(2023년 1월 저장성 22번 문항)

　　이러한 유형의 문항은 2017년 과정표준부터 적용된 선택 2 계열의 〈사학입문〉과 〈사료연독〉에 따라 새롭게 등장한 것으로 판단된다. 사료의 성격을 판단하고 이를 다루는 역사적 능력을 평가하고 있다. 이러한 문항은 〈표 5〉에 나열한 유형 중 하나에 맞추기는 어렵다. 최근 한국 수능에서는 거의 시도된 바가 없기 때문이다. 물론 한국의 교육과정에서도 〈한국사〉의 첫 도입단원으로 '역사의 의미와 역사 학습의 목적'이 있으나 중학교 〈역사〉의 도입단원과 크게 다를 바 없는 형식적인 내용 구성에 머물러 있기 때문에 출제 대상이 되지 않는다. 중국의 새로운 과목과 이에 연동된 가오카오 문항의 사례는 '역사하기(doing history)'를 위한 기초 소양의 실질적 평가라는 점에서 주목해볼 만하다.

　　다음은 서술형 문항을 살펴보기로 한다. 서술형은 여러 층위의 활동이

하나의 모듈을 이루는데 대개 3부분으로 구성되고 있다.

첫 부분은 도입글에 해당되는데 해당 주제에 대한 주요 사실과 의미를 소개한다. 생략되는 경우도 있다. 두 번째 부분은 탐구 자료 소개 영역이다. 보통 3개 내외의 자료를 제시하는데 원전 자료를 우선시하지만 연구논저나 저널자료를 요약하여 제시하는 경우도 있다. 어떤 경우라도 출처를 명시하고 있다. 세 번째 부분은 학생들이 해결해야 하는 문제 영역이다. 대개 3개 내외로 제시되는데 문제는 일정한 탐구과정으로 설계되고 이에 맞춰 순차적으로 실문이 제시되고 있다. 초반에는 제시된 자료에 대한 정확한 사실 정보를 확인하는 내용이 주어지고 후반부에는 추론, 해석 등 종합적 사고력을 요하는 문제가 제시된다. 경우에 따라서는 이러한 과정을 거치지 않고 총괄하여 하나의 질문이 제시되는 경우도 있다. 궁극적으로 이러한 문항은 앞서 제시한 9개 문항 유형을 복합적으로 포함하고 있다.

〈예시문항 5〉는 중국사와 세계사를 결합한 문항으로 동일한 주제와 관련된 역사상을 함께 제시하고 양자를 비교하도록 하였다. 가오카오 〈역사〉가 복수의 과목을 통합하고 있기 때문에 가능하다.

예시문항 5

자료를 읽고 아래 요구를 완성하시오.

<자료 1>

기원전 11세기 후반 주공이 광활한 영토를 정복한 후 그 지역을 친속과 자제에게 분봉하고 도시(城)를 건설하였다. '국인(國人)'은 성 안에 거주하고 '야인(野人)'은 성 밖에 거주면서 그들은 일정한 정치 권력을 장악하였는데 국인의 정치신분이 야인보다 높았다. 서주시기 '국'이란 천자제후의 도성이며 건설(과정)은 이상화된 표준모델을 가지고 있었다. 도성에는 종묘, 사직, 높은 성벽 등을 설치하고 (이것들은) 수도의 상징이 되었으며 진(秦) 이후 2000여 년간 도성 건설은 이런 규칙과 전통을 계승하였다.

- 바이쇼이(白壽彝), 『중국통사(中國通史)』에서 발췌

도성의 기원, 구조와 구성요소 그리고 정치적 의미를 대비하여 국가체제 발전으로 연계하여 이해할 수 있도록 조직한 문항이다. 유형별로 보면 ① 사실 위에 ② 개념, ⑤ 상황인식 및 비교 유형을 포함하고 있다. 이 밖에도 서로 다른 상황, 즉 중국과 타국과의 유사 상황을 비교하는 문항은 다수 등장한다. 그러나 항상 이렇게 인류 문화의 보편성을 공유하고 각국의 특수성을 등가적 가치로 비교하는 구성으로만 이루는 것은 아니다. 상호 비교 문항 중 일부는 미국을 위시한 서구와 중국의 유사한 현상을 비교하고 궁극적으로 중국의 우수성을 인지하거나 서방 세계의 부도덕성과 한계를 지적하거나 폭로하는 데 주목한 경우도 점차 늘고 있다.[32]

〈예시문항 6〉의 사례는 하나의 역사적 사실이나 현상을 놓고 가치가 경합하는 상황을 다루는 문항이다.

---

[32] 구난희, 「高考 역사 시험의 운영구조와 문항구성 양상」, 『역사교육연구』 47, 2023, pp. 215~218.

1. 1950년과 1951년 스페인에서는 두 차례의 대토론회가 개최되었는데 논쟁의 주요 맞수는 제 3세계주의자인 카사스와 유럽 중심주의자인 세풀베다였다.[33] (하략)

<자료 1>

세풀베다의 주장은 첫째 인디언들은 우상숭배라는 중대한 범행을 저질렀고, 둘째 인디언은 지능이 낮아 천성적으로 야만인이고 노예이며 셋째 인디언은 서로 죽이고 산사람을 제사에 이용하고 심지어 인육을 먹으므로 스페인 사람들은 피해자를 구원해야 할 의무가 있다는 것이다.

<자료 2>

카사스는 조심스럽게 주장해야만 했다. 길을 잘못 든 민족을 처벌하는 것은 그 민족을 교육하는 것이어야 하며 파괴하는 것이 되어서는 안된다. 전쟁은 인디언들로 하여금 자신의 잘못을 깨닫게 해줄 수 없으며 증오만 증폭시킨다. (중략) 전쟁은 살아있는 사람의 희생보다 더 큰 죄악이다.

― 수오사(索颯), 『풍요의 고난-라틴 아메리카 노트(豐饒的苦難-拉丁美洲筆記)』 중

문 1) 마야 문명의 예를 들어 <자료 1> 중 세불베다의 앞 두 번째 논점을 반박하라.

문 2) 세불베다의 세가지 주장에 대한 카사스의 반박으로부터 스페인 사람들이 어떤 방식으로 희생자를 구원하였는지 추론할 수 있을까? 카사스가 이런 구원 방식에 대해 반박하는 이유는 무엇일까? 후진적 민족에 대해 어떤 방식으로 대응해야 한다고 생각하는가?

문 3) 세풀베다 주장의 실질적 논점은 무엇이라고 생각하는가?

(2008년 장쑤권 24번 C 문항)

2. 아래 자료를 읽으시오.

<자료 1>

문화유산과 자연유산이 점점 파괴의 위협을 받고 있다는 점에 주목하면서 (중략) 이러한 유산에 대한 새로운 위험의 규모와 엄중성을 감안해볼 때, 국제사회 전체가 집단적 지원 제공에 참여하고 뛰어난 보편적 가치의 문화(유산)과 자연유산을 보호해야할 책임이 있다. 이러한 지원이 해당 국가가 취하는 행동을 대체할 수는 없다 하더라도 그것의 효과적인 보완이 될 것이다.

― 세계 문화 및 자연 유산 보호 협약(保护世界文化和自然遗产公约) 중

---

33 카사스(Bartolomé de las Casas)는 에스파냐의 성직자이자 역사가로, 유럽인의 원주민 착취를 비판하고 원주민 해방에 노력한 반식민주의자이다. 이와 달리 세풀베다(Juan Gines de Sepulveda)는 에스파냐의 인문주의자로서 원주민들은 천성이 노예라고 주장하며 에스파냐가 이들을 정복하는 것은 당연한 권리라고 옹호하였다. 이 두 사람은 1550~1551년 아메리카 식민지배 문제를 놓고 바야돌리드(Junta de Valladolid) 논쟁을 벌인 바 있으며 제시문은 이 논쟁에서 제기된 주장을 인용하였다.

<자료 2>

(2001년) 7월 1일부터 지우자이구(九寨沟) 관광객 수를 제한하는 제도를 실행한다. 이로 인해 지우자이구는 전국에서 관광객 수를 제한하는 첫 번째 풍경구가 되었다. 지우자이구 관리국의 거리(葛立) 국장은 이 관람객 제한 결정을 발표한 후 기자들에게 다음과 같이 말하였다. 지우자이구의 입장권 수입만 놓고 보면 성수기에는 매일 100만 위안 이상 수입이 감소할 것이다. 하지만 재생할 수 없는 세계 자연 유산 지우자이구를 보호하기 위하여 관리국은 제한조치를 취하기로 결심하였다.

- 『화시도시신문(華西都市报)』(2001年6月25日)

<자료 3>

타이산(泰山) 지역관리 중 일부는 '풍경좋은 태산을 경제적인 산으로 개조하자(把风景的泰山 改造成经济的泰山)'라는 구호를 제안했다. 이에 따라 세 개의 삭도와 한 개의 도로를 정비하여 타이산을 '경제산'으로 바꾸었다. 호텔과 식당뿐만 아니라 오락장과 영화관도 있어 비유산 상업용 건물이 유산 건물을 훨씬 초월하고 있다. 최근에는 케이블카가 오가고 많은 관광객이 끊이지 않고 오간다. 자연 경관은 완전히 망가졌고 타이산은 마치 무거운 족쇄를 찬 것처럼 보인다.

- 『타이산의 족쇄(泰山的鐐烤)』중

<자료 4>

우리나라 윈난성(云南省)의 오지에 위치한 리장성(丽江城)은 1997년 세계유산 등재 후 전세계에서 찾아오는 관광객 수가 매년 200만을 넘어 연간 경제 수입은 10억 위안 이상 증가하였다. 관광산업을 중심으로 한 3차 산업이 국민총생산의 50%를 차지할 정도로 성장하였다.

- 유진유에(余晋岳)의 『세계 문화 유산과 자연 유산 안내서(世界文化與自然遺産手冊)』중

다음에 답하시오.

문 1) <자료 1>과 배운 지식을 결합하여, 왜 세계유산을 보호해야 하는지 말해보자. 세계유산의 보호원칙은 무엇인가?

문 2) 지우자이구와 타이산은 모두 세계유산이다. <자료 2>와 <자료 3>에 의거하여 두 곳의 관리부서의 세계유산에 대해 다른 태도의 원인을 분석하라.

문 3) <자료 3>, <자료 4>에 의거하여 관광업과 세계유산 보호 사이의 관계를 분석하고 그로부터 어떤 시사점을 얻을 수 있는가?

(2008년 장쑤권 24번 D 문항)

〈예시문항 6〉은 ①~⑫까지의 다양한 유형을 포함하는 가운데 궁극적으로 ⑭ 적절성 판단하기에 이르는 종합적인 사고력을 지향하는 문항이라 할 수 있다. 하지만 문항에서 추구하는 가치가 어느 정도 노출되어 있어 학생들

이 완전히 열린 결론을 도출할 것으로 기대되지는 않는다. 〈예시문항 6-1〉의 경우는 양자의 주장을 동등 가치에 두는 것이 아니라 세불베다 주장을 비판하는 데 초점이 있다. 〈예시문항 6-2〉 또한 세계유산 보호라는 가치에 초점을 맞추고 있다. 다만 반대론자의 상황을 이해하고 경합하는 문제의 해결방안을 도출하도록 유도하고 있다는 점에서 좀 더 진전된 논의를 이끌고 있다. 이러한 문항은 전국권보다는 자주명제에서 자주 등장한다.

〈예시문항 7〉은 특정 가치나 일반 현상을 통시대적으로 맥락화한 문항으로, 시권마다 일정한 비중을 유지하고 있다. 많은 지문을 제시하고 있으며 문항 배점도 높다. 선다형 문항 하나에 2점이 배점되는데 비해 〈예시문항 7〉의 경우 20점 내외의 배점을 둔다.

예시문항 7

옛 속담에 하늘의 뜻에 따르고 백성의 요청에 응하라(順乎天應乎人)는 말이 있다. 이 문제가 실제 지향하는 핵심은 민생이라는 두 글자에 있다. 자료를 읽고 질문에 답하라.

<자료 1>

삼표(三表, *세가지 준칙, 필자 부기)란 무엇인가? 묵자가 말하기를 본(本), 원(原), 용(用)이다. 본이란 위로 옛 성왕들의 위업을 삼는 것이고 원이란 아래로 백성들의 눈과 귀로 실제를 살피는 것이다. 용이란 <u>그것을 발휘하여</u>(*필자 부기) 형정을 시행하고 그 속에서 국가의 백성 인민의 이익을 살피는 것이다(有本之者 有原之者 有用之者 于何本之 上本之于古者聖王之事 于何原之 下原察百姓耳目之實 于何用之 發以爲刑政 观其中国家百姓人民之利).

- 『묵자(墨子)』에서 인용

<자료 2>

당 태종이 말하기를 "짐은 인의로 다스린 고대 제왕들이 왕좌를 오래도록 누렸음을 보았다(朕看古来帝王以仁義爲治者, 國祚延長)." 정관초 태종이 대신에게 말하기를 "군주의 도는 백성을 살피는 것이 우선되어야만 한다. 만일 백성에 손해를 입혀가며 그 몸을 바치게 하면 이는 넓적다리를 베어 배를 채우는 것과 같으니 배는 부르되 몸은 죽게 된다. 천하가 안정되려면 군주는 그 몸을 바르게 해야만 한다. 몸이 바른데 그림자가 구부러지는 일은 없고 위에서 <u>잘</u>(*필자 부기) 다스리는데 아래가 어지러운 일도 없다(爲君之道 必須先存百姓 若損百姓以奉其身 猶割股以啖腹 腹飽而身斃. 若安天下 必須先正其身 未有身正而影曲, 上治而下亂者)."

- 『정관정요(貞觀政要)』에서 인용

<자료 3>

인물	이론과 사상
마오쩌둥	"대중의 실생활은 우리 모두가 주의해야하는 문제이다. 우리가 이 문제에 주의하고 해결하며 대중의 요구를 충족시킨다면 우리는 진정으로 대중 삶의 주도자가 될 것이며, 대중은 진정으로 우리 주변을 둘러싸고 뜨겁게 우리를 지지할 것이다."
덩샤오핑	"대중은 우리 힘의 원천이다." "빈곤은 사회주의가 아니며 사회주의는 빈곤을 소멸하기를 요구한다." "생산관계는 도대체 어떤 방식이 가장 좋을까? 하나의 태도만을 취하도록 강요하는 것은 위험하다. 어떤 지방에서 비교적 쉽게 그리고 빠르게 농업생산을 회복하고 발전시킬 수 있는 방식이 있다면 어떤 방식이라도 취해야 한다. 대중이 어떤 방식을 취하고자 원하다면 당연히 그 방식을 취해야 한다."

– 시진핑(習近平)의 『18기 6중전회 제2차 전체회의 연설문(在党的十八屆六中全會第二次全体會議上的講話)』
『등소평 동지 탄생 110주년 기념 좌담회 연설(在紀念鄧小平同志誕辰110周年座談會上的講話)』 중에서 인용

문 1) 삼표법은 묵자의 경험주의 인식론이다. 자료1을 주의깊게 읽고 묵자 사상의 근거가 무엇인지 분석하라. 학습한 내용과 결합하여 공자, 그리고 이후의 굴원과 묵자의 견해와 유사한 이론적 주장이나 사상을 개괄적으로 설명하라.

문 2) 배운 지식과 결합하여 당태종의 '존백성' 사상의 출발점과 치국과 정무처리(治國理政)의 법률 원칙을 개괄적으로 지적하라

문 3) 관백성존백성(關百姓存百姓, 백성을 살피고 존중하는 것)으로부터 모행복(謀幸福, 행복을 도모하는 것)으로, 집안에서부터 천하에 이르기까지 공평함을 지향하는 것은 일관되게 중국의 우수한 정치 문화에서 주장되어 온 민생 이념과 국가관의 역사적 약진을 구현하고 있다. <자료 1, 2, 3>을 읽고 배운 것을 결합하여 다음 중 하나를 선택하여 자세하게 서술하라.

  1) 존백성의 '존'의 입장에서 당태종의 예를 들어 당 전기 토지제도에서 존백성의 실행과 구체적인 의미를 분석하고 지적하라.

  2) 모행복의 시각에서 마오쩌둥이 사회주의 체제 구축을 위해 추진했던 탐구와 실천, 그리고 사회주의 본질과 민생문제에 대한 덩샤오핑의 사상을 각각 구분하여 설명하라.

(2020년 7월 저장권 28번 문항)

중국 사회주의가 추구하는 가치의 하나인 민생을 전통사상으로부터 연원을 맥락화하여 탐구하도록 하고 현재 중국의 주요 인물의 사상과 연계하도록 한 점이 돋보인다. 문 1과 문 2는 ② 개념, ⑦ 정보분석 및 ⑧ 사실 추론을 포함하고 있으며 이를 수행하기 위해서는 ① 사실을 토대로 해야 한다. 마지막 문항은 이를 토대로 구체적인 역사상을 연계한 ⑧ 사실 추론과

⑭ 적절성 판단하기의 요소를 포함하고 있어 종합적인 사고력을 평가하는 문항이다. 비록 이러한 사상과 주장이 실제 역사적 상황과 거리가 있는 정치적 명분이나 관념적 논의였다 할지라도 현대 사회의 지향을 전통 사회의 가치로부터 가져와 중국적 특색으로 수용하도록 안내한다는 점에서 자국사 교육에서 갖는 역할과 의의는 크다.

〈예시문항 8〉에서는 구체적인 학습 활동을 가상하고 활동의 결과물을 답안으로 요구하는 사례를 소개하고자 한다.

예시문항 8

어떤 학급에서 "역사 배우기, 개혁에 대해 말하기, 미래를 전망하기"라는 주제로 연설회를 열었다. 자료를 읽고 배운 지식을 결합하여 다음 질문에 답하시오.

<주제연설 1> 왕안석의 변법과 민생

이 연설은 『송사』, 「왕안석전」을 인용하였다. 안석이 말하기를 "풍속을 바꾸고 법도를 세우는 일은 지금 가장 시급한 것입니다." 상께서 그리 여기시는데 (중략) 집안의 등급을 정하고 각자 그것에 맞게 돈을 내어 사람을 고용하여 부역을 시키고 (중략) 동서남북 각천보 41경 60묘 160보를 1방으로 한다. 매년 9월 토지를 측량하고 이에 의거하여 토지 비옥도를 검사하여 5등급으로 나누고 토지의 등급에 따라 세금을 균등하게 정한다.

문 1) 위 인용자료에서 왕안석변법의 법령은 (   )하고, (   )하다. 민생을 돌보는 시각에서 이 조치의 시행 목적을 분석하시오.

<주제연설 2> 양문운동, 무술변법과 근대교육 개혁

량치차오의 『변법통의(變法通儀)』를 인용했다. 변법의 근본은 인재 양성에 있고 인재의 부흥은 학교설립에 있다.

문 2) 양무운동과 무술법법은 인재를 부흥하고 학교를 설립한다는 점에서 어떤 공통점을 갖는가? 이 시기 관련 사실과 결합하여 교육변혁이 중국사회 진보에 미치는 역할에 대해 설명하시오.

연설문이나 토론문 작성은 한국에서도 수행평가로 자주 행해지는 학습 활동이다. 그러나 이것이 대규모 대입 시험 문항으로 등장하고 있으므로 이목을 끌기에 충분하다. 게다가 앞 문항에서 보여준 통시적 비교만이 아니라 동서양의 사례를 대비하여 시공간적인 종합 구성을 이룬다는 점도 주목해볼 만하다. 학생의 수행 과정 또한 연설문 작성이라는 결과물에 국한하지 않고 제시 자료에 대한 이해를 평가하는 작업을 전제하여 다양한 문항 유형을 종합적으로 포함하고 있다.

4. 맺음말

지금까지 살펴본 가오카오 〈역사〉 시험의 특성과 변화 양상을 요약하고 이것이 한국의 수능 등 역사 평가에 주는 시사점을 정리하는 것으로 글을 마무리하고자 한다.

가오카오는 대규모 대입 시험이라는 점에서 한국의 수능과 유사하면서도 시험 운영과 문항 구성면에서 한국과 다른 특성을 보여주고 있다. 첫째로 하나의 〈역사〉 시험 과목 안에 고등학교에서 운영되고 있는 여러 역사 과목을 포괄하고 있다는 점이다. 이에 따라 자국사인 중국사만이 아니라 세계사를 함께 학습하게 한다는 점은 한국의 역사교육 상황과 여러모로 대비된다. 이는 중국역사와 세계역사를 필수과목으로 설정한 과정표준의 기본 구조로부터 중국 역사교육의 지향을 엿볼 수 있다. 2017년 과정표준에서 신설된 「중외역사강요」에서는 중국사와 세계사의 통합은 더욱 명확해졌다. 현재 수능에서 한국사는 필수 과목인 동시에 절대 평가제로 운영되고 있다. 한국사에 대한 기초적 소양을 확립한다는 소기의 목적은 달성했을지라도 역사적 사고력이나 흥미를 제고하기는 어렵다는 비판이 새롭게 제기되고 있다. 반면 선택과목인 세계사 관련 과목의 경우 선택률이 극히 낮아[34] 세계사 교육은 거의 고사 상태에 이르게 되었다는 우려는 이미 오래 전에 제기되었으나 개선 기미가 없다. 자국사와 세계사가 통합된 가오카오 〈역사〉의 특성은 이러한 한국 역사교육계의 당면한 문제를 풀어나가는 새로운 돌파구로서 참고할 만하다.

둘째로, 선다형과 서술형 문항이 고루 구성되었다는 점도 각별하다. 더욱이 서술형에 많은 배점이 할애되어 선다형과 비등하거나 그것을 능가하고 있다. 서술형은 다루려는 특정의 주제하에 역사적 사실 확인, 자료 이해와 분석, 비교 검토, 평가로 이어지는 하나의 모듈화된 학습을 구성하고 있다. 수험생은 유사한 학습 활동을 반복하며 이에 대비할 것이며 궁극적으로 역사하기와 관련된 다양한 역량을 습득하게 될 것이다. 이와 동시에 서술형 답안의 채점 시스템도 주목해볼 필요가 있으나 이 글에서는 다루지 못했다.[35] 사회적 관심이 쏠리는 대형 입시 시험의 서술형 문항의 운용은 한국의 역사 평가에 새로운 전환이 필요하다는 것을 환기시켜주고 있다.

셋째로, 역사 과목 내지 역사학의 기본적 특성과 '역사하기'의 기본 소양을 평가하는 문항이 포함되어 있는 것도 유념해 볼 만하다. 서로 다른 사료의 비교, 사료적 가치의 평가, 사료의 활용 등에 관한 항목이, 많은 비중을 차지하지는 않지만 심심찮게 등장하고 있다. 역사학의 가장 기초작업이라 할 수 있는 사료를 다루는 일을 평가하는 것은 역사 고유의 특성을 반영한

---

34 한국교육과정평가원이 발표한 자료에 따르면 2024학년도 응시생은 총 444,870명이었는데 이 중 한국사는 필수과목이므로 100% 지원하였으나 세계사는 15,170명만이 지원하여 응시율은 3.4%에 그쳤으며 그나마 일정한 비중을 차지하던 동아시아사도 17,357명으로 3.9% 수준이다. 한국교육과정평가원, 「2024학년도 대학수학능력시험 채점 결과 보도자료」, https://www.suneung.re.kr/boardCnts/view.do?boardID=1500230&boardSeq=5086202&lev=0&m=0302&s=suneung (2024. 6. 15. 검색).

35 일례로 상하이의 경우, 서술형 답안지의 채점은 대학교수와 3년 이상의 교육경력을 가진 교사가 담당한다. 한 문항당 두 명의 채점위원이 채점한 뒤 평균치를 취하는데 채점위원간 점수 오차가 클 경우에는 또 다른 제삼의 채점위원이 채점한다. 한 문항에 소요되는 채점인력과 전체 수험생의 규모를 감안해보면 채점에 상당한 인력과 예산이 뒷받침되고 있음을 짐작할 수 있다 (한국교육과정평가원, 「세계 각국의 대학입시제도 연구」, 연구보고 RRO 2018-1, 한국교육과정평가원, 2018, pp. 31~33).

문항이라는 점에서 주목할 가치가 충분하다.

하지만 이러한 특성만을 보고 가오카오 〈역사〉가 과정표준이 추구하던 당초의 취지와 추세를 연착륙시키고 있다고 평가하기에는 검토 여지가 남아 있다. 중국은 2010년 중반부터 '애국주의 역사관'을 천명해 왔으며 앞에서 언급했듯이 2017년 개정 역사과정표준과 통편 교과서를 통해 더욱 강화되고 있다. 신중국 건설과 관련한 주요 사건과 그 의미를 파악하는 항목이 다수를 차지하고 있으며 당대에 내걸린 포스터나 구호도 다수 활용되고 있다. 또한 근대 부국강병과 항일 운동, 덩샤오핑이 주도한 개혁 개방이 다음을 잇고 있다. 이러한 현상은 그나마 중국 역사교육 고유의 특색으로 이해할 수 있다. 자국 역사의 성취를 강조하는 것은 국민국가 역사교육의 생래적 역할이며 한국 또한 역사교육을 통해 민족 정체성을 형성하는 것이 중요한 목적의 하나이므로 그러한 속성의 존재를 비판하기는 어렵지만 그것이 인류 역사의 보편적 가치나 문화적 상대주의를 도외시하는 쪽으로 연결되어서는 안될 것이다.

실제 중국은 강국 부상을 지향하는 가운데 자국의 성취를 넘어 유럽과 미국 등 타국과 타지역에 대한 비방과 폄하를 자극하는 서사에 맞추는 사례가 늘어나고 자국에 쏠린 국제사회 비판을 회피하는 대신 자국의 국제적 위상을 부각하는 문항도 등장하고 있다. 이러한 문항은 오히려 학생들의 다양한 사고와 다원적 역사상을 습득하는 데 장애가 될 것이다. 역사소양 강화와 자민족 정체성이 불안한 공존을 하고 있는 것이다. 가오카오 〈역사〉가 역사교육이 담당하고 있는 고위금용(古爲今用) 순기능을 역기능으로 교차시키고 개혁·개방 이후 20여 년간 중국이 추구해 왔던 개혁, 개방의 가치와 역사교육 개선을 위한 노력에 제동을 걸어 역사 고유의 특성을 변질시키지 않기를 희망한다. 또한 중국의 가오카오 〈역사〉 시험에 드리워지는 과도한 민족주의 또는 국가주의 담론은 비판의 대상을 넘어 우리 역사교육의 자성적 기제로서 반면교사로 삼아야 할 것이다.

제5장

인도 중등교육 역사과 수료시험의
역량 기반 평가 시도와 과도기적 특징*

박소영

1. 머리말

역사 학습은 과거의 문제를 분석하고 설명할 수 있는 방법을 제공하며, 현재와 미래에 다가올 문제를 이해하고 해결하기 위한 중요한 시사점을 제시해준다. 또한 역사교육을 통해 인류가 경험한 다양성을 학습하는 것은 문화, 사상, 전통을 평가하는 것이며, 이것을 통해 특정한 시대와 장소에 의미를 부여할 수 있도록 한다. 이런 과정을 통해 우리와 선조의 삶의 다른 점을 인식하게 하며, 동시에 공통된 삶의 목표와 가치관을 갖고 있다는 점을 깨닫게 한다. 과거의 교훈을 통해 우리가 성립되어 온 과정을 되짚어 볼 수 있으며, 같은 과오를 반복하지 않고 더 나은 사회를 만들어나갈 수 있는 능력을 키울 수 있다.[1]

---

* 이 장은 박소영, 「인도의 역량 기반 평가제도 시도와 과도기적 특징 ‒중앙중등교육위원회 (CBSE) 주관 12학년 역사과 수료시험 분석을 중심으로‒」, 『남아시아연구』 29‒3, 2023을 수정 보완한 것이다.

[1] Central Board of Secondary Education, *CBSE History Syllabus 2023‒2024 Class XI‒X Ⅱ*, 2023, p. 2.

미래 사회는 인공지능 기반 사회의 도래와 4차 산업으로의 급격한 전환, 기후 위기, 자원 고갈, 팬데믹 공포 등이 초래하는 인류의 문제를 극복하기 위해 비판적 사고를 통한 문제 해결 능력, 창의력을 갖춘 인재를 필요로 하고 있다. 인도 정부에서도 2020년도에 국가교육정책(National Education Policy, 이하 NEP)을 공표하여 '합리적 사고와 행동, 배려와 공감능력, 용기와 회복력, 과학 기술과 창의적 상상력, 건전하고 논리적 가치관'을 갖춘 인재를 양성하는 것을 교육의 최고 목표로 제시하였다.[2]

그러나 이러한 목표를 실현하기에는 인도의 교육 현실은 많은 어려움에 직면해 있다. 특히 평가제도와 관련해 시험을 주관하는 위원회의 관리 능력 미흡, 시험 부정행위, 채점 체계 및 시험 결과의 재확인을 둘러싼 투명성 부족 등과 같은 문제뿐만 아니라 입시에 대한 사회적 인식도 심각한 수준이다. 인도의 입시 제도는 계층 이동의 중요한 수단으로 여겨지면서 교육 자체가 학생들의 입시 준비에 초점을 맞춰야 한다는 인식이 팽배하다. 이것은 인도의 사교육으로 지칭되는 '입시 코칭 산업(industry of test-coaching centers)'을 지탱하는 원동력이 되었고 전반적인 교육 생태계는 입시를 위한 암기식 학습과 고득점에 맞추어져 있다.[3]

인도의 평가제도가 갖는 문제점은 국제적으로도 지적되어 왔다. 교육 체계 개선 연구 프로그램(The Research on Improving System of Education program)에서 개발도상국 국가를 대상으로 학교 시험의 특징을 연구한 결과, 기억력과 암기학습 위주의 시험에 과도한 비중을 두는 인도의 평가제도는 매우 낮은

---

2 Ministry of Human Resource Development, *National Education Policy 2020*, MHRD, 2020, p. 3.

3 Kapur, M., "India's culture of high-stakes testing needs to be dismantled", *QUARTZ*, 2019, https://qz.com/india/1728666/indias-high-stakes-testing-culture-needs-to-be-dismantled (2023. 6. 25. 검색).

평가를 받았다.[4]

인도 정부 당국도 평가제도 개선이 무엇보다도 시급하다는 점을 인식하고 있다. 평가의 주요 목적은 학습의 질적 향상이며, 평가 내용이 학생의 학습과 발달을 최적화하기 위한 교수·학습 과정을 수정하는 근간이 된다고 판단하고 있기 때문이다. 이에 NEP 2020에서는 평가제도 개혁의 방향을 '암기 능력이 아니라 분석능력, 비판적 사고, 개념의 명확성 등 고도의 능력을 측정하는 것으로 변환시킨다'고 제시하였다.[5] 그리고 이러한 방향성에 입각하여 제도 개혁에 착수하였다.

인도에서 평가제도에 관한 연구는 교육당국이 중심이 되어 그 개선 방안을 모색하는 쪽으로 진행되어 왔다. 국립교육연구훈련원(National Council of Educational Research and Training, 이하 NCERT)에서는 2006년에 발간한 『시험제도 개혁 2.5(Examination Reforms 2.5)』를 통해 전통적 평가 관행을 타파하기 위한 제도 개혁의 장기적 비전을 제시하였다. 이 연구에서 언급한 평가제도 개혁의 기본 방향은 NEP 2020에서도 계승·발전되어 교육 현장에서 구현될 수 있는 방안이 개발되고 있으며 2024학년도 중등교육 수료시험(Secondary School Certificate Examination) 설계에 개혁의 방향성이 반영되면서 주목을 받기도 하였다.[6]

이 장에서는 이와 같은 인도의 평가제도 개혁이 추진되어온 과정과 최근의 변화를 살펴본다. 나아가, 인도에서 평가를 관장하는 연방정부 관할

---

4 Burdett, N., *Review of High Stakes Examination Instruments in Primary and Secondary School in Developing Countries*, 2017, p. 3. 교육 체계 개선을 목적으로 실시되는 프로그램인 RISE는 인도, 파키스탄, 나이지리아, 우간다, 캐나다의 앨버타에서 시행되는 평가제도를 조사했으며, 인도와 파키스탄 시험의 품질은 다른 평가 대상 국가에 비해 매우 낮은 편이며, 이들 국가에서는 암기식 학습 문화를 조장하고 있다는 점을 지적하였다.

5 MHRD, *National Education Policy 2020*, p. 17.

6 Shankar, R., "CBSE Board Exam 2024: More MCQs to be asked, weightage reduced for short & long answer questions", *THE TIMES OF INDIA*, 2023, https://timesofindia. indiatimes.com/education/news/cbse-board-exam-2024-more-mcqs-to-be-asked-weightage-reduced-for-short-long-answer-questions/articleshow/99300835.cms (2023. 7. 3. 검색).

의 교육당국이 NEP 2020에서 권고한 평가제도 개혁의 방향성을 구현하는 사례를 고찰한다. 구체적으로는 연방정부의 중앙중등교육위원회(Central Board of Secondary Education, 이하 CBSE)에서 주관하는 역사과 수료시험의 시험 체계와 문항 사례 유형을 분석하여 평가제도 개선의 실천 양상과 그 과정에서 나타나는 특징을 파악하고자 한다.

2. 평가제도 개혁 과정

1) 중등교육 수료시험 제도

인도의 대학입시 방식은 크게 두 가지로 구분된다. 하나는 주로 일반 과정을 전공하는 학생에게 해당하는 것으로 연방과 주 단위 교육위원회가 실시하는 중등교육 수료시험 합격 여부가 대학입학의 자격이 된다. 다른 하나는 공학, 의학, 법률 등과 같은 전문 과정에 진학하는 학생의 경우로, 이들은 중등교육 수료시험 뿐만 아니라 전문 과정 시험에도 응시해야 한다.[7]

첫 번째 유형인 중등교육 수료시험의 종류는 주관 기관인 위원회에 따라 종류가 나뉜다. 국가 수준의 중앙중등교육위원회인 CBSE에서는 10학년과 12학년을 대상으로 전인도/델리 중등교육 수료시험(All India/Delhi Senior School Certificate Examination, 이하 AISSCE)을 실시한다. AISSCE에 응시할 수 있는 학생은 CBSE 가맹학교의 재학생이다. CBSE 가맹학교는 전국에 분포하며, 지역의 모범학교가 되고 있는 중앙정부 설립학교인 켄드리야 비디야

---

[7] 전문분야 과정의 진학을 위해서는 각 전문분야 기관별로 실시하는 독자적인 대학입시 절차를 밟아야 한다. 대표적인 시험으로는 인도 공과대학 공동 입시 시험(JEE, Joint Entrance Examination), 의과대학 국가입학자격시험(NEET, National Entrance cum Eligibility Test) 등이 있다.

라야(Kendriya Vidyalaya, 이하 KV)와 자와하르 나보다야 비디야라야(Jawahar Navodaya Vidyalaya, 이하 JNV)가 대표적이다.[8] 인도 각지의 사립학교에서도 CBSE 교육과정을 채택하는 경우가 많다. KV, JNV는 일반적으로 우수한 학교로 생각되는 경향이 있기 때문에 최근에는 사립학교에서도 CBSE 가맹학교임을 학교의 홈페이지나 안내 책자에 명기하는 경우가 많다.[9] 이처럼 CBSE에서 실시하는 AISSCE는 인도에서 가장 광범위하게 실시되는 수료시험이라는 위상을 지니고 있다.[10]

주단위의 교육위원회와 시험위원회(State Examination Board)에서도 중등교육 수료시험을 실시한다. 각 주의 시험위원회는 국가수준의 교육과정 프레임워크(National Curriculum Framework, 이하 NCF)를 토대로 구성한 주의 교육과정에 따라 시험 문항을 개발한다. 그렇지만 시험 내용과 난이도에 대해 전국적으로 적용되는 표준은 부재하다. 이러한 문제점으로 인해 학생의 평가와 사정(査定)에 관한 규범, 기준, 가이드라인을 설정하는 기본적 역할을 담당하는 표준 기관인 국립평가센터 설립이 제안되어,[11] 2023년 1월 NCERT 산하 조직으로서 국립평가센터(Performance Assessment Review and Analysis of Knowledge for Holistic Development, 이하 PARAKH)가 출범하였다.[12]

---

8 KV는 주로 연방정부 직원과 군관계자 자제가 다니는 공립학교이며 JNV는 농촌에서 우수한 학생이 다니는 공립학교이다.

9 河井由佳, "インドの大学入試における格差是正措置", 小川佳万 編, 『アジアの大学入試における格差是正措置』 83–96, 広島大学高等教育研究センター, 2017, p. 89.

10 AISSCE에 응시하는 학생의 합격조건은 수강하는 5과목(각 과목 100점 만점)에서 과목 당 33점이 커트라인으로 설정되어 있다. 12학년 AISSCE는 고등학교 과정의 수료시험인 동시에 대학 일반 과정 전공의 입학 자격시험의 기능도 가지며 고득점일수록 대학 입학에 유리하다.

11 MHRD, *National Education Policy 2020*, p. 41.

12 PARAKH의 주요 기능은 시험제도의 개혁, 국가성취도 평가의 수행, 국제학업성취도평가 참여의 관리 등이다. 특히, 시험제도의 개혁과 관련해서는 인도의 여러 주에서 실시되는 평가 절차 및 수준의 차이로 인해 학생들이 대학 입학 과정에서 겪는 어려움과 불평등을 최소화하여 인도의 공인 시험위원회(recognized school boards) 간의 동등성(equivalence)을 확보하는 것을 중요한 역할로 설정하고 있다.

인도중등교육인증위원회(Council for the Indian School Certificate Examination)의 교과과정에 따른 인도중등교육인증시험(Indian School Certificate Examination, 이하 ISCE)도 많은 사립학교에서 채택되는 수료시험이다. 통상적으로 ISCE는 외국의 교육과정과 교육제도를 기반으로 설계되어 있으며 시험 언어는 영어에만 한정된다는 특징이 있다.

2) 국가교육정책 NEP 2020의 공표와 평가제도 개혁 추진

인도의 평가제도가 암기 중심으로 이루어진다는 데 따르는 폐단은 인도 국내외에서 지속적으로 지적되어 왔다. 꾸마르(Kumar, K.) 교수는 인도의 시험제도가 19세기 식민주의에 뿌리를 두고 있다며 "시험은 영국 식민지 이데올로기의 필수 구성 요소이며, 인도 교사의 권한을 박탈하고, 규정된 교과서의 내용과 이것을 기반으로 조직된 시험 제도에 무게를 두도록 했다"라는 점을 지적한 바 있다.[13] 빈곤, 가부장제, 카스트 차별 등의 문제에서 비롯되는 인도의 사회적 상황을 고려할 때, 국민의 상당수가 분석력과 비판력을 갖추지 않고는 현재 상태에서 큰 진전을 이루기 어려우며, 인도의 복잡한 사회 문제에 대한 해결책은 창의적인 비전가들로부터 나와야 할 것[14]이라는 필요와 기대가 절실하다고 할 수 있다.

이러한 가운데 평가제도 개혁의 필요성은 지속적으로 제기되어 왔으며 2005년에는 주목할 만한 변화가 시도되기도 하였다. 이 해에 각 주 단위의 교육과정 편성에 참고하기 위한 국가 교육과정 프레임워크(NCF)가 개정되어 '과도한 불안과 스트레스를 유발하고 동시에 기계적인 암기를 조장하는 현

---

13 National Council of Educational Research and Training, *Examination Reforms 2.5*, 2006, p. 2.

14 NCERT, *Examination Reforms 2.5*, 2006, p. 5.

행 평가제도의 재검토'를 요구하였던 것이다.[15] 이에 2006년에는 NCERT
에서『시험제도 개혁 2.5(Examination Reforms 2.5)』보고서를 발간하여 현행 평가
제도의 문제점과 개혁방안을 구체적으로 제시하였다.

이 보고서에서는 우선, 중등교육 수료시험의 목표와 의미에 관해 학습
과정을 성공적으로 완료했음을 인증하는 것을 목적으로 하는 '졸업 시험(Exit
Exams)'의 성격이 강조되었다.[16] 동시에 수료시험의 개선 방향으로 단답형 문
제의 비율을 기존 25%에서 40%까지 늘려 전체 수험생의 90%가 수료할 수
있도록 조정할 것과 수료시험의 문항을 '표준 수준(Standard level)'과 '상급 수
준(Higher level)'으로 구분하여 자신의 수준에 맞게 선택하여 응시할 수 있도록
할 것을 제안하였다. 12학년에 실시하는 수료시험을 11학년과 12학년으로
나누어 응시 시기를 유연하게 하고, 그에 따라 시험과목도 구분하여 실시
할 것을 제안하기도 하였다.[17]

또한, 계속적·종합적 평가(Continuous and Comprehensive Evaluation, 이하 CCE)를 도
입하여 교사와 내부 평가제도에 권한을 부여하도록 했다. 이를 통해 외부
평가인 수료시험과 내부 평가인 CCE의 결과를 반영하여 수료 자격 여부를
결정하도록 하는 개선 방향이 강구되었다.[18] CCE 개념은 이미 1970년대부
터 도입이 되었으나 NCF-2005에 의해 더욱 강화되었으며 2009년에 제정
된 '아동 무상의무교육 권리법(2009년 RTE법, The Right of Children to Free and Compulsory

---

15 National Council of Educational Research and Training, *National Curriculum Framework 2005*, 2005, p. 115.

16 수료시험은 전문 과정, 직업적 흐름(stream) 등을 위한 '입학 시험'으로 설계된 것이 아니며 그렇게 설계되어서도 안 된다고 강조하며 중등과정으로부터 '출구(Exit)'의 성격을 갖는 수료시험과 고등학교 과정 이후 요구되는 시험의 역할은 본질적으로 다르다고 설명한다. NCERT, *Examination Reforms 2.5*, p. 6.

17 NCERT, *Examination Reforms 2.5*, 2006, pp. 12~13.

18 NCERT, *Examination Reforms 2.5*, 2006, pp. 21~22.

Education)' 제29조에 따라 의무적인 평가 과정으로 도입되었다.[19] CCE 제도는 학기 말에 1회 시험을 치르는 대신 연중 작은 시험을 여러 차례 실시하는 것이었다. 이 같은 평가 방식은 계속적인 평가를 통해 학생의 학업 부담을 경감시키는 것을 목적으로 하였지만 실제로 학생들의 학습량이 경감되지 않았으며, 평가에 교사의 주관적 판단이 미칠 수 있다는 우려 등이 제기되어 2017년에 중단되었다.

한편, 인도에서는 기본적인 교육정책을 규정하는 국가교육정책인 NEP를 1968년 처음으로 공표한 바 있다. 국가의 통합과 문화·경제 발전을 달성하고 평등한 교육 기회를 제안한다는 것이 주요 골자였다. 두 번째의 NEP 공표는 1986년에 이루어졌다. 이 때에는 여성과 사회적 약자에 대한 교육 격차를 최소화하는 교육 기회의 균등과 초등 교육 확산을 강조하였다. NEP 1986은 1992년에 수정되었으며 의학, 기술 등의 전문과정 대학 입학을 위해 공통 입학시험을 실시할 것을 규정하여 과학기술 교육 강화의 기반을 다졌다.[20]

세 번째로 공표된 NEP 2020은 과학기술을 기반으로 하는 미래 세계에 필요한 인재를 육성하고 인도가 세계 3대 경제 대국에 입성하는 것을 목표로 하고 있다. 교육의 기본정책과 구조 개선을 통해 기술 대국으로서뿐 아니라 문화 대국으로 이행하기 위한 토대를 마련해야 한다는 방향성도 제시하였다.

이에 초등학교에서 고등학교까지의 기존 10+2학제를 3세부터 18세까지로 대상을 확대하여 5+3+3+4학제로 개편하고 교육과정의 대폭적 수정을 추진하였다. 특히, 교사에 대한 권한의 부여, 학습자의 비판적 사고 및

---

19 National Council of Educational Research and Training, *Continuous and Comprehensive Evaluation Guidelines*, 2019. p. iii.

20 https://en.wikipedia.org/wiki/National_Policy_on_Education (2023. 8. 7. 검색).

토론·분석 기반의 학습 역량을 향상시키기 위한 핵심적 학습요소 중심의 교육과정 개정, 10학년과 12학년 수료시험 등의 평가제도 혁신 등을 강조하였다.

특히, 평가제도와 관련해서는 앞에서 언급한 바와 같이 '암기학습과 시험을 위한 것이 아닌 핵심 개념의 이해'와 '현재의 코칭 문화를 조장하는 총괄적 평가가 아니라 학습 과정에서 이루어지는 정기적·형성적 평가(regular formative assessment for learning)'에 중점을 두도록 했다.

10학년과 12학년 수료시험에 대한 주요 개혁은, 우선 성취 역량을 평가할 수 있도록 시험 문항을 개선하여 과열된 코칭 문화로 인한 폐해를 경감시키는 것을 기본 방향으로 삼았다. 또한, 종래 12학년에서만 치를 수 있었던 수료시험을 11학년에서도 응시할 수 있도록 하였다. 이제 수험생은 자신의 준비 정도와 향후 진로에 맞게 시험의 수준을 '표준'과 '상급'으로 구분하여 선택할 수 있게 되었다. 또한, 기존에는 각 학교에서 개설된 과목이 진학 계열에 따라 제한되어 있어 중등교육단계에서 학교를 선택한 시점에 시험과목이 결정되어 있었지만 이러한 관행을 개선하여 수험생의 적성과 흥미에 따른 과목 선택이 가능하도록 시험과목의 종류를 확대하도록 하였다.

NCERT에서는 NEP 2020의 구상과 비전을 구현하기 위해 학교 교육을 위한 국가 교육과정 프레임워크 2023을 개발하였다. 새로운 평가제도의 핵심 원칙으로는 '역량과 학습 성취도의 측정', '학습자에게 효과적인 교수법을 개발하기 위한 수단', '학습 단계에 적합한 평가', '학습자의 다양성 수용', '학습자의 성과에 대한 건설적인 피드백 제공', '개념 이해와 적용, 문제 해결 능력, 비판적 사고 및 고차원적 역량에 대한 평가'를 제시하고 있다.[21]

---

21 National Council of Educational Research and Training, *National Curriculum Framework for School Education 2023*, 2023, pp. 83~86.

3. 역사 역량 기반 평가제도의 도입과 과도기적 특징

1) 역사 역량 기반의 시험 설계

NCERT에서는 NEP 2020의 후속으로 학교 교육이 역량을 기반으로 교수–학습이 중점적으로 이루어질 수 있도록 '학습 성과 문서(Learning Outcome documents)'를 작성하였다. 이 문서에는 학교에서 이루어지는 학습과 평가 과정에서 각 교과에서 성취해야 할 역량을 명시하고 이를 기반으로 평가를 설계하도록 권고하고 있다. 고등학교 과정(higher secondary level, 11~12학년) 역사과의 경우, 역사 탐구 방법의 이해, 주제별 접근 방식을 통한 역사 전개 과정의 이해, 역사 관련 학습 도구와 기법의 이해 및 활용을 역사교육 목표의 중요한 원칙으로 삼는다. 역사 역량을 평가하는 요소로는 역사 용어·역사적 사건과 현상의 이해 능력, 분석·추론·논증 능력, 역사적 사건과 현상의 상호 연관성 및 맥락을 이해하는 능력, 역사적 상황에 대한 인과관계의 설정 및 이것을 설명할 수 있는 능력, 비판적 평가 능력 등을 제시하고 있다.[22]

한편, CBSE에서는 역사 역량 기반의 2024학년도 12학년 역사과 수료시험에 대한 평가 역량 항목을 확정하여 발표하였는데 그 내용은 다음과 같다.[23]

- 지식(Knowledge): 사실, 용어, 기본 개념 등에 관해 학습한 내용을 기억함
- 이해(Understanding): 역사적 사실의 조직, 해석, 설명 및 주요 아이디어의 진술을 통해 역사적 사실에 대한 이해를 나타냄

---

22 National Council of Educational Research and Training, *Learning Outcomes at the Higher Secondary Stage*, 2020, pp. 142~143·153~155.

23 Central Board of Secondary Education, *CBSE History Marking Scheme Class XⅡ 2023–2024*, 2023, pp. 27~28.

- 적용 및 분석(Applying and Analyzing): 습득한 지식, 사실, 기술(techniques), 규칙을 적용하여 문제를 해결함
- 공식화, 평가, 창안 능력(Formulating, Evaluating and Creating skills): 조사, 추론 및 일반화를 위한 증거 찾기(정보에 대한 판단을 내리고 정보를 정리하여 의견을 제시하고 방어함)
  - 지도(Map) 식별

지도 식별을 제외하면 이들 평가 역량 항목은 위계화가 되어 있다. 주어진 역사지식의 암기와 이해를 하위 역량 영역에 두고, 역사지식의 종합 및 재구조화, 학습한 지식을 다양한 형식으로 표현하는 능력을 상위 역량 영역으로 설정하였다. 이들 역량을 앞에서 언급한 '학습 성과 문서'에서 제시한 역사 역량과 관련지어 보면, '역사 용어·역사적 사건과 현상의 이해 능력'과 '역사적 사건과 현상의 상호연관성 및 맥락을 이해하는 능력'은 '지식'과 '이해' 역량 범주에 포함시켰다고 볼 수 있다. 그리고 '분석·추론·논증 능력', '역사적 상황에 대한 인과관계의 설정 및 이것을 설명할 수 있는 능력', '비판적 평가 능력'은 '적용 및 분석'과 '공식화, 평가, 창안 능력' 역량으로 간주하고 있다.

2) CBSE주관 12학년 역사과 수료시험에 도입된 역량 기반 평가의 특징

(1) 시험 범위와 문항 설계

CBSE에서는 해당연도 수료시험의 각 교과목별 범위와 문항 설계 개요, 교수 학습 목표와 기대되는 학습 결과, 학교가 자체적으로 실시하는 프로젝트 과제의 개요 등을 담은 교수요목(syllabus)을 공표하고 있다. 2024학년

도 교수요목에는 최근의 평가제도 개혁 방향성을 반영하여 학생의 학습량 부담을 경감하고 학습 과정과 역량에 기반을 둔 평가 방식으로의 변화를 담고 있다. 이것은 수료시험 범위 조정, 문항 설계의 변화와 직결된다는 점에서 눈여겨볼 만하다. 여기에서는 12학년 대상의 CBSE 역사과 수료시험에 관해 살펴보도록 하겠다.

12학년 역사과에서는 주제를 중심으로 구성한 인도사를 심층적으로 다룬다. 경제, 문화, 사회, 정치, 종교 등 다양한 분야가 인도 역사가 전개되는 가운데 변화·발전되어 온 모습과 양상을 배울 수 있도록 한다. 이에 따라 12학년 역사 교과서에서는 각 주제를 통해 학생들이 해당 시대의 정치, 권위·권력의 특징, 사회가 구성된 방식, 종교 생활과 관습, 경제와 노동, 농촌과 도시 사회의 변동 등을 다룬다.[24]

표 1 『인도 역사의 주제들(Themes in Indian History)』 권별 주제(2005년 발간본)

구분	주제명	비고
I 권	주제 1. 벽돌, 구슬 그리고 유골: 하라파 문명 주제 2. 왕, 농부, 마을: 고대 국가와 경제 주제 3. 친족, 카스트, 계급: 고대 사회(기원전 600년~기원후 600년) 주제 4. 사상가, 신앙, 건축물: 문화의 발전(기원전 600년~기원후 600년)	
II 권	주제 5. 여행자들의 눈을 통하여: 사회에 대한 인식(10~17세기) 주제 6. 박티-수피 전통: 종교적 신념과 종교 문학의 변화(8~18세기) 주제 7. 제국의 수도: 비자야나가라(14~16세기) 주제 8. 농부, 지주 그리고 국가: 농업 사회와 무굴 제국(16~17세기) 주제 9. 왕과 역시: 무굴 궁정(16~17세기)*	*2022년 개정에서 삭제
III 권	주제 10. 식민주의와 지방: 공식 기록물에 대한 탐구 주제 11. 반란자와 지배: 1857년 저항과 이에 대한 묘사 주제 12. 식민지 도시들: 도시화, 도시 계획, 건축물* 주제 13. 마하트마 간디와 민족주의 운동 주제 14. 분립에 대한 이해: 정치, 기억, 경험** 주제 15. 헌법의 수립: 새로운 시대의 시작	*2022년 개정에서 삭제 **2022년 개정에서 삭제

---

24 National Council of Educational Research and Training, *Themes in Indian History Part I*, 2021, p. vii.

CBSE 교육과정을 채택한 모든 학교의 12학년 역사 수업에서는 NCERT에서 발간한 12학년용 『인도 역사의 주제들(Themes in Indian History)』이란 교과서를 사용하고 있으며 이 교과서는 3권으로 구성되어 있다. Ⅰ권에서는 하라파 문명에서 기원후 7세기까지의 역사를, Ⅱ권에서는 8세기에서 18세기까지의 역사를, 그리고 Ⅲ권에서는 서구에 의한 식민지화부터 독립 전후의 인도 역사를 다룬다. 이 교과서는 2005년 초판 발간 당시 〈표 1〉에서 제시되어 있듯이 3권에 걸쳐 15개의 주제를 다루고 있었지만 2022년에 교과서를 부분 개정하면서 권별로 주제를 4개로 조정하여 구성을 축소하였다.

Ⅰ권은 기존과 동일하지만 Ⅱ권에서는 '주제 9. 왕과 역사: 무굴 궁정(16~17세기)'가, Ⅲ권에서는 '주제 12. 식민지 도시들: 도시화, 도시계획, 건축물'과 '주제 14. 분립에 대한 이해: 정치, 기억, 경험'이 삭제되었다. 이 점에 대해서 야당 정치권에서 무굴 왕실의 역사가 제외된 사실을 둘러싸고 무굴의 역사를 삭제하여 과거를 지우고 있다며 문제를 제기하였다. 이에 대해 NCERT 측에서는 7학년 과정에 무굴 왕실에 대한 내용이 다뤄지므로 학생의 역사지식 습득에는 영향이 없다고 답하였다. 또한, 이 같은 내용 삭제 및 축소는 학습량 경감을 고려한 결과라고 설명하였다.[25] 당국에서는 교과서 내용과 시험범위의 축소는 NEP 2020에서 권고하는 학생의 입시 부담감 경감과 경험적 학습을 지향한다는 방향성에 따른 것이라고 응하였다. NCF-2023에 준거한 교과서 발간은 2024년을 예정하고 있기 때문에 이러한 단원 수의 축소는 과도기적 조치의 측면이 있다는 입장을 발표

---

25 ANI, "It's a lie, chapters on Mughals have not been dropped: NCERT chief clarifies", *THE TIMES OF INDIA*, 2023, https://timesofindia.indiatimes.com/india/its-a-lie-chapters-on-mughals-have-not-been-dropped-ncert-chief-clarifies/articleshow/99256032.cms?from=mdr (2023. 8. 31. 검색).

하기도 하였다.[26]

표2 2024학년도 12학년 역사과 수료시험 체계[27]

문항 유형 시험 대상	선다형		짧은 서술형		긴 서술형		자료 기반형		지도 식별	합계	
	문항 수	배점	문항 수	배점	문항 수	배점	문항 수	배점	배점	CBSE 수료시험	내부 평가
Ⅰ권	7	1	2	3	1	8	1	4		25	
Ⅱ권	7	1	2	3	1	8	1	4		25	
Ⅲ권	7	1	2	3	1	8	1	4		25	
지도 식별									5	5	
프로젝트											20
합계 점수	21점		18점		24점		12점		5점	80점	20점
역량 기반 배점	2문항×1점 =2점		2문항×3점 =6점		2문항×8점 =16점		2문항×4점 =8점			32점 (40%)	
해당 평가 역량	지식		이해		적용 및 분석		공식화, 평가, 창안능력				

12학년 역사과 수료시험 체계는 〈표 2〉와 같이 5가지 문항 유형으로 구분하고 있다. 선다형[28]이 수료시험에 도입된 것은 2022~2023년도부터로, 2024학년도에는 선다형의 비중을 기존보다 확대하기로 하였다. 선다형은 지식의 기억, 현상의 분석, 원인과 결과 관계의 해석을 포함한 광범위한 학

---

26 Shankar, R., "CBSE Board Exam 2024: More MCQs to be asked, weightage reduced for short & long answer questions", *THE TIMES OF INDIA*, 2023, https://timesofindia.indiatimes.com/education/news/cbse-board-exam-2024-more-mcqs-to-be-asked-weightage-reduced-for-short-long-answer-questions/articleshow/99300835.cms (2023. 7. 3. 검색).

27 CBSE, *CBSE History Marking Scheme Class ⅩⅡ 2023-2024*, 2023, pp. 27~28.

28 선다형 도입에 관해서는 『시험제도 개혁 2.5(*Examination Reforms 2.5*)』에서부터 적극적으로 제안되었다. 단답형 질문은 기억력을 테스트하는 것에 불과하지만 선다형은 문제당 소요 시간이 짧아 광범위한 시험 범위를 다룰 수 있으며 학생들의 시험에 대한 불안 수준을 낮출 수 있어 합격률을 높일 수 있다고 보았다. 그리고 도시와 농촌 간의 점수 격차를 줄일 수 있다는 점 등을 선다형의 도입 논리로 거론하였다. NCERT, *Examination Reforms 2.5*, 2006, p. 14.

습 결과를 평가하기 위해 사용된다. 제한된 시험 시간 내에 많은 학습 내용에 대한 평가를 시도할 수 있으며 결과에 대해 신뢰할 수 있을 뿐만 아니라 학생들에게 시험에 대한 부담감을 경감시킨다는 측면에서 긍정적으로 받아들여지고 있다.

짧은 서술형(Short Answer)은 학생들의 기본적인 지식과 이해 수준을 평가할 목적으로 사용된다. 일반적으로 단어나 구절과 같이 간단히 응답할 수 있도록 설계된다. 긴 서술형(Long Answer)과 자료 기반형(Source based)은 학생들에게 분석, 비교를 통해 결론을 내리거나 판단하도록 요구하는 문항 유형으로 작문 형태의 답안을 작성해야 한다.[29] 긴 서술형은 시험에서 가장 높은 점수 비중을 차지하며 문항 당 배점도 매우 높게 설계되어 있다.

지도 식별 문항은 하라파 문명 유적지, 고대·중세 인도의 왕국과 도시, 아쇼카왕의 비문이 세워진 곳, 불교 유적지, 무굴왕국의 영토, 1857년 영국 지배하에 있었던 영토와 반란이 일어났던 주요 중심지, 민족운동의 주요 중심지 등과 같이 역사·문화·사회적으로 중요한 의미를 갖는 장소를 식별하도록 요구하는 유형이다.

한편, NEP 2020은 수료시험 및 평가 체제의 오랜 관행을 개선하기 위해 기존의 암기식 학습에서 벗어나 학생들의 창의적이고 비판적인 사고 능력 개발에 중점을 두는 학습으로 전환하며, 역량 중심 교육에 부합하는 평가가 이루어져야 한다는 점을 강조하였다. 이에 CBSE는 2024학년도 12학년 수료시험의 역량 기반 문항을 전년도 30%보다 10%를 확대하여 40%의 비중을 두기로 하였다. 역사의 경우, 평가 대상 역량은 〈표 2〉에서 제시되어 있는 바와 같이 선다형 유형에서는 '지식', 짧은 서술형 유형에서는 '이해', 긴 서술형 유형에서는 '적용 및 분석', 자료 기반형 유형에서는 '공식

---

29 Central Board of Secondary Education, *Handbook of Assessment and Evaluation: Best Practices in Item Design and Test Development*, 2021, pp. 35~39.

화, 평가, 창안능력'으로 구분되고 있다. 역량 기반 문항은 유형별로 두 개씩 출제하도록 규정하였다.

CBSE 시행의 수료시험의 배점은 80점으로 채워지며 나머지 20점은 내부평가(Internal Assessment)라고 불리는 프로젝트 과제(project work)의 결과를 반영하도록 하고 있다. 학생이 설정한 탐구 주제에 관한 자료 및 정보의 수집·분석 결과를 평가하는 방식으로 진행되며 CBSE는 교사들에게 세부적인 지도 및 평가 지침을 제공하고 있다.[30]

(2) 시험문항 분석

CBSE는 2023년 4월에 2024학년도 역사과 수료시험의 예시문항과 답안을 공개하였다. 예시문항에는 역량 기반 문항도 포함되어 있다. 또한 각 문항에 대한 모범 답안도 함께 제시하고 있어 수험생들에게 시험을 준비하는 데 필요한 길잡이가 되도록 하고 있다. 이 절에서는 유형별로 제시된 역량 기반 문항을 분석하고, 이 문항들에서 보이는 의미와 특징에 관해 살펴보고자 한다.

가. 선다형 문항

21개의 선다형 문항에서 다음의 〈예시문항 1〉과 〈예시문항 2〉가 역량 기반 문항으로 설정되어 있다.[31]

---

[30] 프로젝트 과제는 1년간의 수행내용을 종합적으로 평가하도록 설계되어 있다. 주제와 수행 방법론 설정(6점)−과제의 실행계획 수립 및 자료 수집(5점)−자료 분석 및 결론 도출, 과제 전반의 프레젠테이션(5점)−내·외부 심사관의 최종 평가(4점)로 구성되어 있다. Central Board of Secondary Education, *CBSE History Syllabus 2023-2024 Class XI-XII* , 2023, pp. 32~33.

[31] Central Board of Secondary Education, *CBSE History Marking Scheme Class XII 2023-2024*, 2023, p. 3·6.

주장(A)과 이유(R)로 표시된 두 개의 문장이 있다. 옳은 답안에 해당하는 번호를 고르시오. (1점)

> – 주장(A): 아쇼카왕은 신하와 관리들에게 보내는 메시지를 비석 표면에 새겼다.
> – 이유(R): 그는 모든 사람이 따라야 할 종교가 무엇인지 선포하고 싶었다.

① A와 R은 모두 맞으며 R은 A에 대한 옳은 설명이다.
② A와 R은 모두 맞지만 R은 A에 대한 옳은 설명이 아니다.
③ A는 맞지만 R은 옳지 않다.
④ A는 옳지 않지만 R은 맞다.

【정답】③

제헌의회에서 소수자의 권리를 제정하는 작업이 어려웠던 이유는 무엇인가? 다음 중에서 옳은 것을 고르시오. (1점)

① 그룹마다 권리에 대한 요구가 달랐다.
② 영국은 이를 헌법의 틀에 포함시키고 싶어하지 않았다.
③ 간디는 일부 집단에 대한 특별권 부여에 반대했다.
④ 군주국(princely states)에 사는 사람들의 권리는 모호했다.

【정답】①

선다형 문항에서 측정하고자 하는 역사 역량은 '지식 역량'으로 이것은 역사적 사실, 용어, 기본 개념 등에 관해 학습한 내용을 기억하고 이를 기반으로 문제를 해결하는 것이다. 제시된 주장에 대한 이유가 사실에 부합하는지 여부를 묻는 것이 〈예시문항 1〉과 같은 것이다.

교과서에는 "아쇼카왕이 신하와 관리들에게 보내는 메시지를 비문에 새겼는데 이것은 자신이 이해하는 법(dhamma)을 선포하기 위한 것으로 여기에는 원로에 대한 존경, 브라만과 세속적인 삶을 포기한 사람들에 대한 관대함, 노예와 하인을 친절히 대하고 자신의 종교가 아닌 다른 종교와 전통을 존중하는 것 등이 포함되었다"라고 설명되어 있다.[32] 이러한 내용을 수험생이 정확하게 이해하는지 여부를 확인하기 위해 주장과 이유의 옳고 그름의 다양한 조합을 제시하였고 이들 중에서 옳은 것을 선택할 수 있는 능력을 측정하고 있다.

〈예시문항 2〉는 제헌의회에서 소수자의 권리를 정의하는 작업이 어려웠던 이유를 제시된 4개의 선택지 중에서 고르는 형태이다. 교과서에서는 '제헌의회의 구성'이라는 제목으로 인도국민회의와 무슬림연맹 등 헌법 제정을 둘러싼 각 정당의 주장과 의견, 언어 및 종교 소수자, 달리트(불가촉 천민) 등이 주장했던 문화적 권리와 사회 정의 문제의 다양성에 관해 서술하고 있다.[33] 이와 관련하여 전체적인 맥락을 이해하고 원인과 결과를 정확하게 파악할 수 있는지 여부를 평가하고 있다.

역량기반 문항 외에도 선다형 문항의 기출을 살펴보면(부록 참조) 모든 주제를 고루 다루도록 하고 있어 인도 역사의 기본적 지식 전반을 알고 있는지 확인할 수 있다. 기출을 통해 확인하건대, 문항 난이도는 확실히 평이해졌다. 또한, 선다형 문항이 도입되기 이전인 2022학년도 수료시험에서 가장 짧은 답안을 요하는 문항의 경우에도 80단어 가량을 서술했어야 하는 상황과 비교하면, 학습량의 경감을 가장 체감할 수 있는 부분이 아닌가 생각된다.[34]

나. 짧은 서술형 문항

'이해 역량'을 측정하려는 목표를 가진 짧은 서술형 문항 가운데 〈예시

---

32 NCERT, *Themes in Indian History Part I*, 2022, p. 32.

33 National Council of Educational Research and Training, *Themes in Indian History Part Ⅲ*, 2022, pp. 318~319.

34 2021~2022학년도 12학년 역사과 수료시험 기출문항을 살펴보면, 짧은 서술형은 4개 문항으로 80단어 내에서 답안을 서술하며, 긴 서술형은 3개 문항으로 150-200단어 범위에서 작성하도록 하고 있다. CBSE, *CBSE Sample Question Paper 2021-2022 TERM Ⅱ -Class ⅩⅡ History*, 2021, pp. 1~4.

문항 3〉과 〈예시문항 4〉가 역량 기반 문항이다.[35]

인도의 정치 및 경제사를 이해하는 데 있어 비문 증거의 한계를 비판적으로 검토하시오. (3점)

<모범 답안>

· 수천 개의 비문이 발견되었지만 모두 해독, 출판, 번역이 완료된 것은 아니다.
· 세월의 풍파를 견디지 못한 더 많은 비문이 존재했을 것이다.
· 비문의 내용은 거의 항상 비문을 세우도록 한 사람의 관점을 반영한다.
· 일상적인 농업 활동과 일상 생활의 기쁨과 슬픔은 비문에서 찾아볼 수 없다.
· 20세기 중반 이후 경제적 변화와 다양한 사회 집단의 출현 방식와 같은 문제가 역사가들에게 훨씬 더 중요해지면서 오래된 자료에 대한 새로운 조사와 새로운 분석방법의 발전으로 이어졌다.
· 따라서 비문은 인도의 정치·경제사를 해석하는 데 한계가 있었다.

* 평가 방법: 위의 내용 중에서 세 가지 사항이 답안에서 거론되는지 확인함.

"1857년 반란 이전 몇 년 동안 세포이와 상급 백인 장교와의 관계에 중대한 변화가 있었다"라는 설명에 대해 예시를 들어 증명하시오. (3점) (또는) "언젠가 체리가 우리 입 안으로 떨어질 것이다" 이것은 누가 언급한 것인가? (1점) 결국에는 체리가 영국의 입 안에 떨어지도록 이끈 일련의 사건들에 관해 설명하시오. (2점)

<모범 답안: 세포이와 상급 백인 장교 관계의 중대한 변화관련 문항>

· 세포이와 상급 백인 장교들의 관계는 1857년 봉기 이전 몇 년 동안 큰 변화를 겪었다.
· 1820년대에 백인 장교들은 세포이들과 우호적인 관계를 유지하는 것을 중요하게 생각했다. 백인 장교들은 세포이들과 함께 레슬링을 하고 울타리를 치고 매 사냥을 하는 등 세포이들과 여가 활동에 참여했다. 백인 장교들 중 다수는 힌두스탄 언어에 능통했고 힌두스탄의 관습과 문화에 익숙했다. 백인 장교들은 훈육주의자이자 아버지의 모습을 동시에 가지고 있었다.
· 1840년대에 들어서면서 상황이 바뀌기 시작했다. 백인 장교들은 우월감을 키워나갔고 세포이들의 감성을 거칠게 다루면서 세포이들을 인종적인 열등생으로 대하기 시작했다.
· 학대와 신체적 폭력이 흔해지면서 세포이와 백인 장교들과의 거리는 멀어졌다.
· 신뢰는 의심으로 대체되었다. 신형 소총 사용에 대한 두려움, 휴가에 대한 세포이들의 불만, 백인 장교들의 잘못된 행동과 인종적 학대가 늘어나는 것에 대한 불만이 마을로 전달되었다.

* 평가 방법: 위의 세 가지 요점이 언급될 것.

---

[35] CBSE, *CBSE History Marking Scheme Class XⅡ 2023–2024*, 2023, p. 7·10.

〈예시문항 3〉은 인도의 정치사 및 경제사를 이해하는 자료로써 비문 자료의 역할과 한계에 관해 묻고 있다. 해당 문항은 짧은 문장으로 답해야 하며, 제시된 모범 답안 중 세 가지 내용을 거론하는지의 여부가 득점의 기준이 된다. 관련 내용을 다루고 있는 교과서에서는 '비문 증거의 한계 (The limitations of inscriptional evidence)'라는 제목으로 모범 답안으로 제시되어 있는 여섯 가지 내용을 동일하게 서술하고 있다.[36] 이를 통해 이 문항은 교과서 내용을 토대로 답안을 작성하도록 하고 있다고 볼 수 있다. 역사적 자료로서 '비문'의 가치와 한계에 대한 이해 측정의 판단 기준은 교과서 내용을 짧은 문장 단위로 적절하게 써내려갈 수 있는가의 여부에 달려 있다고 할 수 있다.

〈예시문항 4〉는 세포이 항쟁으로 알려진 1857년 반란의 배경에 대한 이해 정도를 측정하는 것이다. 관련 문항 두 가지를 제시하고 응시자가 둘 중에서 하나를 선택하여 작성하도록 하고 있다. 그 중에서 '세포이와 백인 장교 간 관계의 중대한 변화'에 관한 문항을 살펴보면, 모범 답안으로 다섯 가지 핵심 내용을 제시하고 있다. 평가기준도 모범 답안 중에서 세 가지 내용이 거론되는지의 여부이다.[37] 해당 문항의 교과서 서술내용은 모범 답안과 일치한다. 〈예시문항 3〉과 마찬가지로 교과서 내용의 암기가 이 문항 득점을 위해 필요하다고 볼 수 있다.

'이해 역량'은 역사적 사실의 조직, 해석이 가능하고 학습자의 진술을 통해 역사적 사실과 생각에 대한 이해를 나타낼 수 있는 능력이다. 〈예시

---

36 NCERT, *Themes in Indian History Part I* , NCERT, 2022, pp. 48~49.

37 시험 문항에서 세 가지 사항을 작성하라는 별도의 언급은 없지만 〈예시문항 3〉과 〈예시문항 4〉를 비롯한 짧은 서술형을 평가하는 기준은 요구하는 내용에 관해 최소한 세 가지 사항이 언급되는지의 여부이다. 이 유형은 공통적으로 3점이 배점되어 있으므로 각 문항에 관해 답안을 세 가지 내용으로 정리하도록 하고 그 내용을 점검하여 채점하도록 관례화되어 있다고 볼 수 있다(이것은 다음에 언급하는 8점 배점의 긴 서술형에서는 여덟 가지 사항이 제대로 언급되는지가 채점 기준이 되는 것과 동일한 원칙이다).

문항 3〉과 〈예시문항 4〉에서는 각각 '비판적으로 검토하시오', '예시를 들어 설명을 뒷받침하시오'와 같은 수행지시동사를 통해 이해 역량을 측정하도록 하는 형식을 취하고 있다. 그러나 제시된 모범 답안의 내용과 평가 방법은 해당 문항의 답안을 작성하는 일이 교과서 내용의 이해와 암기에 대한 선행학습을 전제하고 있다는 사실을 짐작하게 한다. 기존의 암기 학습의 폐단을 완전히 일소하지 못했다는 점을 알 수 있다.

다. 긴 서술형 문항

다음으로 가장 높은 배점이 할애되어 있는 긴 서술형 문항을 살펴보도록 하겠다. 이 문항에서 중시하는 것은 '적용 및 분석 역량'이다. 이 역량은 습득한 지식. 사실, 기술, 규칙을 적용하여 문제를 해결할 수 있는가를 측정하는 것으로 두 개 문항이 설정되어 있다.

〈예시문항 5〉를 중심으로 살펴보면, '인도철퇴요구운동이 진정한 대중운동이었다는 사실을 설명'하거나 '간디의 정치경력과 민족운동의 역사를 재구성할 수 있는 다양한 종류의 자료를 제시'하는 두 문항 중에서 하나를 선택하여 답안을 작성하도록 지시하고 있다.[38]

---

[38] CBSE, *CBSE History Marking Scheme Class XII 2023-2024*, 2023, pp. 14~15.

인도철퇴요구운동(The Quit India Movement)은 진정한 대중 운동이었다는 사실을 설명하시오. (또는) 간디의 정치경력과 민족운동의 역사를 재구성할 수 있는 다양한 종류의 자료를 조사하시오. (8점)

<모범 답안: 간디의 정치경력과 민족운동의 역사를 재구성할 수 있는 다양한 자료 조사관련 문항>

민족주의의 역사에서 한 개인이 한 국가를 만든 것과 동일시되는 경우가 많다. 마하트마 간디는 인도인의 '아버지'로 여겨져 왔다. 간디는 자유 투쟁에 참여한 모든 지도자 중에서 가장 영향력 있고 존경받는 지도자였기 때문이다. 마하트마 간디의 정치경력은 그가 살았던 사회에 의해 형성되고 제약을 받았다. 간디의 정치경력과 민족주의 운동의 역사를 재구성할 수 있는 자료는 여러 가시가 있다. 마하트마 간디와 민족주의자의 역할에 대해 알아야 할 자료들은 다음과 같다.

· 공개 음성과 개인의 기록
· 간디와 그의 정치적 역할에 대한 동시대 사람들의 연설
· 국가에 대한 정치적·사적 생각이 담겨 있는 개인의 편지
· 정부 등에서 발행한 저널 등
· 자서전 및 회고록
· 경찰 및 공무원이 작성한 기록
· 정치 운동이 대중 운동으로 전환한 것에 관한 신문 기사
· 내무부에서 작성한 기록
· 지역과 시민들의 정보
· 사람들이 간디를 어떻게 인식했었는지를 보여주는 사진들
· 여러 지방의 주간 보고서

* 평가 방법: 위에서 8가지 요소에 관해 정교하게 언급되어야 함.

선택형 질문 중 두 번째로 제시된 '간디의 정치경력과 민족운동의 역사를 재구성할 수 있는 다양한 종류의 자료'는 모범단안에서 예시로 들고 있는 것과 같이 간디의 공개 음성과 개인의 기록에서 여러 지역에서 발간된 주간 보고서에 이르기까지 11가지에 해당한다. 이 중에서 8가지 자료에 관해 '정교하게(elaborate)' 언급할 것을 평가기준으로 삼고 있다. 자료의 유형을 언급하는 수준이 아니라 각 자료의 유형이 함의하는 정치·사회·시대적 관점을 이해하고 이것을 거시적으로 파악하고 글로 설명할 수 있는지 여부를 종합적으로 판단하고자 하는 것으로 이해할 수 있다. 이에 따라 긴 서술형 문항의 모범 답안은 자료 유형 정도를 제시하고 있어 수험생이 학습한 내

용을 적용하여 문제를 해결해나가는 능력을 평가하고자 함을 알 수 있다.

해당 주제를 다루는 교과서에서는 '간디에 대해 알아보기(Knowing Gandhi)' 라는 절을 설정하고 그의 정치경력과 민족주의 운동을 재구성할 수 있는 자료에 관해 '공개 음성 및 개인의 기록(Public voice and private scripts)', '간디의 모습을 담아내기(Framing a picture)', '경찰의 시각을 통해(Through police eyes)', '뉴 스를 통해 보기(From newspapers)'라는 제목의 소절을 두고 모범 답안에서 언 급하는 11개 유형의 자료에 관해 상술하고 있다. 예를 들면 당시 신문 기 사를 통해 간디의 활동을 이해하는 데 있어 다음을 주지하도록 안내한다. 각 유형의 자료를 해석할 때 유의할 점에 대해서도 언급하고 있으며, 해당 주제의 마지막 부분에서는 '신문이 왜 민족운동 연구에 중요한 자료인지에 관해 주어진 단어의 분량으로 작성하도록 하는 것'과 같은 연계 활동도 제 시한다.

> 또 하나의 중요한 자료는 마하트마 간디의 움직임을 추적하고 그의 활동을 보도한 영어뿐만 아니라 다양한 인도의 지역 언어로 발행된 당대의 신문이며 이것은 일반 인도인의 생각을 대변하기도 한다. 하지만 신문 기사를 편견 없이 받아들여서는 안 된다. 신문 은 각자의 정치적 의견과 세계관을 가진 사람들에 의해 발행되었 기 때문이다. 이러한 생각은 기사 내용과 사건 보도 방식에 영향을 미쳤다. 런던 신문에 실린 보도와 인도 민족주의 신문에 실린 보도 는 다를 수 있다.
>
> 이러한 보도를 살펴볼 필요는 있지만 해석할 때는 주의해야 한 다. 보도의 모든 내용을 문자 그대로 현장에서 일어난 일을 대변하 는 것으로 받아들일 수는 없다. 이러한 보도는 종종 민족운동을 통 제할 수 없었고 확산을 걱정하는 당국자들의 두려움과 불안을 반 영한다. 그들은 마하트마 간디를 체포할지 여부도, 체포가 무엇을

의미하는지 알지 못했다. 식민 정부는 대중과 대중의 활동을 감시
하면 할수록 통치의 근간을 걱정해야 했다.[39]

확장 활동 예시) 왜 신문이 민족운동 연구에 중요한 자료인지 그
이유에 관해 100~150 단어로 작성하시오.[40]

또한, 교과서에서는 네루가 민족운동 기간 동안 간디와 주고받은 편지
들을 모아 편집한『오래된 편지 묶음(A bunch of old letters)』에서 발췌한 편지, 대
외비 내무부 주간보고서[Fortnightly Reports of the Home Department(Confidential)]와 같
은 자료를 비중 있게 제시하고 있다. 이처럼 교과서의 설명과 자료 특성의
이해, 확장 활동 등 다각적 학습활동이 이루어지고, 이것을 토대로 학습자
가 제시된 문제를 해결할 수 있는지의 역량을 채점 기준으로 삼고 있다.

라. 자료 기반형 문항

자료 기반형은 세 개 문항으로 설계되어 있으며 제시되어 있는 자료를
토대로 질문에 대해 서술형으로 작성하도록 하고 있다. 인용된 자료는 교
과서에서 소개하고 있는 내용과 동일하다. 여기에서는 역량기반으로 설정
되어 있는 〈예시문항 6〉을 중점적으로 살펴보도록 하겠다.[41]

---

39 NCERT, *Themes in Indian History Part Ⅲ*, 2022, p. 313.

40 NCERT, *Themes in Indian History Part Ⅲ*, 2022, p. 314.

41 CBSE, *CBSE History Marking Scheme Class ⅩⅡ 2023-2024*, 2023, pp. 15~16.

다음 자료를 주의 깊게 읽고 질문에 답하시오.

<자료: 궁전 너머의 세상>

부처님의 가르침이 제자들에 의해 편찬되었듯이 마하비라의 가르침도 그의 제자들의 기록으로 남아 있다. 이러한 가르침은 보통 이야기 형식으로 되어 있어 일반인들의 흥미를 끌 수 있었다. 다음은 우타라드야야나 경(Uttaradhyayana Sutta)으로 알려진 프라크리트어 텍스트의 한 예로 카말라바티(Kamalavati)라는 여왕이 남편에게 세상을 포기하도록 설득하는 과정을 묘사하고 있다.

"온 세상과 모든 보물이 당신의 것이라도 당신은 만족하지 못할 것이며, 이 모든 것이 당신을 구할 수는 없을 것입니다. 왕이시여. 당신이 죽어서 모든 것을 남겨두고 떠날 때 오직 법만이 당신을 구원할 것입니다. 새가 새장을 싫어하듯이 저도 (세속을) 싫어합니다. 저는 자손도, 욕망도, 소유욕도, 증오도 없이 여승으로 살 것입니다. 쾌락을 즐기고 그것을 포기한 사람들은 바람처럼 움직이며, 날아가는 새처럼 어디든지 가고 싶어 합니다. (중략) 당신의 거대한 왕국을 떠나십시오. (중략) 쾌락, 애착, 부(富)를 버리십시오. 그러고 나서 엄격히 참회하고 의지를 굳건히 하십시오."

문) (1). 왕이 세상을 포기하도록 설득한 사람을 밝히시오. (1점)

　(2) "왕이시여. 당신이 죽어서 모든 것을 남겨두고 떠날 때 오직 법만이 당신을 구원할 것입니다"에서 '법(dhamma)'이라는 단어는 무엇을 의미하며, 제자는 누구의 가르침을 따랐는가? (2점)

　(3) 마하비라의 제자가 말한"날아가는 새처럼 어디든지 가고 싶어 합니다"라는 문장은 어떤 맥락에서 나온 것인가? (1점)

모범 답안) (1) 여왕 카말라바티는 왕을 설득하여 세상을 포기하도록 하였다.

　(2) '법(dhamma)'은 사람을 구원할 수 있는 진리를 말한다. 제자는 마하비라의 설법을 따르고 있었다.

　(3) 세속적 쾌락을 버린 사람들은 아무 걱정 없이 바람처럼 흘러가고 새처럼 날아갈 것이다. 그는 사람들이 모든 것에서 벗어나 쾌락을 주고 욕망을 불러일으키는 것을 놓아주기를 바랐다.

　'궁전 너머의 세상'이라는 제목의 자료는 자이나교의 메시지를 담고 있다. 이 문항은 기원전 6세기에서 기원후 6세기에 걸쳐 인도아대륙에서 형성된 종교와 사상에 관한 주제와 연관된 것이다. 교과서에서는 "자이나교의 가르침에 따르면 탄생과 윤회의 순환은 업보를 통해 형성되며, 업의 굴레에서 벗어나기 위해서는 고행과 참회가 필요하다. 이는 세속을 포기해야만 달성할 수 있으므로 수도원 생활은 구원의 필수 조건이다. 자이나교는 인도의 여러 지역으로 퍼져나갔으며 불교와 마찬가지로 자이나교 학자들도 프라크리트어, 산스크리트어, 타밀어 등 다양한 언어로 풍부한 문헌을 남겼다"라는 내용이 서술되어 있다.[42] 해당 문항은 이와 같은 자이나교에 대한 학습을 전제로 제시한 자료를 해석, 판단하고 의견을 서술하도록 설계하고 있다.

자료 기반형 문항에서는 '공식화, 평가, 창안 역량'을 중시한다. 이 역량은 정보에 대한 판단을 내리고 이것을 정리하여 학습자가 의견을 제시하고 방어하는 능력을 의미한다. 그런데 이 문항에서 요구하는 것은 (1) 왕이 세상을 포기하도록 설득한 사람을 밝히시오, (2) (중략) '법(dhamma)'이라는 단어는 무엇을 의미하며, 제자는 누구의 가르침을 따랐는가?, (3) (중략) 어떤 맥락에서 나온 것인가?'이다. 모범 답안과 대조해 보면 교과서 내용과 제시된 자료의 이해 정도를 측정하는 질문에 가까운 것으로 보인다.

'공식화, 평가, 창안 역량'에서는 학습자가 정보를 판단하고 정리하여 스스로 의견을 제시하고 방어할 수 있는가의 여부를 측정하고자 한다. 학생이 이에 적절히 답하기 위해서는 제시된 자료에서 중요한 정보를 정리하고 그에 대한 역사적 맥락을 파악하여 저자가 자료를 통해 전달하고자 하는 의도와 관점을 해석할 수 있어야 한다. 자료 독해의 전 과정을 종합하여 답안으로 작성할 수 있다면 이상적이라고 할 수 있겠다.[43] 그러나 이것은 〈예시 문항 6〉에서 요구하는 능력과 분명한 괴리가 있음을 알 수 있다. 이것은 두 가지 점에서 인도 교육이 갖는 현실적 한계의 측면에서 이해할 수 있을 것이다. 오랫동안 유지되어 왔던 암기 위주의 교수 학습 관행으로 인해 자료

---

42 NCERT, *Themes in Indian History Part I* , NCERT, 2022, pp. 88~89.
43 배지혜, 「독일 대학입학자격시험 아비투어의 역사과 시험 분석 −'사료의 분석과 비교'문항을 중심으로−」, 『역사교육』158, 2021, p. 59.

기반의 역사 탐구 역량을 단시간 내에 함양하는 것은 인도의 교육 현실에서 당장은 어렵다는 점이다. 그리고 NEP 2020의 방향성을 반영한 교과서가 현재 개발 중으로 과도기적 상황에 놓여 있다는 점도 고려할 필요가 있다.

4. 맺음말

지금까지 인도의 평가제도 개혁 시도가 추진되어온 과정과 NEP 2020에서 권고한 평가제도 개혁의 핵심 방향이 구현되는 사례를 CBSE 주관 12학년 역사과 수료시험 분석을 통해 살펴보았다. 새로운 평가제도의 주요 골자는 암기학습과 시험에 치중되었던 학습의 관행을 타파하고 학습량 경감과 각 교과의 핵심 개념 이해, 비판적 사고 및 고차원적 역량 평가에 초점을 두는 것이다. 이에 인도 중앙정부 교육부의 정책과 계획 수립을 담당하는 NCERT와 국가 수준 중등교육위원회인 CBSE에서는 평가제도 개혁의 방향성과 핵심 요소를 구현하기 위한 평가 내용 및 방법, 적용방안 개발을 추진하였다. 이와 같은 평가제도의 개선안이 반영된 고등학교 역사과의 경우, 역사 탐구 역량을 평가하는 항목으로 '지식', '이해', '적용 및 분석', '공식화, 평가, 창안 능력'을 설정하였으며, 2024학년도 수료시험에서부터 이것을 적용하기로 하였다.

이 글에서는 CBSE에서 공개한 12학년 역사과 교수요목, 수료시험의 기출문항 및 모범 답안을 토대로 역량 기반 문항의 분석을 시도하였다. 그 결과, 암기학습의 폐단을 최소화하고 역사 역량 평가를 새롭게 도입했다는 측면에서 유의미한 의미와 평가제도 전환에서 나타나는 한계가 혼재한다는 점을 알 수 있었다.

우선, 기존에 비해 시험 범위를 축소시켜 문항을 설계하였다는 점이다.

저학년에서 학습한 내용과의 중복 부분을 조정하는 방법을 통해 가능한 시험 범위를 줄이는 방법을 취하였다. 문항의 유형과 배점 분포도 눈여겨볼 부분이다. 선다형 유형을 새롭게 도입·확대하여 학생들의 시험 스트레스 경감을 실천했으며, 이 문항 유형의 장점을 활용하여 기본적인 인도 역사의 전개를 이해하는지 여부를 측정하고 있다. 짧은 서술형, 긴 서술형, 그리고 자료 기반형 문항 배점을 각 시대사별로 균등하게 분포하도록 함으로써 특정 시대에 치우치지 않는 역사 학습이 가능하도록 하고 있다.

역량 기반 문항 관련해서는 유의미한 내용과 과도기적 상황이 혼재한 특징이 나타난다. 짧은 서술형 유형에서 중시하는 '이해 역량'은 교과서 내용의 정확한 암기와 답안 작성 훈련이 선행되어야 수행할 수 있는 것으로 보여 기존의 암기 중심 학습의 폐단이 완전히 일소되지 못했다는 한계점을 발견할 수 있었다. 반면, 긴 서술형 유형에서 중시하는 '적용 및 분석 역량'은 교과서의 설명과 자료 특성의 이해, 확장 활동 등 다각적 학습활동이 선행되고 이것을 토대로 제시 문항을 해결해나갈 수 있는지의 여부가 평가기준이 되고 있어 평가제도 혁신의 취지를 일정 정도 반영했음을 알 수 있다. 자료 기반형 문항에서 중시하는 '공식화, 평가, 창안 역량'은 제시 문항과 모범 답안을 대조해 본 결과, 자료의 중요한 정보의 정리, 역사적 맥락과 자료를 통한 저자의 관점 해석 등과 같은 평가 요소보다는 자료의 이해 정도를 측정하는 데 머물고 있다는 것을 알 수 있었다. 이것은 암기 위주의 교수 학습 관행으로 인해 단시간 내에 자료기반 탐구 역량 평가를 실천하는 데 현실적으로 어려움이 있었다는 점을 보여주는 것이다. NEP 2020의 방향성을 담은 교과서가 2024년도에 발간될 예정임을 고려할 때, 여전히 역량 기반 교육 환경을 조성해 가는 과도기적 단계에서 나타나는 특징이라고도 할 수 있다.

이상 살펴본 바와 같이 인도는 NEP 2020 공표를 계기로 연방정부의 교육부 및 산하기관 주도로 역사 역량 기반의 평가제도를 시행하고 있지만, 현재로서는 역량 기반의 교육과정 운영과 교수학습 실행, 중등교육 수료시험과 같은 평가에 이르기까지 일관성 있게 추진하고 있다고 보기는 어렵다. 인도의 역사교과서는 가장 중요한 교수학습 교재로서, 교수학습에 필요한 역사지식, 역사적 쟁점과 토론, 탐구 활동에 필요한 자료들을 모두 포함시키는 경향이 있다. 따라서 향후 개정되는 역사 교과서를 중심으로 평가와의 연계, 역사역량 수준이 구체화되는 과정을 지속적으로 살펴볼 필요가 있겠다.

이 글에서 살펴본 CBSE 주관의 12학년 역사과 수료시험은 우리나라의 수능 한국사와 유사한 성격을 가지고 있다. 수능 한국사가 단순한 지식 평가의 성격이 강하다는 비판과 함께 역사적 사고력을 평가하는 데 적합한 서술형 문항 추가의 검토가 필요하다는 논의도 일부에서 제기되고 있다는 점을 생각할 때 인도에서 새롭게 시도하는 역량 기반 역사과 수료시험과 평가방법의 사례도 우리나라 수능 한국사의 개선에 일정한 시사점을 준다고 할 수 있다.

부록

2024학년도 CBSE 주관 12학년 역사과 기출문항 예시[44]

기출문제
선다형: 21문항 x 1점

1	다음 중 킬라파트 운동의 주요 요구사항은 무엇인가? a. 인두에 대한 자치령 지위　　b. 인도에 대한 사치권 c. 터키 칼리프의 복원　　d. 이슬람 전통 문화의 복원
2	다음 중 1857년 반란의 확산에 기여하지 않은 사건은 무엇인가? a. 총포에 대한 문제　　b. 인도인의 기독교로의 개종 c. 밀가루에 뼈가루 혼합　　c. 군주국에 정당한 권리의 부여
3	다음 중 사타바하나 왕조에서 가장 잘 알려진 통치자는 누구인가? a. 야그나스리 사타카르니　　b. 시무카 사타카르니 c. 고타미 푸타 시리 사타카르니　　d. 바시스타푸트라 사타카르니
4	다음 그림은 무엇을 나타내는지 보기에서 고르시오. a. 사타바하나 왕조 통치자의 테라코타 b. 칼링가 전쟁에서 싸우는 아쇼카 c. 마하바라타(서벵골)의 한 장면을 묘사한 테라코타 d. 크리슈나가 아르주나에게 조언하는 조각상 ※ 다음 문제는 4번 문제 대신 시각장애응시자를 위한 문제입니다. 마하바라타의 교훈적 부분은 기원전 200~400년에 추가되었다. 무엇과 가장 유사한가? a. 피타카 경전　　b. 마누법전　　c. 리그 베다　　d. 우파니샤드

44 CBSE, *CBSE History Marking Scheme Class XⅡ 2023-2024*, pp. 1~19.

5	빈칸을 채우시오. 아쇼카왕은 이 곳을 방문한 것을 기념하기 위해 ( )에 비석을 세웠다. a. 사르나트　　b. 산치　　c. 부다 가야　　d. 룸비니
6	하라파 문명에 관한 다음 문장을 읽고 올바른 내용을 선택하시오. i . 가장 독특한 특징은 도심의 개발이었다. ii . 정착촌은 성채와 마을로 구분되어 있었다. iii. 배수 관리 체제는 평범했고 계획된 것이 아니었다. iv . 도로는 격자 패턴을 따른 것이 아니었다. a. i 만 정답이다.　　　　　b. i 과 ii 가 정답이다. c. ii 와 iii 이 정답이다.　　　d. iii 과 iv 가 정답이다.
7	〈역량기반 문항〉 주장(A)과 이유(R)로 표시된 두 개의 문장이 있다. 옳은 답안에 해당하는 번호를 고르시오. – 주장(A): 아쇼카왕은 신하와 관리들에게 보내는 메시지를 비석 표면에 새겼다. – 이유(R): 그는 모든 사람이 따라야 할 종교가 무엇인지 선포하고 싶었다. a. A와 R은 모두 맞으며 R은 A에 대한 옳은 설명이다. b. A와 R은 모두 맞지만 R은 A에 대한 옳은 설명이 아니다. c. A는 맞지만 R은 옳지 않다. d. A는 옳지 않지만 R은 맞다.
8	다음의 정보를 활용하여 하라파 문명과 관련된 공예 센터를 찾으시오. – 해안 근처에 위치하고 있다. – 조개로 만든 물건 제작에 특화되어 있다. a. 찬후다로와 모헨조다로　　　b. 나게슈와르와 발라콧 c. 하라파와 로탈　　　　　　　d. 바루치와 돌라비라
9	키탑 알 힌드(Kitab-ul-Hind)의 저자는 누구인가? a. 이븐 바투타　　b. 알 비루니　　c. 프랑수와 베르니에　　d. 압둘 라자크

| 10 | 마가다 제국과 관련하여 다음 문장에서 올바른 것을 고르시오.

a. 파탈리푸트라는 마가다의 수도였다.
b. 찬드라 굽타는 기원전 6세기에 마가다를 통치한 초기 통치자 중 한명이다.
c. 마가다는 기원전 6세기–4세기 사이에 가장 강력한 마하자나파다가 되었다.
d. 아쇼카는 마우리아 왕조의 창시자였다. |

| 11 | 다음 문장을 주의 깊게 읽고 다르가(Dargah)가 위치한 장소를 식별하시오.

– 이것은 모이누딘 치스티(Shaikh Moinuddin Chishti)의 다르가이다.
– 아크바르는 이곳을 여러 번 방문했다.

a. 델리   b. 메라울리   c. 아즈메르   d. 파테푸르 시크리 |

| 12 | 다음 중 1861년 미국 남북전쟁이 발발한 후 목화의 공급원이 된 나라는 어디인가?

a. 미국   b. 아프리카   c. 인도   d. 스리랑카 |

인도에서 영국 장교들의 역할에 관해 A를 B와 일치시키시오.

13	A	B
	a. 콘윌리스	1. 관찰관
	b. 아우구스투스 클리블랜드	2. 경제학자
	c. 프랜시스 뷰캐넌	3. 벵골주 총독
	d. 데이비드 리카도	4. 유화정책

a. 2, 1, 4, 3   b. 3, 1, 2, 4   c. 3, 4, 1, 2   d. 2, 3, 4, 1

| 14 | 다음 중 1857년 비하르에서 영국에 대항하여 반란을 이끈 사람은 누구인가?

a. 나나 사히브   b. 마울비 아마둘라   c. 쿤와르 싱   d. 비르지스 카드르 |

| 15 | 빈칸을 채우시오.

(   )는 평가된 금액이고 (   )는 무굴 황제가 토지 수익에 따라 징수한 금액이다.

a. 이크타, 자기르   b. 자마, 하실   c. 나크디, 이크타   d. 자브티, 자마 |

| 16 | 다음 중 15세기에 비자야나가라 제국을 여행하고 비자야나가라의 요새에 큰 감명을 받은 사람은 누구인가?

a. 두아르테 바르보사   b. 콜린 맥켄지   c. 압두루 라작   d. 도밍고 파에스 |

| 17 | 아블 파즐은 다음 중 어느 무굴제국 황제의 궁정 역사가였는가?

a. 후마윤   b. 아크바르   c. 바부르   d. 자한기르 |

| 18 | 빈칸을 채우시오.

두세라 축제는 비자야나가라 제국의 큰 명성과 권력을 자랑하며 (   )에서 개최되었다.

a. 하자라 라마 사원   b. 비루팍샤 사원   c. 로터스 마할   d. 마하나바미 디바 |

19

제헌의회에서 소수자의 권리를 제정하는 작업이 어려웠던 이유는 무엇인가? 다음 중에서 옳은 것을 고르시오.

a. 그룹마다 권리에 대한 요구가 달랐다.
b. 영국은 이를 헌법의 틀에 포함시키고 싶어 하지 않았다.
c. 간디는 일부 집단에 대한 특별권 부여에 반대했다.
d. 군주국(princely states)에 사는 사람들의 권리는 모호했다.

20

다음의 제공된 정보를 읽고 해당되는 사람의 이름을 고르시오.

> a. 그는 탕헤르(Tangier)에서 가장 존경받고 교육 수준이 높은 집안에서 태어났다.
> b. 그는 여행을 통해 얻은 경험을 책보다 더 큰 지식의 원천으로 여겼다.
> c. 그는 중동과 동아프리카 해안의 무역항을 광범위하게 여행했다.
> d. 그는 리흘라(Rihla)라는 책을 썼다.

a. 이븐 바투타   b. 프랑수와 베르니에   c. 알 비루니   d. 도밍고 파에스

21

간디가 농민들의 세금 면제를 요구한 운동은 다음 중 어느 것인가?

a. 로우라트(Rowlatt) 사티아그라하
b. 참파란(Champaran) 사티아그라하
c. 케다(Kheda) 사티아그라하
d. 소금(Salt) 사티아그라하

짧은 서술형: 6문항 x 3점

22

하라파에 있는 유적지의 특징 세 가지를 설명하시오.
(또는)
하라파 유적지 '대욕장'의 특징 세 가지를 설명하시오.

23

〈역량기반 문항〉
인도의 정치 및 경제사를 이해하는 데 있어 비문 증거의 한계를 비판적으로 검토하시오.

24

"인도는 14세기에 독특한 통신 체계를 가지고 있었다"라는 이븐 바투타의 진술을 검토하시오.

25

비자야나가라 제국에 도입된 아마라나야카(Amara nayaka) 제도의 주요 특징을 분석하시오.

26

버드완(Burdwan) 경매에는 1797년 당시 대규모 공개 행사로 여겨질 만큼 이상한 반전이 있었다. 이에 관해 설명하시오.

27	

<table>
<tr><td>27</td><td>〈역량기반 문항〉
"1857년 반란 이전 몇 년 동안 세포이와 상급 백인 장교와의 관계에 중대한 변화가 있었다"라는 설명에 대해 예시를 들어 뒷받침하시오.
(또는)
"언젠가 체리가 우리 입 안으로 떨어질 것이다" 이것은 누가 언급한 것인가? 결국에는 체리가 영국의 입 안에 떨어지도록 이끈 일련의 사건들에 관해 설명하시오.</td></tr>
<tr><td colspan="2" align="center">긴 서술형: 3문항 x 8점</td></tr>
<tr><td>28</td><td>〈역량기반 문항〉
"마하바라타는 역사가들이 고대 사회의 사회적 관습과 규범 연구에 활용할 수 있는 귀중한 자료이다"라는 점을 설명하시오.
(또는)
역사가들이 마하바라타 내용에 대해 분석한 요소를 조사하시오.</td></tr>
<tr><td>29</td><td>무굴제국의 재정 관리 체계에서 토지 수입이 중요했음을 시사하는 증거를 제시하시오.
(또는)
무굴제국 농경사회의 자민다르의 특징에 관해 설명하시오.</td></tr>
<tr><td>30</td><td>〈역량기반 문항〉
인도철퇴요구운동(The Quit India Movement)은 진정한 대중 운동이었다는 사실을 설명하시오.
(또는)
간디의 정치경력과 민족운동의 역사를 재구성할 수 있는 다양한 종류의 자료를 조사하시오.</td></tr>
<tr><td colspan="2" align="center">자료 기반형: 3문항 x 4점</td></tr>
<tr><td>31</td><td>〈역량기반 문항〉
다음 자료를 주의 깊게 읽고 질문에 답하시오.

<자료: 궁전 너머의 세상>
부처님의 가르침이 제자들에 의해 편찬되었듯이 마하비라의 가르침도 그의 제자들의 기록으로 남아 있다. 이러한 가르침은 보통 이야기 형식으로 되어 있어 일반인들의 흥미를 끌 수 있었다. 다음은 우타라드야야나 경(Uttaradhyayana Sutta)으로 알려진 프라크리트어 텍스트의 한 예로 카말라바티(Kamalavati)라는 여왕이 남편에게 세상을 포기하도록 설득하는 과정을 묘사하고 있다.</td></tr>
</table>

"온 세상과 모든 보물이 당신의 것이라도 당신은 만족하지 못할 것이며, 이 모든 것이 당신을 구할 수는 없을 것입니다. 왕이시여. 당신이 죽어서 모든 것을 남겨두고 떠날 때 오직 법만이 당신을 구원할 것입니다. 새가 새장을 싫어하듯이 저도 (세속을) 싫어합니다. 저는 자손도, 욕망도, 소유욕도, 증오도 없이 여승으로 살 것입니다. 쾌락을 즐기고 그것을 포기한 사람들은 바람처럼 움직이며, 날아가는 새처럼 어디든지 가고 싶어 합니다. (중략) 당신의 거대한 왕국을 떠나십시오. (중략) 쾌락, 애착, 부(富)를 버리십시오. 그러고 나서 엄격히 참회하고 의지를 굳건히 하십시오."

31-1. 왕이 세상을 포기하도록 설득한 사람을 밝히시오.

31-2. '왕이시여. 당신이 죽어서 모든 것을 남겨두고 떠날 때 오직 법(dhamma)만이 당신을 구원할 것입니다'에서 '법(dhamma)'이라는 단어는 무엇을 의미하며, 제자는 누구의 가르침을 따랐는가?

31-3. 마하비라의 제자가 말한 "날아가는 새처럼 어디든지 가고 싶어 합니다"라는 문장은 어떤 맥락에서 나온 것인가?

〈역량기반 문항〉

다음 자료를 읽고 질문에 답하시오.

<자료: 악마?(A demon?)>

카라이칼 암마이야르(Karaikal Ammaiyar)가 자신을 묘사한 시에서 발췌한 내용이다. 불룩한 혈관, 튀어나온 눈, 하얀 치아와 오그라든 배, 붉은 머리에 튀어나온 치아, 발목까지 뻗어있는 긴 정강이를 가진 여성 악마가 숲 속을 헤매며 소리치고 통곡한다. 이 곳은 알란카투(Alankatu)의 숲으로 헝클어진 머리를 사방으로 휘날리며 차가운 팔다리로 춤을 추는 우리 아버지(시바)의 고향이다.

32-1. 카라이칼 암마이야르는 아름다움을 어떻게 의인화하였나?

32-2. '불룩한 혈관, 튀어나온 눈, 하얀 치아와 오그라든 배', '외침과 통곡'과 같은 발췌 내용에서 알 수 있는 시인 상태의 원인을 설명하시오.

32-3. '그의 헝클어진 머리카락을 사방으로 휘날리며'라는 문구를 설명하시오.

다음 자료를 읽고 질문에 답하시오.

사르다르 발라브바이 파텔이 말했습니다. 우리가 별도의 유권자를 요구하는 것이 우리에게 좋은 일이기 때문이라는 것은 아무 소용이 없습니다. 우리는 이것에 대해 오랫동안 들어왔습니다. 우리는 수년 동안 이 말을 들어왔고 이 동요의 결과로 우리는 이제 분단의 국가가 되었습니다. (중략) 분리된 유권자가 있는 자유 국가를 보여줄 수 있습니까? 그렇다면 나는 그것을 받아들일 준비가 되어 있습니다. 그러나 이 불행한 나라에서, 나라가 분열된 이후에도 이 분리된 유권자가 계속 남아있다면 나라에는 재앙이 닥칠 것이며 살 가치가 없는 나라가 될 것입니다. 그러므로 내가 말하려는 것은 나만을 위한 것이 아니라 여러분을 위한 것이니 과거를 잊으라는 것입니다. 언젠가 우리는 하나가 될 수 있습니다. (중략) 영국 세력은 사라졌지만 그들은 장난을 남겼습니다. 우리는 이 문제를 영속시키고 싶지 않습니다. (들어보십시오) 영국인이 이 요소를 도입했을 때 그들은 이렇게 빨리 가게 될 것이라고 예상하지 못했습니다. 그들은 손쉬운 관리를 위해 이것을 원했습니다. 그것은 괜찮습니다. 그러나 그들은 유산을 남겼습니다. 우리는 여기서 벗어나야 할까요, 말아야 할까요?

33-1. 그들이 남긴 이 성명서에서 누구를 '그들'이라고 했는가?

33-2. "그들은 유산을 남겼습니다. 우리가 그것에서 벗어나야 할까요"라는 문장에서 당신이 추론하는 것은 무엇인가?

33-3. 사르다르 발라브바이 파텔이 그의 연설에서 궁극적으로 강조한 메시지에 관해 설명하시오.

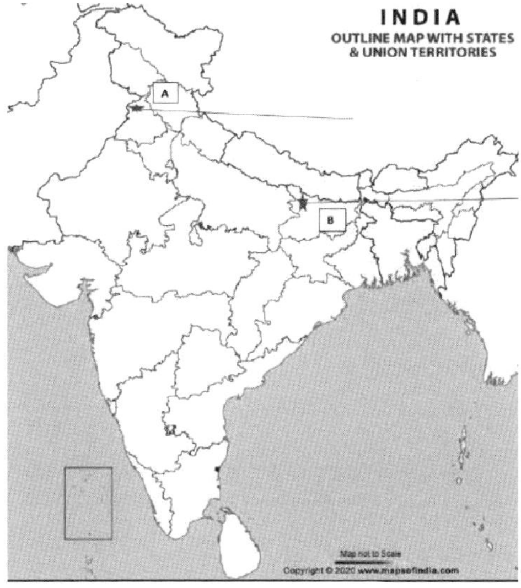

34

34-1. 다음의 정치 지도에서 각각이 상징하는 곳을 찾아 그 위치에 기호로 표시하시오.

a. 칼리반간(Kalibangan): 하라파 유적지

b. 아그라(Agra): 바부르, 아크바르, 아우랑제브 통치기의 영토

c. 산치(Sanchi): 불교유적지

d. 아잔타(Ajanta): 불교유적지

34-2. 같은 지도에서 두 곳이 민족운동의 중심지인 A와 B로 표시되어 있다. 두 곳의
   지명을 쓰시오.

제6장

핀란드 역사 과목
대학입학자격시험의 역사적 사고 평가*

정재윤

1. 머리말

역사 내용이 없으면 역사적 사고 개념이 의미가 없는 것처럼, 역사적 사고 개념을 이해하지 못하면 역사 내용도 암기해야 할 일련의 단절된 데이터 조각으로만 이해될 수 있다. 따라서 역사적 사고 개념과 내용은 역사적 이해를 위해 상호 의존적이다.[1]

핀란드 역사교육은 정규 학교 교육이 시작된 1860년 이래 국가 건설과 국가 정체성 확인을 강조하며 이루어졌다. 핀란드 문학의 아버지라 불리는 토펠리우스(Topelius, Z.)와 핀란드 시인 루네베리(Runeberg, J.)는 핀란드 국민을 위한 역사를 집필하여 민족의식이 고조된 19세기 동안 널리 공유되었다. 20세기 말까지 핀란드의 역사교육은 독립 이전 시대에는 독립을 향한

---

* 이 장은 정재윤, 「핀란드 국가핵심교육과정의 역사교육 평가기준과 실천」, 『민주평화연구』 6-2, 2023의 내용을 수정·보완한 것이다.
1 Seixas, P. & Morton, T., *The Big Six: Historical Thinking Concepts*, Nelson Education, 2013, p. 4.

발전 과정으로, 독립 이후 시대에는 이를 유지하기 위한 생존 투쟁으로, 위대한 국가 내러티브를 육성하는 역할을 하였고,[2] 국가 중심의 역사교육은 1960년대까지 크게 변하지 않았다. 이후 좌파 정치인과 학자들은 이러한 전통에 의문을 제기하며 역사 과목의 일부를 사회과 과목으로 대체하기를 원했고 역사교육에 평화와 글로벌 교육과 같은 목표를 강조하기도 하였다. 1973년, 핀란드 피르칼라(Pirkkala) 지역의 한 초등학교에서 마르크스주의적인 해석에 기초한 역사 교재를 사용한 일이 사회에 큰 파장을 일으켰다. 이로 인해 의회가 개입된 전례 없는 대규모 공개 토론이 일어났고 1975년 종료되었다. 이후 1970년대 후반과 1980년대 역사교육을 둘러싼 논의는 더욱 중립적으로 변화했다.[3]

1990년대 중반, 핀란드는 역사지식을 이해하고 역사적 사고 능력을 강조하는 새로운 역사교육을 시작하였다. 역사교육의 목표가 학문 기반 문해력으로 바뀌었으며 동시에 연대기 중심의 기존 수업은 주제 중심의 수업으로 대체되었다. 이때 교사의 자율성뿐만 아니라 학교의 자율성도 두드러지게 확대되었고 교재와 학교를 통제하는 제도는 폐지되었다.[4] 1994년부터 고등학교 국가핵심교육과정에서 학습자의 능동적인 역할과 협동을 장려하는 새로운 경향은 역사교육에도 반영되어 역사 기술과 역사의 본질은 교육

---

2 Rantala, J. & Ouakrim-Soivio, N., "Historical thinking skills: Finnish history teachers' contentment with their new curriculum", 2019, p. 2, https://www.researchgate.net/publication/337769012_Historical_thinking_skills_Finnish_history_teachers'_contentment_with_their_new_curriculum (2024. 5. 20. 검색).

3 Leskinen, J., *Kohti sosialismia! Pirkkalan peruskoulun marxilainen kokeilu 1973-75*, Siltala, 2016(Rautiainen, M., Räikkönen, E., Veijola, A., & Mikkonen, S., "History teaching in Finnish general upper secondary schools: Objectives and practices", *History Education Research Journal*, 16-2, 2019, p. 293에서 재인용).

4 이전에는 모든 교과서가 검열 대상이었고 장학사는 학교 현장을 감독하였다. 그러나 1994년 교육과정 개정은 지역 정부의 자율권을 확대하였고, 교과서 검열과 학교 현장 감독을 폐지하였다. 한넬레 니에미 외 지음, 장수명 외 옮김, 「핀란드 국가핵심교육과정의 구조와 발전」, 『핀란드 교육의 기적』, 살림터, 2018, p. 134.

목표의 핵심이 되었다.[5] 2016년 핀란드의 기본 교육(1~9학년, 7~15세)을 위한 국가핵심교육과정에서 처음으로 다중 문해력과 역사 문해력이 언급되었고, 기본 교육과 고등학교(10~12학년, 16~18세)의 역사교육과정은 출처를 기반으로 과거 정보를 재구성하며 정보를 비판적으로 평가하고 역사적 지식의 모호성과 상대성을 이해할 수 있는 능력에 무게를 두었다.[6]

2019년 핀란드의 고등학교 국가핵심교육과정에서 역사교육은 학문으로서의 역사의 본질에 있으며, 학생의 역사적 사고 강화를 목표로 제시하였다.

역사적 사고는 "우리가 과거에 대해 알고 있는 것을 우리는 어떻게 알게 되었나"라는 질문을 바탕으로 역사적 중요성을 평가하고 다양한 종류의 자료를 분석하는 방법과 이를 바탕으로 유효한 해석을 내리는 능력으로 구성된다.[7] 오늘날 많은 국가의 역사교육과정에서 역사적 사고 개념이 제시되고 있으며,[8] 핀란드 교육과정에서 역사적 사고는 과거 행위자가 생산한 자료를 분석하고 그 의도를 평가하는 능력을 비롯하여, 역사 자료를 읽고 해석하는 특유의 방식은 오늘날 세계에서도 정보의 신뢰성을 평가하는 능력을 제공한다고 기술하였다.[9]

그렇다면 역사적 사고는 어떻게 평가할까. 알려진 바와 같이 핀란드는

---

5 Rautiainen, M., et al., "History teaching in Finnish general upper secondary schools", pp. 292~294.

6 Opetushallitus, *Lukion Opetussuunnitelman Perusteet 2015*, Opetushallitus, 2015; Veijola, A. & Rantala, J., "Assessing Finnish and Californian high school students' historical literacy through a document based task", *Journal of Humanities and Social Science Education*, 2018, p. 2.

7 Seixas, P. & Morton, T., *The Big Six: Historical Thinking Concepts*.

8 여러 국가 및 지역의 교육과정에 반영된 역사적 사고의 명칭과 하위 범위는 다양하게 나타나지만 상당한 유사성이 있다. 영국, 스위스, 미국, 네덜란드, 싱가포르, 호주, 캐나다의 교육과정에서 연속, 변화, 원인, 결과, 중요성, 증거 등의 개념이 중복되어 나타나며 역사적 사고로 제시된다. 이미미, 「역사적 사고 그리고 역사 역량: 우리는 무엇을, 왜 추구할 것인가?」, 『역사교육연구』 40, 2021, pp. 41~43.

9 Opetushallitus, *Lukion Opetussuunnitelman Perusteet 2019*, Opetushallitus, 2019, pp. 280~281.

학교 안에서 학생들을 대상으로 한 표준화된 시험이 없으며, 학교 밖에서 이루어지는 유일하게 표준화된 평가는 학생들이 고등학교를 졸업할 때 치르는 대학입학자격시험이다. 이 시험은 학생들이 고등학교 교육과정에서 요구하는 지식과 기술을 어느 정도 습득했는지 그리고 교육목표에 부합하는 적절한 수준에 도달했는지 확인하는 데 목적이 있다. 이 시험에 통과하면 대학 및 기타 고등 교육기관에 진학할 수 있는 자격을 갖추게 된다.[10]

핀란드 대학입학자격시험은 1852년 처음 시작되었으며, 입학시험위원회에서 시험을 관리하고 실행한다. 시험은 3년제 고등학교 과정이 끝날 때 실시되며, 일 년에 두 차례, 매년 봄(2월 초~ 3월 말)과 가을(9월)에 시행한다. 이 시험의 결과는 대학 진학에 중요한 역할을 한다.[11] 2022학년도부터 시험은 최소 5개 과목을 대상으로 하며, 모국어·문학 시험은 필수 영역이고, 수학, 제2국어, 외국어 및 인문학·자연과학 3개 영역에 있는 4개 시험과목을 선택해야 한다.[12] 대학입학자격시험은 거의 대부분 서술형으로 출제된다. 서술형 문항일지라도 수험생의 주관적인 견해를 작성하는 문제는 모국어 과목에만 적용하고 있으며, 이외의 다른 과목 시험 문제는 시험위원회가 사전에 배포한 모범 답안 채점 기준을 따르고 있다.[13] 대학입학자격시험에서 학생들은 과목을 자유롭게 선택하기 때문에 과목에 따라 학생의 비율은 상이하며, 이중 역사 과목을 선택하는 학생의 비율은 20% 정도에 이른다.[14] 시험 성적은 7개 등급[1등급: L(5%) - 2등급: E(15%) - 3등급: M(20%) - 4등급: C(24%)

---

10 https://www.ylioppilastutkinto.fi/en/matriculation-examination (2024. 5. 20. 검색).

11 https://www.ylioppilastutkinto.fi/fi/tietopalvelut/tietoa-ylioppilastutkinnosta/ ylioppilastutkinnon-historia (2024. 5. 20. 검색).

12 https://www.ylioppilastutkinto.fi/fi/tutkinnon-suorittaminen/tutkinnon-rakenne (2024. 5. 20. 검색).

13 이현·김현수, 「핀란드 대입제도의 특징 분석: 대입 경쟁을 둘러싼 쟁점과 시사점을 중심으로」, 『교육비평』 47, 2021, pp. 247~248.

14 Rautiainen, M., et al., "History teaching in Finnish general upper secondary schools",

- 5등급: B(20%) - 6등급: A(11%) - 7등급: I(5%)]으로 산출된다.[15] 등급 비율은 대략적인 성적 분포를 나타내는 것으로 과목별 등급 비율은 고정적이지 않다. 과목별 등급 비율이 고정될 경우, 시험의 난이도 및 응시자의 성적 수준의 차이에 따라 발생할 문제를 방지하기 위해 핀란드 대학입학시험위원회는 시험 성적을 등급으로 산출할 때 표준화된 총점수의 평균값을 활용한다. 5개의 시험 과목 모두 6등급 이상의 성적을 받아야 고등학교 졸업 자격 및 대학입학 자격을 받을 수 있다.[16]

대학입학시험위원회는 저작권법에 따라 기출문제와 관련 자료를 공개하지 않으나, 핀란드 학교 교사는 기출문제와 자료를 이용하여 시험을 보거나 수업에 사용할 수 있다. 대학입학자격시험 문제는 핀란드 교사와 같이 자격이 있는 사람만 제한적으로 접근 가능하기 때문에 대학입학시험위원회에서 공개하는 모의시험을 분석 대상으로 삼았다. 이에 이 장에서는 핀란드 고등학교 국가핵심교육과정 문서에서 역사적 사고를 어떻게 제시하고 있는지 그리고 대학입학자격시험의 모의시험[17] 문항과 모범 답안을 살펴보고자 한다.

---

p. 294; Kupiainena, S., Ouakrim-Soiviob, N. & Hanskac, J., "Finnish matriculation examination's exam in Social Studies-an appropriate gatekeeper and competence support?", *Journal of Social Science Education*, 22-2, 2023, p. 8; Veijola, A. & Rantala, J., "Assessing Finnish and Californian high school students' historical literacy", p. 2.

15 https://onlinecourses.jyu.fi/course/view.php?id=19§ion=7 (2024. 5. 20. 검색).

16 이현·김현수, 「핀란드 대입제도의 특징 분석」, p. 248.

17 https://www.ylioppilastutkinto.fi/fi/tutkinnon-suorittaminen/tulokset-ja-koesuoritukset (2024. 5. 20. 검색).

2. 2019년 고등학교 국가핵심교육과정의 역사적 사고

현재 핀란드 고등학교 교육과정은 2019년 개정된 고등학교 국가핵심교육과정을 따르고 있다. 2019년 고등학교 국가핵심교육과정에서 역사교육 목표는 일반 목표와 모듈별 목표, 두 가지로 구성된다. 핀란드 역사교육의 일반 목표는 역사적 사고임을 '역사적 사고' 용어를 직접 제시함으로써 명확하게 규정하고 있다. 학생들이 역사적 사고를 하기 위해서 자신이 접하는 역사가 어떻게 알려지게 되었는지 이해하고, 학생 스스로가 증거에 기반한 해석을 만드는데 사용하는 지적 도구가 필요하다.[18] 핀란드 국가핵심교육과정에서 역사적 사고는 자료 해석과 같은 구체적인 능력뿐만 아니라 인과관계처럼 역사 이해를 위한 광범위한 접근 방식 모두를 의미한다. 핀란드 기본 교육(1~9학년, 7~15세) 국가핵심교육과정에서 역사적 사고는 중요성·가치·태도, 과거에 대한 정보 획득, 역사적 현상 이해, 역사적 지식 적용, 4가지 영역으로 나누고 있으며 이는 세이사스(Seixas, P.)의 6가지 역사적 사고 개념(역사적 중요성, 증거, 원인과 결과, 연속성과 변화, 역사적 관점, 윤리적 차원)과 동일한 방식으로 역사적 사고를 설명한다.[19] 그러나 고등학교 국가핵심교육과정에서 역사적 사고는 이 개념들을 직접적으로 언급하지 않고 대신, 역사적 사고의 일반 목표를 '가치관', '역사적 현상의 이해', '역사적 지식의 습득 및 적용', 세 영역으로 구분하여 설명한다.[20]

---

18 Levstik, L. S. & Thorton, S. J., "Reconceptualizing History for Early Childhood Through Early Adolescence" edited by Metzger, S. A. & Harri, L. M., *The Wiley International Handbook of History Teaching and Learning*, Wiley-Blackwell, 2018, pp. 473~501.

19 Rantala, J. & Ouakrim-Soivio, N., "Historical Thinking Skills: Finnish History Teachers' Contentment with Their New Curriculum", *International Journal of Research on History Didactics, History Education & History Culture*, 40, 2019, p. 37.

20 Opetushallitus, *LUKION OPETUSSUUNNITELMAN PERUSTEET 2019*, pp. 282~283.

표 1 핀란드 고등학교 역사교육과정 '역사적 사고' 일반 목표

가치관
• 역사에 대한 폭넓은 지식과 다양한 문화적 표현과 다양성을 이해한다.
• 인권, 평등, 민주주의 및 지속 가능한 생활방식을 중시하는 세계관을 형성하고 이를 증진하기 위한 책임감 있는 시민으로 행동할 수 있는 능력을 개발한다.
• 역사에 대한 관심과 그 중요성에 대한 이해를 심화시키는 경험과 통찰력을 얻는다.

역사적 현상의 이해
• 핀란드 및 세계사에서 가장 중요한 역사적 과정과 배경 및 결과를 알고 그 중요성과 상호작용 관계를 평가할 수 있다.
• 역사의 모호성과 역사적 지식 구성의 원리를 이해한다.
• 역사적 발전의 결과이자 미래의 출발점으로 현재를 이해한다.
• 역사적 현상을 분석하고 해당 시대의 관점에서 다른 시기의 인간활동을 평가할 수 있다.
• 자신의 시간과 자신을 역사적 연속체와 연관시켜 역사인식을 심화할 수 있다.

역사적 지식의 습득 및 적용
• 다양한 문서, 통계 및 그림 자료를 검색하고 해석하고 비판적으로 평가할 수 있다.
• 다양한 정보 출처를 비판적으로 사용하여 과거에 대한 지식을 구성할 수 있다.
• 역사적 정보를 활용하여 정보에 입각한 의견을 형성하고 사회에 영향을 미치는 수단으로 그리고 다른 맥락에서 역사 활용을 비판적으로 평가할 수 있다.
• 역사지식을 적용하여 사회적, 경제적 문제를 평가하고 미래에도 이에 대한 대안을 찾을 수 있다.

'가치관'의 일반 목표는 과거 사람들을 잘 이해할 수 있는 방법을 모색하는 역사적 관점과 우리가 현재를 살아가는 데 도움이 되는 능력 개발에 초점을 둔 윤리적 차원, 그리고 과거에 대해 배우기 위해 무엇이 중요한지 결정하는 방법을 제시한 역사적 중요성 개념을 담고 있다. '역사적 현상의 이해'의 일반 목표에서는 역사에서 가장 중요한 역사적 과정, 원인과 결과 그리고 상호작용, 역사지식의 구성 원리, 과거와 미래를 기반으로 한 현재 인식, 과거의 인간활동 평가 및 역사인식 심화 등을 제시하여 역사적 중요성, 원인과 결과, 연속성과 변화, 윤리적 차원 등의 역사적 사고 개념을 포함하고 있다. '역사적 지식 습득 및 적용'의 일반 목표에서는 자료 해석, 평가 및 출처에 대한 비판적인 정보 구성, 미래에 대한 대안 모색 등 증거, 원인과 결과 및 윤리적 차원과 같은 역사적 사고 개념을 확인할 수 있다.

HI 1. 인간, 환경 및 역사

- 역사 정보 분야에 특화된 사실적 자료를 이해하고 작성하며, 통계 독해력을 이해한다.
- 역사적 정보의 성격을 이해하고 역사적 출처를 활용하고 이를 비판적으로 평가하는 방법을 알고 있다.
- 유럽 사회와 세계경제체제의 주요 형성 과정을 알고 있다.
- 오늘날의 경제, 사회, 인구통계학적 현상을 초래한 발전을 이해하고 이에 영향을 미친 요인을 자세히 설명할 수 있다.
- 인구, 경제, 사회구조의 발전과 환경에 대한 의존도를 분석할 수 있다.
- 사람들의 생활 조건을 형성하는 기술 및 정보 변화의 중요성을 비판적으로 평가할 수 있다.

HI 2. 국제관계

- 국제 정치의 기본 개념, 운영 방법 및 주요 발전 노선을 알고 있다.
- 다양한 정보 출처를 사용하는 방법을 알고 있으며 다양한 시점의 의사소통과 관련된 의견의 영향을 인식한다.
- 국제관계의 역사에서 사상과 경제적 이해 상충의 중요성을 구별하고 그것이 현재와 미래에 미치는 영향을 평가할 수 있다.
- 국제 협력 구조와 대립의 원인, 효과 및 가능한 해결책을 분석할 수 있다.
- 미디어를 유심히 지켜보고 국제 문제를 비판적으로 조사하는 방법을 알고 있다.
- 정치적 도구로서 역사의 사용을 분석하고 평가할 수 있다.

HI 3. 독립 핀란드의 역사

- 유럽 및 국제 발전의 일환으로 핀란드의 국가발전, 국제적 지위, 사회 형성을 이해한다.
- 핀란드 문화, 사회, 경제의 주요 변화를 알고 있으며, 1860년대부터 현재까지의 중요성을 이해하고 미래 가능성을 평가할 수 있다.
- 과거와 현재의 경제, 사회, 문화생활, 지적, 정치적 생활 현상의 상호의존성을 이해한다.
- 핀란드 역사의 해석과 역사적 맥락에서의 근본적인 동기를 평가할 수 있다.
- 다양한 시대의 핀란드 정체성과 문화, 그리고 그것이 현재 핀란드에 미친 영향과 관련된 특징, 이미지, 이상을 설명할 수 있다.

HI 4. 유럽인

- 중서부의 문화유산을 알고 있으며 다른 문화유산과의 상호작용을 통해 그 형성을 분석하는 방법을 알고 있다.
- 사회 발전과 관련된 과학, 예술, 인간 이미지 및 성 역할의 변화를 이해한다.
- 역사를 이해하는 데 있어 예술과 대중문화의 중요성을 이해한다.
- 과학적 성취의 중요성과 다양한 시대의 세계관을 설명할 수 있다.
- 다양한 사상의 발전과 그것이 주변 세계에 미치는 영향을 평가할 수 있다.
- 역사적 맥락에서 문화를 분석하고 문화와 정치 간의 상호작용을 이해할 수 있다.
- 문화 세계화의 맥락에서 유럽 문화를 살펴볼 수 있다.

- 핀란드 지역의 자료를 알고 있으며, 이를 비판적으로 평가할 수 있다.
- 핀란드인, 사미족 및 기타 소수 민족의 문화유산과 일상사를 알고 있다.
- 핀란드의 역사적 발전 과정과 북유럽 개발 및 발트해 지역과의 연관성을 잘 알고 있다.
- 역사적 발전 과정을 자신이 속한 지역 역사와 연관시킬 수 있으며, 개인의 관점에서도 발전을 살펴볼 수 있다.
- 핀란드의 인구, 사회, 경제적 역사적 발전을 설명할 수 있다.
- 핀란드 문화와 서양 문화의 연관성을 평가할 수 있다.
- 핀란드 역사를 정치와 정체성 형성에 활용하는 방법을 조사할 수 있다.

- 문화의 상호작용에 관한 이론과 실제를 이해한다.
- 일상생활과 사회적 관계에서 문화적 가치와 세계관의 표현을 인식한다.
- 역사적 맥락과 현대적 맥락 모두에서 문화 간의 상호작용을 설명할 수 있다.
- 예술, 종교, 사회구조 등의 문화적 가치와 관행을 분석한다.
- 문화의 다양성을 유럽문화의 역사적 부분으로 분리하고 그것에 부여된 의미를 평가할 수 있다.
- 문화적 차이, 다양한 문화와 관련된 고정관념, 문화가 개인에게 미치는 영향에 관한 주장을 비판적으로 분석하고 평가할 수 있다.
- 다재다능하고 비판적인 방식으로 원본 자료를 사용하여 단독으로 또는 그룹으로 역사적 텍스트를 생성한다.

역사교육과정에서 모듈[21]의 전체 구성은 시대순으로 되어 있으나, 연대기순으로 나열되기보다 역사적 사건 및 현상 등 주제를 중심으로 시대가 구분되는 형식을 취한다. 모듈은 총 6개로 필수 모듈 3개와 선택 모듈 3개가 있으며 각각 5~7개 하위 목표가 있다. 필수 모듈은 'HI 1. 인간, 환경 및 역사', 'HI 2. 국제관계', 'HI 3. 독립 핀란드의 역사'이며, 선택 모듈은 'HI 4. 유럽인', 'HI 5. 스웨덴 동부에서 핀란드까지', 'HI 6. 세계 문화의 만남'이다. 각 모듈에서는 역사 시기, 학습 대상과 내용, 역사 자료의 해석과 평가, 특정 역사 정보와 출처 조사 및 활용 방법, (인과)관계, 문화적 연관

---

21 모듈(module)은 이전 교육과정에서 사용된 '과정(course)'이 대체된 용어로 '교육과정에서 정의된 구성요소'를 의미한다. 모듈은 하나 또는 여러 개로 구성되어 학습 단위(study units)를 이룬다. 고등학교 학습은 학습 단위를 중심으로 구성되고, 평가는 학습 단위를 기준으로 이루어진다. 여러 과목을 포함하는 학습 단위의 경우 각 과목마다 별도의 성적이 부여된다. https://www.oph.fi/en/education-and-qualifications/subjects-general-upper-secondary (2024. 5. 20. 검색); https://www.oph.fi/sites/default/files/documents/curriculum-for-general-upper-secondary-schools-in-a-nutshell-2020_0.pdf (2024. 5. 20. 검색).

성과 영향 및 역사적 맥락 등을 비판적으로 평가하거나 분석하는 능력, 그리고 역사 정보를 조사하거나 활용할 수 있는 방법과 역사 텍스트를 생산할 수 있도록 구체적인 목표를 제시하고 있다. 이 중 역사 시기, 학습 대상과 내용은 모듈의 핵심 내용(<표 3>)에서 구체적으로 나타난다.

'HI 1. 인간, 환경 및 역사' 모듈의 목표를 구체적으로 살펴보면, 역사 자료의 성격 및 역사 자료에 담긴 정보의 성격을 이해하고 이를 작성할 수 있어야 하며 역사 출처를 활용하여 비판적으로 평가하는 방법을 알아야 한다고 소개한다. 또한 이 모듈에서는 '유럽 사회와 세계경제체제의 주요 형성 과정', '오늘날의 경제, 사회, 인구통계학적 현상을 초래한 발전' 그리고, '인구, 경제, 사회구조의 발전과 환경에 대한 의존도'를 학습 대상으로 제시하고 있다. 사회 및 체제의 형성 과정을 알고, 특정 현상을 불러온 발전을 이해하고 이에 영향을 미친 요인을 설명할 수 있어야 하며, 발전과 환경의 의존 정도도 분석할 수 있고, 기술과 정보 변화의 중요성을 비판적으로 평가할 수 있어야 한다고 모듈의 목표를 제시하고 있다. 모듈의 목표(<표 2>)는 모듈의 핵심 내용(<표 3>)과 대응을 이룬다.

표 3　핀란드 고등학교 역사교육과정 모듈의 핵심 내용

HI 1. 인간, 환경 및 역사	
학문으로서의 역사	· 역사의 발전 방향을 개괄적으로 설명하고 이를 시간과 연결 · 역사 연구 방법 및 출처 활용
사회 발전의 기반을 만드는 농업	· 인간은 다양한 시기에 환경을 형성하는 존재 · 농업, 분업, 문화의 탄생 · 인구 증가, 사회 및 국가 형성 · 통화 및 무역 발전
세계무역의 탄생과 상호작용의 증가	· 세계를 탐험하고 정복하는 유럽인 · 국제무역의 다양화와 그것이 사회와 환경에 미치는 영향
인간과 자연의 관계를 변화시키는 산업화	· 산업화가 사회와 환경에 미치는 전제조건과 영향 · 인구 개발 및 이주 · 후기산업사회와 세계경제

<table>
<tr><td colspan="2" align="center">HI 2. 국제관계</td></tr>
<tr><td>국제정치의 기초</td><td>· 연구 대상으로서의 국제정치 및 핵심 개념
· 정치적 이념과 그것이 사회와 국제관계에 미치는 영향</td></tr>
<tr><td>유럽 중심의
국제 체제</td><td>· 정치적, 경제적, 문화적 현상으로서의 제국주의
· 세계대전의 원인과 결과
· 민주주의와 전체주의의 반대
· 인권 문제, 홀로코스트 및 기타 집단 학살
· 세계 정치와 권력의 균형 변화</td></tr>
<tr><td>양극세계에서
다극세계로</td><td>· 냉전 초강대국 경쟁과 그 종말
· 탈식민지화의 의미와 효과</td></tr>
<tr><td colspan="2" align="center">HI 3. 독립 핀란드의 역사</td></tr>
<tr><td>핀란드 사회의 뿌리</td><td>· 스웨덴 시대의 유산과 핀란드 및 핀란드 건설에 있어 자율성의 중요성
· 인구통계학적 변화와 인구 다양성
· 핀란드 사회의 현대화</td></tr>
<tr><td>유럽의 일부로
핀란드의 독립</td><td>· 독립 과정, 내전 및 국제적 맥락
· 통합의 시대와 민주주의의 위기
· 국제 문화 흐름의 일부인 핀란드</td></tr>
<tr><td>국제 분쟁 중인 핀란드</td><td>· 제2차 세계대전 당시 핀란드
· 핀란드 사회와 정치에 대한 냉전의 영향</td></tr>
<tr><td>현재의 핀란드를 향하여</td><td>· 사회, 경제, 복지국가의 구조적 변화
· 문화, 과학 및 노하우
· 국제 사회의 일원으로서 문화적으로 다양한 핀란드</td></tr>
<tr><td colspan="2" align="center">HI 4. 유럽인</td></tr>
<tr><td>유럽문화와
세계관의 구축</td><td>· 세계관의 형성자이자 중재자로서의 과학, 예술, 종교 및 미디어</td></tr>
<tr><td>유럽문화의 뿌리</td><td>· 고대 문화의 일반적인 특성
· 민주주의와 과학적 사고의 탄생
· 중세 문화와 문화계의 상호작용</td></tr>
<tr><td>개인의 사고와
과학적 세계관의 발달</td><td>· 새로운 시대의 시작을 알리는 과학과 예술의 발전
· 개혁과 지식혁명
· 계몽, 인권과 평등사상의 탄생
· 19세기 사상과 문화, 사회 변화</td></tr>
<tr><td>현대를 향하여</td><td>· 예술, 대중문화, 문화의 세계화
· 종교적 세계관, 진보에 대한 믿음, 위협의 이미지에 대한 도전자로서의 과학
· 민주주의와 평등주의적 사고의 확산과 그 반대 세력
· 정보량의 증가와 문화의 파편화
· 성 역할의 붕괴</td></tr>
</table>

HI 5. 스웨덴 동부에서 핀란드까지	
선사시대의 핀란드 지역	· 연구 방법 및 출처 · 핀란드 인구 집단의 기원에 대한 인식
중세	· 발트해 지역의 국가 발전 · 교회와 세속 권력의 형성 · 사회, 생계, 생활방식 및 문화
새로운 시간	· 개혁 및 정부 권력 강화 · 스웨덴의 강력한 권력 열망이 핀란드에 미치는 영향 · 입헌 사회와 농업 사회의 삶의 방식 · 스웨덴 시대 말 핀란드의 입장 변화와 개혁
러시아의 일부인 핀란드	· 핀란드의 러시아 합병과 자치의 탄생 · 핀란드의 정체성, 문화, 과학 및 예술 창조
HI 6. 세계 문화의 만남	
문화연구의 기초와 개념	· 문화와 상호작용
두 가지 이상의 문화를 조사 대상으로 선택	· 아시아 문화 · 아프리카 문화 · 북극 문화 · 호주와 오세아니아의 원주민 문화 · 라틴 아메리카 문화 · 중동 문화 · 북미 원주민 문화

모듈의 핵심 내용은 각 모듈마다 하위 주제 2~4개를 포함하고 해당 주제의 세부 내용을 제시하고 있으며, 모듈의 목표와 연계하여 각 모듈에서 배워야 하는 내용과 초점을 소개하고 있다.[22] 'HI 1. 인간, 환경 및 역사'에서는 역사적 현상을 조사하는 동시에 현재를 설명하는데 초점을 두고 다양한 역사적 자료를 활용하고, 'HI 2. 국제관계'에서는 다양한 경제적, 이념적 관점에서 국제정치 분석, 정보 검색과 분석 및 생산 기술을 심화시켜 여러 유형의 출처를 해석하고 평가하도록 제시하였다. 'HI 3. 독립 핀란드의 역사'에서는 핀란드 역사의 주요 변화 과정과 발전 배경을 분석하며, 핀란드 역사의 다양한 출처, 해석의 변화, 역사적 정보의 활용에 대해 학습하고, 역사적 공

---

22 Opetushallitus, *Lukion Opetussuunnitelman Perusteet 2019*, pp. 284~289.

감에 대한 이해도를 심화하고, 'HI 4. 유럽인'에서는 유럽에서 자신의 시대를 표현한 문화유산, 예술 및 과학에 대해 학습하며, 'HI 5. 스웨덴 동부에서 핀란드까지'에서는 발트해 지역 역사의 일부로서 현재 핀란드 지역의 발전을 조사하고 주변 지역의 역사에 대한 출처와 다양한 조사 방법을 탐구하도록 하였다. 'HI 6. 세계 문화의 만남'에서는 다양한 역사 기간 동안 서양 문화와 다른 문화 간의 만남과 상호 작용을 조사한다. 각 모듈의 핵심 내용에 포함된 하위 주제는 각 2~4개 세부 내용을 포함하고 있다. 구체적으로 살펴보면, 'HI 1. 인간, 환경 및 역사' 모듈의 4가지 하위 영역은 '학문으로서의 역사', '사회 발전의 기반을 만드는 농업', '세계무역의 탄생과 상호작용의 증가'이며, '학문으로서의 역사'는 역사의 발전 방향을 개괄적으로 설명하고 이를 시간과 연결, 역사 연구 방법 및 출처 활용에 대한 내용을 포함하고 있으며, '사회 발전의 기반을 만드는 농업'은 다양한 시기에 환경을 형성하는 존재로서 인간, 농업·분업·문화의 탄생, 인구 증가와 사회 및 국가의 형성, 통화 및 무역의 발전 내용을 담고 있으며, '세계무역의 탄생과 상호작용의 증가'에서는 세계를 탐험하고 정복하는 유럽인, 국제무역의 다양화와 그것이 사회와 환경에 미치는 영향을, 그리고 '인간과 자연의 관계를 변화시키는 산업화'에서는 산업화가 사회와 환경에 미치는 전제조건과 영향, 인구 개발 및 이주, 후기산업사회와 세계경제에 대한 내용을 구성하고 있다. 'HI 1. 인간, 환경 및 역사' 모듈의 목표에서 제시된 역사 자료의 이해와 활용은 '학문으로서의 역사' 핵심 내용에서 역사 연구 방법 및 출처를 활용으로 이어진다. 또한 '사회 발전의 기반을 만드는 농업'에서는 환경을 형성하는 존재로서의 인간을 주목하며 인간과 환경의 관계를 배경으로 농업·분업·문화가 생기고 인구 증가와 사회·국가가 형성되며 통화와 무역이 발전하는 현상을 통하여 농업이 사회 발전의 기반이 되었음을 핵심 내용으로 제시하였다.

핀란드 역사교육과정에서 역사적 사고는 교육 목표로 강조하고 있으며,

역사적 사고는 일반 목표, 모듈의 목표 및 핵심 내용에 이르기까지 교육과정 전반에 걸쳐 광범위하게 위치한다. 역사적 사고의 일반 목표를 세 가지 영역(가치관, 역사적 현상의 이해, 역사적 지식의 습득 및 적용)으로 구분하여 상술하고, 역사적 사고 개념을 통합하거나 상호 교차하여 제시하고 있다. '가치관'의 '역사에 대한 폭넓은 지식과 다양한 문화적 표현과 다양성을 이해'하거나, '역사적 현상의 이해'에서 '자신의 시간과 자신을 역사적 연속체와 연관시켜 역사 인식을 심화'하는 등 역사적 관점 개념을 공통적으로 반영하기도 하고, '역사적 현상의 이해' 중 '핀란드 및 세계사에서 가장 중요한 역사적 과정과 그 배경 및 결과를 알고 그 중요성과 상호 작용 관계를 평가'한다고 설명한 부분은 역사적 중요성 및 원인과 결과, 두 가지 개념을 포함하기도 한다. 이러한 일반 목표에서 한 단계 더 구체화 된 모듈별 목표와 핵심 내용은 역사 과목에서 배우는 구체적인 학습 목표와 내용을 제시하고 있다. 가령 'HI 1. 인간, 환경 및 역사' 모듈의 내용은 '학문으로서의 역사', '사회 발전의 기반을 만드는 농업', '세계무역의 탄생과 상호작용 증가', '인간과 자연의 관계를 변화시키는 산업화'로 제시된다. '학문으로서의 역사'에서는 역사 자료의 이해·작성·활용·평가를 목표로 제시하며 과거에 대해 우리가 알고 있는 것을 어떻게 알 수 있는지를 살펴보는 증거, '사회 발전의 기반을 만드는 농업'에서는 역사적 중요성, '세계무역의 탄생과 상호작용 증가'는 원인과 결과, '인간과 자연의 관계를 변화시키는 산업화'에서는 연속성과 변화와 같이, 학생이 도달해야 하는 역사교육의 목표 즉 역사적 사고 개념을 제공하고 있다.

모듈의 목표와 내용은 역사교육과정 평가에서도 강조하고 있다. 2019년 고등학교 역사교육과정에서 평가는 모듈별 목표와 핵심 내용에 초점을 두고 역사교육의 일반 목표 달성을 목표로 한다고 제시한다. 평가에서 주요 초점은 역사 분야의 특성에 맞는 지식과 기술의 습득에 있다고 안내하고 있다. 이는 시간적 발전, 인과관계 및 결과를 이해하는 능력, 다양한 출처로부터 정보를 획득하는 능력, 관련 정보와 관련 없는 정보를 구별하는 능력, 역사적 현상과 해석 및 역사지식의 사용을 비판적으로 평가하는 능력을 포함한다고 설명한다. 평가에서는 역사지식을 사용하여 근거있는 의견을 형성하고, 지식을 바탕으로 논리적 구조를 만드는 등 다양한 맥락에서 역사 정보를 이해, 적용, 분석 및 종합하는 능력이 있는지 고려하여 평가한다고 제시한다.[23] 역사교육과정에서의 평가는 역사적 사고 강화를 목표로 역사지식과 기술의 습득에 초점이 있음을 밝히며 평가 시 고려하는 주요 초점과 능력을 구체적으로 제시하고 있다. 이는 역사교육과정에서의 일반 목표, 모듈별 목표와 핵심 내용, 평가 그리고 대학입학자격시험 모의시험의 모범 답안 작성 기준과도 상호 연계된다. 예를 들어, 역사교육과정 일반 목표 중 '역사적 현상의 이해'에서 '핀란드 및 세계사에서 가장 중요한 역사적 과정과 그 배경 및 결과를 알고 그 중요성과 상호작용 관계를 평가할 수 있다'고 제시하였으며, 모듈의 목표 중 'HI 3. 독립 핀란드의 역사'에서 '핀란드 문화, 사회, 경제의 주요 변화를 알고 있으며, 1860년대부터 현재까지의 중요성을 이해하고 미래 가능성을 평가할 수 있다'를 제시하였다. 이어서 교육과정 평가의 초점에서도 '시간적 발전, 인과관계 및 결과를 이해하는 능력'을 언급하고 있으며, 대학입학자격시험 모의시험의 모범 답안 작성 기준에서도 '시간과 같은 역사의 핵심 개념과 변화와 연속성을 완전히 익히고 인과관계를 설명할 수 있어야 한다'를 제시하고 있다.

3. 역사 과목 대학입학자격 모의시험 문제와 모범 답안

핀란드 입학시험위원회는 역사 과목 모의시험에 대한 '모범 답안의 특

---

[23] Opetushallitus, *Lukion Opetussuunnitelman Perusteet 2019*, p. 283.

징(Hyvän vastauksen piirteet)'[24]을 홈페이지에 게시한다. '모범 답안의 특징'은 평가의 초점과 대상 등을 포함한 채점 기준과 배점 그리고 시험 문제와 답안의 예시를 포함한다. 역사 시험에서 평가의 초점은 역사 과목 특유의 사고력과 사고방식, 교육과정에 따른 내용의 숙달, 역사 중심 개념의 적절하고 정확한 활용 등에 있다. 또한 역사적 자료를 해석하고 비판적으로 평가하며, 그로부터 독립적인 결론을 도출하고, 역사적 쟁점에 대한 해석을 비교하여 이에 대해 정당한 입장을 취하는 수험생의 능력도 평가의 대상이 된다.

수험생은 답안을 작성할 때, 다양한 시대의 특성을 이해하고 자신이 살고 있는 시대의 문제와 변화 과정을 역사적 연관성과 연관시키는 방법을 알고 있음을 보여주어야 하고, 시간과 같은 역사의 핵심 개념과 변화와 연속성을 완전히 익히고 인과관계를 설명할 수 있어야 한다. 자료가 제시된 문항에서는 텍스트와 시각 자료를 비판적으로 평가하고 사용할 수 있으며, 반성 및 상충되는 정보가 포함된 문제에서는 역사적 지식 형성과 관련된 해석 가능성과 인과관계의 다면적이고 복잡한 특성을 이해하고 있으며, 각 시대의 출발점에서 과거의 현상과 인간 활동을 평가하고 당시의 관점과 오늘날의 관점을 구별하는 방법을 알고 있음을 보여주어야 한다. 또한 자신의 정보로부터 구조화된 실체를 구축하는 능력과 필수 정보와 관련 없는 정보를 서로 구별하는 기술도 평가 시 주의를 기울이는 부분이다.

〈표 4〉는 '정보의 정확성 및 필수성, 개념의 정확성', '분석성, 논리성, 정당성', '중요성, 다각적 관점, 정보 평가 및 적용 능력' 3가지 기준에 따라 '0점', '만족스러운 답안', '우수 답안', '칭찬할 만한 답안'으로 구분한 답안 채점 기준이다. '모범 답안의 특징'에는 우수 답안(과제 점수 최소 50% 이상)과 칭찬할 만한 답안(과제 점수 70% 이상)에 대한 각각의 사례를 제시하고 있다. 우수 답

---

[24] https://tiedostot.ylioppilastutkinto.fi/kokeet/2023-03-24_HI_fi/grading-instructions.html (2024. 5. 20. 검색).

안의 배점은 과제 점수의 최소 50% 이상, 칭찬할 만한 답안은 과제 점수의 70% 이상이 부여되므로, 20점이 배점된 문항에서 우수 답안은 10~13점, 칭찬할 만한 답안은 14~20점, 30점이 배점된 문항에서는 각각 15~20점과 21~30점이 주어진다.

표 4 대학입학자격 모의시험 <역사> 과목 답안 채점 기준

	0점 답안	만족스러운 답안	우수 답안	칭찬할 만한 답안
정보의 정확성 및 필수성, 개념의 정확성	·문제에서 요구하는 정보가 포함되어 있지 않다. ·문제를 잘못 이해하였다.	·내용이 거의 없거나 관련성이 없는 내용이 많이 포함되어 있다. ·문제에 대해 부분적으로만 답안을 작성했고, 개념의 숙달이 불완전하다.	·비교적 정확하고 문제에 적합한 정보가 포함되어 있다. ·개념에 대한 숙달이 양호하다.	·주제와 관련하여 필수적이고 의미 있게 한정된 정보가 포함되어 있다. ·정보와 개념의 이해가 정확하다.
분석성, 논리성, 정당성	·체계적이지 않고 혼란스럽다. ·주장이 입증되지 않았다.	·답안의 구조가 열거식이거나 불분명하다. ·주제에 대한 분석이 부족하다. ·주장에 대한 근거가 거의 없다.	·어느 정도 분석적이다. ·몇 가지 단점이 있지만 주제에 대한 분석은 일관성이 있다. ·주장은 비교적 잘 입증되어 있다.	·답안의 전반적인 접근 방식이 분석적이다. ·주제에 대한 검토는 일관성이 있고 논거에 타당한 이유가 있다.
중요성, 다각적 관점, 정보평가 및 적용 능력	·어떤 종류의 (출처) 비판적 의견이나 합리적 평가 또는 정보 적용이 포함되어 있지 않다. ·답안에 다른 해석이나 대안을 고려한 흔적이 전혀 보이지 않는다.	·출처 비판의 흔적이 거의 보이지 않으며, 다양한 관점 및 해석 가능성을 고려한 흔적이 간혹 약하게 보인다. ·답안에 정보의 적용이 정확히 포함되어 있지 않다.	·답안 곳곳에 적절한 (출처) 비판적 사고와 적절한 해석, 그리고 다각적 사고의 좋은 사례가 있다. ·답안에는 정보를 평가하고 적용하는 능력의 일부 징후가 보인다.	·날카롭고 통찰력 있는 (출처) 비판적 접근 방식이 있다. ·답안에는 다양한 관점을 고려한 신중한 숙고가 포함되고 있다. ·정보의 평가 및 적용이 다양한 부분에서 이루어지고 있다.

모의시험의 '우수 답안(Hyvä)'은 정확하고 적절한 정보가 포함되어 있으며 이를 일부 분석적으로 검토하고 다양한 관점에서 적절한 사례를 언급한 답안

을 의미하며, '칭찬할 만한 답안(Kiitettävä)'에서는 필수적인 정보가 포함되어 있
으며, 정보와 개념을 정확하게 다루고 답안 전체가 논리적으로 타당하며 분
석적이고 비판적인 입장에서 정보를 평가하고 적용할 것을 요구하고 있다.

다음은 2023년 3월 24일 핀란드 입학시험위원회에서 제공하는 〈역사〉 과
목 모의시험 문제이다.[25] 역사 과목 모의시험은 파트 1과 파트 2로 구성되
며, 파트 1의 6개 문제는 각 20점, 파트 2의 3개 문제는 각 30점이 배정된
다. 총 9개의 문항 중 최대 5개를 선택하여 답안을 작성할 수 있으며, 선택
한 5개의 문항 중 파트 2에서 최대 2개의 문항을 선택해야 하며, 최대 점수
는 120점으로 설정된다.

표 5 모의시험 문제와 연계되는 모듈

	모의시험 문제	모듈
파트 1	1. 버려진 마을	HI 1. 인간, 환경 및 역사
	2. 발칸반도 – 유럽의 화약고	HI 2. 국제관계
	3. 상트페테르부르크의 핀란드인	HI 3. 독립 핀란드의 역사
	4. 사후 세계에 대한 로마인의 생각	HI 4. 유럽인
	5. 클럽전쟁의 해석	HI 5. 스웨덴 동부에서 핀란드까지
	6. 다양한 문화의 만남	HI 6. 세계 문화의 만남
파트 2	7. 미국의 자유와 인권	HI 4. 유럽인
	8. 제2차 세계대전 이전 유럽의 정치적 불안	HI 2. 국제관계
	9. 핀란드 독립기간동안 대통령 제도의 역사	HI 3. 독립 핀란드의 역사

모의시험 문제는 핀란드 역사교육과정에 제시된 6개 모듈의 목표와 대
응을 이루며, 역사교육과정에 제시된 모듈의 목표와 핵심 내용을 시험 문
제에 반영하고 있다. 모의시험 문제는 주어진 질문에 대해 서술하는 문항
과 자료를 활용하여 답안을 작성하는 문항, 각 3개 문항으로 구성된다.

---

[25] https://tiedostot.ylioppilastutkinto.fi/kokeet/2023-03-24_HI_fi/grading-
instructions.html (2024. 5. 20. 검색).

파트 1은 주어진 질문에 대해 서술하는 문항과 자료를 활용하여 답안을 작성하는 문항으로 구성되어있다.

- 주어진 질문에 대해 서술하는 문항: 파트 1-2. 발칸반도-유럽의 화약고 / 파트 1-3. 상트페테르부르크의 핀란드인 / 파트 1-6. 다양한 문화의 만남
- 자료를 활용하여 답안을 작성하는 문항: 파트 1-1. 버려진 마을 / 파트 1-4. 내세에 관한 로마인의 생각 / 파트 1-5. 클럽전쟁의 해석

파트 2는 1개의 문항에 2개의 하위 문항이 포함된 형태로 주어진 질문에 대해 서술하는 문항과 자료를 활용하여 답안을 작성하는 문항 각 1개씩 구성된다.

예시문항 1　'주어진 질문에 대해 서술하는 답안을 작성하는 문항'과 모범 답안

파트 1-2. 발칸반도 - 유럽의 화약고 (20점 문제)

독일 총리 오토 폰 비스마르크(1898년 사망)는 발칸 지역을 유럽의 화약고라고 불렀다. 비스마르크의 표현이 의미한 바를 생각해 보고, 20세기 역사적 사건에 비추어 그의 견해가 타당한지 평가하시오.

• **우수 답안**: '화약고'에 관한 비스마르크의 진술을 19세기 말과 20세기 초의 맥락에서 고려한다. 답안에서 발칸 반도 지역이 어디에 있는지 알기 위해 노력하고 있음을 보여주고, 이 지역이 제1차 세계대전 이전 독일 등 유럽 강대국들이 참여했던 정치권력 게임과 관련이 있음을 보여준다. 예를 들어, 1914년 사라예보에서 오스트리아 왕세자의 암살("사라예보 총격 사건")은 국제적 긴장과 민족주의 운동을 고조시켰고 그 결과 1차 세계대전이 시작되었으며, 발칸 반도는 1990년대 후반 냉전의 종식과 유고슬라비아 해체로 인하여 분쟁 지역이 되기도 했다.

• **칭찬할 만한 답안**: 긴장과 갈등, 그리고 그 원인에 대해 심도있게 설명한다. 여기에는 민족주의와 오스만제국의 약화로 인한 새로운 민족 국가의 출현뿐만 아니라 강대국에 대한 발칸 반도의 전략적 중요성(예: 지중해에 도달하려는 러시아의 노력과 러시아를 막기 위한 독일 및 기타 유럽 강대국의 노력)이 포함된다. 한편, 발전 과정은 유고슬라비아의 탄생과 티토의 시대를 통해 다루어질 수 있다.

〈예시문항 1〉은 주어진 내용에 대한 역사지식을 묻는 문항이다. 이 문항에서는 비스마르크가 '발칸 지역을 유럽의 화약고'라고 표현한 의미를 설명하고, 20세기에 발발한 역사적 사건과 관련하여 비스마르크의 견해를 평가하는 답안을 요구한다. 여기서 질문과 답안 작성시 파악하거나 활용해야 하는 자료가 별도로 제시되지 않기 때문에, 20세기 전후의 세계사와 국제관계에 대한 역사지식이 없는 상태에서 답안을 작성하는 것은 쉽지 않다. 우수 답안에서는 19세기 말에서 20세기 초 맥락에서 비스마르크의 진술을 고려하고, 발칸반도의 지정학적 위치에 대한 이해를 요구한다. 제1차 세계대전 이전 유럽 강대국들의 정치권력과 발칸반도와 연관성, 사라예보 사건으로 인한 국제적 긴장과 민족주의 운동의 고조, 제1차 세계대전의 발발, 그리고 1990년대 후반 냉전의 종식과 유고슬로비아 해체로 인한 발칸반도의 분쟁 지역화를 설명할 수 있다. 칭찬할 만한 답안에서는 민족주의와 오스만제국의 약화로 인한 새로운 민족 국가의 출현과 유럽 강대국에게 전략적으로 중요한 발칸반도 등 발칸 지역의 긴장, 갈등, 그리고 그 원인을 심층적으로 설명한다. 한편 유고슬로비아의 탄생과 티토 시대를 통해 발전을 다룰 수도 있으며, 나아가 비스마르크 진술의 고의성 여부를 비판적인 시각으로 검토하고, 제1차 세계대전 이전과 1990년대 발칸반도를 유사한 화약고로 묘사하는 것이 가능한지 역사적, 종교적, 민족적 요인을 고려한다.

파트 1-1. 버려진 마을 (20점 문제)

사진 1.A는 영국 노샘프턴셔의 리틀 옥센도(Little Oxendo)에 있는 14세기 말 또는 15세기 초 버려진 중세 마을의 모습이다. 영국에는 이와 같은 수백 개의 마을이 동시에 버려졌는데, 오늘날 이 마을은 공중 뷰를 통해서 지형만 볼 수 있다. 주민들이 리틀 옥센도를 버린 이유에 대해 합리적으로 설명하시오(사진 1.A). 답변에 <발췌문 1.B>를 사용하시오.

[자료] 〈사진 1.A〉 노샘프턴셔 리틀 옥센도를 찍은 항공 사진
　　　　〈발췌문 1.B〉 윌리엄 드 라 딘(William de la Dene), 로체스터 연대기

· **우수 답안**: 시험 응시자는 1346년에서 1353년 사이에 리틀 옥센도 마을의 황폐화를 유럽의 흑사병과 그에 따른 전염병의 영향 또는 둘 모두를 연결하는 방법을 알고 있다. 흑사병으로 인한 인구 손실 추정치(유럽 인구의 약 3분의 1, 일부 지역에서는 그 이상)와 인구 사망률이 마을 전체를 황폐화시킨 이유에 대한 합리적인 해석을 제시한다(노동력 부족, 기근, 목재 부족, 기후 냉각).

· **칭찬할 만한 답안**: 시험 응시자는 인건비 증가에 대한 자료 1.B의 설명을 적용하는 방법을 알고 있으며, 예를 들어 주민들이 더 나은 생계를 찾아 다른 곳으로 이사할 수 있었음을 보여준다. 또한 일부 지역의 노동력 부족으로 인해 사람들이 경작지 대신 양 사육으로 전환하여 마을 공동체가 붕괴되었다고 언급할 수 있으며, 연대기가 원본 텍스트이거나 그 내러티브가 상류층의 견해를 반영한다는 등 일부 비판적 관찰 자료를 제시한다.

〈예시문항 2〉는 제시된 자료를 기반으로 답안을 작성하고, 답안을 작성할 때 사용할 역사 자료를 활용하도록 요구하는 문제이다. 1번 문항에서는 오늘날 영국의 리틀 옥센도 지역 사진을 통하여, 중세 시기 이 지역에 발생했던 사건을 이해하고, 이로 인해 이 지역 주민들이 다른 지역으로 이동하게 된 원인을 설명하도록 질문한다. 답안을 작성할 때, 사용할 자료를 별도로 제시함으로써 해당 역사 자료를 이해하고 이를 활용할 수 있는지도 함께 묻고 있다.

1번 문항의 우수 답안에서는 당시 발생했던 흑사병, 즉 역사지식에 대한 이해를 비롯하여 전염병의 영향을 알고 있으며, 역사적 사건과 그 영향에 대한 인과관계 설명을 요구한다. 또한 흑사병으로 인해 사망한 인구수 및 인구의 급격한 감소가 마을을 황폐화시킨 이유에 대해 노동력 부족, 기

근, 목재 부족, 기후 냉각 등 정보에 기반한 근거를 제시하여 해석하도록 요구한다. 칭찬할 만한 답안에서는 답안에서 활용할 〈자료 발췌문 1.B〉의 내용을 이해하고 설명할 수 있는지, 그리고 이를 답안 작성시 활용할 수 있는지 확인한다. 사건의 발생으로 인해 인간의 생활환경이 변화하고, 변화된 인간의 생활환경은 다시 환경의 변화에 영향을 주는 인간과 환경 그리고 사회의 관계를 이해하고 설명하는 것이 요구된다. 여기서 더 나아가 답안 작성시 활용할 자료에 대해서도 자료 활용 능력뿐만 아니라 해당 자료의 내용을 비판적인 시각으로 해석할 수 있는지도 답안 작성 시 요구된다.

예시문항 3　　'주어진 질문 및 자료 활용을 기반으로 답안을 작성하는 문항'과 모범 답안

파트 2-7. 미국의 자유와 인권 (30점 문제)

7.1. 미국독립선언문의 이념적, 역사적 배경을 살펴보자. (발췌문 7.A) (10점)

7.2. 미국 독립부터 1960년대까지 소수자 권리가 어떻게 발전했는지 설명하십시오. 답변에 텍스트 <발췌문 7.A> 및 <발췌문 7.B> 와 <영상 발췌 7.C>를 사용하시오. (20점)

[자료] 〈발췌문 7.A〉 1776년 7월 4일 미국 독립선언문
　　　 〈발췌문 7.B〉 1863년 1월 1일 아브라함 링컨 대통령의 선언문
　　　 〈영상 발췌 7.C〉 1963년 8월 28일 마틴 루터 킹의 연설 "나에게는 꿈이 있습니다"

7.1.

- **우수 답안:** 미국의 독립선언문을 유럽의 지적 배경, 즉 계몽주의와 초기 자유주의와 연결시킨다. 계몽주의는 인권의 중요성을 강조하고 국민과 관련된 통치자의 절대적인 권력에 의문을 제기하였다. 또한 모국인 영국과의 관계에서 경제적 불평등을 타파하려는 미국 식민지 사상은 독립사상과 선언(예: 청교도 원리)에 힘을 실어주었다.

- **칭찬할 만한 답안:** 시험 응시자는 독립선언문의 탄생에 있어서 독립 동인의 중요성을 잘 알고 있음을 보여준다. 예를 들어, 스미스의 경제적 자유주의, 로크의 자연권과 통치자에 대한 사람들의 저항권, 루소의 사회계약론, 독재에 대한 대안으로 몽테스키외의 삼권분립 등을 언급할 수 있다. 또한 독립선언에 영향을 준 다른 사상도 언급할 수 있다.

7.2.

- **우수 답안**: 시험 응시자는 미국 독립과 1960년대 사이의 소수 민족의 지위 발전에 대해 개괄적으로 설명한다. 자료 7.A에 언급된 평등이 여성, 특히 원주민, 아프리카에서 데려온 노예 또는 그 후손과 같은 소수자에게는 적용되지 않는다고 지적하였다. 노예제는 1860년대 미국 남북 전쟁 중에 폐지되었으며, 링컨은 자료 7.B에서 이를 언급하며 노예의 자유를 인정할 것을 당국에 요구하였다. 그러나 실제로 노예였던 사람들과 그 후손들이 특히 남부 주에서 여전히 억압을 받았다. 원주민의 권리에 대한 관심은 훨씬 더욱 줄어들었고, 1800년대 후반 소위 인디언 전쟁으로 인해 유럽계 정착민들이 원주민의 땅을 차지하였다. 흑인 인구의 권리는 1960년대까지 크게 개선되지 않고 이른바 민권 운동(파일 7.C)은 흑인에 대한 차별 철폐와 시민권의 보장을 요구하기 시작하였다. 시험 응시자는 미국의 여러 지역 간의 큰 차이점을 이해한다: 노예 제도 폐지부터 20세기 말까지 약 600만 명의 흑인이 일자리를 찾아, 그리고 인종적 억압을 피해 남부 주에서 북부 주로 이주하였다.

- **칭찬할 만한 답안**: 시험 응시자는 과제의 자료를 보다 자세히 분석하고 실제로 실현되지 않은 이유를 구체적인 예를 들어 보여준다. 예를 들어, 쿠 클럭스 클랜(Ku Klux Klan)에 의한 흑인 린치, 남부 주에서의 인종차별, 원주민을 인권 없이 보호 구역에 감금하는 것 등이 가능한 예가 될 수 있다. 시험 응시자는 1960년대 사상의 세계(예: 블랙 팬서), 로자 파크스 사건과 그로 인해 촉발된 운동, 20만 명 이상이 참여한 1963년 워싱턴 행진 등 민권 운동이 탄생한 이유에 대해 생각해 볼 수 있다. 이번 연설(7.C)에서 킹은 링컨 선언(7.B)과 독립선언문(7.A)의 문구를 언급하며 언젠가 "모든 사람이 평등할 것"이라는 희망에 대해 이야기한다. 또한 세계대전이 소수자의 지위에 미친 영향에 대해 생각해 볼 수 있다. 형식적인 평등에도 불구하고, 전쟁 중에는 전선 등 다양한 인구 집단이 다르게 대우받았다.

〈예시문항 3〉은 질문 내용에 대해 역사지식을 묻고 역사 자료를 활용하는 2개의 문항을 포함하고 있다. 〈예시문항 3〉은 미국 독립선언문의 이념적, 역사적 배경을 작성하는 문제이다. 우수 답안에서는 독립선언문의 이념적, 역사적 배경을 계몽주의와 초기 자유주의와 같은 유럽의 사상과 연결하도록 제시하고 있다. 칭찬할 만한 답안에서는 다양한 유럽의 사상이 미국 독립선언문의 주요한 배경으로 작용했음을 언급하며, 스미스, 로크, 루소 및 몽테스키외 등 유럽의 여러 사상과 사상가들을 답안에 작성할 수 있는 사례로 제시하였다. 우수 답안과 칭찬할 만한 답안에서 안내하는 내용의 초점은 유럽의 다양한 사상에 대해 이해하고 설명할 수 있는지, 그리고 유럽의 다양한 사상이 주변 세계에 어떤 영향을 미쳤는지를 확인하는 데 목적이 있다. 역사교육과정의 네 번째 모듈 'HI 4. 유럽인'에서 제시한 목표 '다양한 사상의 발전과 그것이 주변 세계에 미치는 영향을 평가할 수 있다'와 직접 연계된 문제임을 확인할 수 있다.

〈예시문항 3〉 미국독립선언문, 아브라함 링컨 대통령의 선언문, 마틴 루터 킹의 연설 영상, 세 가지 자료를 활용하여, 미국 독립부터 1960년대까지 소수자 권리가 어떻게 발전했는지 묻는다. 우수 답안에서는 이 시기 미국에서 소수자의 권리가 어떻게 발전했는지 개관하고 제시된 세 자료(자료 7.A, 7.B, 7.C)에서 소수자의 위치를 설명한다. 칭찬할 만한 답변에서는 자료 7.A, 7.B, 7.C를 면밀히 분석하고 소수자의 권리가 실현되지 않은 이유를 구체적인 사례를 통하여 설명한다. 구체적인 사례로 1960년대 블랙 팬서와 같은 사상의 세계, 로자 파크스 사건과 그로 인해 촉발된 운동, 20만 명 이상이 참여한 1963년 워싱턴 행진 등 민권 운동 등이 언급된다. 나아가 세계대전이 소수자의 위치에 미친 영향을 고려하고, 전쟁 중 다양한 인구 집단이 다르게 대우받는 것 또한 답안에 작성할 수 있다. 이 문항은 기본적으로 미국에서 소수자 권리가 어떻게 발전했는지 질문하고 있으나, 답안의 방향은 소수자 권리에 대한 노력에도 불구하고 여전히 차별받고 있다는 점을 지적하며 제시된 자료를 비판적인 입장에서 해석하고 평가하여 과거에 대한 정보를 재구성하도록 안내한다.

4. 맺음말

지금까지 살펴본 핀란드 고등학교 역사교육과정과 대학입학자격시험 모의시험 문제와 모범 답안을 통하여 국가 수준에서 실시하는 핀란드의 역사적 사고 평가의 특징을 다음과 같이 정리할 수 있다.

첫째, 핀란드 역사교육과정은 목표, 내용, 평가에 이르기까지 연계성을 이루고 있다.[26] 2019년 핀란드 고등학교 역사교육과정은 역사적 사고 강화를 역사교육의 목표로 제시하면서 역사적 사고의 일반 목표를 '가치관', '역사적 현상의 이해', '역사적 지식의 습득 및 적용'으로 범주화하여 설명하였다. 이를 바탕으로 모듈에서는 세부 목표와 핵심 내용으로 상세화함으로써 교육목표, 학습 내용 그리고 평가에 이르기까지 일관되게 연계성을 이루며 역사적 사고를 통한 역사교육을 추구한다.

둘째, 핀란드 입학시험위원회의 역사 과목 모의시험 문항을 채점하는 기준은 시간, 변화, 연속성 등 역사적 핵심 개념의 이해, 인과관계 설명, 비판적 평가, 정보를 구별하는 능력 등 역사교육과정의 일반 목표와 핵심 내용에 기반하고 있다. 모의시험에서 세 가지 채점 기준('정보의 정확성과 필수성, 개념의 정확성', '분석성, 논리성, 정당화', '중요성, 다각적 관점, 정보를 평가하고 적용하는 능력')은 답안의 위계를 설정하고 배점별 답안의 차이점을 '모범 답안의 특징'으로 제시함으로써 핀란드 역사교육에서 추구하는 역사적 사고가 역사 시험 문제와 답안에서 어떻게 구현되는지 구체적인 사례를 제공한다. 가령 〈예시문항 1〉의 경우, 특정 역사적 표현('발칸 지역은 유럽의 화약고')의 의미와 이 표현에 대한 타당성 평가와 같이 2가지 질문으로 읽을 수 있다. 가령 〈예시문항 1〉은 특정 역사적 표현('발칸 지역은 유럽의 화약고')의 의미와 20세기 역사적 사건에 비추어 이 표현에 대한 타당성 평가, 2가지 질문으로 읽을 수 있다. '발칸 지역은 유럽의 화약고'의 의미가 무엇인지에 대해 답하기 위해서는 이 표현이 지칭하는 시대는 언제인지, 어떤 맥락과 이유로 이와 같은 표현이 생겼는지, 당시에 이 지역에서 발발했던 중요한 역사적 사건은 무엇이었으며 원인과 결과 그리고 그 영향에 대한 이해가 필요하다. 즉 역사적 중요성, 역사적 배경의 맥

---

26 이해영, 「핀란드 역사교육과정의 시사점: 목표, 내용을 연계한 평가기준 사례 제시」, 『청람사학』 30, 2019, p. 114.

락에서 역사 자료를 분석하는 증거, 원인과 결과 등 역사적 사고 개념에 기반하여 문항이 출제된다는 것을 확인할 수 있다. 그리고 20세기 역사적 사건에 대해 이 표현의 타당성을 평가하기 위해서, 역사 자료를 항상 다른 역사 자료와 비교하여 입증 및 점검하고 역사 행위자의 관점을 역사적 맥락에서 고려하는 증거와 역사적 관점과 같은 역사적 사고 개념을 보다 심화하고 확장하여 활용하고 있음을 알 수 있다. 이러한 문항과 함께 제시된 답안에서는 당시의 시대적·지정학적 맥락, 역사적 중요성 및 인과관계에 초점을 두고 있다. 우수 답안에서는 발칸 지역에서 유럽 강대국들의 정치권력관계, 제1차 세계대전 발발, 냉전의 종식과 유고슬로비아 해체를 담고 있으며, 칭찬할 만한 답안에서는 오스만제국의 약화, 러시아의 남하를 막기 위한 유럽 강대국들의 노력과 발칸반도의 전략적 중요성 및 유고슬라비아의 탄생과 티토 시대를 제시하고 있다.

셋째, 핀란드 대학입학자격시험 모의시험의 모범 답안은 학생이 역사 정보에 대해 정확하게 이해하고 해석할 뿐만 아니라 다양한 역사 출처를 비판적으로 해석하고 다각적인 사고의 좋은 사례를 제시할 수 있어야 한다고 안내한다. 나아가 역사 정보를 사용하여 증거에 기반한 주장을 만들 수 있으며 비판적인 시각으로 역사 정보에 접근하여 역사가 사회에서 어떻게 이용되는지 또는 잘못 이용되는지 평가할 수 있어야 한다고 제시한다. 시험은 역사적 사고에 집중하고 있으나 실제 문제에서는 역사적 사실을 암기해야 답안 작성이 가능한 문제가 대부분이다. 가령 앞에서 제시한 〈예시문항 1〉의 비스마르크의 표현과 20세기 역사적 사건을 질문한 문항, 그리고 〈예시문항 3〉의 미국독립선언문의 이념적, 역사적 배경을 묻는 문항이 있다. 역사적 사고 개념과 역사 내용 지식이 결합된 형태로 시험 문제가 만들어지는 것은 대부분의 역사 시험에서 확인할 수 있다. 사실 역사적 사고 개념은 역사적 '내용'으로 자주 언급되는 자료, 주제, 실체 없이는 그 의미를 찾기 어렵다. 역사적 중요성 개념 중 하나인 '중요성이 집단마다 다르다'는 것은 이것은 실제 사례와 연결될 때만 의미가 있다. 예를 들어 1867년은 캐나다 연방이 출범한 해이므로 캐나다인들에게는 중요하지만 미국인들에게는 중요하지 않을 수 있으며, 같은 해 미국이 알래스카를 러시아로부터 매입하였기 때문에 알래스카 주민들에게는 1867년이 중요한 해일 수 있다.[27]

한편 핀란드 학자들은 역사가 무엇이며 어떻게 가르쳐야 하는지에 대한 생각보다 역사 내용에만 치중하여 가르치며[28] 교수법 또한 교사들이 익숙한 방식으로 기존의 것을 고수한다고 비판하였다.[29] 또한 핀란드 교육과정에서 추구해 온 역사의 본질과 역사적 사고에 대한 이해는 실제 교육 현장에서 미미한 효과만 있었을 뿐이라고 지적되며 여전히 핀란드 학교 문화에서 교과서는 강력한 위치를 차지하고 있다고 강조하였다.[30]

핀란드 학자들의 비판에도 불구하고 핀란드의 역사적 사고 평가는 우리에게 의미있는 시사점을 제공한다. 우리나라 역사과 교육과정은 내용 지식을 중심으로 학습 내용을 학교급에 따라 '계열화'하는데 집중하고, 학생의 수준별 또는 학교급별 역사적 사고력을 향상하고 평가하는 교육과정 체계 개발에 소홀했다는 비판은[31] 최근 개정된 2022 역사과 교육과정에서도 유

---

27 Seixas, P. & Morton, T., *The Big Six: Historical Thinking Concepts*, p. 4.

28 Veijola, A. & Mikkonen, S., "Historical Literacy and Contradictory Evidence in Finnish High School Setting: The Bronze Soldier of Tallinn", *Historical Encounters: A journal of historical consciousness, Historical Cultures, and History Education*, 3-1, 2016, p. 2.

29 Rantala, J., "How Finnish Adolescents Understand History: Disciplinary Thinking in History and Its Assessment Among 16-Year-Old Finns", *Education Sciences*, 2, 2012, pp. 203~204.

30 Veijola, A. & Mikkonen, S., "Historical Literacy and Contradictory Evidence in Finnish High School Setting: The Bronze Soldier of Tallinn".

31 강선주, 「역사교육과정 개발 방법: 역사교육 개선의 방향 설정과 역사교육 연구 성과 활용 방안을 중심으로」, 『역사교육』 146, 2018.

효하다고 지적된다.[32] 핀란드 역사교육과정에서 교육목표, 내용, 평가기준과 시험에 이르기까지 연계성 있게 제시된 역사적 사고 개념 그리고 시험과 답안에 대한 실제 사례는 우리나라 역사교육에도 긍정적인 아이디어로 활용 가능할 것으로 여겨진다.

---

32 백은진, 「2022 개정 역사과 교육과정이 남긴 과제: 역사 교과 고유성과 역사 탐구」, 『역사교육연구』 25, 2023.

제7장

미국의 뉴욕주 역사/사회 리전트 시험의 특징 및 시사점*

천은수

1. 머리말

역사적 관계자들의 시각점을 분석하는 것은 자기 자신의 시각을 그 조건과 결과로 알아가는 데 필수적이다. 자기 자신의 시각을 백 퍼센트 이해하고 개개인의 시각점이 피할 수 없는 인간의 인지적 기초라고 이해하는 사람만이 과거 시대 사람들이 왜 그렇게 행동하고 생각했는지 그리고 현시대 사람들은 왜 그들과 다르게 행동하고 생각하는지 이해할 수 있다.[1]

사료작성 행위자의 시각점을 분석하는 서술형 문항이 뉴욕주 교육부(New York State Education Department)에서 주관하는 리전트[2] 졸업 시험(The Regents

---

* 이 장은 천은수, 「미국 뉴욕주 역사/사회 리전트 시험(Regents Exams) 문항 분석 및 시사점 −선택형과 서답형 문항−」, 『역사교육』 166, 2023의 내용을 수정·보완한 것이다.

1 Bergmann, K., Multiperspektivität −Geschichte selber Denken−, wochenschau verlag, 2008, p. 13.

2 리전트(Regents)는 대학의 운영이나 관리를 의미하는 이사회를 의미하는 경우가 많고, 뉴욕주 리전트 시험은 뉴욕주 교육이사회(New York State Board of Regents)에서 관리되며, 이는 주 교육정책을 설정하고 감독하는 역할을 하는 기관이다.

Examinations, 이하 리전트 시험)에 매회 출제되고 있다. 뉴욕주 표준 교육과정과 프레임워크(Framework)를 반영한 리전트 시험(Regents Exams)의 서술형 파트 Ⅱ 는 역사적으로 사료 기반 문서를 다루는 능력을 테스트하도록 설계되었다. 미국에서 표준화된 시험은 대부분 선다형 문항이지만,[3] 뉴욕주의 리전트 시험은 선다형과 서술형 문항을 병행하고 있다. 이중 서술형 파트 Ⅱ에서 사료관계자의 '시각을 분석'하는 문항이 고정적으로 출제되고 있다. 뉴욕주 리전트 시험에서 '시각분석'은 출처와 증거를 확장하고 사료를 비판하며 역사적으로 맥락화하는 역사적 사고 기능의 한 요소이다. 학생은 이런 문항을 통해 문서작성자(행위자)의 편견(Bias),[4] 시각점(Point of view),[5] 의도(Purpose),[6] 대상에 준 영향(Audience)[7]을 심층적으로 생각해 볼 수 있고, 문서관계자의 여러 시각을 분석하고 식별함으로써 그 유사점과 차이점을 비교하며 맥락화할 수 있다. 이는 문서작성자(행위자)의 주관적 시각을 역사적 맥락 위에 올려두고 그 시각점을 이해하고 객관적으로 판단해 보려는 역

---

3 Martin, D., Maldonado, S., Schneider, J., & Smith, M., "A Report on the State of History Education: State Policies and National Programs", *National History Education Clearinghouse*, 2011. p. 17.

4 편견(Bias)은 객관성의 반대를 의미한다. 특정 해석을 뒷받침하기 위해 특정 사실을 고의적으로 포함하거나 배제하여 균형이 부족하고, 한쪽 측면만 제시하고 특정 세부 사항을 과도하게 강조, 경시 또는 생략하여 주장한다. 주관적인 인신 공격 및 비방을 통해 사회 내 특정 인종, 국가, 집단을 반대하는 편견은 정치적, 경제적, 사회적, 종교적 또는 도덕적 관점을 가진 서자의 배경에 대한 지식으로 나타날 수 있다. 저자의 편견에 대해 어느 부분을 누락하고 과장하는지에 대해 밝히는 과정에서 사료의 신뢰도를 설명한다.

5 저자의 시각점(Point of view)은 정치적, 경제적, 사회적, 종교적 또는 도덕적 관점을 가진 저자의 시대적 전통 및 삶의 경험으로 인해 발생한다. 시각점과 편견은 객관성과 주관성 사이의 스펙트럼에 존재하며 저자가 균형 잡힌 방식으로 문제에 대한 객관적인 시점을 표현하는지, 비합리적이거나 강한 개인적 편견을 나타내는 의견인지로 분별한다.

6 목적(Purpose)은 문서 또는 출처가 제작된 이유, 행위자가 어떤 의도로 왜 이 문서를 만들었는지에 대해 설명한다.

7 청중(Audience)은 주어진 문서 또는 출처가 제작되거나 의도된 그룹의 대상이다. 저자는 문서의 대상 독자가 누구라고 명시하며 어떤 의도를 갖고 문서를 작성한 것인지, 청중에 어떤 영향을 미쳤는지 분석한다.

사적 다중시각[8] 공부의 일종이다.

미국의 역사·경제적 중심인 뉴욕주는 공교육의 책임을 구현하면서 리전트 시험을 실시하고 있다.[9] 리전트 시험은 표준화된 교육과정 및 평가설계로 미국 내에서 높은 위상을 갖고 있다.[10] 이는 학생들의 학습 성취도를 측정하는 표준화된 공통 시험으로, 뉴욕주 고등학생들이 졸업하기 위해 통과해야 하는 중요한 평가 도구이다. 리전트 시험과목으로는 영어, 수학, 과학과 함께 역사/사회 시험으로서 〈지구사〉와 〈미국사〉가 있다.

이 장에서는 먼저, 뉴욕주 졸업 시험인 리전트 역사/사회 시험의 전반적인 특징에 대해 고찰하고, 평가 문항이 도달하고자 하는 공통 표준 학습과 사고 기능에 관한 프레임워크에 대해 검토한다. 다음으로 역사/사회 교과의 리전트 졸업 시험인 〈지구사 및 지리Ⅱ〉, 〈미국사 및 정부〉의 2018~2023년도 기출 문항 분석을 통해 선다형 및 서술형 문항의 구체적인 특징에 대해서 유형별로 분석한다. 나아가 이를 기반으로 우리에게 적용할 수 있는 시사점을 도출하기로 한다.

---

8 강선주, 「다중시각의 역사수업」, 개념과 가치 충돌의 해결 방안」, 『역사교육』 154, 2020; 천은수, 「다중시각(Multiperspectivity)의 역사인식과 역사교육」, 한국교원대학교 박사학위논문, 2021; 천은수, 「역사교육에서 다중시각(Multiperspectivity): 인식론적 측면으로 바라본 다중시각의 개념과 구조」, 『청람사학』, 2021; 천은수, 「다중시각(Multiperspectivity)을 통한 객관적 역사 이해와 교육 가능성 탐색 -동일한 대상을 시각자가 서로 다르게 보는 근원을 중심으로」, 『교육발전』 42-3, 2023; 천은수, 『다중시각(Multiperspectivity)을 통한 객관적인 역사 이해 과정과 역사학습의 실제』, 나눔북스, 2023.

9 Vergari, S., "New York", *The rising state: how state power is transforming our nations schools*, State University of New York Press, 2009.

10 Isaacs, T. "150 Years of Statewide Assessment in New York: Are the Regents Examinations Still Fit for Purpose?", *Assessment in Education: Principles, Policy & Practice*, 21-3, 2014, p. 354.

2. 뉴욕주 고등학교 졸업을 위한 리전트 시험

1) 뉴욕주 공통 평가인 리전트 시험의 역사

미국의 교육은 개별 주에서 책임을 맡고 있다. 주 정부는 학생에게 교육을 제공하고 기금, 거버넌스, 직원 인사 및 교육과정을 감독할 헌법상 의무가 있으며 고등학교 졸업 요건 및 평가 정책을 결정한다. 뉴욕주 교육이사회(New York State Board of Regents)는 주 공통 평가 시스템인 리전트 시험을 150년 동안 주관하고 있다. 뉴욕주 교육이사회와 교육부는 학생에게 학점 취득의 선택권을 주는 동시에 표준화된 리전트 졸업 시험을 실시하면서 공교육의 높은 책무성을 발휘하고 있다. 1865년 고등학교 8학년 학생들에게 모의 시험의 형태로 시험을 치르게 하는 준비 과정을 거친 후, 리전트 시험은 1878년에 뉴욕주 전체 고등학교의 시험으로 정착되었다.[11] 1920년대부터 모든 공립 고등학교 학생들은 학점을 취득한 후 졸업 요건으로 리전트 시험을 통과해야 한다. 학생은 교육과정에서 제시하는 필수 학점을 모두 취득하면 재학 중 언제든지 리전트 시험을 볼 수 있다. 뉴욕주 공립 고등학교 학생은 교육과정을 기반으로 필수 학점을 이수하고, 리전트 시험의 합격점을 넘으면 졸업장을 받는다. 교육과정과 시험과목은 계속 변경되었는데 현재 합격점은 65점 이상이며, 평균 90점을 받은 학생은 우등 리전트 졸업장을 취득하게 된다. 만약 65점에 미달되더라도 장애를 가지고 있거나 제2외국어 프로그램에 등록한 학생들은 리전트 졸업장이 아닌 지역 졸업장을 받을 수 있다. 따

---

11 NYSED, "History of Regents Examinations: 1865 to 1987", http://www.p12.nysed. gov/apda/hsgen/archive/rehistory.htm (2022. 11. 1. 검색); NYSED, "Timeline & History of New York State Assessments", 2012 https://web.archive.org/ web/20120619212212/http://www.p12.nysed.gov/apda/timeline-history.pdf (2022. 11. 1. 검색).

라서 리전트 시험 통과없이 졸업할 수 있기 때문에 1990년 중반까지 리전트 졸업장을 받고 고등학교를 졸업한 학생은 전체의 절반도 되지 않았다. 이러한 문제 때문에, 뉴욕주 교육부 장관은 1996년에 고등학교 졸업 요건을 변경하여 시험 과목을 5개로 줄이되, 이를 필수 졸업 시험으로 정했다.[12] 이에 따라 2011년 기준 흑인 학생과 히스패닉 학생 중 리전트 졸업장을 받은 학생의 비율은 각각 39%와 37%밖에 되지 않는 것으로 나타났다. 여전히 많은 학생이 리전트 졸업 요건에 도달하지 못하여 다른 대체 경로를 찾고 있다.[13] 리전트 시험은 표준화된 졸업 시험으로 고교 졸업장을 받기 위해서 학생과 교사에게 부담을 전가하는 측면이 있다.[14] 하지만 2000년대 이후 국가의 NCLB(No Child Left Behind Act)정책[15]에 의해 표준화 시험이 강화되면서 여전히 뉴욕주는 리전트 시험을 통해 공교육의 책무성을 견지하고 있다.

표준화 시험은 지속적으로 찬반 논란이 있어 왔다. 표준화 시험을 옹호하는 입장은 여전히 강고하지만,[16] 반면 이를 비판하는 입장도 줄기차게 표

---

12 "1996년 교육부장관이 지역 졸업장을 단계적으로 폐지하고 5개의 핵심 리전트 시험을 통과하는 조건으로 고등학교 졸업 리전트 시험을 바꾸었다"(DeBray, E., "Richard Mills and the New York State Board of Regents, 1995 - 2001, parts A & B", *Journal of Cases in Educational Leadership*, 7-2, 2004); "새로운 규정에 따라 지역졸업장이 폐지되고 2001년 9월 이후 9학년이 되는 학생은 고등학교 졸업을 위해서는 리전트 5개 과목 시험을 통과해야 했다"(Sandra, V., *The Rising State: How State Power is Transforming Our Nation's Schools*, State University of New York Press, 2009, p. 67).

13 Isaacs, T., "150 Years of Statewide Assessment in New York", 2014, p. 353.

14 Beadie, N., "From Student Markets to Credential Markets: The Creation of the Regents Examination System in New York State, 1864-1890", *History of Education Quarterly*, 39-1, 2017, pp. 1~30; 조대훈, 「고부담 시험에 대한 세 가지 이야기: 미국 뉴욕시 공립학교 사회과 교사들에 대한 질적 연구」, 『시민교육연구』 43-4, 2011.

15 NCLB(No Child Left Behind Act)는 2002년에 제정된 미국 연방법이다. 이 법안은 학교에 대한 기준과 책무성을 강화함으로써 모든 미국 학생들의 교육 성과를 향상시키는 것을 목표로 한다. 책무성 강화로 학교는 표준화된 시험을 통해 특정 교육 기준을 충족해야 하고, 인종, 사회 경제적 지위 및 장애에 따른 학생과 같은 다양한 학생 그룹 간의 성취도 격차를 줄이는 데 힘써야 했다. https://www2.ed.gov/nclb/landing.jhtml (2023. 12. 1.검색); 「NCLB(No Child Left Behind Act) United States education」, 『britannica』 https://www.britannica.com/topic/No-Child-Left-Behind-Act (2024. 7. 7.검색).

16 Phelps, R. P., *Defending Standardized Testing*, Psychology Press, 2006.

준화 시험 이탈 운동을 전개하였다.[17] 상향식 학교 교육 개혁운동을 주도했던 뉴욕 수행평가 협회(the New York performance Standards Consortium)는 표준화된 리전트 시험을 대체할 새로운 평가 방식을 요구하였다. 그 결과 이 협회에 가입한 학교의 학생들은 표준화된 졸업 시험인 리전트 시험에 응시하지 않아도 협회에서 인증한 수행평가로 대체해서[18] 졸업장을 받을 수 있게 되었다. 일부 교사는 뉴욕주 수행평가 협회가 제안한 연구 프로젝트 중심의 수행평가 방식이 표준화 시험보다 심층적인 학습을 유도한다는 점에서 더 나은 대안이라고 평가하기도 한다. 하지만 학업성적이 떨어지는 학교의 경우에는 졸업생을 증가시키기 위해서 수행평가를 도입하는 측면도 있다. 수행평가는 개별 학교 단위의 교사와 학생 수준에 의해 합격점수가 도출된다는 점에서 표준화된 시험과 비교할 때 장점과 단점이 동시에 병존한다.

살펴본 바와 같이, 현재 뉴욕주는 고교 졸업 시험으로 표준화된 리전트 시험을 기본으로 하되 일부 학교에서 실시하는 개인별 수행평가를 허용하고 있다.

2) 리진트 시험의 점수 채점 방법

양질의 교육을 받은 세계 시민을 양성하기 위하여 뉴욕주 교육부와 교육 이사회는 리전트 시험을 개발하고 평가하는 전 과정을 관리한다.[19] 리전

---

17 Pizmony-Levy, O. & Saraisky, N. G., *Who Opts Out and Why?: Results from a National Survey on Opting Out of Standardized Tests*, Teachers College Press, 2016.

18 뉴욕주 수행평가를 도입한 학교의 졸업반 학생은 연구 프로젝트 중심의 보고서를 발표하고, 평가자의 질문에 답해야 한다. 담당교사와 교장 총 2인 이상이 평가자로 참여하여 뉴욕 수행평가협회에서 제공하는 평가기준 및 수준을 바탕으로 학생의 보고서를 분석하고, 학생의 주장과 근거의 타당성 및 독창성 등을 평가한다.

19 NYSED, "New York State Education Department Test Development Process. Author, 2012d", http://www.p12.nysed.gov/apda/teacher/test-development-process. pdf (2022. 12. 30. 검색); Watson, R. S., "Stability and Change in New York State Regents Mathematics Examinations, 1866~2009: A Socio-Historical Analysis, Ann Arbor",

트 시험은 매년 1월, 6월, 8월에 실시되고 있는데, 뉴욕주 교육부는 학교에 시험 일정을 사전에 제공하고 있다. 뉴욕주 고등학생들은 학점 요건과 평가 요건을 충족하면 지역 졸업장, 리전트 졸업장, 고급 리전트 졸업장을 받을 수 있다. 리전트 졸업장의 자격 승인은 학생의 점수를 토대로 학교장이 결정한다. 학교장은 졸업 시험의 승인과 관리에 관한 모든 규정 및 정책을 준수할 책임이 있다.

역사/사회의 시험은 〈지구사 및 지리Ⅱ〉와 〈미국사와 정부〉의 두 과목으로, 합격점수는 65점이다. 이때 65점은 원점수가 아닌 문항 반응 이론 채점 방법으로 환산한 점수로 시험의 난이도를 고려하여 매년 과락 기준에 공정성을 확보하기 위해 보정한 변환점수이다. 신뢰할 수 있는 채점을 보장하기 위해서 리전트 시험을 시행하는 각 고등학교의 교장은 채점위원을 임명한다.

채점위원은 논술형 및 서술형 문항 채점에 대해 학교 수준, 교육구 수준 또는 지역 교육에 관한 정보를 연수받아야 한다. 채점위원은 7~12학년 사회 및 특별 교사를 포함한다. 서술형 문항은 적어도 두 명의 교사가 채점한다. 이때 교사는 자신이 직접 가르친 학생의 답안을 평가할 수 없도록 되어 있다.[20] 두 명의 채점위원은 각 서술형 답안지를 독립적으로 평가한다. 두 채점위원의 채점 등급이 연속적이면 두 점수의 평균을 낸다. 두 채점위원 간 신뢰도가 범위를 벗어날 경우, 세 번째 채점위원이 필요하다. 세 채점위원의 채점 등급이 서로 다를 경우 학생은 중간 점수를 받는다. 채점 기록은 최소 1년 동안 보관해야 한다.

하지만 이렇게 서술형 채점 과정에서 공정한 장치나 객관적인 채점 기

Ph.D. Dissertation, The City University of New York, 2010.

20 Isaacs, T., "150 Years of Statewide Assessment in New York: Are the Regents Examinations Still Fit for Purpose?", p. 347.

준표를 마련한다고 해도, 응답 반응이 큰 서술형은 구조적상 채점위원들 간에 일치된 점수를 도출하기 어렵다. 서술형 평가의 장점은 피평가자의 인지 과정을 순차적으로 평가하며 선다형 문항으로 측정하기 어려운 역사지식·사고·기능을 측정할 수 있다는 데에 있다.[21] 반면, 단점은 블러핑(bluffing)[22]을 포함하여 학생들의 작문 기술에 의해 점수가 높아지거나, 서툰 필체 및 철자 오류나 문법적 오류 때문에 점수가 낮아진다는 점이다. 또한 채점 시간이 많이 소요되며, 평가에 주관성이 개입되어 평가 결과에 대한 신뢰도가 저하된다.[23] 응답 반응의 폭이 크므로 채점자의 가중치에 따라서 점수 편차가 생길 수밖에 없다.

리전트 서술형 문항에 대해서 채점의 근원적인 문제를 제기하는 학자들은 다른 과목보다 특히 〈미국사 및 정부〉와 〈지구사 및 지리 Ⅱ〉의 서술형 채점에서 합격선 근처 4.7~5.2% 사이에 부풀리기식 채점이 존재한다는 사실을 연구 결과로 제시하고 있다.[24] 근본적으로 응답 반응이 다양한 서술형은 채점자의 의도성이 있든 없든 간에 부풀리기식 채점 가능성을 배제하기 어렵고, 채점자의 주관이 개입될 여지가 있다는 문제점이 있다.

---

21 Wineburg, S., "Crazy for History", *Journal of American History*, 90, 2004, pp. 1401~1414; VanSledright, B. A., *Assessing Historical Thinking and Understanding: Innovative Designs for New Standards*, Taylor & Francis, 2014.

22 블러핑(bluffing)은 서술형 시험에서 학생들이 실제로 답을 모르면서도 마치 알고 있는 것처럼 답인을 작성하는 행위이다. 수험생들이 자기가 실제로 가지고 있는 지식이나 경험에 비해 훨씬 더 많은 지식이나 경험을 가지고 있는 것처럼 가장하는 답안이다. 이는 채점의 과정 및 절차의 문제이기보다는 의사 답안을 감지하고 분별해 낼 수 있는, 훈련받은 채점자가 필요한 문제이다. 장의선, 「지리과 서술형 문항의 채점에서 '블러핑'의 문제」, 『2013년 하계학술대회 자료집』, 2013.

23 장의선, 「지리과 서술형 문항의 주요 유형에 관한 연구 -NAEP의 지리과 4학년 문항을 사례로-」, 『대한지리학회지』 47-6, 2012, p. 937.

24 Dee, T. S., Jacob, B. A., & McCrary, J., "Rules and Discretion in the Evaluation of Students and Schools: The Case of the New York Regents Examinations", *Columbia Business School Research Paper*, 2011, pp. 1~41; 리전트 시험에서 객관식 점수를 조작하기는 어렵기 때문에, 사회과 서술형 점수를 부풀려서 졸업 시험 합격 커트라인 경계에 있는 학생들을 합격시킨 것으로 추측할 수 있다.

3. 표준 교육과정과 프레임워크에 기반한 리전트 시험

리전트 시험의 문항 내용은 공통 표준 학습(Social Studies Learning Standards) 및 교육과정에 기반하고 있다.[25] 뉴욕주 사회과의 주요 목적은 젊은이들이 상호 의존적인 세계의 다양성을 인정하고 민주 사회의 시민으로서 공공의 이익을 살피며 합리적인 결정을 내릴 수 있는 능력을 개발하도록 돕는 데 있다.[26] 뉴욕주 학생은 역사/사회 교육과정의 7학년에서 〈미국과 뉴욕의 역사 I〉, 8학년에서 〈미국과 뉴욕의 역사 II〉, 9학년에서 〈지구사와 지리 I〉, 10학년에서 〈지구사와 지리 II〉, 11학년에서 〈미국사와 정부〉, 12학년에서 〈정부 참여, 경제, 엔터프라이즈 시스템 및 금융〉을 배운다. 졸업을 하기 위한 사회과 이수 학점은 〈미국사〉는 1학점, 〈지구사와 지리학〉은 2학점, 〈정부참여〉와 〈경제학〉은 1/2학점이다.

뉴욕주 리전트 역사/사회 시험은 9~12학년 교육과정의 내용인 지구사, 지리와 미국사, 법, 정부, 경제, 사회학을 밀접하게 통합할 뿐만 아니라 사고 기능까지 적용하여 풀 수 있는 선다형과 서술형 문항으로 출제된다. 그러나 과거 리전트 시험 문항은 고차원적인 사고 능력에 대한 평가 도구로 부족하였고,[27] 증거를 합리적으로 비판하는 학생의 역사 사고 역량 등을 적절하게 끌어내지 못하였다. 이에 뉴욕주 교육이사회는 이러한 문제점들을 해

---

25 NYSED, "Learning Standards for Social Studies", University of the State of New York – New York State Education Department, 1996; NYSED, "New York State Diploma Requirements Applicable to All Students Enrolled in Grades 9-12", University of the State of New York – New York State Education Department, 2022.

26 NYSED, "Educator Guide to the Regents Examination in United States History and Government (Framework) First Administration June 2022", University of the State of New York – New York State Education Department, 2022, p. 4.

27 Reich, G. A., "Testing Historical Knowledge: Standards, Multiple-Choice Questions and Student Reasoning", *Theory and Research in Social Education*, 37-3, 2009, pp. 325~360.

결하기 위해서 꾸준하게 역사적 사고 기능을 리전트 시험 문항에 반영하고자 노력했다.

뉴욕주 교육부와 교육이사회는 2014년에 역사적 사고 기능을 강화하기 위해 K-12 프레임워크를 채택하였다.[28] 뉴욕주 "K-12 사회과 프레임워크"는 문해력 및 쓰기 표준과 뉴욕주 사회과 학습 표준에 기반을 둔다. 이는 학생들이 단순한 사실 암기를 넘어, 복합적인 사회 현상을 학문적으로나 실제적으로 깊이 있게 분석하고 이해하는 능력을 기를 수 있도록 한다. 리전트 시험은 K-12 프레임워크를 반영하여 역사 문해력과 사고 기능을 보다 강화하였다. 이렇게 새롭게 변경된 〈지구사 및 지리Ⅱ〉 시험은 2019년부터, 〈미국사 및 정부〉 시험은 2020년 6월부터 각각 실시될 예정이었지만 코로나 팬데믹으로 연기되었다가 2022년에 와서야 실시되고 있다.

뉴욕주의 역사/사회 K-12 프레임워크에서 추출한 6개 사고 능력을 9~12학년 중심으로 정리한 것이 〈표 1〉이다.[29]

뉴욕주 K-12 프레임워크는 학생들이 무엇을 배우고 무엇을 할 수 있어야 하는지에 대한 이정표 역할을 하고 있다.

---

28 "뉴욕주(NYS) 프레임워크는 2013년 국가위원회의 C3 프레임워크, 기존 뉴욕 주 사회 연구 학습 표준, 국가 지리 표준, 새로운 세계사 커리큘럼 프레임워크에 명시된 역사적 사고 기능, 국가 역사교육 위원회에서 발행한 마음의 습관을 기반으로 만들었다"(NYSED, "New York State K-12 Social Studies Framework", University of the State of New York – New York State Education Department, 2017. p. 9).

29 NYSED, "New York State Grades 9-12 Social Studies Framework", University of the State of New York – New York State Education Department, 2017.

영역	역사/사회 9~12학년의 사고 기능 요소
A. 증거 수집, 해석 및 사용	1. 우리가 살고 있는 사건과 세계에 대한 질문을 정의하고 틀을 짜고, 잠재적인 가설을 형성한다. 답하기 위해서 증거를 사용하여 가설을 고려하여 분석한다. 2. 다양한 출처(문서, 예술 작품, 사진, 차트 및 그래프, 유물, 구전 전통 및 기타 1차 및 2차 출처 포함)에서 사건에 대한 증거를 식별, 설명 및 평가한다. 3. 내용, 저자, 관점, 편견, 목적, 형식, 청중 등의 측면에서 증거를 분석한다. 4. 다른 사람의 주장을 설명, 분석 및 평가한다. 5. 증거로부터 추론하고 결론을 도출한다. 6. 증거를 사용하여 그럴듯하고 설득력 있는 주장을 구성하고 해체한다. 7. 1차 및 2차 출처의 서로 다른 증거를 융합하여 현재와 연결하여 과거에 대한 의미 있고 설득력 있게 이해한다.
B. 연대기적 추론 및 인과관계	1. 사건들이 연대순으로 어떻게 서로 연관되어 있는지 명확하게 설명하고, 초기 아이디어와 사건이 이후의 아이디어와 사건에 영향을 미칠 수 있는 방법을 설명한다. 2. 여러 학년에 걸쳐 다양한 기간과 학습 과정의 예를 사용하여 원인과 결과를 식별한다. 3. 여러 원인과 결과 사이의 관계를 식별, 분석 및 평가한다. 4. 장기적이고 즉각적인 원인과 여러 가지 결과(시간, 연속성 및 변화)의 효과를 평가한다. 5. 역사적 연속성과 기간에 따른 변화의 인식, 분석 및 평가, 시간 경과에 따라 이러한 변화를 일으킨 요인을 조사한다. 6. 특정 시대의 선택이 다른 내러티브, 지역 또는 그룹보다 다른 내러티브, 지역 또는 그룹에 유리하다는 것을 인식한다. 7. 연속성과 변화의 패턴을 더 큰 역사적 과정 및 주제와 연관시킨다. 8. 역사가들이 사건을 분류하기 위해 사용하는 역사적 시대 모델을 설명, 분석, 평가 및 사건을 분류하는 데 구성한다.
C. 비교 및 맥락화	1. 역사적 기간에 걸쳐 지리적 지역 간의 유사점과 차이점을 식별하고 지리적 차이를 다양한 역사적 사건 및 결과와 연관시킨다. 2. 주어진 역사적 경험에 대한 다양한 관점을 식별하고, 비교하고, 평가한다. 3. 시간 경과에 따른 역사적 발전과 다양한 지리적, 문화적 맥락에서 역사적 발전의 유사점과 차이점을 식별하고 비교한다. 4. 다양한 역사적 발전(사회 내, 사회 간: 다양한 연대기 및 지리적 맥락에서)을 설명, 비교, 평가한다. 5. 지리, 경제 및 역사 사이의 관계를 사건과의 맥락으로 인식하고 시간과 장소의 매트릭스로서의 관계를 인식한다. 6. 역사적 발전을 시간과 장소의 특정 상황과 더 광범위한 지역, 국가 또는 세계적 과정에 연결하고, 적절한 경우 현재와의 연관성을 도출한다.

영역	역사/사회 9~12학년의 사고 기능 요소
D. 지리적 추론	1. 장소의 위치, 장소의 위치가 중요한 이유, 장소의 위치가 다른 장소와 사람들의 위치와 어떤 관련이 있는지에 대해 지리적 질문을 한다. 그리고 그 위치가 다른 장소 및 사람들의 위치와 어떻게 관련되어 있는지 물어본다. 2. 지리적 도구를 사용하여 공간적 맥락에 배치하여 사람, 장소, 지역 및 환경 간의 관계를 식별, 설명 및 평가한다. 3. 환경과 인간 활동 간의 관계를 물리적 환경이 인간 활동에 의해 어떻게 변화하는지, 인간 활동이 지구의 물리적 환경으로부터 어떻게 또한 지구의 물리적 특징과 프로세스의 영향을 받는지 식별, 분석 및 평가한다. 4. 다양한 규모에서 반복되는 규칙성과 순차적인 연결성을 식별하고 해석한다. 5. 장소와 지역이 문명의 사회적, 문화적, 경제적 특성에 어떻게 영향을 미치는지 인식하고 분석한다. 6. 장소와 지역 간의 연결 변화를 특성화하고 분석한다.
E. 경제 및 경제 시스템	1. 한계 편익과 한계 비용을 사용하여 경제 문제에 대한 접근 방식 또는 해결책에 대한 논거를 구성한다. 또는 경제 문제에 대한 해결책을 제시한다. 2. 보상이 시장에서 생산 및 분배되는 것에 영향을 미치는 방식을 분석한다. 3. 특정 시장에서 판매자 간 경쟁과 구매자 간 경쟁이 어느 정도 존재하는지 평가한다. 4. 시장 경제에 적용되는 재산권 및 법치의 개념을 설명한다. 5. 경제 지표를 사용하여 경제의 현재 및 미래 상태를 분석한다. 6. 정부의 경제 정책과 국가 및 세계 경제에 미치는 영향을 분석한다.
F. 시민 참여	1. 토론 및 교실 토론에서 다른 사람의 권리를 존중하고 정중하게 다른 견해에 동의하지 않고 반론에 대한 증거를 제시한다. 2. 교실, 학교, 지역사회, 주 또는 국가적 이슈나 문제에 초점을 맞춘 활동에 참여한다. 3. 사회 및 정치 참여에 대한 다양한 철학과 개인의 역할에 대해 설명한다. 그룹 중심의 철학으로 이어진다. 4. 다양한 사회에서 사회 및 정치 참여 기회에서 개인의 역할을 식별, 설명 및 대조한다. 5. 갈등과 차이의 해결을 위해 설득, 토론, 협상 및 타협에 참여한다. 6. 사회적 행동이 필요한 상황을 파악하고 적절한 행동 방침을 결정한다. 7. 권력을 가진 사람들에게 영향을 미치기 위해 노력하며 정의와 인권을 확장한다. 8. 상호 의존적인 세계 간 상호작용에 대한 인식을 발전시키고 참여함으로써 정치 과정, 민주 사회에서 시민권과 관련된 사회적, 정치적 책임을 다한다.

　K-12 프레임워크는 지식형 문항에서 사고기능형 문항으로의 변화를 가져왔다. 예를 들면, 파트 Ⅱ에서 고정적으로 출제되는 '시각분석' 문항은 프레임워크의 'A. 증거 수집, 해석 및 사용' 영역과 'C. 비교 및 맥락화' 영

역의 사고 기능을 습득하기 위해서 제작된 문항이다. 사료를 통한 '시각분석' 서술형 문항은 단순해 보이지만 역사 사고 기능과 역사 문해력을 배양할 수 있는 발판을 마련한다.

한편, 뉴욕주 교육부는 학생들이 자주 낙제하여 고교졸업을 어렵게 만드는 시험인 〈지구사 및 지리〉를 없앨 것을 제안받기도 하였다.[30] 왜냐하면 〈지구사 및 지리〉 시험이 지난 수년간 5개 필수 시험 중 합격률이 가장 낮았기 때문인데[31] 해당 교과를 수학이나 과학으로 대체하자는 의견까지 제시되었다. 그러나 뉴욕주 교육부는 이것을 거부하고 지구사 시험을 그대로 유지하였다. 그 이유는 지구사가 5,000년의 세계 문명을 단지 2년 동안 공부하고 평가받기에는 상대적으로 다른 과목보다 합격하기 어렵다는 것을 인정하지만, 세계시민으로서 자신이 어디에 서 있고 어디로 가는지 이해하려면 최소한의 기초적인 역사의식이 필요하기 때문이다.

다만, 뉴욕주 교육이사회는 2017년에 세계사 공부에 대한 부담을 줄이기 위해서 9학년 교육과정인 〈지구사와 지리Ⅰ〉를 제외하고 10학년 교육과정인 1750년부터 현대까지인 〈지구사 및 지리Ⅱ〉 과목만으로 시험 범위를 축소 변경하는 사항을 승인하였다. 뉴욕주 교육부와 뉴욕주 교육위원회는 새롭게 보강한 역사/사회 K-12 프레임워크를 채택하여 리전트 역사/사회 시험에서 지식형 문항을 줄이고 사고 기능 문항을 강화시키는 방향으로 리전트 시험을 변경하였다.

---

30 Paul, R., "State Considers Dropping Regents Exam for Global History for Some Students, to Central New York Teachers' Dismay", *The Syracuse Post Standard*, 2012, https://www.syracuse.com/news/2012/05/state_considers_dropping_regen. html (2023. 1. 7. 검색).

31 Gonen, Y., "State Considers Making Too-Hard Regents Test Optional", *The New York Post*, https://nypost.com/2012/04/24/state-considers-making-too-hard-regents-test-optional/ (2023. 1. 7. 검색)

4. 변경된 리전트 역사/사회 시험의 특징

1) 역사 문해력과 사고 기능을 강화한 리전트 시험

새로운 리전트 시험은 K-12 프레임워크를 적용함으로써 기존의 지식형 문항에서 역사적 사고 기능을 배양하는 문항으로 변경되었는데, 각 문항별 특징은 다음과 같다.

선다형 파트 Ⅰ은 50문항에서 28문항으로 변경 축소되었다.[32] 단순하게 문항 수만 축소된 것이 아니라 암기 위주의 지식형 문항이 삭제되고 자극 기반 선다형 문항(Stimulus-Based Multiple-Choice Questions)으로 변경되었다. 자극 기반 선다형 문항은 다양한 자료(지도, 사료, 그래프 등)에 기반하여 제시문의 자료를 해석하며 답을 선택하도록 한다. 학생은 문항을 풀기 위해서 문해력과 역사 지식, 역사 사고 기능을 사용해서 제시문을 분석한 후 답안을 선택해야 하므로 이와 관련된 역량을 키울 수 있게 된다.

서술형 파트 Ⅱ는 사료 기반 서술형 문항(Document-Based Questions)이다. 사료 기반 서술형 문항은 1970년대에 대학위원회(College Board)에서 역사적 사고 기능을 포함하여 이를 측정하기 위해 개발한 것으로 역사 성취도를 측정하는 데 가장 적합한 평가 도구로 알려져 있다.[33] 이는 AP(Advanced Placement) 미국사, 유럽사, 세계사 시험과 뉴욕의 리전트 시험에서 출제되고 있다. 일부에서는 사료 기반 서술형 문항이 고차원적인 추론 기술을 효

---

32 NYSED, "Global History and Geography Ⅱ Regents Exam", 2017, https://www. nysut.org/~/media/files/nysut/resources/2017/august/2017_08_factshhet_17_15_ global_history_geography_ii_regents_exam.pdf?la=en (2023. 1. 14. 검색).

33 「College Board」, 2014, https://apcentral.collegeboard.org/courses/ap-united-states- history (2023. 3. 23. 검색); Robelen, E. W., "AP Geography, Environmental Science Thrive", *Education Week*, 31-21, 2012.

과적으로 측정할 수 있다는 의견도 있는 반면,[34] 이러한 결론을 뒷받침하는 경험적 실체가 존재하지 않는다는 의견도 있다.[35] 그랜트(Grant, S. G.), 그래드웰(Gradwell, J. M.), 크림브릭(Cimbricz, S. K.)은 사료 기반 서술형 문항을 분석하면 실제로 학생들이 역사적 사고 과정에 참여하지 않고도 문제를 풀 수 있다고 하였다.[36] 역사적 사고기능을 추출하는[37] 것도 쉽지 않지만 역사적 사고기능을 규명하여 문항으로 제작하는 것 또한 용이하지 않다. 이러한 실무상 어려움에도 뉴욕주 교육부와 교육위원회는 이를 추진하고 있다.

사료 기반 서술형 문항은 사료를 비판하고 맥락화하는 사고 기능을 연습할 수 있도록 고안되어, 증거를 포함시켜 답안을 작성하게 한다. 파트 Ⅱ의 사료 기반 서술형 문항의 형식은 〈표 2〉와 같다.

---

34 Gradwell, J. M., "Teaching in Spite of, Rather than Because of, the Test", *Measuring History: Cases of State-Level Testing Across the United States*, edited by S. G. Grant, Information Age, 2006, pp. 157~176.

35 Grant, S. G., "Research on History Tests", *Measuring History: Cases of State-Level Testing Across the United States*, edited by S. G. Grant, Information Age, 2006.

36 Grant, S. G., Gradwell, J. M., & Cimbricz, S. K., "A Question of Authenticity: The Document-Based Question as an Assessment of Students' Knowledge of History", *Journal of Curriculum and Supervision*, 19-4, 2004, pp. 309~337.

37 최상훈은 역사적 사고력의 특성을 다음과 같이 추출했다. 첫째, 시간에 따른 변화와 연속성, 그리고 인과관계를 중시한다. 둘째, 사건의 유사성보다는 개별성과 다양성에 관심을 가진다. 셋째, 과거 사건을 시간과 공간 속에서 맥락적으로 파악하고자 한다. 넷째, 역사문제와 사료를 다루는 과정에서 비판적, 평가적, 인증적인 성향을 지닌다. 다섯째, 가설을 산출하거나 해결방안을 모색하는 과정에서 직관적, 확산적, 개방적, 논리적, 내러티브적인 경향을 띤다. 여섯째, 과거 사건을 설명할 뿐만 아니라 사건 뒤에 숨어 있는 사람들의 사상을 상상적으로 재연하고자 한다(최상훈, 「역사적 사고력의 육성을 위한 평가문항 개발방안」, 『역사와 역사교육』 5, 2000, p. 105).

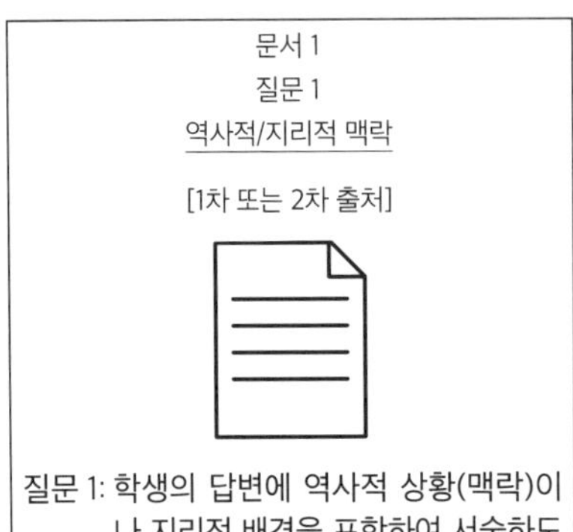

문서 1과 2
질문 3
문서 1과 문서 2의 관계

[종합]

질문3: 학생의 답변에 문서1과 2 사이의 관계를 기반으로 하여,

- 사건 또는 아이디어 간의 인과 관계를 식별하고 설명할 수 있도록 한다.
- 두 문서 모두와 관련된 역사적 발전과 직접적으로 관련된 전환점을 식별, 식별한 전환점이 어떻게 상당한 변화를 만들어냈는지 설명할 수 있도록 한다.
- XXX와 YYY 간의 유사점 또는 차이점을 파악하고 설명할 수 있도록 한다.

질문3에 대한 답변에는 문서 1과 2의 증거가 포함되어야 한다.

역사적 사고 기능을 측정하는 사료 기반 문항에서 학생은 두 문서를 상호 연결해서 사료의 역사·지리적 배경을 파악하고, 인과관계를 설명하며, 문서 작성자(행위자)의 시각점·의도·편향·대상에 준 영향을 분석한다. 또한

---

38 Understanding the CRQ (Updated July 2023) https://www.nysed.gov/sites/default/files/programs/state-assessment/ghg2-understanding-crq.pdf (2023. 2. 2. 검색).

사료를 비판하고, 사료를 증거로 삼아 전환점 및 유사점과 차이점을 식별하고 사료를 맥락화하여 서술한다. 사료 기반 문항의 형식은 동일하지만 〈지구사 및 지리Ⅱ〉 파트 Ⅱ는 1점 배점으로 7문항인 반면, 〈미국사 및 정부〉 파트 Ⅱ는 5점 만점의 2문항 10점으로 배점이 다르다.

리전트 논술형 파트 Ⅲ은 역사 문항이라기보다 주로 헌법이나 정치 이슈, 시민 문해력을 측정하기 위한 사회과학 문항이다. 〈지구사 및 지리Ⅱ〉의 파트 Ⅲ은 논술형으로 1문항 5점으로 구성된다. 이 유형은 다섯 개 문서 자료를 각각 읽고, 이 문서들을 관통하는 쟁점이나 이슈가 되는 주제를 추출하고, 잘 구성된 논설문을 작성하는 데 그 목적이 있다. 학생은 지속적으로 쟁점이 어떻게 사람들에게 영향을 미쳐 왔고, 어떻게 사람들의 영향을 받아왔는지, 어떻게 계속된 쟁점이 되었으며, 시간이 흐르면서 어떤 방식으로 변했는지 등에 대해 분석하면서 외부정보가 포함된 자신의 주장을 논술한다.

〈미국사 및 정부〉의 역사 파트 Ⅲ 문항은 1점짜리 6문항의 단답식 서술형 문항과 헌법이나 정치에 관한 논술형 1문항이다. 미국사 파트 Ⅲ의 논술형도 역사 문항이라기보다는 헌법 또는 사회 문제를 둘러싼 정치적 상황을 설명하거나 이 문제 해결을 위한 시민 또는 정부의 노력에 대해 서술하는 사회학 문제이다.[39]

〈표 3〉은 역사 문해력과 사고 기능을 강화하며 새롭게 변경된 리전트 시험의 유형별 특징을 정리한 것이다.

---

39 NYSED, "Regents Examination in United States History and Government (Framework) Test Design, 2023".

 리전트 시험의 파트 Ⅰ, 파트 Ⅱ, 파트 Ⅲ 문항의 유형별 특징

	<지구사 및 지리> 변경 전	<지구사 및 지리 Ⅱ> 2019년 6월부터 변경된 시험	<미국 역사 및 정부> 2022년 6월부터 변경된 시험
시험 범위	교육과정 9~10학년에서 배우는 지구사로 고대부터 현대까지 전체 내용 출제	교육과정 10학년에서 배우는 지구사로 1750년부터 내용 출제. 이전보다 내용 범위 축소	교육과정 11학년, 12학년 중심의 미국사·경제학·정부참여로 변경 전과 동일
파트 Ⅰ	세계 고대부터 선다형 질문 50문항. 지식 암기형 문항	1750년 이후 내용부터 제시문 기반 선다형 28문항. 역사 지식을 동원하고 여러 자료를 해석하는 선다형 문항	제시문 기반 선다형 28문항. 역사 지식을 동원하고 여러 자료를 해석하며 답을 고르는 선다형 문항
파트 Ⅱ	서론 본론으로 구성된 논술형 문항	사료 기반 서술형 문항으로 두 문서를 한 쌍으로 구성한 2세트 문항. 2세트 7문항으로 한 문항당 1점. 역사 사고 기능을 테스트하기 위한 문항으로 '상황/배경', '시각 분석', '사료 비판', '역사적 맥락화', '인과관계', '유사점/차이점', '전환점'에 대해서 질문	두 문서가 한 쌍으로 구성, 문항 1과 2는 각각 5점 만점으로 총 10점 만점. 주로 두 문서를 둘러싼 역사적 맥락을 식별하고 설명하도록 하는 서술형 1개 문항과 사료를 통해 청중, 목적, 편견 또는 행위자의 시각 분석을 통해 사료를 신뢰할 수 있는 증거출처로 사용하는 데 어떤 영향이 있는지 설명하게 하는 서술형 2개 문항
파트 Ⅲ	파트 A와 파트 B로 구성 파트 A는 문서에 한 두 문장으로 서술하는 서술형으로 9문항 출제 파트 B는 파트 A의 문서에서 근거를 찾아 사항에 맞게 장문으로 서술하는 1문항	다섯 문서를 기반으로 관통하며 지속되는 이슈의 문제를 식별하고, 최소 3개 문서 속에 있는 증거를 사용하여 지속될 수 있는 이슈에 대해서 논술하는 사회과학적 사고 기능의 3문항으로 각각 5점	시민 문해력 기반 서술형·논술형 문항. 6개의 문서를 기반으로 한 단답형 질문 1점짜리 6문항 6개 문서 묶음을 기반으로 헌법 및 시민 문제에 초점을 맞춘 논술형 5점짜리 1문항

2) 역사/사회 기출 문항의 유형별 특징

(1) 지식형에서 제시문 기반으로 변경된 파트Ⅰ, 선다형 문항

〈지구사 및 지리Ⅱ〉와 〈미국사 및 정부〉의 리전트 파트Ⅰ의 문항 수는 50문항에서 28문항으로 축소되었다. 이는 K-12 프레임워크를 반영하면서 지식형 문항이 대폭 삭제되고, 제시문을 기반으로 분석하거나 해석하는 유형으로 변경된 결과이다. 〈예시문항 1〉은 시험 설계 변경 이전에 출제된 지식형 기출 문항이다.

예시문항 1

4. 다음 중 대영제국으로부터 독립을 선언할 수 있도록 대중의 지원을 독려한 문서는?
(1) 올버니 연방 구상
(2) 버지니아와 켄터키 결의안
(3) 외국인법과 선동법
(4) 『상식』(Common Sense)

<미국사 및 정부> 파트Ⅰ에서 사라진 지식형 문항 사례 (2020년 1월 기출)

〈예시문항 1〉은 제시문을 제시하지 않은 지식형 문항이다. 시험설계 변경 이후, 이러한 지식형 문항이 대폭 삭제되었다. 그리고 제시문인 지도·사료·그림·그래프를 읽고 증거 분석 및 추론·해석 방법을 적용하여 답을 고르는 선다형 문항으로 교체되었다. 〈예시문항 2〉는 제시문 기반 문항이다.

2016년에 당신의 옷이 만들어진 곳에서, 미국은 거의 270억 개의 옷을 수입했다. 여기 그 옷들이 나온 상위 10개국이 있다.

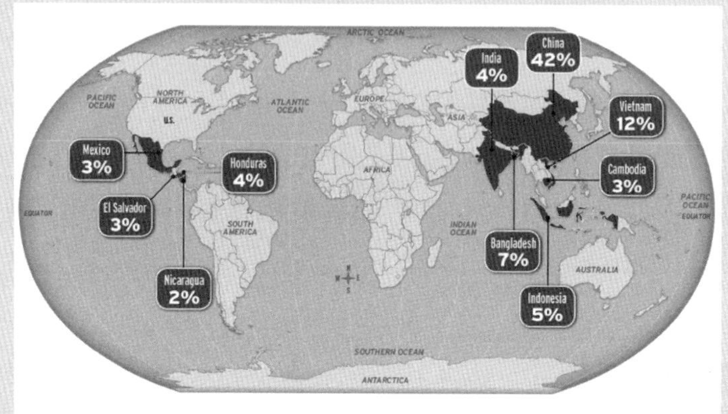

(출처: New York Times Upfront Magazine)

26. 어떤 종류의 사회과학자가 이 지도에 표시된 정보를 사용할 가능성이 가장 높은가?

(1) 경제학자　　(2) 인류학자　　(3) 역사가　　(4) 사회학자

27. 다음 중 이 지도에 표시된 정보가 가장 잘 뒷받침하는 진술은?
(1) 많은 아프리카 국가들은 수출용 의류를 대량 생산한다.
(2) 많은 아시아 국가들은 산업화에 필요한 기술이 부족하다.
(3) 미국 의류 수입은 주로 아시아에서 온다.
(4) 중앙 아메리카는 대부분의 의류를 인도에서 수입한다.

28. 이 지도에 표시된 정보에 따르면, 수입 의류의 42%가 중국산이라는 사실에서 유추할 수 있는 것은?
(1) 중국 정부 정책은 수출을 위한 제조업을 지원한다.
(2) 중국 정부는 공장 근로자를 보호하는 엄격한 규정을 시행한다.
(3) 중국은 공장 주변 환경을 보호하기 위해 강력한 법적 조치를 취하고 있다.
(4) 중국 정부는 중미로의 수출을 장려한다.

<미국 역사 및 정부> 파트 I, 선다형 문항 사례 (2023년 1월 기출)

　　학생은 암기한 내용을 활용하되 암기에만 의존하지 않고, 제시문을 분석하면서 역사 내용과 사고 기능을 발휘하여 문제를 풀어야 한다. 학생이

이러한 문항에 정확하게 답하기 위해서는 문해력과 역사 내용, 연대기 및 인과관계, 비교, 지리적 추론, 경제구조, 그리고 시민 참여에 관한 추론적 사고 과정을 거쳐야 한다. 제시문 기반 선다형 문항이 역사적 사고력 육성에 기여한다는 국내 연구에 기초하면,[40] 뉴욕주의 변경된 제시문 기반 선다형 문항이 지식형보다 사고 기능 배양 측면에서 보다 유용한 형식이라는 명제가 위 사례 연구를 통해 확인된다고 볼 수 있다.

(2) 인과관계와 시각분석 및 맥락화를 다룬 파트 II, 서술형 문항

파트 II 문항은 원래 논술형 1개 문항이었지만 시험 설계 변경 이후 사료 기반 서술형 문항으로 변경되었다. 변경된 리전트 파트 II의 사료 기반 서술형 기출 문항들을 살펴보면, 역사·지리적 배경 설명, 문서관계자의 시각분석, 문서의 증거를 사용하여 인과관계를 서술하는 유형으로 정형화되어 있음을 알 수 있다. 질문은 문서 위에 표시되며, 출처 인용 정보는 문서 아래에 표시된다. 학생은 이러한 모든 사항을 고려하여 역사 지식, 사고 기능, 작문 능력을 동원하여 답안을 서술해야 한다.[41] 〈예시문항 3〉은 파트 II의 사료 기반 서술형 문항이다.

---

40 최상훈, 「역사적 사고력의 육성을 위한 평가문항 개발 방안」.

41 세계역사 및 지리 리전트 시험 파트 II 문제지에 다음처럼 안내하고 있다. "이 문제들은 주어진 문서들을 바탕으로 하고 역사적 문서들을 처리하는 능력을 시험하기 위한 의도로 고안되었다. 각 서술형 문항은 두 개의 문서들로 구성되어 있다. 문서들의 일부 내용은 이 문제의 목적에 맞도록 편집되었다. 각 문서에 사용된 언어와 이미지는 그 문서가 생성된 시기의 역사적인 맥락을 반영한 것임을 참작하시오." REGENTS EXAM IN GLOBAL HISTORY AND GEOGRAPHY II (GRADE 10).

<파트 Ⅱ-1> 문서들을 분석하고, 각 문서 아래에 주어진 칸에 문제(29~31)의 답을 쓰시오.
29번 문항은 아래 <문서 1>과 자신의 사회과학 지식을 바탕으로 답하시오

<문서 1>

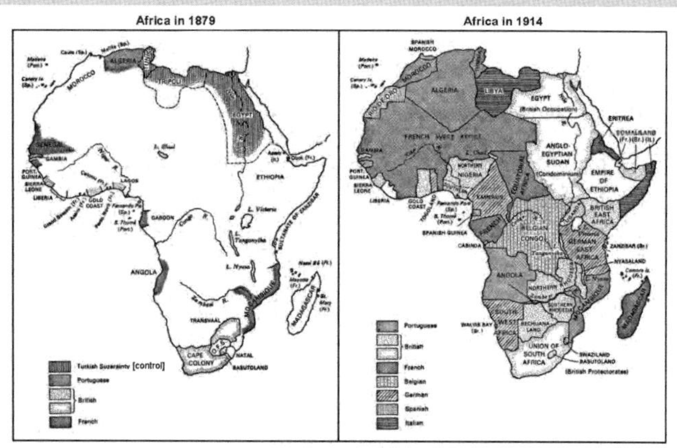

[출처: Raymond F. Betts, ed., The Scramble for Africa: Causes and Dimensions of Empire, D.C. Heath and Company, 1972 (adapted)]

<문서 2>

E. D. 모렐(E. D. Morel)은 프랑스 태생의 영국 사업가로, 제국주의의 확대에 주목했다. 그는 벨기에와 사업을 하는 런던 소재 해운회사에서 근무했다. 그는 콩고에 관해 광범위하게 글을 썼다. 그는 키플링(Rudyard Kipling)의 시 『백인의 짐(The White Man's Burden)』에 대한 반응으로 1920년 『흑인의 짐(The Black Man's Burden)』을 썼다.

> (전략) 3세기 동안 백인은 수백 만 명의 아프리카인들을 붙잡아 노예로 삼은 후 이들을 흉포하고 잔학한 상태로 바다를 건너 실어날랐다 하지만 그 아프리카인은 여전히 살아남았고, 자신의 망명지에서 그 수가 상당히 증가했다.
> 하지만 그의 땅을 백인이 부분적으로 점령한 일이 하지 못한 것을 유럽 정치가 "영향을 미치는 영역들을 계획한 일이 하지 못한 것을, 행동 규칙과 총, 노예 갱, 채찍을 맞으며 땅을 판 노예 무역조차도 하지 못한 것을 현대적 파괴 엔진의 도움을 받아 현대 자본주의적 착취의 힘으로 이루는 데 성공할지도 모르겠다.
> 그 아프리카인에게 있어 과학적으로 적용되고 집행되는 후자의 악행들에서부터의 탈출이란 없었다. 그것의 파괴적인 영향들은 돌발적(주기적)이지 않고 영구적이다. 그것의 영속성에는 치명적인 결과들이 존재한다. 단지 육체를 죽이는 것이 아니라 영혼을 죽인다. 정신을 망가뜨린다. 모든 코너에서 모든 유리한 지점에서 그 아프리카인을 공격한다. 그의 정치 조직(정부)을 파괴하고 그를 땅에서 뿌리째 뽑고 그의 가족 생활을 침범하고 그가 자연적으로 추구하는 바와 직업을 파괴하고 그의 시간 전부를 빼앗아 가고 그의 집에서 그를 노예로 삼는다. (하략)

(출처: E. D. Morel, *The Black Man's Burden,* The Natinal Labour Press, 1920)

〈예시문항 3〉에서 29번 문항은 1879년과 1914년 아프리카의 당시 역사적 공간을 지도로 나타내고 시공간적 역사적 변화를 지리와 연결해서 답변할 것을 요구한다. 국내 연구자도 자연환경, 위치, 영역의 변화나 경로와 같은 지리적 이해는 역사학습을 돕는다고 보는데,[42] 이런 문항 형식은 시공간적 지리와 역사를 연결해서 당시 역사적 상황을 입체적으로 이해하도록 한다. 학생은 시공간이 사회적, 문화적, 경제적 문명 형성에 어떻게 영향을 미치는지 지도를 분석한 후, 지리적 환경이 인간 활동에 어떤 영향을 주었는지를 식별한 후, 문서에 표기된 출처를 참고하여 서술형으로 답한다.

30번 문항은 사료 속 행위자의 시각점(Point of view)을 분석하는 문항이다. 30번 문항은 사료 비판을 위해서 역사적 배경을 대비시켜 사료 작성 행위자의 시각을 밝히는 유형이다. 학생은 사료 비판을 통해서 문서작성자가 편향되어 있는지, 정확한지, 신뢰할 수 있는지를 판단하기 위해 청중까지 포함된 문서 관계자(행위자)의 다중시각을 분석하고 주관적 편견과 객관성을 오가며 신뢰도를 판단한다.

31번 문항은 29~30번 문항의 두 문서를 바탕으로 반드시 문서에 있는 증거를 사용하여 사건 간의 인과관계를 밝히도록 한다. 학생은 두 개의 문

---

42 박진동, 「공간 개념을 활용한 수능 역사 문항 분석과 평가의 방향」, 『역사교육논집』 64, 2017.

서를 읽고 이를 상관시켜 이해한 다음, 다양한 원인과 결과 사이의 관계를 식별, 분석, 평가하고 연속성과 변화의 패턴을 더 큰 역사적 과정 및 주제와 연관시켜 서술해야 한다.

파트 Ⅱ의 서술형 문항 29~31번의 서술형 평가에 대한 채점 기준 및 수준은 아래 〈표 4〉와 같다.

표 4 〈지구사와 지리Ⅱ〉 파트 Ⅱ 문항 채점 기준 사례[43](2022년 6월 기출)

문항	1점 예시	0점 예시
29번	·유럽 국가들은 산업화되어 자원/새로운 시장을 확보해야 했다. ·유럽인들은 자원이 어디에 있는지 결정하기 위해 아프리카를 탐험했다. 강의 상류는 내부의 자원을 통제할 수 있도록 했다. ·유럽인들은 환금 작물을 재배하기 위해 아프리카의 비옥할 땅을 원했다. ·유럽인들은 서로 간의 갈등을 방지하기 위해 베를린 회의에서 식민지 영토를 설립하기 위한 규칙을 정했다. ·제국, 권력, 위세를 위해 유럽열강 간의 경쟁이 아프리카 쟁탈전으로 이어졌다. ·일부 아프리카 그룹은 유럽의 침략에 저항하여 그들의 땅에서 독립을 유지했다. ·1800년대 동안의 해양기술, 의학발전의 개선이 허용되어 유럽인들은 아프리카 내륙으로 여행을 간다. 증기 동력선박, 기계화 무기와 새로운 기술발전이 유럽 제국주의 확장을 도왔다. ·탐험가들이 쓴 여행, 모험 책으로 인해 아프리카에 대한 유럽인들의 관심이 높아졌다. ·수에즈 운하의 건설은 아프리카 동해안의 무역을 개선하고 영국/유럽 식민지화를 도왔다.	·유럽인들이 점령할 때까지 아프리카 내륙에는 아무도 살지 않았다. ·아프리카가 대서양 횡단 노예무역을 시작하기를 원했다. ·오스만 제국이 몰락했다. 아프리카는 독립을 유지했다. ·아프리카의 유럽제국주의는 1914년에 끝났다. ·원자재가 있었다. ·응답없음

---

43 NYSED, The University of the State of New York REGENTS HIGH SCHOOL EXAMINATION GLOBAL HISTORY AND GEOGRAPHY II (GRADE 10) Friday, June 17, 2022에서 루브릭을 표로 재정리함.

문항	1점 예시	0점 예시
30번	·그는 유럽제국주의가 파괴적이며, 아프리카인들에게 영구적 피해를 가져왔다고 믿었다. ·그는 유럽 제국주의/대서양 횡단 노예무역이 아프리카인들에게 해를 끼쳤다고 생각했다. ·유럽인들이 질병, 홍역, 천연두, 매독을 들여와 아프리카인들에게 피해를 입혔다. ·자본주의 착취는 아프리카에서 유럽인들이 사용하는 가장 파괴적인 힘이다. ·산업/현대식 엔진은 다른 어떤 무기로 수행하지 못한 방식으로 유럽에서 아프리카 정복을 지원한다. ·유럽인들은 아프리카인들을 억압했다. ·제국주의는 아프리카 자치정부, 아프리카 정치를 파괴했다. ·유럽의 개입으로 인해 아프리카의 사회/경제 구조가 손상되었다. ·유럽의 개입은 잔인하고 나쁘고 사악했다. ·유럽의 잔인함에도 불구하고 아프리카인들은 살아남았다. ·유럽인들의 개입으로 인해 아프리카인들은 자신의 집에서 노예가 되었다. ·그는 아프리카에 대한 유럽의 개입이 흑인에게 부담이 된다고 느꼈다. ·유럽인들이 가한 악은 아프리카인들에게 파괴적이다. 아프리카의 영혼을 깨뜨렸다. ·아프리카인들은 유럽의 잔인함에서 벗어날 수 없었다.	·유럽의 개입으로 아프리카의 모든 사람이 사망했다. ·백인 남성은 아프리카를 점령하는 데 실패했다. ·유럽인들은 아프리카에서 현대식 엔진을 지원했다. ·아프리카인들은 반격에 실패했다. ·이는 위험한 외부인, 유럽인의 관점이다. ·유럽인들은 아프리카인들에게 모든 이점을 제공했다. ·유럽은 실제로 도움을 주기 위해 아무것도 하지 않았다. ·응답없음
31번	·유럽의 아프리카 쟁탈전은 아프리카의 정치, 사회, 경제구조를 파괴했다. ·아프리카의 유럽 제국주의는 제국주의 남용을 야기했다. ·유럽 제국주의는 아프리카인에게 잔인했고 탈식민지화 노력을 옹호/개혁/폐지했다. ·아프리카의 자치권 상실로 아프리카 가족이 파멸되었다. ·〈문서 1〉, 〈문서 2〉와 같이 아프리카에 대한 유럽의 지속적인 개입은 아프리카에서 파괴적인 영향을 남겼다. ·유럽의 아프리카 확장은 자본주의 착취에 기여했다. ·벨기에의 콩고 통제는 모렐이 그곳의 상황에 대해 글을 쓰는 데 영감을 주었다. ·총/수입질병/산업기계는 아프리카에서 유럽 식민지 확장에 기여했습니다. ·〈문서 1〉에 나타난 아프리카 연안 지역을 넘어선 식민화로 인해 〈문서 2〉에 표시된 대로 아프리카인에 대한 결과가 나타났다. ·〈문서 1〉은 유럽인들이 아프리카에서 식민지를 확장하는 모습을 보여주고 〈문서 2〉는 확장된 식민지화의 영향을 보여준다. ·1879년부터 1914년까지 유럽은 아프리카 식민지화를 확장했으며 이로 인해 식민지화가 미치는 흑인의 부담에 대해 모렐은 글을 썼다. ·유럽인이 그곳에서 식민지를 확장했기 때문에 아프리카에서 재앙이 일어났다. ·원자재, 욕망, 명예에 대한 필요성으로 인해 유럽 국가들이 식민지를 침략하게 되었다.	·아프리카 내 유럽의 존재 ·흑인의 짐은 제국주의를 고취시켰다. ·아프리카 독립은 노예무역으로 이어졌다. ·유럽인들은 벨기에가 통제하는 콩고와 거래하는 해운 회사에서 일했다. ·〈문서 1〉에서 아프리카는 독립적이고 〈문서 2〉에서 유럽인에 의해 통제된다. ·〈문서 1〉은 아프리카의 지도를 보여주고 〈문서 2〉는 그곳에서 일어나는 나쁜 일을 보여준다. ·아프리카에서 재앙이 일어났다.

일관성 있고 공정한 서술형 채점을 위해서는 구체적이고 명확한 채점 기준 및 수준이 필요하다. 그러나 주어진 채점 기준을 보면 1점 또는 0점으로 간략하게 제시할 뿐 세분화되어 있지 않다.

변경된 〈미국사 및 정치〉 시험의 파트 Ⅱ 문항도 사료 기반 서술형으로 〈지구사와 지리Ⅱ〉와 유사하게 한 쌍의 문서를 둘러싼 역사·지리적 맥락을 설명하고, 문서 관련 행위자의 시각을 식별하여 설명하는 형식이다. 다만 〈지구사와 지리Ⅱ〉처럼 1점짜리 7문항이 아니라, 한 문항당 5점짜리 2문항으로 총 10점으로 배점을 달리한다. 〈예시문항 4〉는 〈미국사 및 정치〉 파트 Ⅱ의 문항이다.

예시문항 4

다음은 1850년 타협의 일부로 통과된 1850년의 도주노예법에서 발췌한 것입니다. <문서 1>과 <문서 2>를 둘러싼 역사적 맥락을 설명하시오. <문서 2>를 분석하고 청중, 목적, 또는 편견이 어떻게 영향을 미치는지 설명하시오.

<문서 1>

다음은 1850년 타협의 일부로 통과된 1850년의 도주노예법에서 발췌한 것이다.

<섹션 7>

그리고 다 제정되려면, 누구든지 그러한 청구인(노예소유주), 그의 대리인 또는 변호사, 또는 그, 그녀를 합법적으로 돕는 사람 또는 사람들이 그러한 도망자를 서비스 또는 노동에서 체포하는 것을 고의로 그리고 가까이 방해, 또는 방치한다. 체포된 경우, 여기에 부여되고 선언된 권한 또는 그러한 청구인 그의 대리인 또는 변호사, 또는 언급한 바와 같이 법적으로 권한을 부여받은 다른 사람으로부터 탈출하기 위해 직간접적으로 상기 서비스 또는 노동으로 인해 그러한 사람을 돕거나, 부추기거나, 지원해야 한다. 또는 그러한 사람들이 전술한 바와 같이 서비스 또는 노동으로부터 도주자라는 사실을 통지하거나 얻게 된 후에 그러한 사람의 발견 및 체포를 방지하기 위해 그러한 도주자를 은닉하거나 은닉하는 것은 상기 범죄 중 하나에 대해 대상이 된다. 1000만 원 이하 벌금, 6개월 이하 징역 (하략)

<섹션 8>

그리고 더 제정되더라도 (중략) 절차가 커미셔너 앞에서 진행되는 모든 경우에, 커미셔너는 해당 증명서를 청구인, 그의 대리인 또는 변호사에게 전달하는 즉시 서비스에 대해 전체 10달러의 수수료를 받을 자격이 있다. 또는 그러한 위원의 견해에 따라 증명이 그러한 인증서 및 배송을 보증하지 않는 경우 5달러의 수수료 (하략)

[출처: 도주노예법(Fugitive slave laws), 1850]

〈예시문항 4〉는 두 개의 사료에 두 개의 질문이 있고, 이에 충실하게 답변하면 각각 5점을 받는다. 두 번째 질문은 〈문서 2〉에 대한 분석이다. 학생은 문서 저자의 사건에 대한 객관적이고 균형 잡힌 시각을 표현하거나 또는 비합리적이거나 뒷받침되지 않는 신념과 개인적 감정을 포착하며, 학생은 문서관계자의 시각과 의도, 편견과 청중의 반응을 분석하여 답안을 서술해야 한다.[44] 이는 모든 증거나 출처가 동등하게 타당성을 갖는 것은 아니기 때문에 문서관계자(행위자)의 여러 시각을 다양한 측면에서 분석하며 사료에 관한 신뢰도를 객관적으로 판단하기 위한 '다중시각 분석' 문항의 일종이다. 이러한 유형이 매회 고정적으로 한 문항씩 출제되고 있다.

---

44 〈문서 2〉–사료의 신뢰성에 대해 문서작성자의 관점, 목적, 편향, 청중의 영향으로 설명하는 '시각분석' 문항에 간략한 답안을 제시한다. ·관점: 도주노예법에 대한 폐지론자 반대는 자유 흑인과 도주 노예에 대한 이 포스터의 경고로 나타났다. 따라서 북부 노예제 폐지론자들의 시각에 관한 신뢰할 수 있는 증거 자료이다. ·목적: 이 포스터는 도주노예법의 엄격한 조항에 대해 북부 폐지론자들의 우려를 잘 보여주는 신뢰할 수 있는 증거이다. ·편향: 포스터는 편향된 것으로 보일 수 있는 단일한 반노예제 관점을 나타내지만, 도주노예법의 부당한 조항에 대한 북부 폐지론자들의 반응이다. 이 해석은 도주노예법에 반대하는 사람들의 입장을 정확하게 나타내고 있으며 신뢰할 수 있다고 판단된다. ·청중: 포스터는 "보스턴의 유색인종"을 대상으로 하며 위험에 대한 인식을 높였다. 도주노예법에 따른 실제 위험을 정확하게 전달하고 있어 신뢰가 간다(NYSED, "Educator Guide to the Regents Examination in United States History and Government (Framework) First Administration June 2022").

(3) 사회과학적 사고를 배양하는 파트 Ⅲ, 서술형·논술형 문항

파트 Ⅲ은 사회학적 사고 기능의 문항이다. 〈미국사 및 정치〉의 파트 Ⅲ 서술형 문항은 헌법적 측면과 시민 문제로서 문서 속의 정보와 헌법 또는 현대 역사적 상황에 대한 기초 지식을 사용하여 미국 사회 발전의 측면에서 논하도록 유도한다. 파트 Ⅲ 문항은 1점으로 문서 6~8개를 제시하고 각 자료를 읽고 답하는 서술형이다.

〈지구사 및 지리Ⅱ〉의 파트 Ⅲ 논술형 문항은 학생이 5개의 문서 자료 속에서 연결 가능한 지속적인 이슈를 추출하여 자신의 주장을 논술하는 형식이다. 학생은 문서를 관통하는 공통된 이슈를 식별한 다음, 최소 3개의 문서에서 나온 증거를 서술하여 이슈를 정의하고 논증한다. 해당 논증에는 사람들에게 어떤 영향을 미쳤는지 또는 사람들에게 어떤 영향을 받았는지, 그리고 시간이 지남에 따라 이 문제가 어떻게 이슈가 되었는지 또는 어떻게 변화해 왔는지가 포함되어야 한다. 학생이 어떠한 관점에서 자료를 해석하는가에 따라, 논증 방식이 달라질 수 있다. 이는 한 개념을 가지고 다양한 사례나 주장을 구성할 수 있는 사회과학적 논술형 문항이다. 지속적인 이슈 문항은 생각하는 방법과 과정을 위한 것으로 암기하기 위한 것이 아니다. 학생은 일상생활에서 경험하였거나 자신의 삶에서 직면할 가능성이 있는 이슈에 대해 답안을 작성하면 된다.

리전트 역사/사회 시험 파트 Ⅲ 문항은 사회과학적 사고를 배양하는 서술형·논술형으로 역사학 내용이나 역사교육 사고와 무관하므로 지면상 예시문항을 생략한다.[45]

---

[45] 파트 Ⅲ 논술형 문항의 예시는 천은수의 「미국 뉴욕주 역사/사회 리전트 시험(Regents Exams) 문항 분석 및 시사점 −선택형과 서답형 문항−」, 『역사교육』 166의 [부록]에 있음. pp. 188~194 참고.

5. 맺음말

뉴욕주 고교졸업 시험인 역사/사회 리전트 시험이 어떤 기반과 구조에서, 어떤 목표와 방식으로 문항이 출제되고 채점되는지와 관련된 전반적 흐름을 살펴보았다. 미국의 뉴욕주 리전트 역사 시험은 오랜 시간동안 실행되어 온 만큼 우리에게 유용한 시사점을 제공한다. 리전트 시험의 문항 형식과 제작 시스템에서 얻을 수 있는 시사점을 분석하면 다음과 같다.

첫째, 뉴욕주의 변경된 파트 Ⅰ인 제시문 기반 선다형 문항 유형은 지식 암기형 문항을 지양하고 역사 문해력과 지식을 측정하기에 용이하다. 우리나라는 이미 제시문 기반 선다형 제작법을 도입하고 있지만 역사 문해력과 사고 기능을 보다 다양하게 발현시키는 방향으로 사례 문항을 심층적으로 개발해 나가야 할 필요가 있다. 제시문 기반 선다형 제작법을 널리 활용하기 위해서 역사 문해력과 사고 기능에 따라 제시문을 적절하게 선택하고 이에 기초한 정교한 질문들을 개발해 나가야 한다.

둘째, 역사 서술형 문항을 제작할 때 뉴욕주 파트 Ⅱ의 평가 틀인 사료 기반 문항을 널리 도입한다. 사료 기반 문항은 역사학의 구조에 맞도록 서술형으로 답안을 구성하게 하는 유형이다. 사료 기반 문항은 학생으로 하여금 질문에 응답하는 과정에서 문서 간 관계를 연결하여 문서들의 맥락, 관점, 원인과 결과, 역사적 변화, 전환점 식별, 유사점과 차이점 추출 등 역사 문해력과 사고 기능을 동원하여 답안을 서술하게 한다. 따라서 현재 학교에서 실행하고 있는 서술형 수행평가에서 뉴욕주의 파트 Ⅱ 사료 기반 문항의 평가 틀을 유용하게 활용할 수 있을 것이다. 또한 사회과학적 사고에 관련된 논술형 파트 Ⅲ 문항도 역사 문해력과 사고 기능을 발휘할 수 있는 논술형 문항으로 응용될 수 있다. 서술형·논술형 평가 문항을 제작할 때는 먼저 측정할 역사 문해력은 무엇이며, 어떤 역사 내용과 사고 기능을 동원할 것인지에 대해 규명한 뒤 관련 사료를 선택·배열해야 한다. 사료 기반 문항은 제작 방법에 따라 복잡한 역사 문해력과 사고 기능을 다양하게 측정할 수 있다는 장점이 있다.

셋째, 선다형 문항과 서술형·논술형 문항은 각기 장단점이 있고 강점이 영역별로 다르기 때문에 각각의 강점을 살려서 적재적소에 잘 활용될 필요가 있다. 교사는 어떤 방식으로, 무엇을 평가하기 위해서, 어떤 문항을 어떻게 도입할 것인지에 대한 체계적인 문항 사례 연구와 평가 목적에 대한 숙고 과정을 거쳐야 한다. 그런데 교사는 이미 학교의 수행평가에서 역사 서술형·논술형 평가를 실시하고 있기 때문에, 이를 더욱 활성화시키는 것이 중요하다. 서술형·논술형 평가는 단순한 지식 암기를 넘어서 역사 문해력과 사고 기능을 깊이 있게 적용할 수 있는 능력을 기르는 데 용이하지만, 기존 학교에서 실시되고 있는 수행평가의 문항 제작을 지원하는 연구와 교사연수가 매우 부족하다. 학교 내신으로 대학을 진학하는 비율이 높아지면서 평가의 제작과 채점은 더욱 중요해지고 있지만, 여전히 현장교사의 몫으로만 머물고 있다. 따라서 서술형·논술형 수행평가의 문항 제작과 채점 방법을 역사 문해력과 사고기능으로 연결시키는 평가 지원 정책이 마련되어야 한다. 수행평가의 서술형·논술형 문항에서 측정할 수 있는 평가 목표와 문항 제작, 그것과 연계되는 문항 개발, 채점 기준과 피드백 방법에 관한 평가 연구와 교사 연수에 관한 지원이 요청된다.

넷째, 변경된 리전트 평가시스템은 K-12 프레임워크와 연동하여 역사 문해력, 역사 사고 기능을 강화하는 구조를 형성한다. 우리나라도 교육과정과 평가에 두루 적용할 수 있는 K-12 프레임워크와 같은 틀을 평가 시스템에 도입할 필요가 있다. 역사 문해력과 사고 기능의 틀은 과거에 발생한 세부 내용을 암기하는 수준과 누가, 언제, 무엇을, 어디서, 어떻게 했는가를 회상하는 수준을 뛰어넘어야 한다. 학생은 연속성·역사변화·인과관계· 연대기적 사고의 시간개념, 행위자의 타당한 주장과 그릇된 주장을 구별하는 판단력, 과거 시공간의 행위자에 대한 심층적 이해력, 과거에 대해 맥락적으로 인식하려는 시공간적 역사의 다중시각을 각각 배양해야 한다. 이를 위해서는 무엇보다 역사 문해력 및 사고 기능에 관한 논의를 활성화하고, 역사학과 학생의 인지구조에 대한 심도 깊은 연구를 진행하여 이를 평가 목표로 정교화하게 규명해 내야 한다. 교육목표와 교육방법, 교육내용, 평가방법 및 문항제작까지 상호 연동된 평가시스템은 학생의 실질적인 성장을 도모할 수 있다.

뉴욕주의 리전트 졸업 시험은 표준 교육과정과 공통 평가시스템을 적용하여 교육의 질 향상과 공평한 학습 기회를 제공한다. 공교육은 학생들의 다양성을 존중하되, 역사 공동체를 이루며 살아갈 수 있는 능력을 배양하기 위해 합리적이고 안정적인 평가시스템을 조성할 책무가 있다. 동시에 역사교육 연구자는 학생에게 그들 자신의 삶에서 역사의식을 발동하며 살아갈 수 있는 교육 환경을 제공할 의무가 있다.

3부

역사적 사고 평가의

새로운 방향과 모색

제8장

국가 수준의 시험에서 역사적 사고 평가의 모색[*]

뉴질랜드 NCEA <역사> 시험의 사례

김성자

1. 머리말

20세기 중반 대서양 양쪽의 대부분의 학교 역사교육과정에서는 국가 및 지역의 과거에 대한 사실적 지식을 전달하려고 했다.[1] (중략) 사건, 이름, 날짜, (인물, 발명, 전쟁, 혁명의 역사적 중요성에 대한) 판단에 대한 기억을 평가하는 것의 가치에 대해서는 거의 의문이 제기되지 않았다. (중략) 최근 몇 년 동안 역사교육 평가에 대한 이러한 오랜 접근법의 타당성과 유용성에 의문이 제기되었다. 전통적인 방법과 접근법은, 교사들로 하여금 "'시험을 위해 가르쳐야 한다는 압력을 느끼게 만들 정도"[2]였으며, '가치 있다고 생각하는 것을 측정하기보다는, 측정되는 것'을 가치 있게 여기도록 만들었다"[3]

---

* 이 장은 김성자, 「뉴질랜드 NCEA '역사' 시험의 역사적 사고 평가」, 『역사교육논집』 85, 2024의 내용을 수정·보완한 것이다.

1 Wilschut, A., *Images of time: The role of a historical consciousness of time in learning history*, Information Age, 2012.

2 Wineburg, S., "A sobering big idea", *Phi Delta Kappa*, 87-5, 2006.

3 Biata, G., "Good education in an age of measurement: On the need to reconnect

라는 주장이 제기되었다. 이러한 비판은 (중략) 역사교육의 목표에 대한 새로운 아이디어에 보조를 맞추지 못한 데서 비롯되었다.[4]

최근 해외 각국의 역사교육과정 구성에서는, 역사적 사고, 즉 역사가처럼 자료를 토대로 과거의 기록을 해석하고 역사에 대한 이야기를 만들어가는 과정[5]이 그 어느 때보다 강조되고 있다. 영국 잉글랜드, 영국 웨일스, 미국 미시산주, 호주 뉴사우스웨일스주, 네덜란드 HAVO/VWO 과정, 싱가포르, 캐나다 브리티시 콜럼비아 주 교육과정에는 연속, 변화, 원인, 결과, 중요성, 증거 등의 역사적 사고 개념이 학습 목표 혹은 내용으로 제시되고 있다. 역사적 사고 개념은 역사적 중요성, 증거, 변화와 지속, 원인과 결과, 역사적 관점과 같이 과거를 역사로 바꾸어 가는 과정, 즉 역사가가 특정한 렌즈와 질문, 방법을 바탕으로 특정한 시기에 대해 조사하고 이에 대해 서술하는 과정에서 나타나는 것으로, 절차적(procedural) 성격을 지닌다.[6] 국가나 지역에 따라 역사적 사고 개념을 지칭하는 용어에는 차이가 있으며 일부 국가나 지역에서는 역사적 사고 개념을 '교과 역량'으로 표현하기도 한다.[7]

이렇게 역사적 사고 개념이나 역사 역량을 중심으로 교육과정을 구성할 때 함께 고려해야 할 점은 이에 대한 평가의 문제이다. 즉 역사지식의 구성

---

with the question of purpose in education", *Educational Assessment, Evaluation and Accountability*, 21-1, 2009, p. 43.

4 Shemilt, D., "Assessment of Learning in History Education: Past, Present, and Possible Futures", edited by Metzger, S. & Harris, L., *The Wiley International Handbook of History Teaching and Learning*, Wiley-Blackwell, 2018, p. 449.

5 Seixas, P. & Morton, T., *The Big Six: Historical Thinking Concepts*, Nelson College Indigenous, 2013, pp. 10~11(김민정 외, 『역사교육 첫걸음』, 책과함께, 2022, p. 111에서 재인용).

6 Seixas, P., "A Model of Historical Thinking", *Educational Philosophy and Theory*, 49-6, 2017, pp. 5~6.

7 이미미, 「역사적 사고 그리고 역사 역량: 우리는 무엇을, 왜 추구할 것인가」, 『역사교육연구』 40, 2021.

과정과 방법, 연속, 변화, 원인, 결과, 중요성, 증거 등의 개념에 대한 학생들의 이해, 이를 토대로 구성된 학생들의 역사지식을 어떻게 평가할 것인가의 문제를 중요하게 고려해야 한다.

이런 점에서 역사적 사고를 중심으로 국가 수준의 대규모 평가를 실시하고 있는 뉴질랜드의 학력 국가 인증(National Certificate of Educational Achievement: 이하 NCEA) 시험의 〈역사〉 과목의 평가 사례는 역사적 사고에 대한 평가 연구의 지평을 확대하는 데 기여할 수 있다. NCEA 〈역사〉 시험은 고등학교 선택과목(대개 10~13학년 학생들이 이수)에 해당하는 〈역사〉 과목을 대상으로 하며 2007년에 개정된 뉴질랜드 〈역사〉 교육과정과 연계되어 있다. 역량 기반 교육과정을 지향한 2007 뉴질랜드 교육과정[8]은 '포괄적이며 기능 기반의 접근 방식, 학습자 중심, 학교 교육과정 개발에서의 교사의 자율성'을 강조한다.[9] 이에 각 교과 교육과정에서는 광범위한 개념적 성취목표(achievement objectives)만 제시할 뿐, 가르쳐야 할 구체적인 내용 지식은 제시하지 않고 있다.[10]

뉴질랜드의 〈역사〉 교육은 캐나다의 역사적 사고를 위한 프레임워크(the framework for historical thinking)[11]의 영향을 받아왔다는 평가를 받는다.[12] 이 프레임워크는 역사적 중요성, 증거, 연속성과 변화, 원인과 결과, 역사적 관점,

---

8 2007 뉴질랜드 교육과정에서는 핵심역량을, 지역사회의 일원으로서 살아가고, 학습하고, 일하고, 지역사회에 공헌하기 위해 사용되는 것으로서, 기능(skills), 지식, 태도와 가치로부터 도출되며 모든 교과를 학습하는 데 있어서 핵심적인 역할을 한다고 본다. 2007 뉴질랜드 교육과정에서는 총론 수준에서 '사고하기', '언어·상징·텍스트 사용하기', '자기 관리하기', '대인관계', '참여와 공헌'이라는 5가지 역량을 제시하고 있으며, 별도의 교과 역량은 제시하지 않고 있다. New Zealand Ministry of Education, The New Zealand curriculum, 2007, p. 12, https://nzcurriculum.tki.org.nz/The-New-Zealand-Curriculum (2024. 6. 14. 검색).

9 M. Priestley & C. Sinnema, "Downgraded curriculum? An analysis of knowledge in new curricula in Scotland and New Zealand", *The Curriculum Journal*, 25-1, 2014, p. 50.

10 Wood, B. & Sheehan, M., "Transformative disciplinary learning in history and social studies: Lessons from a high autonomy curriculum in New Zealand", *Curriculum Journal*, 32-3, 2021, p. 497.

11 Seixas, P., "A Model of Historical Thinking".

12 Wood, B. & Sheehan, M., "Transformative disciplinary learning in history and social studies", p. 497.

역사 해석의 윤리적 차원이라는 6개의 역사적 사고 개념을 중심으로 구성되어 있다.[13] 뉴질랜드의 〈역사〉 교육과정 성취목표는 원인과 결과, 관점, 경향(trends), 경합성(contestability), 중요성과 같은 역사적 사고 개념을 중심으로 구성되어 있다. 반면 학생들이 배워야 할 구체적인 역사적 사실이나 사건은 성취목표에 포함되어 있지 않다.[14] 이후 뉴질랜드 역사교육계에서는 역사의 실질적(substantive) 내용 지식과 역사적 사고 개념을 통합하기 위한 노력이 이어지고 있다.[15]

이에 이 장에서는 뉴질랜드 NCEA 〈역사〉 시험의 평가 문항과 채점 사례를 분석함으로써 국가적 수준에서 역사적 사고를 평가하는 구체적인 사례를 탐색하고자 한다. 이를 위해 먼저, 뉴질랜드의 NCEA 제도에 대해 개관하고 〈역사〉 과목의 성취기준의 특징을 살펴볼 것이다. 그리고 각 성취기준별로 실제로 어떠한 문항이 출제되었는지, 해당 문항에 대한 채점 기준은 무엇인지, 채점 기준은 어떻게 적용되고 학생의 이해 수준은 어떻게 구분되는지 검토할 것이다.

현재 뉴질랜드의 NCEA 제도와 성취기준은 개편 중에 있다. 개편된 NCEA는 2024년 수준 1부터 단계적으로 적용될 예정이다.[16] 이러한 일정에 따라 수준 1의 성취기준은 개발이 완료되어 고시되었으나 수준 2와 수준 3의 성취기준은 아직 개발 중에 있다. 따라서 기존 NCEA 〈역사〉 수준 1·2·3의 성취기준과 새롭게 개발된 2024 〈역사〉 수준 1의 성취기준을 모두 분석 대상으로 하였다. 평가 문항과 채점 기준의 경우, 아직 개정된 성

---

13 Seixas, P., "A Model of Historical Thinking".

14 Ormond, B., "Curriculum decisions—the challenges of teacher autonomy over knowledge selection for history", *Journal of Curriculum Studies*, 49-5, 2017, p. 605.

15 Wood, B. & Sheehan, M., "Transformative disciplinary learning in history and social studies", p. 497.

16 개정 NCEA는 2024년 수준 1에 처음 적용되기 시작하여 2026년에는 모든 수준에 전면 적용될 예정이다.

취기준으로 평가가 이루어지지 않았기 때문에, 기존의 NCEA 〈역사〉 성취기준에 의거하여 출제된 평가 문항과 채점 기준을 분석할 것이다. 평가 문항은 최근 3년(2021~2023년)간 수준 3의 외부평가 문항을 분석할 것이다. 채점 기준 및 채점 사례의 경우, 2021년 '중요한 역사적 사건의 원인과 결과 분석하기' 문항의 채점 기준을 살펴보고, 이 평가 문항에서 우수 등급을 획득한 예시 답안과 채점 사례를 검토할 것이다.[17]

2. NCEA 제도와 NCEA 〈역사〉 성취기준

1) NCEA 제도의 특징

뉴질랜드의 NCEA는 고등학생들의 학력을 인정하는 국가 자격 제도로, 취업, 뉴질랜드 및 해외 대학 진학 등을 위해 사용된다.[18] NCEA는 수준 1, 수준 2, 수준 3의 세 수준으로 구분되며, 4년제 종합대학 진학을 위해서는 수준 3의 자격이 요구된다.[19] 뉴질랜드의 학생들은 보통 11학년에서 수준 1, 12학년에서 수준 2, 13학년에서 수준 3을 취득한다.

수준 1·2·3의 자격을 취득하기 위해서는 각 수준에서 요구하는 학점(credit)을 취득해야 한다. NCEA에서는 과목별로 세부 성취기준들이 있으며 각 기준별로 학점이 배당되어 있다. 개정 이전의 NCEA에서는 각 과목 별

---

17 뉴질랜드에서는 각 성취기준별로 3~4년에 한번씩 성취·우수·탁월 등급의 예시 답안을 제공하고 있다. '중요한 역사적 사건의 원인과 결과 분석하기' 성취기준의 경우, 가장 최근에 공개된 평가의 예시 답안 및 채점 결과는 2021년 평가 문항에 대한 것이었기에 이 장에서는 이를 분석 대상으로 하였다.

18 https://www2.nzqa.govt.nz/ncea/about-ncea/#e1158_heading1 (2023. 10. 29. 검색).

19 박지혜, 「뉴질랜드의 고교 졸업 자격 제도(NCEA)가 우리나라 고교 졸업 요건 설정에 주는 시사점 탐색」, 『비교교육연구』 30-3, 2020, p. 5.

로 성취기준의 수나 총 학점 수에 차이가 있었으나, 2024 개정 NCEA에서는 모든 과목이 4개 성취기준(내부평가 2, 외부평가 2), 총 20학점으로 구성된다. 각 성취기준에 대한 평가에서 성취 등급 이상의 성적을 획득하면 해당 기준에 배당된 학점을 취득하게 된다.[20] 이렇게 취득한 학점을 합산하여 각 수준에서 요구하는 학점과 요건을 충족하게 되면 해당 수준의 학력 자격을 얻게 된다. 2024 NCEA에서는, 〈표 1〉과 같이 수준 1·2·3 모두 60학점 이상을 취득해야 하며, 60학점과는 별개로 문해력 10학점, 수리력 10학점을 취득해야 한다.[21] NCEA에서는 각 과목의 세부 성취기준별로 성적을 산출하며, 성적은 탁월(Excellence), 우수(Merit), 성취(Achieved), 미성취(Not Achieved) 4등급으로 표기된다. 각 수준 별로 50학점 이상이 탁월 등급일 경우 '탁월 NCEA 학력(NCEA achieved with Excellence)', 50학점 이상이 우수 등급일 경우 '우수 NCEA 학력(NCEA achieved with Merit)'을 얻게 된다.[22]

표 1 개정 NCEA 자격 취득 요건(2024·2025)

NCEA 수준	요구 사항
수준 1	수준 상관없이 60학점 문해력 10학점 수리력 10학점
수준 2	수준 2 이상에서 60학점 문해력 10학점 수리력 10학점
수준 3	수준 3 이상에서 60학점 문해력 10학점 수리력 10학점

---

20 김현미, 「뉴질랜드 지리 평가 탐색: NCEA Level 3을 중심으로」, 『한국지리환경교육학회지』 26–1, 2018, p. 142.

21 https://www2.nzqa.govt.nz/ncea/about-ncea/ncea-levels-and-certificates/ (2023. 11. 1. 검색).

22 김현미, 「뉴질랜드 지리 평가 탐색: NCEA Level 3을 중심으로」, p. 142.

　　NCEA의 평가는 내부평가와 외부평가로 구성된다. 각 과목의 성취기준은 내부평가를 위한 성취기준과 외부평가를 위한 성취기준으로 나뉘어 있다. 내부평가는 단위 학교에서 자체적으로 실시하는 평가로, 교사는 내부평가 성취기준을 토대로 평가 대상과 방법을 제시하고 이에 따라 성적을 산출한다. 내부평가의 신뢰성과 객관성을 확보하기 위해 평가에 사용된 학생의 포트폴리오, 보고서 등의 학생 수행 결과물과 교사가 부여한 점수는 뉴질랜드 자격관리청(NZQA)으로 보내 외부의 평가 전문가가 기준 충족 여부를 판별하는 점검 과정을 거치며 때에 따라 성적이 조정되기도 한다. 내부평가를 통과하지 못하는 경우, 재응시할 수 있는 추가적인 기회가 일 년에 한 번 더 제공된다.[23] 외부평가는 NZQA의 주관으로 국가 수준에서 실시되는 시험으로, 매년 11월 초에서 12월 초까지 대략 3주간에 걸쳐 전국적으로 동시에 실시된다.[24] 결과는 다음 해 1월 중순 경 NZQA 웹사이트를 통해 발표된다. 외부평가는 매년 한 번만 실시되기 때문에 시험에 실패할 경우 재응시는 다음 해에야 가능하다[25]

　　NCEA 평가 결과는 대학 입학을 위해 필요한 최소 요구 조건인 '대학입학자격(UE: University Entrance)'에 활용된다. '대학입학자격'을 얻기 위해서는 문해력 수준 2 이상에서 10학점, 수리력 수준 1 이상에서 10학점, 수준 3의 '대학입학자격' 승인 과목(Approved subjects for University Entrance)[26] 중 3개 과목에

---

23 박지혜, 「뉴질랜드의 고교 졸업 자격 제도(NCEA)가 우리나라 고교 졸업 요건 설정에 주는 시사점 탐색」, p. 11.

24 김현미, 「뉴질랜드 지리 평가 탐색: NCEA Level 3을 중심으로」, p. 143.

25 박지혜, 「뉴질랜드의 고교 졸업 자격 제도(NCEA)가 우리나라 고교 졸업 요건 설정에 주는 시사점 탐색」, p. 11.

26 뉴질랜드에서는 '대학입학자격'에 필요한 학점 취득에 인정되는 '대학입학자격' 승인 과목(Approved subjects for University Entrance)을 지정하여 운영하고 있다. 2023년 '대학입학자격' 승인 과목은 모두 62개이다. https://www2.nzqa.govt.nz/ncea/understanding-secondary-quals/university-entrance/ue-subjects/ (2023. 11. 3. 검색).

서 14학점을 획득해야 한다.[27] 뉴질랜드의 많은 대학들은 순위 점수제(Rank Score)를 운영하고 있는데, 수준 3의 승인 과목 중 탁월은 4포인트, 우수 3포 인트, 성취 2포인트, 미성취 0포인트로 계산하여 점수를 산출한다.[28]

2) NCEA <역사> 성취기준

NCEA 〈역사〉 성취기준(Achievement Standards)[29]은 뉴질랜드 2007 고등학 교 〈역사〉 교육과정과 연계되어 있다.[30] NCEA 〈역사〉 수준 1은 〈역사〉 교 육과정의 수준 6, NCEA 수준 2는 〈역사〉 교육과정의 수준 7, NCEA 수준 3은 〈역사〉 교육과정의 수준 8을 토대로 한다. 〈역사〉 교육과정은 각 수준 마다 두 개의 성취목표를 제시하고 있다. 〈표 2〉에서 볼 수 있는 것처럼, 〈역 사〉 교육과정의 성취목표에서는 뉴질랜드인에게 중요한 과거 사건의 원인 과 결과, 그것에 영향을 미치는 역사적 요인과 움직임들, 그것이 뉴질랜드 인의 삶과 사회에 미치는 영향, 이와 관련된 역사적 설명의 복잡성과 논쟁 성, 뉴질랜드인에게 중요한 사건에 대한 관점과 해석의 차이, 역사적 추세

---

27 https://www2.nzqa.govt.nz/ncea/understanding-secondary-quals/university-entrance/ (2023. 11. 3. 검색).

28 https://www2.nzqa.govt.nz/ncea/understanding-secondary-quals/university-entrance/ (2023. 11. 3. 검색); 김현미, 「뉴질랜드 지리 평가 탐색: NCEA Level 3을 중심으로」, p. 143.

29 NCEA의 'achievement standards'는 평가를 위한 준거라는 점에서 우리나라의 '평가준거 성취 기준'과 유사한 역할을 한다. 『2015 개정 교육과정에 따른 평가기준』에서는 '평가준거 성취기준' 을 "학생들이 학습을 통해 성취해야 할 지식, 기능, 태도의 능력과 특성을 진술한 것으로서 평 가 활동에서 판단의 기준이 될 수 있도록 교육과정 성취기준을 재구성한 것"으로 정의하고 있 다(교육부, 『2015 개정 교육과정에 따른 평가기준-고등학교 사회과』, 2018, pp. 7~10). 본고 에서는 'achievement standards'를 원어 그대로 '성취기준'으로 번역하였다. 뉴질랜드 교육과 정에서 우리나라 교육과정의 성취기준과 유사한 역할을 하는 것은 'achievement objectives'이 다. 이 장에서는 'achievement objectives' 역시 원어 그대로 '성취목표'로 번역하였다.

30 NCEA 〈역사〉 성취기준은 〈역사〉 교육과정의 성취목표를 성취기준으로 직접 전환한 형태도 있고, 교육과정의 성취목표에서 강조하는 (뉴질랜드인에게) 중요한 역사적 사건을 이해하도록 하면서도 평가의 내용을 "역사의 절차적(방법적) 차원"으로 확장한 형태도 있다(Ormond, B., "Curriculum decisions", p. 605).

에 영향을 미치는 다양한 요인들을 이해하도록 하고 있다.

<table>
<tr><td colspan="3">표 2   뉴질랜드 <역사> 교육과정의 성취목표(수준 6~8)[31]</td></tr>
<tr><td>수준 6(15~16세, 11학년)</td><td>수준 7(16~17세, 12학년)</td><td>수준 8(17~18세, 13학년)</td></tr>
<tr><td>– 뉴질랜드인에게 중요한 과거 사건의 원인과 결과가 어떻게 사람들의 삶과 사회를 형성하는지 이해한다.
– 뉴질랜드인에게 중요한 과거 사건들에 대한 사람들의 관점이 어떻게 다른지 이해한다.</td><td>– 역사적 힘(forces)과 움직임(movements)이 뉴질랜드인에게 중요한 사건의 원인과 결과에 어떻게 영향을 미쳤는지 이해한다.
– 뉴질랜드인에게 중요한 사건들에 대한 사람들의 해석이 어떻게 다른지 이해한다.</td><td>– 뉴질랜드인에게 중요한 역사적 사건의 원인, 결과, 그에 대한 설명이 복잡하다는 점, 그것들이 왜, 그리고 어떻게 경쟁적인지 이해한다.
– 역사적 추세(trends over time)가 어떻게 사회적, 경제적, 정치적 요인들을 반영하는지 이해한다.</td></tr>
</table>

NCEA 〈역사〉 성취기준은 〈표 3〉에서 보는 바와 같이 각 수준 별로 6개의 성취기준으로 구성되어 있으며, 이 중 내부평가 성취기준이 3개, 외부평가 성취기준이 3개이다. 내부평가 성취기준 중 첫 번째 성취기준은 뉴질랜드인에게 중요한 역사적 사건이나 장소에 대해 조사하기(수준 1)·탐구하기(수준 2)·연구하기(수준 3)이다. 예를 들어, 수준 1의 '뉴질랜드인에게 중요한 역사적 사건이나 장소 조사하기(AS91001)'의 경우, 주제의 확인, 사료 및 사료의 유용성 확인, 과제에서 제시하고 있는 질문에 따라 다양한 사료 중에서 관련있는 역사적 증거 선택, 증거의 적절한 조직과 같은 역사 탐구 기능의 수행을 요구한다.[32] 이 성취기준을 통해 외부평가의 필기 시험으로 평가하기 어려운 학생들의 역사 탐구 수행 과정을 평가할 수 있다. 두 번째 내부평가 성취기준은 뉴질랜드인에게 중요한 역사적 사건이나 장소 이해하기(수

---

31 New Zealand Ministry of Education, Curriculum Achievement Objectives by Learning Area, 2007, https://nzcurriculum.tki.org.nz/The-New-Zealand-Curriculum (2023. 11. 10. 검색).

32 NZQA, Assessment Standard(AS91001), https://www.nzqa.govt.nz/nqfdocs/ncea-resource/achievements/2019/as91001.pdf (2023. 11. 15. 검색).

준 1)·검토하기(수준 2)·분석하기(수준 3)로 뉴질랜드의 주요 역사적 사건에 대한 이해를 평가하는 성취기준이다. 세 번째 내부평가 성취기준은 뉴질랜드인에게 중요한 역사적 사건에 대한 서로 다른 관점에 대해 이해하기(수준 1)·해석하기(수준 2)·분석하기(수준 3)로 뉴질랜드의 주요 역사적 사건에 대한 서로 다른 관점을 해석하고 분석할 수 있는가를 평가하는 성취기준이다.

외부평가 성취기준의 경우, 뉴질랜드의 주요 역사적 사건과 관련된 사료의 해석(수준 1)·검토(수준 2)·분석(수준 3)하기, 역사적 사건의 인과관계 기술(수준 1)·검토(수준 2)·분석(수준 2)하기, 역사적 추세에 영향을 미친 요인(들) 기술(수준 1)·검토(수준 2)·분석(수준 3)하기로 구성되어 있다. 분석 대상을 뉴질랜드의 주요 역사 사건에 한정하고 있는 내부평가 성취기준과 달리, 외부평가 성취기준에서는 분석 대상을 자국사에 한정하지 않음으로써 분석 대상이 세계사적 사건까지 확대된다.

표 3 NCEA <역사> 성취기준

NCEA 수준 1	NCEA 수준 2	NCEA 수준 3
〈역사〉 교육과정 수준 6과 연계	〈역사〉 교육과정 수준 7과 연계	〈역사〉 교육과정 수준 8과 연계
AS91001 내부 뉴질랜드인에게 중요한 역사적 사건이나 장소에 대한 조사(investigation) 수행하기	AS91229 내부 뉴질랜드인에게 중요한 역사 사건이나 장소에 대한 탐구(inquiry) 수행하기	AS91434 내부 뉴질랜드인에게 중요한 역사 사건 및 장소를, 1·2차 사료를 사용하여 연구하기(research)
AS91002 내부 뉴질랜드인에게 중요한 역사적 사건이나 장소에 대한 이해(understand) 증명하기	AS91230 내부 뉴질랜드인에게 중요한 역사 사건이나 장소에 대해 검토하기(examine)	AS91435 내부 뉴질랜드인에게 중요한 역사 사건 및 장소에 대해 분석하기(analyse)
AS91003 외부 뉴질랜드인에게 중요한 역사적 사건에 대한 사료 해석하기(interpret)	AS91231 외부 뉴질랜드인에게 중요한 역사적 사건에 대한 사료 검토하기	AS91436 외부 뉴질랜드인에게 중요한 역사적 사건과 관련된 증거 분석하기
AS91004 내부 뉴질랜드인에게 중요한 역사적 사건에 있어 사람들의 서로 다른 관점에 대한 이해 증명하기	AS91232 내부 뉴질랜드인에게 중요한 역사적 사건에 있어 사람들의 서로 다른 관점에 대해 해석하기	AS91437 내부 뉴질랜드인에게 중요한 논쟁적인(contested) 사건에 대한 서로 다른 관점 분석하기

NCEA 수준 1	NCEA 수준 2	NCEA 수준 3
AS91005 외부 역사적 사건의 원인과 결과 기술하기(describe)	AS91233 외부 역사적 사건의 원인과 결과 검토하기	AS91438 외부 중요한 역사적 사건의 원인과 결과 분석하기
AS91006 외부 중요한 역사적 사건이 뉴질랜드에 어떻게 영향을 미쳤는지 기술하기	AS91234 외부 중요한 역사적 사건이 뉴질랜드에 어떻게 영향을 미쳤는지 검토하기	AS91439 외부 중요한 역사적 추세와 그에 영향을 미친 요인(들) 분석하기

정리하면 NCEA 〈역사〉 성취기준은 평가 내용에 따라 세 가지 형태로 구분할 수 있다. 첫째, 뉴질랜드인에게 중요한 역사 사건 및 장소에 대한 이해를 평가하는 성취기준이다. 둘째, 중요성, 원인과 결과, 관점, 경합성(contestability)과 같은 역사적 사고 개념에 대한 이해와 적용을 평가하는 성취기준이다. 셋째, '역사 자료에 대한 해석, 역사 쓰기'와 같은 '학문적 연구 기능(the disciplinary skills of research)'을 평가하는 성취기준이다.[33] 사료를 사용하여 조사(investigation)·탐구(inquiry)·연구(research)하기를 요구하는 수준 1의 AS91001(내부), 수준 2의 AS91229(내부), 수준 3의 AS91434(내부)와 사료 해석(interpret)·검토(examine)하기, 증거 분석하기를 요구하는 수준 1의 AS91003(외부), 수준 2의 AS91231(외부), 수준 3의 AS91436(외부)가 이에 해당한다.

3) 2024 NCEA <역사> 수준 1의 성취기준

2023년 9월 NCEA 〈역사〉 수준 1의 개정된 성취기준이 발표되었으며, 2024년부터 수준 1은 개정된 성취기준에 의거하여 시행된다. 개정된 〈역사〉 수준 1의 성취기준은 〈표 4〉와 같다. 수준 1의 성취기준은 5학점의 4개 성취기준으로 구성되어 있으며, 그 중 2개는 내부 성취기준, 2개는 외부 성

---

33 Ormond, B., "Curriculum decisions", pp. 604~605.

취기준이다. 역사 1.1(92024) 성취기준은 '역사적 맥락에서 다양한 1차 사료 활용하기'이다. 여기서 '역사적 맥락'은 역사적 장소, 사건, 인물, 집단, 움직임을 의미한다. 이 성취기준에서는 중심 질문을 위해 다양한 1차 사료를 선택하고, 사료에 대한 주해(source annotation)를 통해 중심 질문과 증거의 관련성을 확인하고, 수집한 사료들을 평가하여 사료의 강점이나 한계를 확인하는 것이 포함된다.[34]

표 4   2024 NCEA <역사> 수준 1의 성취기준[35]

내부	역사 1.1(92024)	역사적 맥락에서 다양한 1차 사료 사용하기
	역사 1.2(92025)	역사적 맥락의 중요성에 대한 이해 증명하기
외부	역사 1.3(92026)	아오테아로아 뉴질랜드에 중요한 맥락에서 역사적 개념에 대한 이해 증명하기
	역사 1.4(92027)	역사적 맥락에 대한 관점에 대한 이해 증명하기

역사 1.2(92025) 성취기준은 '역사적 맥락의 중요성에 대한 이해 증명하기'이다. 이 성취기준에서는 역사적 맥락, 즉 역사적 장소, 사건, 인물, 집단 등이 갖는 중요성의 구체적인 양상(들)을 관련 있는 역사적 증거를 포함하여 기술할 것을 요구한다. 여기서 역사적 증거에는 답안과 관련되어 있거나 답안에 도움이 되는 (사람, 장소, 사건의) 이름, 날짜, 통계, 수치, 짧은 인용문과 같은 구체적인 역사적 세부 사항들이 포함될 수 있다.[36]

역사 1.3(92026) 성취기준은 '아오테아로아 뉴질랜드에 중요한 맥락에서 역사적 개념에 대한 이해 증명하기'이다. 이 성취기준은 권력(mana), 인과관

---

34 https://ncea.education.govt.nz/social-sciences/history/1/1?view=standard (2023. 12. 2. 검색).

35 https://ncea.education.govt.nz/social-sciences/history?view=assessment (2023. 12. 2. 검색).

36 https://ncea.education.govt.nz/social-sciences/history/1/2?view=standard (2023. 12. 2. 검색).

계와 같은 역사적 개념을 이해할 것을 요구하고 있으며, 이를 뉴질랜드에 중요한 다양한 맥락 속에서, 역사적 증거를 사용하여 기술(describe)할 것을 요구한다. 여기서 '뉴질랜드에 중요한 맥락'이란 뉴질랜드인을 포함하거나 뉴질랜드인에게 영향을 미치는 맥락을 의미한다.[37]

역사 1.4(92027) 성취기준은 '역사적 맥락에 대한 관점에 대한 이해 증명하기'이다. 이 성취기준에서는 역사적 맥락에 대한 관점을 확인하고 기술할 것, 그리고 관련있는 역사적 증거를 포함시킬 것을 요구한다. 여기서 '관점'은 우리가 세상을 보고 이해하는 방식을 형성하는 것을 의미하며, 관점에 대한 논의에는 사람의 행위나 반응에 영향을 미치는 가치, 신념, 개념, 동기, 경험에 대한 고려가 포함된다.[38]

2024 NCEA 〈역사〉 성취기준에 나타난 변화를 기존 성취기준과 비교하여 살펴보면, 먼저 성취기준의 수가 기존 6개에서 4개로 축소되었다. 이 과정에서 '뉴질랜드인에게 중요한 역사적 사건이나 장소에 대한 조사 수행하기(AS91001 내부)'와 '뉴질랜드인에게 중요한 역사적 사건에 대한 사료 해석하기(AS91003 외부)' 2개로 구성되어 있던 사료 해석 및 역사 탐구 관련 성취기준은, '역사적 맥락에서 다양한 1차 사료 사용하기(내부)'로 통합되었다. '뉴질랜드인에게 중요한 역사적 사건이나 장소에 대한 이해 증명하기(AS91002 내부)' 성취기준은 '역사적 맥락의 중요성에 대한 이해 증명하기(내부)'로 변경되면서 뉴질랜드에 중요한 사건·장소라는 자국사적 맥락이 삭제되었다. 내부평가 성취기준이었던 '뉴질랜드인에게 중요한 역사적 사건에 있어 사람들의 서로 다른 관점에 대한 이해 증명하기(AS91004)'는 외부평가 성취기준(역사적 맥락에 대한 관점에 대한 이해 증명하기)으로 변경되면서 '뉴질랜드인에게 중요한

---

37 https://ncea.education.govt.nz/social-sciences/history/1/3?view=standard (2023. 12. 2. 검색).

38 https://ncea.education.govt.nz/social-sciences/history/1/4?view=standard (2023. 12. 2. 검색).

역사적 사건'이라는 부분이 삭제되었고, 이로 인해 자국사 관련 사건뿐 아니라 세계사적 사건까지 다룰 수 있게 되었다. 외부평가 성취기준인 '역사적 사건의 원인과 결과 기술하기(AS91005)'와 '중요한 역사적 사건이 뉴질랜드에 어떻게 영향을 미쳤는지 기술하기(AS91006)'는 '아오테아로아 뉴질랜드에 중요한 맥락에서 역사적 개념에 대한 이해 증명하기'로 통합되었다고 볼 수 있다. 개정된 성취기준에서는 '원인과 결과'를 포괄하는 상위개념인 '역사적 개념'이라는 용어를 사용함으로써 인과관계 이외의 다양한 역사적 개념에 대한 이해를 평가할 수 있게 되었다. 이런 점에서 볼 때 개정된 성취기준 역시 역사적 사고 개념과 역사 탐구 방법을 강조하고 있다고 볼 수 있다.

3. NCEA <역사> 외부 평가 문항과 예시 답안

앞서 살펴보았듯이 뉴질랜드 <역사> 교육과정은 학생들이 학습해야 할 특정한 역사적 시기와 장소, 주제나 사건들을 제시하지 않는다. 따라서 교사들은 가르칠 역사적 내용을 결정할 수 있는 권한, 즉 역사적 시간과 장소, 주제의 폭과 깊이, 역사적 맥락의 순서를 선택하여 교육과정을 구성할 수 있는 자율성을 갖고 있다.[39] 이로 인해 뉴질랜드 고등학생들은 학교, 교사에 따라 서로 다른 역사적 사건들을 학습한다. 따라서 뉴질랜드 전역의 학생들을 대상으로 하는 국가적 차원의 대규모 평가 시험인 NCEA 외부평가에서는 특정 역사적 사실에 관한 지식의 소유 여부를 평가하는 것이 불가능하다. 따라서 NCEA 외부평가 성취기준 역시 특정 역사 사실에 대한 지식이나 이해를 요구하지 않는다. 이에 NCEA 외부평가에서는 사료를 제시하고 사료에

---

39 Ormond, B., "Curriculum decisions", pp. 603~604.

대한 분석을 토대로 답안을 작성해야 하는 문항과 학생들이 학습했던 역사
적 사건 가운에 하나를 선택하여 답안을 작성하는 문항을 출제하고 있다. 이
절에서는 수준 3의 외부평가 문항을 사례로 성취기준에서 요구하는 것이 구
체적으로 무엇인지, 이러한 성취기준의 요구가 평가 문항으로 어떻게 출제
되었는지 살펴볼 것이다. 또한 '중요한 역사적 사건의 원인과 결과 분석하기
(AS91438)' 문항을 사례로, 2021년 문항의 채점 기준은 무엇이며, 학생들은 이
문항에 대한 답안을 어떻게 작성하고, 이에 대한 채점은 어떻게 이루어졌는
지 NZQA에서 제공한 예시 답안을 통해 살펴보도록 하겠다.

1) NCEA <역사> 수준 3의 외부평가 성취기준과 평가 문항

(1) '뉴질랜드인에게 중요한 역사적 사건과 관련된 증거 분석하기'

'뉴질랜드인에게 중요한 역사적 사건과 관련된 증거 분석하기(AS91436)'는
4학점의 외부평가 성취기준이다. 성취기준 문서에서는 성취기준 진술에 사
용된 각 용어들의 의미에 대해서 상세하게 설명하고 있는데, 이 성취기준
에서 '역사적 사건'은 하나의 사건, 역사적 발전이나 움직임, 중요한 역사적
사건이나 움직임에 대한 개인의 역할과 기여 등을 포함하는 것으로 정의된
다. 그리고 '뉴질랜드인에게 중요한 사건'이란, 뉴질랜드 내에서 일어난 역
사적 사건, 뉴질랜드 사람들이 관련된 국제적 사건, 뉴질랜드 사람들에게
영향을 끼친 국제적 사건을 의미한다. 또한 어떤 역사적 사건이 '중요한가'
를 판단하는 기준으로, 당시 살았던 사람들에게 있어서 해당 사건이 얼마
나 중요했는가, 당시 사람들의 삶에 얼마나 깊은 영향을 주었는가, 얼마나
많은 사람들이 영향을 받았는가, 얼마나 오랫동안 사람들의 삶에 영향을
미쳤는가, 그 사건 혹은 장소가 사회에 어느 정도 계속해서 영향을 미치고

있는가를 제시한다. 마지막으로 '증거 분석하기'에 있어 '증거'는 문서, 사진, 그래프, 지도, 기사, 연설, 만화, 교과서 등의 사료로부터 도출되는 것이라고 설명한다.[40]

학생들의 성취수준(Achievement Criteria)[41]은 〈표 5〉와 같이, 뉴질랜드인에게 중요한 역사적 사건과 관련된 증거를 분석할 수 있는가, 깊이있게(in depth) 분석할 수 있는가, 종합적으로(comprehensively) 분석할 수 있는가에 따라, 성취, 우수, 탁월로 구분된다. 여기서 '분석한다'는 것은 '역사적 개념에 대한 이해를 입증하기 위해 증거를 해석하는 역사가의 기능(skills)을 사용하는 것'을 의미한다. 이 때 '역사가의 기능'에는 면밀히 읽기(close reading), 이해(comprehension), 의미 추출(extracting meaning)이 포함된다. 역사적 개념은 과거와 현재, 신뢰성과 유용성, 편견이나 선전(propaganda), 연속성과 변화, 의도와 동기, 원인과 결과, 구체화와 일반화, 영향과 의의, 우연 등이 포함되며, 역사적 기능은 이러한 역사적 개념을 확인(identify)하기 위해 사용된다.[42]

표 5 '뉴질랜드인에게 중요한 역사적 사건과 관련된 증거 분석하기'의 성취수준

성취	우수	탁월
뉴질랜드인에게 중요한 역사적 사건과 관련된 증거를 분석한다.	뉴질랜드인에게 중요한 역사적 사건과 관련된 증거를 깊이있게 분석한다.	뉴질랜드인에게 중요한 역사적 사건과 관련된 증거를 종합적으로 분석한다.

---

40 NZQA, Assessment Standard(AS91436), https://www.nzqa.govt.nz/nqfdocs/ncea-resource/achievements/2019/as91436.pdf (2023. 11. 15. 검색).

41 NCEA의 '성취수준(Achievement Criteria)'은 우리나라의 '평가기준'과 유사한 역할을 한다. 우리나라에서는 '평가기준'을 "평가 활동에서 학생들이 어느 정도의 수준으로 성취기준에 도달했는지를 판단"하는 기준으로서 "성취기준에 도달한 정도를 상/중/하 세 단계로 구분하고 각 단계에 속한 학생들이 무엇을 알고 있고, 할 수 있는지를 기술한 것"으로 정의하고 있다(교육부, 『2015 개정 교육과정에 따른 평가기준-고등학교 사회과』, p. 7).

42 NZQA, Assessment Standard(AS91436), https://www.nzqa.govt.nz/nqfdocs/ncea-resource/achievements/2019/as91436.pdf (2023. 11. 15. 검색).

'뉴질랜드인에게 중요한 역사적 사건과 관련된 증거 분석하기' 성취기준에 해당하는 평가 문항은 대략 10개 내외의 도입글 및 사료를 담은 사료집을 제공하고 이들 사료에 대한 분석을 바탕으로 답안을 작성하는 3개의 하위 문항으로 구성되어 있다. 문제지에서는 먼저 모든 사료를 읽어 본 후 각 문항에 대한 답안을 작성하도록 하고 있다. 각 하위 문항은 대략 3~4개의 사료를 바탕으로 원인과 결과, 연속성과 변화, 과거와 현재, 관점, 신뢰성과 유용성 등과 관련된 질문에 답하도록 하고 있다. 한 문항에 할당된 답안지의 분량은 2쪽이며, 답안 작성을 위해 답안지가 더 필요한 경우를 위해 답안지의 뒷부분에 추가적인 공간을 제공하고 있다. 2021년부터 3년간 출제된 문항은 〈표 6〉과 같다.

표 6 '뉴질랜드인에게 중요한 역사적 사건과 관련된 증거 분석하기' 평가문항(2021~2023년)[43]

2023년	[문항 1: 원인과 결과] 1941년 뉴질랜드 경찰이 여성을 경찰로 채용하기 시작하게 된 요인은 무엇인가? 도입글 및 사료 A–C의 증거를 사용하여 자신의 주장을 뒷받침하시오. [문항 2: 연속성과 변화] 사료 D–I에서 연속성과 변화에 대한 역사적 개념은 어느 정도로 설명되고 있는가? [문항 3: 과거와 현재] 1961년부터 1970년(사료 J), 2016년(사료 K)의 경찰 채용 광고에 나타난 메시지의 유사점과 차이점은 무엇인가? 자신의 주장을 뒷받침하기 위해 다른 출처를 사용할 수도 있음.
2022년	[문항 1: 관점] 도입글 및 사료 A–F를 사용하여 이 문항에 답하시오. 뮌헨 테러 공격 이후 1972년 올림픽 게임을 계속하기로 한 결정을 둘러싼 다양한 관점을 분석하시오. [문항 2: 연속성과 변화] 사료 G–H를 사용하여 이 문항에 답하시오. 11명의 전사자를 추모하는 캠페인이 연속성과 변화를 보여주는 방식을 분석하시오. [문항 3: 신뢰성과 유용성] 사료 D와 E를 사용하여 이 문항에 답하시오. 뮌헨 테러 공격의 중요성을 연구하는 역사학자들에게 있어 이러한 사료가 지닌 신뢰성과 유용성을 분석하시오.

---

43 https://www.nzqa.govt.nz/nqfdocs/ncea-resource/exams/2023/91436-exm-2023.pdf (2023. 11. 21. 검색); https://www.nzqa.govt.nz/nqfdocs/ncea-resource/exams/2022/91436-exm-2022.pdf (2023. 9. 11. 검색); https://www.nzqa.govt.nz/nqfdocs/ncea-resource/exams/2021/91436-exm-2021.pdf (2023. 2. 19. 검색).

<table>
<tr><td rowspan="3">2021년</td><td>[문항 1: 일반화와 구체화] 도입글 및 사료 A(ⅰ)-C(ⅰ)를 사용하여 이 문항에 답하시오. 헨니 테 키리 카라무(Hēni Te Kiri Karamū)[44]의 삶에 나타난 구체적인 사례는 뉴질랜드 아오테아로아 식민 시대 여성의 일반적인 삶에 대해 무엇을 알려주는가?</td></tr>
<tr><td>[문항 2: 과거와 현재] 사료 A(ⅱ)-C(ⅱ)를 사용하여 이 문항에 답하시오. 헨니 테 키리 카라무의 삶은 아오테아로아 뉴질랜드의 과거와 현재에 어느 정도 기여했는가?</td></tr>
<tr><td>[문항 3: 신뢰성과 유용성] 사료 C(ⅰ)-C(ⅲ)를 사용하여 이 문항에 답하시오. 아오테아로아 뉴질랜드에서 마오리 와히네(wāhine, 여성)의 기록을 연구하는 역사가들에게 있어 이 자료 중 두 가지에 대해 신뢰성과 유용성을 평가하시오.</td></tr>
</table>

이 중 2023년 문항을 구체적으로 살펴보면, 2023년 문항은 뉴질랜드 경찰 내 여성의 증가를 주제로 하고 있다. 사료집에서는 주제와 관련된 내용을 간략하게 소개하는 도입글과 12개의 사료를 제시하고 있다.[45] 사료집에는 신문 기사, 도표, 광고, 사진 등 다양한 형태의 사료가 포함되어 있으며, 사료에서 사용된 어려운 용어에 대해서는 각주를 활용하여 그 뜻을 설명하고 있다.

1번 문항은 원인과 결과와 관련된 문항으로, 사료 A~C를 활용하여 1941년 뉴질랜드 경찰이 여성을 경찰로 채용하기 시작하게 된 요인에 대해 쓰도록 하고 있다. 사료 A는 1914년, 사료 B와 C는 1930년에 쓰여진 기사로, 여성 경찰이 필요한 이유와 영국을 비롯한 다른 나라의 여성 경찰의 도입 사례, 영국 여성 경찰의 역할과 유용성 등에 대해 설명하고 있다. 학생들은 이들 사료를 바탕으로 뉴질랜드에서 여성 경찰제를 도입하게 된 요인은 무엇인가에 대한 자신의 주장을 서술해야 하며 자신의 주장을 뒷받침하기 위해 이들 사료를 증거로 활용하여야 한다.

---

44 헨니 테 키리 카라무(1840~1933)는 Hēni Pore 및 Jane Foley라고도 한다. 마오리 여성으로 1864년 뉴질랜드 토지 전쟁 중 타우랑가 근처에서 벌어진 주요 전투에 참여하였다. 이후 여성 기독교 절제 연합(Women's Christian Temperance Union)의 회원으로 활동하기도 하였다.

45 https://www.nzqa.govt.nz/nqfdocs/ncea-resource/exams/2023/91436-res-2023.pdf (2023. 11. 21. 검색).

2번 문항은 연속성과 변화와 관련된 문항으로 학생들은 사료 D~I에서 연속성과 변화에 대한 역사적 개념은 어느 정도로 설명되고 있는지 서술해야 한다. 사료 D~F는 여성 경찰 도입 초기라 할 수 있는 1940년대(사료 D), 1950년대(사료 E), 1980년(사료 F)에 경찰에 채용된 여성 경찰들의 이야기로 당시 여성 경찰의 업무와 어려웠던 점 등에 대해 소개하고 있다. 반면 사료 G와 H는 최근의 뉴질랜드의 여성 경찰 현황을 보여주는 사료이다. 사료 G는 2020년 기사로 무슬림으로 여성 경찰에 입대하게 된 경찰의 이야기와 함께 경찰 제복에 히잡을 도입하게 경위 등에 대해 설명하고 있다. 사료 H는 2022년 기사로 무장 경비대 소속의 여성 경찰의 이야기를 소개하고 있다. 사료 I는 뉴질랜드 경찰 내 여성의 수와 비율(1941~2022)을 보여주는 도표이다. 학생들은 이들 사료에 제시된 뉴질랜드 경찰 내 여성 경찰의 수와 비중, 역할, 여성 경찰에 대한 인식 등과 관련하여 연속성과 변화 개념이 어느 정도 설명되고 있는지 서술해야 한다.

3번 문항은 과거와 현재와 관련된 문항으로, 1961년과 1970년의 뉴질랜드 경찰 채용 신문 광고(사료 J1, J2), 2016년의 뉴질랜드 경찰 채용 광고(사료 K)에 나타난 메시지의 유사점과 차이점에 대해 쓰도록 하고 있다. 이 문항의 경우 제시된 사료 외의 다른 자료를 활용하여 자신의 주장을 뒷받침하는 것도 가능하다.

(2) '중요한 역사적 사건의 원인과 결과 분석하기'

'중요한 역사적 사건의 원인과 결과 분석하기(AS91438)'는 6학점의 외부 평가를 위한 성취기준이다. 여기서 '역사적 사건'은 아일랜드 기근, 미국 노예 해방, 헤이스팅스 전투와 같이 '특정한 시기에 일어난 구체적 사건'을 의미한다. 중요한 사건은 일정 기간 동안 사람들에게 사건이 미친 영향과 중요성, 일정 기간 동안 사람들의 삶이 얼마나 깊이 영향을 받았는가, 얼마나 많은 사람들이 영향을 받았는가, 얼마나 오랫동안 사람들의 삶에 영향을 미쳤는가, 사건이 사회에 어느 정도 영향을 미쳤는가라는 기준에 따라 판단할 수 있다.[46]

학생들의 성취수준은 〈표 7〉과 같이 중요한 역사적 사건의 원인과 결과를 분석할 수 있는가, 깊이있게 분석할 수 있는가, 종합적으로 분석할 수 있는가에 따라 성취, 우수, 탁월로 구분된다. 여기서 '분석한다'는 것은 '역사적 사건의 원인과 결과를 설명(explain)하는 것'으로, 근본적·즉각적 원인과 단기적·장기적인 결과를 설정하는 것이 포함될 수 있다. '깊이있게 분석한다'는 것은 '역사적 사건의 원인과 결과에 대한 평가(evaluate)를 포함'하며, 여기서 평가는 '원인과 결과의 상대적 중요성을 정당화함으로써 그것들의 우선순위를 정하는 것을 포함'한다. '종합적으로 분석한다'는 것은 '원인과 결과의 복잡성에 대한 이해를 입증하는 사려깊은(well-considered) 판단을 뒷받침하기 위해 역사적 사건의 원인과 결과를 평가'하는 것을 의미한다.[47]

표 7   '중요한 역사적 사건의 원인과 결과 분석하기'의 성취수준

성취	우수	탁월
중요한 역사적 사건의 원인과 결과를 분석한다.	중요한 역사적 사건의 원인과 결과를 깊이있게 분석한다.	중요한 역사적 사건의 원인과 결과를 종합적으로 분석한다.

'중요한 역사적 사건의 원인과 결과 분석하기' 성취기준의 경우, 학생들 자신이 공부한 중요한 역사적 사건 하나를 선택하여 제시된 문항에 대해 간결하고 논증이 잘 이루어진 논술을 작성하는 형태로 문항이 출제되고 있

---

46 NZQA, Assessment Standard(AS91438), https://www.nzqa.govt.nz/nqfdocs/ncea-resource/achievements/2019/as91438.pdf (2023. 11. 15. 검색).

47 NZQA, Assessment Standard(AS91438), https://www.nzqa.govt.nz/nqfdocs/ncea-resource/achievements/2019/as91438.pdf (2023. 11. 15. 검색).

다. 논술의 분량은 5~6쪽 이내이나, 논술의 길이보다는 논술의 질이 훨씬 더 중요하다는 점을 강조하고 있다.

〈표 8〉을 통해 3년간 출제된 문항을 살펴보면, 학생이 선택한 역사적 사건의 장단기적 원인을 평가하고 이 중 더 중요한 원인은 어떤 것이며 그 이유는 무엇인지 평가하는 문항(2023년), 역사적 사건이 장·단기적으로 사람들의 삶에 어느 정도 영향을 미쳤는지 평가하는 문항(2022년), 역사적 사건의 가장 중요한 원인을 평가하는 문항(2021년)이 출제되었다.

표 8	'중요한 역사적 사건의 원인과 결과 분석하기' 평가 문항(2021~2023년)[48]	
2023년	중요한 역사적 사건의 장기적·단기적 원인을 평가하시오. 해당 사건의 더 중요한 원인은 어떤 것인가, 그리고 그 이유는 무엇인가?
2022년	중요한 역사적 사건의 결과가 단기적·장기적으로 사람들의 삶에 어느 정도 영향을 미쳤는지 평가하시오.
2021년	선택한 역사적 사건의 가장 중요한 원인을 평가하시오.

(3) '중요한 역사적 추세와 이에 영향을 미친 요인 분석하기'

'중요한 역사적 추세와 이에 영향을 미친 요인 분석하기(AS91439)'는 6학점의 외부평가를 위한 성취기준이다. 여기서 '중요한 역사적 추세'는 '다양한 원인을 갖고 있으며, 일정 기간 동안 중요한 사회적, 정치적, 문화적, 환경적, 경제적 변화와 연속성을 보여주는 일련의 연관된 사건'을 의미한다. 19세기 영국의 뉴질랜드 이주, 뉴질랜드에서의 반중국적 인종차별, 1870년부터 1930년까지 영국에서의 여성의 역할 변화 등이 그 사례로 제시된다. 학생

---

48 https://www.nzqa.govt.nz/nqfdocs/ncea-resource/exams/2023/91438-exm-2023.pdf (2023. 11. 21. 검색); https://www.nzqa.govt.nz/nqfdocs/ncea-resource/exams/2022/91438-exm-2022.pdf (2023. 9. 11. 검색); https://www.nzqa.govt.nz/nqfdocs/ncea-resource/exams/2021/91438-exm-2021.pdf (2023. 2. 19. 검색).

들은 자신이 선택한 역사적 추세와 관련하여, '일정 시간 동안의 광범위한 추세'를 나타내 보일 수 있어야 한다. 예를 들어, 19세기 영국의 뉴질랜드 이주의 경우, 이주에 영향을 미친 요인은 무엇인지, 이주의 결과 영국, 뉴질랜드의 마오리 및 파케하에게는 어떤 변화와 연속성이 발생했는지 등에 대해 분석할 수 있어야 한다. '요인'은 '사회적, 정치적, 문화적, 환경적, 경제적 변화 또는 이들의 결합을 촉진하는 아이디어, 개념, 조건(conditions)'을 의미한다.[49]

학생들의 성취수준은 〈표 9〉와 같이 역사적 추세와 이에 영향을 미친 요소를 분석할 수 있는가, 깊이있게 분석할 수 있는가, 종합적으로 분석할 수 있는가에 따라 성취, 우수, 탁월로 구분한다. 여기서 '분석한다'는 것은 중요한 역사적 추세와 이에 영향을 미친 요인을 '검토'하는(examine) 것을, '깊이 있게 검토한다'는 것은 중요한 역사적 추세에 영향을 미친 요인들의 중요성에 대해 평가(assess)하는 것을 포함한다. '종합적으로 분석한다'는 '중요한 역사적 추세에 영향을 미친 힘을 검토하고, 그러한 추세 및(또는) 요인의 복잡성에 대한 이해를 입증하는 사려깊은(well-considered) 판단을 제시하는 것'을 포함한다.

표 9　'중요한 역사적 추세와 이에 영향을 미친 요인 분석하기'의 성취수준[50]

성취	우수	탁월
중요한 역사적 추세와 이에 영향을 미친 힘을 분석한다.	중요한 역사적 추세와 이에 영향을 미친 힘을 깊이있게 분석한다.	중요한 역사적 추세와 이에 영향을 미친 힘을 종합적으로 분석한다.

49　NZQA, Assessment Standard(AS91439), https://www.nzqa.govt.nz/nqfdocs/ncea-resource/achievements/2019/as91439.pdf (2023. 11. 15. 검색).

50　NZQA, Assessment Standard(AS91439), https://www.nzqa.govt.nz/nqfdocs/ncea-resource/achievements/2019/as91439.pdf (2023. 11. 15. 검색).

‘중요한 역사적 추세와 이에 영향을 미친 요인(들) 분석하기’ 성취기준 역시, 학생들 자신이 공부한 중요한 역사적 사건 하나를 선택하여 제시된 문항에 대한 논술을 작성하도록 하고 있다. 분량 및 작성 시 유의점은 ‘중요한 역사적 사건의 원인과 결과 분석하기’ 평가 문항과 동일하다.

이 성취기준으로 출제된 평가문항은 〈표 10〉과 같다. 학생이 선택한 역사적 추세는 두 가지 중요한 요인에 의해 어느 정도 영향을 받았는지 서술하는 문항(2023년), 역사적 추세로 인해 발생한 변화를 평가하는 문항(2022년), 역사적 추세를 이끈 요인들에 대해 평가하는 문항(2021년)이 출제되었다.

표 10	‘중요한 역사적 추세와 이에 영향을 미친 요인(들) 분석하기’ 평가문항(2021~2023년)[51]
2023년	중요한 역사적 추세는 두 가지 중요한 요인에 의해 어느 정도 영향을 받았는가?
2022년	중요한 역사적 추세로 인해 발생한 변화를 평가하시오.
2021년	중요한 역사적 추세를 이끈 요인들에 대해 평가하시오.

2) ‘중요한 역사적 사건의 원인과 결과 분석하기’ 평가 문항의 채점 기준과 예시 답안

이 절에서는 수준 3의 ‘중요한 역사적 사건의 원인과 결과 분석하기(91438)’의 2021년 평가 문항에 대한 채점 기준을 살펴보고, 이 문항에서 우수 등급을 받은 예시 답안을 살펴보도록 하겠다.

---

51 https://www.nzqa.govt.nz/nqfdocs/ncea-resource/exams/2023/91439-exm-2023.pdf (2023. 11. 21. 검색); https://www.nzqa.govt.nz/nqfdocs/ncea-resource/exams/2022/91439-exm-2022.pdf (2023. 9. 11. 검색); https://www.nzqa.govt.nz/nqfdocs/ncea-resource/exams/2021/91439-exm-2021.pdf (2023. 2. 19. 검색).

(1) 채점 기준

'중요한 역사적 사건의 원인과 결과 분석하기' 성취기준의 2021년 출제 문항은 '선택한 역사적 사건의 가장 중요한 원인을 평가하시오'이다. 이 문항에 대한 채점 기준은 〈표 11〉과 같다. 채점 기준에서는 등급을 성취, 우수, 탁월로 구분하고 성취는 다시 A3와 A4, 우수는 M5와 M6, 탁월은 E7과 E8로 구분한다. 평가 준거는 학생이 선택한 역사적 사건의 원인을 두 가지 이상 설명하였는가, 제시한 두 가지 원인이 해당 역사적 사건의 원인임을 입증하는 뒷받침 증거를 사용했는가, 설명이 깊이 있고 종합적인가 세가지가 제시되어 있다. 먼저 원인에 대한 설명 제시의 경우, 두 가지 이상의 원인에 대한 설명을 제시하면 성취 등급, 여러 가지 원인들을 평가하여보다 중요한 원인을 제시하면 우수 등급, 원인의 복잡성을 인식하는 통찰력을 보여주면 탁월 등급을 얻게 된다. 두 번째 뒷받침 증거 제시의 경우, 뒷받침하는 증거를 사용하면 성취(A3) 등급, 관련성 있고 구체적인 뒷받침 증거를 사용하면 성취(A4)·우수(M5) 등급, 잘 선택된 구체적인 뒷받침 증거를 사용하면 우수(M6)·탁월(E7) 등급, 일관성 있게 관련성이 있고 상세한 뒷받침 증거를 사용하면 탁월(E8) 등급을 얻게 된다. 세 번째 설명의 질의 경우, 깊이 있는 이해를 보여주는 설명이면 우수(M6) 등급, 종합적인 이해를 보여주는 통찰력 있는 설명이면 탁월 등급을 얻게 된다.

성취		우수		탁월	
A3	A4	M5	M6	E7	E8
중요한 역사적 사건의 적어도 두 가지 이상의 원인의 중요성에 대해 설명한다.	중요한 역사적 사건의 적어도 두 가지 이상의 원인의 중요성에 대해 설명한다.	중요한 역사적 사건의 두 가지 이상의 원인을 평가하려고 시도하며, 가장 중요한 원인은 무엇인지 우선 순위를 정하고자 시도한다.	중요한 역사적 사건의 두 가지 이상의 원인을 평가하려고 시도하며, 가장 중요한 원인은 무엇인지 우선 순위를 정한다.	중요한 역사적 사건의 가장 중요한 원인 중 두 가지 이상을 평가하고, 원인의 복잡성을 인식하는 통찰력을 어느 정도 보여준다. 원인에 대해 잘 고려된(well-considered) 주장을 제시하려고 시도한다.	중요한 역사적 사건의 가장 중요한 원인 중 두 가지 이상을 평가하고, 원인의 복잡성을 인식하는 통찰력을 보여준다. 원인에 대해 잘 고려된 주장을 제시한다.
두 가지 원인을 뒷받침하는 증거를 사용한다.	두 가지 원인을 뒷받침하는 관련성 있는 구체적인 증거를 사용한다.	적어도 두 가지 원인에 대한 관련 있고 구체적인 뒷받침하는 증거를 사용하고, 어느 정도 깊이 있는 이해를 보여주는 설명을 한다.	적어도 두 가지 원인에 대한 잘 선택된 구체적인 뒷받침하는 증거를 사용하고, 깊이 있는 이해를 보여주는 설명을 한다.	적어도 두 가지 원인에 대한 잘 선택된 구체적인 뒷받침하는 증거를 사용하고, 어느 정도 종합적인 이해를 보여주는 통찰력있는 설명을 한다. 이것은 간결한 답변이어야 한다.	적어도 두 가지 원인에 대한 일관성있게 관련성이 있고 상세한 뒷받침하는 증거를 사용하고, 종합적인 이해를 보여주는 통찰력있는 설명을 한다. 이것은 간결한 답변이어야 한다.

N0 = 응답 없음: 관련성 있는 증거가 없음.

N1 = 중요성에 대한 설명과 뒷받침하는 증거 없이 사건의 한 가지 원인만 확인할 수 있음.

N2 = 중요성에 대한 설명이 없으며 제한된 뒷받침하는 증거를 사용하고 사건의 한 가지 이상의 원인을 확인할 수 있음.

답안 채점 이후 NZQA에서 작성한 평가 보고서에 따르면, 해당 문항은

---

52 NZQA, Assessment Schedule 2021, History: Analyse the causes and consequences of a significant historical event (91438), https://www.nzqa.govt.nz/nqfdocs/ncea-resource/schedules/2021/91438-ass-2021.pdf (2023. 9. 21. 검색).

역사적 사건의 원인 중 가장 중요한 원인이 무엇인지 제시하고 이를 관련 있는 역사적 증거에 의거하여 뒷받침할 것을 요구하고 있다. 따라서 답안 작성을 위해서는 이 문항에 적절한 역사적 사건을 선택하는 것이 중요했으며, 수준 3의 성취기준 및 6학점 에세이에 요구되는 복잡성을 갖추고 있지 못한 사건을 선택한 경우 좋은 등급을 받지 못했다고 보고하고 있다.[53]

평가 보고서에는 미성취, 성취, 우수, 탁월 등급을 받은 답안의 특징이 제시되어 있다. 먼저 해당 문항에 적합하지 않은 역사적 사건을 선택한 경우, 원인에 대한 설명이 미흡한 경우, 충분한 직접적인 증거를 포함하고 있지 않은 경우 미성취 등급을 받았다. 예를 들어 원인에 대한 설명 없이 사건에 대한 내러티브적 기술만 있는 답안, 논의에 어떠한 인과관계도 나타나지 않은 답안, 원인에 대한 설명 없이 결과에 대해서만 논의한 답안, 제시한 원인이 해당 역사적 사건의 원인이라고 보기 어려운 답안들이 이에 해당한다.[54]

이에 반해 성취 등급을 받은 답안들은 선택한 사건 및 그 사건의 원인에 대한 타당한 이해를 보여주고 답안에서 제시한 원인들과 사건 사이의 인과관계를 잘 설명하고 있다. 그러나 제시한 원인 중 일부는 중요성이나 사건과의 관련성의 측면에서 보았을 때 의문의 여지가 있으며, 설명의 일부는 다른 설명에 비해 빈약하였다. 그리고 제시한 원인 가운데 어떠한 원인이 더 중요한지 원인들간의 우선순위를 제시하지 못하였다.[55]

반면 우수 등급을 받은 답안들은 원인의 중요성을 평가하고자 시도하거나, 원인의 중요성을 동등하게 평가한다. 때로는 원인의 우선순위를 명확하

---

53 NZQA, Assessment Report : level 3 History 2021, https://www.nzqa.govt.nz/nqfdocs/ ncea-resource/reports/2021/level3/91438-report-2021.pdf (2023. 12. 8. 검색).

54 NZQA, Assessment Report : level 3 History 2021, https://www.nzqa.govt.nz/nqfdocs/ ncea-resource/reports/2021/level3/91438-report-2021.pdf (2023. 12. 8. 검색).

55 NZQA, Assessment Report : level 3 History 2021, https://www.nzqa.govt.nz/nqfdocs/ ncea-resource/reports/2021/level3/91438-report-2021.pdf (2023. 12. 8. 검색).

게 드러내지만 그 주장이 설득력이 없는 경우도 있다. 탁월 등급을 받은 답안들은 답안을 일관성있게 구조화하면서 가장 중요한 원인이 무엇인지 명확하게 제시하고 이를 정당화한다. 이에 더해 선택한 원인들의 복잡성에 대한 명확한 이해를 보이며 이를 논증 과정에 잘 엮어내며, 맥락, 조건, 우연성과 같은 것들에 대해 논의함으로써 원인의 복잡성에 대한 통찰력을 보인다.[56]

(2) '우수' 등급 예시 답안

우수(M6) 사례로 제시된 답안[57]에서 학생이 선택한 역사적 사건은 '프랑스 혁명(1789~1799)'이다. 이 답안은 대체로 서론, 본론, 결론의 형태를 취하고 있다. 서론 부분에서는 프랑스 혁명이 중요한 역사적 사건이라고 생각하는 근거와 프랑스 혁명의 원인 2가지를 제시하고 이 중 더 중요하다고 생각하는 원인이 무엇인지 제시하고 있다. 이 학생은 프랑스 혁명은 당대의 많은 사람들에게 영향을 미쳤으며, 오늘날에도 존재하는 새로운 정치·사회적 구조를 도입한 사건이라는 점에서 중요한 사건이라고 서술하였다. 그리고 프랑스 혁명의 가장 중요한 원인은 사회의 분열(divisions in society)과 재정 위기였으며, 이 가운데 더 중요한 원인은 사회의 분열이라고 밝히고 있다.

본문에서는 사회의 분열과 재정 위기 및 개혁, 사회의 분열이 더 중요한 원인이라고 생각하는 근거에 대해 상술한다. 먼저 사회의 분열을 설명하는 부분에서는 구제도의 모순, 즉 1·2신분의 특권, 3신분의 과중한 부담에 대해 서술하고, 이러한 사회의 분열로 인해 3신분과 1·2신분 및 군주제 사이에 긴장이 발생하였으며, 3신분은 특정한 시점에서 반란을 일으킬 수도 있

---

56 NZQA, Assessment Report : level 3 History 2021, https://www.nzqa.govt.nz/nqfdocs/ncea-resource/reports/2021/level 3/91438-report-2021.pdf (2023. 12. 8. 검색).

57 https://www.nzqa.govt.nz/nqfdocs/ncea-resource/exemplars/2021/91438-exp-2021-merit.pdf (2023. 12. 8. 검색).

는 상황이었다고 설명하면서 이를 프랑스 혁명을 '부르주아 혁명'으로 보는 전통적 해석과 연관시킨다. 여기에서는 당시의 프랑스의 신분제에 대한 일반적인 기술뿐 아니라 1788년 프랑스를 여행한 여행자의 기록과 같은 당대의 사료, 조르주 르페브르(Georges Lefebvres), 윌리엄 도일(William Doyle) 같은 역사가를 인용하면서 자신의 주장을 강화하고 있다. 다음은 작성된 예시 답안의 일부이다.

프랑스 혁명의 가장 중요한 원인 중 하나는 사회의 분열이었다. 1780년대 프랑스의 인구는 대략 2,650만 명이었다. 이 인구는 3개의 신분으로 나뉘어 있었다. 1신분(성직자)은 인구의 0.5% 미만을 차지했지만 토지의 10%를 소유했다. 그들은 모든 세금이 면제되었으며 매년 소득의 5%를 세금으로 일시불로 납부했다. 또한 그들은 군 징집과 코비 로열(최대 2주가 걸릴 수 있는 무급 도로 공사)에서 면제되었다. 2신분(귀족)은 인구의 1% 미만이었으며, 토지의 20~25%를 소유하였다. (중략) 3신분은 생존을 위해 주인과 식량 가격에 의존하는 반숙련 또는 미숙련 평민들로 구성되었다. (중략) 1788년 9월 프랑스를 여행한 한 여행자는 "귀족이 소유한 토지에는 세금이 거의 부과되지 않지만 평민이 소유한 토지에는 세금이 많이 부과된다"라고 말했다. 이는 평민과 특권층의 차이를 보여주기 때문에 중요하다. (중략) 역사가 조르주 르페브르는 "토지는 거의 유일한 부의 형태"라고 말했다. 이것은, 대부분의 토지는 1·2신분이나 부르주아가 소유하고 있었으며, 이는 농민에게는 아무것도 남아 있지 않았었다는 점을 의미한다는 점에서 중요하다.
더욱이 역사가 윌리엄 도일은 "빈곤은 프랑스의 가장 가시적인 사회 문제"라고 보았다. 농민들은 하루하루 생존을 위해 애쓰면서도 세금의 대부분을 냈으며 어떠한 특권도 누리지 못했기 때문이다. 이로 인해 3신분과 1·2신분 및 군주제 사이에 긴장이 생겼

다. (중략) 이러한 구분으로 인해 3신분은 다른 세력에 반대하게
되었고, 때가 되면 기꺼이 반란을 일으키게 되었다. (중략) 부르주
아는 이것을 평등을 얻을 수 있는 기회로 보았고 농민들 사이에서
도 혁명을 촉발시켰다. 이것이 바로 프랑스 혁명에 대한 전통적인
해석에서 프랑스 혁명을 "부르주아 혁명"이라고 부르는 이유이다.

재정 위기 및 재정 개혁과 관련해서는 프랑스 혁명 전, 프랑스의 재정
위기와 이를 타개하고자 한 튀르고·네케르의 개혁 시도가 1·2신분 및 마리
앙투아네트 등의 유력 인사들에 의해 실패하게 되는 과정을 기술한다. 그
리고 이 과정에서 군주제 및 특권층에 대한 분노가 발생하였고 이는 3신분
으로 하여금 혁명을 시작하게 하는 원인이 되었다고 주장한다.

프랑스 혁명의 또 다른 중요한 원인은 재정 위기와 개혁 실패였
다. 재정 개혁의 실패가 곧 농민들의 반란으로 이어졌기 때문에 이
는 중요한 원인이었다. (중략) 7년 전쟁에서 패배하고, 영국에 대
한 복수를 위해 미국 독립전쟁에 재정 지원을 제공한 이후, 프랑
스는 2억 5천만 파운드의 부채를 갖게 되었다. 이 부채에 대한 이
자는 연간 세입보다 많았다. (중략) 국왕은 재정 개혁을 위해 재
무 장관을 임명했다. 재무 장관에는 칼론, 튀르고, 네케르가 임명
되었었다. 파리 의회와 길드는 튀르고의 6개 칙령을 거부했고 칼
론과 네케르는 마리 앙투아네트를 포함한 유력 인사들을 화나게
했기 때문에 사임해야 했다. 네케르는 (중략) 가난한 사람들에 대
한 세금을 인상하지 않았으며 이 때문에 대다수가 네케르를 좋아
하고 있었다는 점에서 이는 중요했다. (중략) 튀르고와 네케르 역
시 1·2신분의 재정적 특권을 포기하도록 요구했기 때문에 거부되
었다. 1·2신분과 기타 영향력 있는 개인들이 재정 개혁에 반대했
기 때문에 이는 중요하다. 이는 왕권의 약점을 드러냈고, 재정 개

혁을 필요로 하고 평등을 원했던 3신분의 반란을 불러일으켰다. 게다가 마리 앙투아네트는 개혁에 강력하게 반대했고, 이것이 네케르를 사임하게 만든 주요 원인 중 하나였기 때문에 일반 대중 역시 군주제에 분노했다. 군주제와 개혁을 받아들이지 못한 특권층에 대한 분노는 3신분의 반란을 불러 일으켰다. 재정 위기 및 개혁의 실패는 국민의 대다수가 군주제와 특권층에 반기를 들고 혁명의 시작점이 되었다는 점에서 혁명의 중요한 원인이었다.

본론의 마지막 부분에서는 사회의 분열이 재정 위기 및 개혁 실패보다 더 중요한 원인이라고 생각하는 이유를 상술한다. 여기서는 혁명의 직접적인 발단이 되었던 것은 재정 위기였으나, 1·2신분에 대한 재정적 특권이 없었다면 재정 위기가 발생하지 않았을 수도 있었으며, 또한 비록 재정 위기가 발생했다 하더라도 1·2신분의 특권이 없었다면 튀르고와 네케르 등이 재정 개혁에 성공함으로써 혁명이 발생하지 않았을 수도 있다는 점을 들어 사회의 분열이 재정 위기 및 개혁 실패보다 더 중요한 원인이었음을 논증한다.

사회의 분열이 재정 위기와 개혁 실패보다 더 중요한 원인이었다. 사회의 분열로 인해 3신분은 때가 되면 기꺼이 반란을 일으킬 수 있었기 때문이다. 게다가 혁명을 이끌었던 것은 개혁의 실패와 특권 포기에 대한 거부였다. 이는 1·2신분에 대한 재정적 특권이 없었다면 재정 위기가 발생하지 않았을 수도 있음을 의미한다. 또한 비록 재정 위기가 발생했더라도 특권이 없었다면 튀르고와 네케르 같은 재무장관들이 재정 개혁에 성공할 수도 있었다는 것을 의미한다. 그것은 재정 개혁을 위해 특권을 포기하는 것을 거부하는 것이었기 때문에, 재정 위기보다 사회의 분열이 더 중요한 원인이었다. 특권이 없었다면, 재정 개혁이 이루어졌을 것이고, 그렇다면 혁명도 일어나지 않았을 것이기 때문이다.

결론에서는 전체의 내용을 요약하고 있다. 즉 프랑스 혁명의 원인 두 가지를 다시 언급하고 사회의 분열이 재정 위기보다 더 중요한 원인이었다고 강조하면서 글을 마무리 한다.

이 답안은 우수(M6) 등급을 받았다. 채점에 대한 주해에서는 중요한 역사적 사건을 선택했다는 점, 글이 잘 구조화되었다는 점, 역사적 사건의 원인을 제시하고 이를 뒷받침하는 증거를 제시하면서 명확하고 논증적인 설명을 제시함으로써 해당 사건에 대한 깊이있는 이해를 보여주었다는 점, 제시한 원인 중 가장 중요한 원인을 선택한 뒤 이에 대한 근거를 명확하게 제시했다는 점을 '우수' 등급으로 판정한 근거로 제시하였다. 반면 '탁월' 등급을 받기 위해서는 프랑스 혁명이라는 광범위한 역사적 사건을 다루기 보다는 "테니스 코트의 서약"을 역사적 사건으로 선택하고 이와 관련된 인과관계의 복잡성을 제시해야 했으며, 이러한 방향이 부르주아 혁명이라는 응시자의 주장과도 잘 연결되었을 것이라고 평가하였다.

4. 맺음말

지금까지 뉴질랜드 NCEA 〈역사〉의 성취기준, 평가 문항, 채점 기준, 예시 답안을 살펴보았다. 이를 바탕으로 뉴질랜드 NCEA 〈역사〉 시험의 특징을 정리하면 다음과 같다.

첫째, NCEA 〈역사〉에서는 중요한 역사 사건 및 장소에 대한 학생의 이해뿐 아니라 역사적 사고 개념과 역사 탐구 방법을 평가하고 있다. NCEA 〈역사〉의 성취기준 및 평가 문항은, 뉴질랜드인에게 중요한 역사 사건 및 장소에 대한 이해, 중요성·원인과 결과·관점·경합성과 같은 역사적 사고 개념에 대한 이해와 적용, 역사 자료에 대한 해석 및 역사 쓰기와 같은 역사 탐구 방법에 대한 평가로 구성된다. 이 중 역사적 사고 개념과 관련된 성취기준이 각 수준 당 3개, 역사 탐구 방법과 관련된 성취기준이 각 수준 당 2개를 차지하고 있다는 점에서, NCEA 〈역사〉 성취기준은 역사적 사고 개념과 역사 탐구 방법을 중심으로 구성되어 있다고 평가할 수 있다. 이처럼 NCEA 〈역사〉 성취기준은 특정한 역사적 사실에 대한 지식을 갖고 있는가의 여부가 아니라 역사적 사고 개념 및 역사 탐구, 즉 '학문적 실행(disciplinary practices)'을 중심으로 구성되어 있으며, 따라서 '과정으로서의 지식'을 강조하고 있다고 볼 수 있다.[58]

둘째, NCEA 〈역사〉의 사료 분석·증거 분석 평가 문항의 경우, 학생에게 요구하는 것은 단순히 자료를 분석하고 해석하는 일반적인 탐구 기능이 아니다. 이는 성취기준에 분명히 드러난다. 예를 들어, 수준 3의 '뉴질랜드인에게 중요한 역사적 사건과 관련된 증거 분석하기' 성취기준은, 증거를 해석하는 역사가의 기능을 사용하여 과거와 현재, 신뢰성과 유용성, 편견이나 선전, 연속성과 변화, 의도와 동기, 원인과 결과, 구체화와 일반화, 영향과 의의와 같은 역사적 개념에 대한 이해를 입증할 것을 요구하고 있다.[59] 이는 "~결정에 대한 다양한 관점을 분석하시오", "~캠페인이 연속성과 변화를 보여주는 방식을 분석하시오", "이러한 사료가 지닌 신뢰성과 유용성을 분석하시오" 등의 문항으로 구체화된다. 이러한 문항에 답하기 위해서는, 먼저 제시된 사료의 종류는 무엇인지, 신문의 발췌문인지, 편지인지, 이 사료의 요점은 무엇인지, 누구에게 편지를 쓰고 있는지, 사료의 저자는 어떠한 목적을 갖고 있는지, 다른 사람에게 정보를 제공하고자 하는 것인지, 어떠한 영향력을 미치려고 확인하는지 등을 확인해야 한다. 그러나 이

---

58 Ormond, B., "Curriculum decisions", pp. 605~606.

59 https://www.nzqa.govt.nz/nqfdocs/ncea-resource/achievements/2019/as91436.pdf (2023. 11. 15. 검색).

문항에 대한 답안을 작성하기 위해서는 출처확인이나 면밀히 읽기와 같은 역사적 기능의 사용에서 더 나아가 관점, 연속성과 변화와 같은 역사적 사고 개념에 대한 이해가 필요하다. 즉 NCEA 〈역사〉의 사료·증거 분석 평가문항은 역사적 자료를 대상으로, 면밀히 읽기, 내용 이해하기, 의미 추출하기와 같은 역사적 기능을 사용하여, 역사적 사고 개념을 이해하고 적용할 수 있는지 평가하고자 한다고 볼 수 있다.[60] 출처확인, 교차검토, 판단하기와 같은 사료 읽기 과정에서 요구되는 역사적 기능은 다른 교과의 자료 분석 활동에서도 나타나는 사고 행위이다. 이때 자료의 분석과 해석, 판단하기를 역사학의 고유한 사고 행위로 만드는 것은, 다루는 역사적 사건과 결합된 인과관계, 변화와 연속성, 관점, 증거 등의 개념이다.[61] 이런 점에서 NCEA 〈역사〉의 증거 분석 평가 문항은 자료 분석·해석 능력과 역사적 사고 개념을 결합하여 문항을 출제하고 있다는 특징을 갖고 있으며, 이는 외양은 사료 분석의 형태를 취하고 있으나 실질적으로는 역사지식을 묻는 문항이나, 일반적인 자료 분석과 해석 기능을 요구하는 문항과 구분된다.

셋째, 역사적 사고 개념에 대한 평가 문항의 경우, 학생이 학습한 역사적 사건 혹은 역사적 추세를 선택하여 이들 사건(추세)의 원인, 이들 사건으로 인해 나타난 변화와 영향 등에 대한 한편의 완결된 논술을 작성하도록 하고 있다. 즉 역사 내용 지식과 역사적 사고 개념이 결합된 형태로 문항을 출제하고 있는 것이다. 사실 역사적 사고 개념에 대한 이해는 역사적 사실에 대한 이해 없이 가능하지 않다.[62] 따라서 학생들은 자신이 선택한 역사적 사건(추세) 및 해당 사건의 원인, 결과, 영향 등과 관련된 적절한 지식을

---

60 https://www.nzqa.govt.nz/nqfdocs/ncea-resource/achievements/2019/as91436.pdf (2023. 11. 15. 검색).

61 이미미, 「역사적 사고 그리고 역사 역량: 우리는 무엇을, 왜 추구할 것인가」, p. 56.

62 이미미, 「역사적 사고 그리고 역사 역량: 우리는 무엇을, 왜 추구할 것인가」, p. 56.

갖추고 있어야 한다. 2021년 수준 3의 인과관계 평가문항을 사례로 보면, 제시한 원인이 해당 역사적 사건의 원인으로 적합하지 않다면 해당 학생은 미성취 등급을 받게 된다. 게다가 학생들은 제시한 원인이 해당 사건의 원인이라는 주장을 뒷받침할 수 있는 근거를 제시해야 한다. 이는 해당 사건에 대한 역사적 지식을 필요로 한다.

한편 NCEA 〈역사〉는 단순히 역사적 사건에 대해 기술하도록 한 것이 아니라, 그 사건의 원인과 결과에 대해 평가하도록 요구하고 있다. 채점의 과정에서도 인과관계에 대한 설명 없이 사건 자체에 대해서 내러티브적으로 기술한 것은 성취등급을 받지 못한다. 더 나아가 탁월 등급을 받기 위해서는 맥락, 조건, 우연성 등에 대한 논의를 바탕으로 원인의 복잡성에 대한 이해를 드러내 보여야 한다. 즉 해당 사건에 대한 역사적 지식과 인과관계 등의 역사적 개념에 대한 이해를 모두 갖추고 있어야 성취 등급 혹은 그 이상의 등급을 획득할 수 있는 것이다. 이런 점에서 NCEA 〈역사〉에서는 역사지식을 토대로 한 역사적 사고 평가가 이루어지고 있다고 볼 수 있다.

넷째, 역사적 사고 개념에 대한 평가 문항은 단순히 역사적 사건에 대해 기술하는 것이 아니라 자신이 선택한 역사적 사건·추세의 원인, 결과, 영향 등에 대해 평가할 것을 요구한다. 이를 위해 학생들은 자신이 제시한 원인, 결과, 영향 등을 뒷받침할 수 있는 구체적인 증거를 제시해야 한다. 또한 우수 등급 이상을 받기 위해서는 역사적 사건의 여러 가지 원인을 단순히 나열하는 것이 아니라 원인들에 우선 순위를 부여하여 가장 중요한 원인을 제시하고 그것의 정당성을 입증해야 한다. 이 과정에서 학생들은 역사적 사건의 원인에 대해 나름대로 해석하고 평가한 후 자신의 주장을 입증하는 과정을 거치게 된다. 즉 논증으로서의 역사를 경험할 수 있게 되는 것이다.

이처럼 NCEA 〈역사〉는 역사적 지식, 사료 분석과 같은 역사 탐구 기

능, 인과관계·변화와 연속성·관점 등의 역사적 사고 개념을 종합적으로 평
가하고 있음을 알 수 있다. 사실적 지식, 역사적 기능, 역사적 사고 개념의
한 측면만을 평가한다거나 이들을 분리하여 개별적으로 평가하지 않고, 이
들을 결합하여 종합적으로 평가한다는 점에서 NCEA 〈역사〉는 역사 역량
평가의 한 사례로 볼 수 있을 것이다.

　뉴질랜드 NCEA 〈역사〉는 역사적 사고 개념과 역사 탐구 방법을 국가
수준에서 대규모 평가 시험에서 평가하는 실제 사례를 보여준다는 점에서
의미가 있다. 그러나 시험의 규모의 측면[63]이나 우리나라의 입시 제도 개편
안[64]을 고려할 때, 이를 그대로 우리 나라 상황에 적용하기에는 무리가 있
다. 그러나 2025년 고교학점제의 도입과 함께 지식의 암기가 아닌 학생의
역량과 사고력을 평가할 수 있는 논·서술형 평가에 대한 요구가 강화되고
있는 상황[65]을 고려할 때, 논술 작성을 통해 역사적 사고 개념과 역사 탐구
를 평가하는 NCEA 〈역사〉의 평가 방식은 내신평가, 수행평가에서 적극
시도해 볼 만한 가치가 있다. 특히 단위 학교 수준에서 학생의 역사적 사고

---

63 NCEA 〈역사〉의 외부평가 시험은 우리나라 수능에 비해 규모가 작다. 뉴질랜드 NCEA 〈역
사〉 응시자수는 해마다 차이가 있기는 하지만, 인과관계에 대한 이해를 평가하는 91438 성취
기준의 경우 지난 3년(2020~2022년)간 평균 응시자수가 대략 2870명이었다. 2022년 가장
많은 학생들이 응시한 영어 응시자 수는 대략 14만 명 정도이다. 반면 우리나라 대학수학능
력시험의 한국사 응시자수는 약 444,870명, 동아시아사 17,357명, 세계사 15,170명으로, 선
택과목인 동아시아·세계사 과목과 비교해도 5배 가까이 차이가 난다. https://www2.nzqa.
govt.nz/search/?q=standard%20attainment&size=n_15_n&filters%5B0%5D%5Bfield%
5D=resource_types&filters%5B0%5D%5Bvalues%5D%5B0%5D=ALL&filters%5B0%5D
%5Btype%5D=all (2023. 12. 4. 검색); https://koreareview.co.nz/ncea-started/ (2023.
12. 04 검색); 교육부, 2024학년도 대학수학능력시험 응시자 현황(보도자료), p. 1, https://
www.moe.go.kr/boardCnts/viewRenew.do?boardID=294&boardSeq=97319&lev=0&s
earchType=null&statusYN=W&page=1&s=moe&m=020402&opType=N (2023. 12. 7.
검색).

64 '2028 대학입시제도 개편'안에 따르면 수능 사회탐구 영역의 경우 선택과목 없이 '통합사회'
로 개편할 예정이다. 교육부, 미래 사회를 대비하는 2028 대학입시제도 개편 시안(보도자료),
p. 5·9. https://www.moe.go.kr/boardCnts/viewRenew.do?boardID=294&boardSeq=9
6578&lev=0&searchType=null&statusYN=W&page=1&s=moe&m=020402&opType=N
(2023. 10. 10. 검색).

65 교육부, 미래 사회를 대비하는 2028 대학입시제도 개편 시안(보도자료), p. 5.

를 평가하고자 하는 교사를 위한 수행평가 문항 구성 및 채점 매뉴얼 개발에 활용될 수 있을 것이다. 또한 국가적인 수준에서는 역사 역량을 평가할 수 있는 다양한 방식과 관련된 기초 자료를 제공함으로써 역사과 평가 방식을 개선하는 데 기여할 수 있을 것이다.

NCEA 〈역사〉의 평가 방식도 여러 가지 한계점을 갖고 있다. 절차적 지식 중심의 평가로 인해 실질적 지식이 경시된다는 점, 평가가 교실에서 가르치고 배워야 할 역사지식 선택을 지배 혹은 왜곡하고 교사의 교육과정 결정을 제한한다는 점 등이 그것이다.[66] 그러나 이 장에서는 이러한 문제점에 대해서는 깊이 있게 분석하지 못하였다. 절차적 지식과 실질적 지식을 균형있게 가르치고 이를 적절하게 평가하는 방식, 역사적 사고 개념 및 역사 탐구와 같은 절차적 지식 중심의 평가가 교사의 교육과정 구성과 학생의 역사 이해에 미칠 수 있는 영향 등에 대해서는 추후에 보다 깊이있게 논의되어야 할 것이다.

---

[66] 오몬드(Ormond, B.)는 NCEA 〈역사〉의 평가 문항이 특정 사건에 대한 상세한 세부적인 지식을 요구하기 때문에 지식의 폭과 깊이의 문제에 있어서 교사들은 지식의 폭을 희생시키는 방식으로 교육과정을 구성하게 만든다고 지적한다. 또한 NCEA 〈역사〉 성취기준은 역사적 사고 개념에서 시작하기 때문에, 역사적 내용은 해당 개념과의 관계 속에서 선택되고 구성된다고 지적한다. 예를 들어 베트남 전쟁이라는 역사적 사건을 다룰 때, 베트남 전쟁에 대한 의미 있는 이해를 얻을 목적으로 역사적 사고 개념을 사용하는 것이 아니라, 성취기준에 제시된 "원인과 결과의 개념을 다루기 위해서는 베트남 전쟁의 어떤 측면이 유용할까?"라는 질문에서 시작하기 때문에 교사와 학생에게 어려움을 초래한다는 것이다(Ormond, B., "Curriculum decisions", p. 612·616).

제9장

싱가포르 중등학교에서
역사 탐구와 탐구 기반 평가*

GCE O-레벨 및 GCE N(A)-레벨 시험에서
〈통합 인문학(역사 선택)〉 문항을 중심으로

김수미

1. 머리말

학생들이 더 많은 것을 배울 수 있도록 가르치는 양을 줄여야
한다. 시험에 통과하는 것도 중요하지만 성적만이 인생의 유일한
것은 아니며, 학교에서 배우고 싶은 다른 것들도 있다.[1]

'더 적게 가르치고 더 많이 배우기(Teach Less, Learn More: 이하 TLLM)'는 2004년
싱가포르의 총리였던 리셴룽(Lee Hsien Loong)의 발표를 통해 제시되었으며,
2005년 교육개혁으로 구체화되었다. TLLM은 싱가포르 교육에 있어서 왜,
무엇을, 어떻게 가르쳐야 하는지에 대한 방향성을 제시하여 왔다. 교사는
학생의 시험을 준비시키기 위해 가르치기보다 학생이 자신의 삶을 준비할

---

* 이 장은 김수미, 「싱가포르 중등학교에서 역사 탐구와 탐구 기반 평가 ―GCE O-레벨 및 GCE
N(A)-레벨 시험에서 통합 인문학(역사 선택) 문항을 중심으로―」, 『역사교육연구』 48, 2024의
내용을 수정·보완한 것이다.
1 리셴룽 총리의 2004년 8월 22일 국경일 집회 연설, https://www.pmo.gov.sg/Newsroom/
National-Day-Rally-2004 (2024. 4. 16. 검색).

수 있도록 일깨우고 도와주어야 한다는 것이다.

이를 위해 교사들에게 수업 혁신을 위한 더 많은 여지를 제공하고 학생들이 흥미를 느끼거나 더 비판적이고 창의적으로 사고하는 데 도움이 되는 학습 활동에 참여할 수 있도록 교과 내용을 줄이고, 학생들이 더 많이 배우도록 하기 위해 교수 내용에 대해 깊이 이해하고 탐구할 수 있는 교수·학습 방법을 적용하고자 하였다. 이러한 TLLM 정책으로 싱가포르 교육에서 '탐구'는 실행되었다. 역사과에서도 학습자의 자기 주도적인 학습에 중점을 두는 역사 탐구를 학생들의 지적 호기심과 인지 능력의 성장을 적절히 촉진할 수 있는 이상적인 교수법으로 여겼다.[2]

싱가포르 중등학교 역사교육과정[3]에서 역사 탐구에 기반한 학습을 역사 교수법에 반영하기 시작한 것은 2013 중등학교 고학년(3~5학년) 교육과정 개정과 2014 중등학교 저학년(1~2학년) 교육과정 개정 때부터이다.[4] 중등학교 안에서 Lower Secondary, Upper Secondary 교육과정이 다르게 운영되고 있으므로, 저학년과 고학년으로 구분된다고 할 수 있다.

싱가포르 학제는 일원화되어 있지 않고 개별 학교마다 차이를 보이고 있으나, 크게는 초등학교 6년, 중등학교 4년 또는 5년, 중등학교 이후 교육(대학 전 교육) 2년 또는 3년, 대학교육 3년 또는 4년으로 구성되어 있다.[5]

싱가포르 중등학교(4~5년)는 초등학교 졸업시험(Primary School Leaving Examination:

---

2 Afandi, S. & Lim, I. M., "History Education in Singapore: Development and Transformation", *Education in Singapore*, 66, 2022, p. 388.

3 싱가포르에서는 syllabus라고 표현하고 있는데, 다루는 내용이 우리나라의 교육과정에 해당하는 내용이기 때문에 본 연구에서는 교육과정이라는 용어를 사용하였다. 싱가포르 교육과정은 싱가포르 교육부 홈페이지에서 확인할 수 있으며, 총론 수준의 내용은 별도의 문서가 없으며, 각 교과의 각론 수준 교육과정은 별도의 pdf 파일로 제공되고 있다.

4 Afandi, S. & Lim, I. M., "History Education in Singapore", p. 389.

5 김한종, 「정체성을 기르는 싱가포르 역사교육의 시민교육 성격」, 『역사교육논집』 67, 2018, p. 99; 백선희, 『싱가포르 교육과정의 특징과 한국에 주는 시사점』, 세계교육정책 인포메이션 (CP-2017-01-01), 한국교육개발원, 2017, p. 3.

이하 PSLE)의 성적에 따라 속진(express)과정, 보통-인문[Normal(Academic)]과정과 보통-기술[Normal(Technical)]과정으로 구분된다.[6] 중등학교에 입학하는 학생들은 같은 학교에서도 자신이 속하는 과정의 수업을 듣게 된다.

중상위권 속진과정의 학생들은 4년간 중등학교(저학년 1~2학년, 고학년 3~4학년)를 다니고, 중등학교 졸업자격시험으로 GCE-O레벨 시험을 치른다.[7] GCE-O레벨 시험에서 성적이 우수하여 지속적으로 학업을 하고자 하는 학생은, 대학교 예비 과정인 주니어 칼리지(Junior College, 2년)나 밀레니엄 학교(Millennia Institute, 3년)에 진학하여, GCE-A레벨 시험을 거쳐 대학 진학 여부를 결정하게 된다. GCE-O레벨 시험을 치른 학생 중에 실용적인 훈련을 받고자 하는 경우에는 폴리테크닉(Polytechnic, 3년) 등에 진학한다.

중하위권 보통-인문과정 학생들은 4년 과정을 마친 후 GCE-N(A)레벨 시험을 치르고, 그 결과에 따라 취업을 하거나 시험에서 성적이 우수한 학생은 1년을 더 다닌 다음 5학년에서 GCE-O레벨 시험에 응시한다. 따라서 보통-인문과정 학생의 학습 기간은 4년 또는 5년이다.

하위권 보통-기술과정 학생들은 과정을 마친 후 GCE-N(T)레벨 시험을 치른다. 이 시험에 합격한 이는 기술교육 기관(Institute of Technical Education) 등에 진학하거나 취업을 한다. 즉 시험의 결과에 따라 각자의 학업적 능력에 적합한 과정을 선택하게 된다. 인종, 성별, 국적에 상관없이 교육적 평등을 기조로 하는 싱가포르에서 능력주의(Meritocracy)는 교육의 방향이라 할

---

6 중상위권 학생은 속진과정, 중하위권 학생은 보통-인문과정, 하위권 학생은 보통-기술과정으로 구별되며, 3개 과정 이외에 가장 우수한 성적을 거둔 학생은 통합교육(intergrated program)으로 진학할 수 있는데, 통합교육은 6년 중등과정을 마치고 중등 후 교육기관에 가지 않고 바로 GCE-A레벨 시험을 볼 수 있도록 하고 있다. 또한 보통-기술 과정은 직업학교와 비슷한 성격을 갖는다(고길곤, 『싱가포르 다시 보기(제2판)』, 문우사, 2021, p. 116).

7 Singapore-Cambridge General Certificate of Education 'Ordinary' Level, Singapore-Cambridge General Certificate of Education 'Normal(Academic)' Level을 각각 'GCE O-레벨', 'GCE N(A)-레벨'로 약칭한다.

수 있으며,[8] 이 같은 교육 방식의 대표적인 예가 바로 표준화된 시험인 것이다. 일각에서는 싱가포르가 국제학업성취도평가(Programme for International Student Assessment: 이하 PISA)에서 높은 성적을 차지할 수 있었던 까닭을 능력주의에 기초하여 고난도의 표준화된 시험을 토대로 학업의 질을 관리하여 왔던 데에서 찾기도 한다.[9]

이러한 능력주의에 대하여 싱가포르 학생들이 서로 다른 사회경제적 배경을 가지고, 서로 다른 준비 상태에서 학교에 진학한다는 점에 주목하게 되면서 능력주의에 대한 비판의 소리도 나오고 있다.[10] 중등학교에서 이러한 과정의 구별(streaming)은 지나치게 높은 교육열을 불러일으키며, 너무 이른 나이에 학생의 미래가 결정된다는 비판이 제기되기도 하였다.

이에 따라, 2024년 중등학교 입학생부터는 종래 전체 학업 성적에 따라 과정을 편성하는 기존의 방식에서 벗어나 과목 기반 등급제(Full Subject-Based Banding: 이하 SBB)를 새로 도입하게 되었다.[11] SBB의 도입에 따라 2027년부터 GCE-O레벨과 GCE-N레벨 시험을 대체하는 싱가포르-캠브리지 중등 교육 인증 시험(Singapore-Cambridge Secondary Education Certificate: 이하 SEC)에 응시하게 된다.

하지만 중등학교 고학년(3~5학년)에서는 아직 속진, 보통-인문, 보통-기술과정의 구분이 남아 있으며, 중등학교 졸업자격시험에 해당하는 GCE-O레벨 및 GCE-N(A)레벨, GCE-N(T)레벨 시험이 시행되고 있다.

---

8 Lim, L. & Tan, M., "Meritocracy, policy and pedagogy: Culture and the politics of recognition and redistribution in Singapore", *Critical Studies in Education*, 61-3, 2020, pp. 279~295.

9 Deng, Z. & Gopinathan, S., "PISA and High Performing Education Systems: Explaining Singapore's Education Success", *Comparative Education*, 52-4, 2016, p. 16.

10 Lim, L. & Tan, M., "Meritocracy, policy and pedagogy: Culture and the politics of recognition and redistribution in Singapore", p. 282.

11 https://www.moe.gov.sg/microsites/psle-fsbb/full-subject-based-banding/about-full-sbb.html (2023. 11. 10. 검색). 2019년부터 Full SBB를 시범 운영하였으며, 2024년에 전면 시행하였다.

현재 역사과에서 적용되고 있는 2021 중등학교 저학년 역사교육과정, 2023 중등학교 고학년 역사교육과정에서도 교수법으로 역사 탐구의 강조는 이어지고 있다. 또한 역사 탐구에 기반한 수업을 바탕으로 평가에서도 역사 탐구에 기반한 문항을 지향하고 있다. 이러한 지향은 국가 수준의 표준화 시험이라 할 수 있는 중등학교 졸업자격시험에서도 드러나고 있으므로, 이 시험에서 역사 탐구를 어떻게 평가하고 있는지를 통합 인문학(역사 선택)을 중점으로 살펴보겠다. 2023 중등학교 고학년 역사교육과정에 따른 GCE O-레벨 및 GCE N(A)-레벨 시험은 2024년 후반기에 처음 시행될 예정이므로, 예시문항은 최근 5년(2018~2023)의 기출문항을 활용하고, 문항의 준거로 기출문항의 준거로서 교육과정과 교과서는 2013 고학년 역사교육과정을 활용하였다.

2. 싱가포르 중등학교 고학년(3~5학년) 역사교육과정과 역사 탐구

1) 중등학교 고학년(3~5학년) 역사교육과정

중등학교 3개 과정에 따른 역사교육과정 운영을 살펴보면 중등학교 저학년(1~2학년)에서 역사 과목은 속진과정과 보통-인문과정에서 《인문학(Humanities)》 교과의 필수과목 중 하나이다. 보통-기술과정에서는 역사 과목이 별도로 없다.[12] 저학년(1~2학년) 역사는 싱가포르 역사에 초점을 두어 통사

---

12 중등학교 저학년 속진과정과 보통(인문) 과정에서 필수과목으로 〈영어〉, 〈모국어〉, 〈수학〉, 〈과학〉, 〈인성 및 시민 교육〉, 〈인문학〉(지리, 역사, 영미문학), 〈디자인 및 기술〉, 〈식품 및 소비자 교육〉, 〈체육〉, 〈예술〉, 〈음악〉, 〈프로젝트 작업〉이 운영되며, 보통(기술)과정에서는 인문학 대신에 〈사회〉, 〈컴퓨터 응용〉 과목이 운영된다. https://www.moe.gov.sg/secondary/course (2023. 11. 22. 검색).

적으로 학습하도록 하고 있다. 반면에 고학년 역사교육과정은 〈표 1〉과 같이 GCE 레벨 시험과 밀접하게 연관되어 운영되고 있다.

표 1 GCE O-레벨 및 N(A)-레벨 시험과 역사 과목[13]

응시 과목	속진과정 졸업시험: GCE O-레벨 시험	보통-인문과정 졸업시험: GCE N(A)-레벨 시험
	6~9개 과목 응시	5~8개 과목 응시
	· **필수교과(5개)** (a)《영어》 (b)《모국어》 (c)《수학》 (d)《과학》 (e)《통합 인문학》(사회 필수, 선택 1) 　– 〈사회〉, 〈지리 선택〉 　– 〈사회〉, **〈역사 선택〉**Ⓐ 　– 〈사회〉, 〈영어 문학 선택〉 　– 〈사회〉, 〈중국어 문학 선택〉 　– 〈사회〉, 〈말레이어 문학 선택〉 　– 〈사회〉, 〈타밀어 문학 선택〉	· **필수교과(5개)** (a)《영어》 (b)《모국어》 (c)《수학A》 (d)《과학》 (e)《통합 인문학》(사회 필수, 선택 1) 　– 〈사회〉, 〈지리 선택〉 　– 〈사회〉, **〈역사 선택〉**Ⓐ 　– 〈사회〉, 〈영어 문학 선택〉
	· **선택과목** – **〈역사〉**Ⓑ, 〈지리〉, 〈문학〉 등	· **선택과목** – **〈역사〉**Ⓑ, 〈지리〉, 〈문학〉 등

　고학년에서는 필수교과와 선택과목이 있는데, 역사 과목은 2개의 선택과목이 운영되고 있다. 그중 하나의 선택과목은 고학년 필수교과인《통합 인문학(Combined Humanities)》 선택과목 중의 한 과목으로 〈역사 선택(History Elective)〉이다. 《통합 인문학》은 필수과목으로 〈사회(Social Studies)〉, 선택과목 1과목으로 이루어진다. 따라서《통합 인문학》의 선택과목으로 인문학 〈역사〉, 〈지리〉, 〈문학〉에서 한 과목을 선택할 수 있다. 다른 하나는 〈인문학(Humanities)〉 교과의 〈역사〉, 〈지리〉, 〈문학〉 등에서 한 과목을 선택하는 독

---

13 Singapore Examinations and Assessment Board, *2023 Singapore–Cambridge GCE N(T)–, N(A)– & O–Level Examinations Registration Information for School Candidates*, 2023, pp. 4~5.

립된 선택과목의 〈역사(History)〉이다.[14] 이러한 2개의 역사 선택과목 Ⓐ 통합 인문학의 〈역사 선택〉과 Ⓑ 독립된 선택과목의 〈역사〉는 중복하여 수강할 수 없으며, 졸업자격시험에서 두 과목(Ⓐ, Ⓑ)을 동시에 응시할 수 없다.[15]

고학년(3~5학년) 역사는 19세기 유럽의 팽창에서부터 탈식민지화와 국민국가 출현까지 근현대사 중심의 세계사를 다루고 있다. 세계사 통사라기보다는 〈표 2〉와 같이 유럽 중심의 세계질서의 변화에 초점을 맞추고 있다. 〈표 2〉는 고학년에서 과정에 따른 〈역사〉 및 〈통합 인문학(역사 선택)〉의 교수요목이다.

표 2 중등학교 고학년 [역사 및 통합 인문학(역사 선택)] 교수요목 개요[16]

[단원 1] 19세기 유럽의 지배와 팽창	탐구 질문: 식민주의는 체제와 사회를 어떻게 변화시켰는가? • 동남아시아에서 유럽의 이해관계와 팽창의 이유 • 유럽의 팽창에 대한 동남아시아 국가들의 대응 • 동남아시아 식민지배의 영향 　– 말라야 사례 연구, 1874~1900년* 　　1870년대~1900년대 베트남 사례 연구 또는 인도네시아의 사례 연구
[단원 2] 위기에 처한 세계	탐구 질문: 어떤 원동력과 발전이 20세기 전반기 유럽과 아시아-태평양을 변화시켰는가? • 제1차 세계대전의 영향 • 독재정권의 등장과 양차 세계대전이 세계에 미친 영향 　– *공산주의 러시아 사례 연구 　– *나치 독일의 사례 연구 • 유럽과 아시아-태평양의 제2차 세계대전 　– 유럽에서 제2차 세계대전이 발발한 이유 　– 아시아, 태평양에서 제2차 세계대전이 발발한 이유

---

14 싱가포르 2013 역사교육과정에서 통합 인문학의 역사 선택을 'Combined Humanities History Elective'로, 독립된 선택과목으로 역사를 'History'로 표현하였으므로, 본 연구에서는 〈통합 인문학(역사 선택)〉, 〈역사〉로 각각 번역하였다. 독립된 선택과목으로 역사를 'Pure History'라는 표현을 쓰기도 한다.

15 Singapore Examinations and Assessment Board, *2023 Singapore-Cambridge GCE N(T)-, N(A)- & O-Level Examinations Registration Information for School Candidates*, 2023, pp. 20~26.

16 Singapore Ministry of Education, *History Syllabus Upper Secondary Express Course/ Normal(Academic Course)*, Curriculum Planning and Development Division, 2016, p. 12, p. 27(이 교육과정 안에 독립과목 〈역사〉, 〈통합 인문학(역사 선택)〉 교수요목이 같이 있으며, 2016년은 저작권을 의미한다. 〈역사〉와 〈통합 인문학(역사 선택)〉의 교수요목을 연구자가 재정리하였다).

[단원 3] 양극화와 냉전	탐구 질문: 냉전은 1945년 이후 세계질서에 어떤 영향을 주었는가?

	• 냉전과 양극화된 세계질서
	   – 유럽에서 냉전이 일어난 이유
	• 유럽 이외 지역의 냉전 상황
	   – *한국전쟁 사례 연구

	– *쿠바 미사일 위기 사례 연구 • 냉전 종식의 이유
[단원 4] 탈식민화와 국민국가의 출현	탐구 질문: 식민지의 독립 획득은 유럽과 냉전체제의 쇠퇴에 의해 이루어졌는가?

	• 탈식민화와 동남아시아 국민국가의 출현
	   – 동남아시아 국가의 민족주의 개요
	   – 제2차 세계대전 이후 동남아시아 국가의 독립을 위한 투쟁
	   – 동남아시아의 신생 독립 국가 설립
	   * 말라야 사례 연구
	     베트남 사례 연구 또는 인도네시아 사례 연구

(*): 사료 기반 사례 연구

▨ : 통합 인문학(역사 선택)의 내용 범위

▥ : 보통-인문과정의 학생들이 중등학교 5학년에 배우는 통합 인문학(역사 선택)의 내용 범위

⊞ : 보통-인문과정의 학생들이 중등학교 5학년에 배우는 역사의 내용 범위

    중등학교 고학년에서 과정에 따른 〈역사〉 및 〈통합 인문학(역사 선택)〉의 특징을 GCE O-레벨 및 N(A)-레벨 시험의 관계에서 살펴보면 다음과 같다.

    첫째, 〈역사〉와 〈통합 인문학(역사 선택)〉은 교수요목의 내용 범위에서 차이가 있다고 볼 수 있다. 고학년 〈역사〉가 세계질서의 변화에 초점을 맞춘 4개의 단원의 세계사 내용으로 구성된 것에 비해,[17] 〈통합 인문학(역사 선택)〉은 2개 단원으로 구성되어 교수요목이 독립과목인 〈역사〉의 50% 정도임을 알 수 있다. 따라서 역사학습 측면에시만 본다면 GCE O-레벨 및 N(A)-레벨 시험에서 〈통합 인문학(역사 선택)〉이 학생의 학습 부담을 경감시킨다고 볼 수 있다.

    둘째, 속진과정과 보통-인문과정의 교수요목에도 차이가 있다. 고학년 〈역사〉 과목의 속진과정은 고학년(3~4학년) 2년 동안 1단원에서 4단원까

---

17 2013 중등학교 고학년 역사교육과정 교과서는 단원별로 구성되어 있다.

지 학습한다. 이에 비해, 보통–인문과정은 2년 동안 〈표 2〉의 1단원에서 3단원에 해당하는 부분을 학습하고 GCE–N(A)레벨 시험을 합격한 다음, 중등 5학년에서 4단원을 배우고 GCE–O레벨 시험에 응시하게 된다.[18] 이와 마찬가지로 〈통합 인문학(역사 선택)〉의 경우도 속진과정은 고학년(3~4학년) 2년 동안 〈표 2〉의 '1단원 위기에 처한 세계', '2단원 양극화와 냉전'을 학습한다. 보통–인문과정에서는 2년 동안 '1단원 위기에 처한 세계'와 '2단원 양극화와 냉전'의 '*한국전쟁 사례 연구'를 배우고, 중등학교 5학년에서 2단원의 '*쿠바 미사일 위기 사례 연구'와 '냉전 종식의 이유'를 배우게 된다.[19] 즉 속진과정과 보통–인문과정은 수준에 따라 내용의 범위에서 차이가 있다고 볼 수 있다.

셋째, 속진과정과 보통–인문과정은 내용 범위의 차이뿐만 아니라 성취기준의 지식·기능에서도 차이가 있다. 속진과정이 "㉠ 권위주의 정권의 부상과 그것이 국가와 세계질서의 정치적, 사회적, 경제적 맥락에 미친 영향을 평가한다"의 수행동사라면, 보통–인문과정은 '설명한다'라는 차이점이 있다. 이는 '한국전쟁 사례 연구'에서도 드러난다. 속진과정이 "한국전쟁과 쿠바 미사일 위기를 특별하게 참고하여 국지전에서 초강대국과 지역 강대국의 역할을 평가한다"면, 보통–인문과정의 수행동사는 '조사한다'이다. 이처럼 '설명한다', '조사한다'보다 '평가한다'가 더 높은 수준의 사고력으로 속진과정의 수행동사로 구분하고 있다.

2) 중등학교 고학년(3~5학년) 역사교육과정에서 역사 탐구

그렇다면 고학년 역사교육과정에서 역사 탐구를 어떻게 정의하고 있는

---

[18] Singapore Ministry of Education, *History Syllabus Upper Secondary Express*, 2016, p. 12.
[19] Singapore Ministry of Education, *History Syllabus Upper Secondary Express*, 2016, p. 27.

지 살펴보자. 이에 대하여 역사 탐구는 '역사하기(doing history)'의 과정이라고 명시하고 있다.[20] 역사 탐구를 기반으로 하는 학습의 주된 목적은 학생들이 '역사하기' 과정에 참여하면서 '학문의 토대를 인식'하게 하는 데 있다.[21] '역사하기'의 과정으로서 역사 탐구의 절차는 〈그림 1〉과 같다.

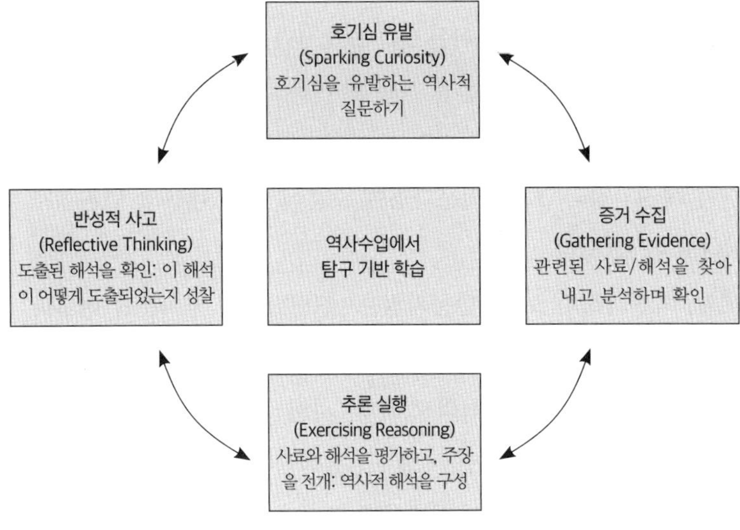

<그림 1>역사수업에서 역사 탐구의 절차[22]

역사 탐구를 위해서는 우선 학생의 '호기심이 유발' 되어야 하며, 호기심 유발에 중요한 것은 '역사적 질문'이다.[23] 역사 탐구는 '역사적 질문'을 던지는

---

20 Singapore Ministry of Education, *History Syllabus Upper Secondary*, 2016, p. 9: Singapore Ministry of Education, *History/Humanities(History) Syllabus Upper Secondary Express Course/ Normal(Academic Course)*, Curriculum Planning and Development Division, 2023, p. 21.

21 Afandi, S., "The new inquiry-based approach: what it means for the teaching and learning of history in Singapore schools", *HSSE Online*, 2-2, 2013, p. 21.

22 Singapore Ministry of Education, *History/Humanities(History) Syllabus Upper Secondary Express Course/ Normal(Academic Course)*, Curriculum Planning and Development Division, 2023, pp. 21~23.

23 Lee, S. B., "The History Curriculum in Singaporean Secondary Schools: An

것에서 시작한다고 볼 수 있다. 다음은 신뢰할 수 있고 유용한 '증거 수집'의 과정이다. 이 과정에서 관련 사료를 찾아내고 분석하며 확인한다. 그리고 '추론 실행'을 통해 역사적 해석을 구성하며, '반성적 사고'를 통해 이 해석이 어떻게 도출되었는지를 성찰한다. 이러한 탐구의 단계는 반복적이다. 예를 들어, '추론 실행'을 통해 다른 출처를 확인해야 할 필요성이 드러나 증거를 추가로 수집하게 되거나, 또는 역사적 질문을 더욱 구체화할 수 있다.

역사가들이 여러 관점과 해석을 바탕으로 자신의 주장을 정당화하면서 결론을 도출해 나가는 것처럼, 역사 탐구는 학생이 다양한 유형의 사료를 활용하여 역사지식이 만들어지는 과정을 이해하고, 역사를 직접 탐구하는 것을 강조하고 있는 것이다.

또한 학생들이 탐구를 실행할 수 있는 탐구 수준을 〈표 3〉과 같이 4개 수준으로 제시하였다.

표 3 중등학교 과정에서 실행할 수 있는 4개 수준의 탐구 수준[24]

1수준	2수준	3수준	4수준
확인 탐구 (Confirmation Inquiry)	구조화된 탐구 (Structured Inquiry)	지도된 탐구 (Guided Inquiry)	열린 탐구(진정한 탐구) (Open / True Inquiry)
학생들에게 탐구를 소개하고 **익숙하게 하는 데 초점**이 맞춰져 있다. 사료를 분석하여 **사전에 정해진 결론에 도달하는** 것과 같은 필수적인 기술을 배운다.	학생들에게 탐구 경험을 강화하는 데 초점이 맞춰져 있다. **특정 기능을 연습하고, 사료를 분석하여 자신만의 결론에 도달한다.** 학생들은 탐구 가능한 **질문 목록에서 선택할 수 있다.**	학생들이 **자신의 질문을 설정하고, 계획을 세우고, 탐구를 수행하여 자신만의 결론에 도달하도록** 돕는데 초점이 있다.	학생들이 자신의 질문을 설정하고, 개발된 절차를 통해 설계하고 따르며, **결과/발견 사항을 소통하는 데 초점**이 있다.

Interpretive Study of Background, Developments and Issues", Ph. D. thesis in Graduate School of Education, University of Western Australia, 2017, p. 134.

24 Singapore Ministry of Education, *History/Humanities(History) Syllabus Upper Secondary Express Course/ Normal(Academic Course)*, Curriculum Planning and Development Division, 2023, p. 24(탐구의 수준은 2023 역사교육과정에서 새로 제시되었다).

중등학교 저학년(1~2학년)에서 학생이 실행할 수 있는 탐구 수준을 3개 수준(확인 탐구, 구조화된 탐구, 지도된 탐구)으로 제시했다면,[25] 중등학교 고학년(3~5학년)에서는 4수준인 '열린 탐구'까지 제시하여 4개 수준으로 구분하였다. 1수준은 탐구에 대하여 익숙하게 하는 데 초점을 먼저 두어야 한다는 것이다. 교사가 제공한 사료 분석을 통해 사전에 정해진 결론에 도달하는 과정을 통해 탐구를 실행해 보는 수준이라 할 수 있다. 2수준은 제시한 탐구 질문 목록에서 학생이 선택하고 사료를 분석하여 스스로 결론을 내리는 수준이다. 3수준은 교사의 지도 아래 학생이 직접 질문을 설정하고, 스스로 절차를 진행하여 결론에 이르는 수준이라면, 4수준은 '(결과/발견)'된 사항에 대해 소통까지 가능한 수준으로, 이 수준이 진정한 탐구라고 보고 있다. 이러한 탐구를 위해 교사는 학생들에게 다양한 수준의 사료 제공, 교사의 시범, 탐구 과정의 비계 제공 등의 형태로 촉진자로서의 역할을 하는 것이 중요하다.

역사교육과정에서는 역사 탐구를 실제 구현하기 위해 〈표 2〉와 같이 사료 기반 사례 연구를 규정하고 있다. 사료 기반 사례 연구는 사진, 만화, 사료, 설명문 등 다양한 유형의 사료를 분석하고 증거를 조사하는 주제로, 속진과정의 경우 〈역사〉는 6개, 〈통합 인문학(역사 선택)〉은 4개이다. 두 과목의 공통적인 사료 기반 사례 연구는 4개로 '*공산주의 러시아 사례 연구', '*나치 독일의 사례 연구', '*한국전쟁 사례 연구', '*쿠바 미사일 위기 사례 연구'이다. 여기에 역사는 동남아시아 식민지배의 영향으로 '*밀라야 사례 연구, 1874~1900년', 동남아시아의 신생 독립 국가 설립에서 '*말라야 사례 연구'를 규정하고 있다. 이러한 사료 기반 사례 연구의 주제가 GCE-O레벨과 N(A)레벨 시험에서 사료 기반 사례 연구의 문항이 된다. 즉

---

25 Singapore Ministry of Education, *History Syllabus Lower Secondary Express Course/ Normal(Academic Course)*, Curriculum Planning and Development Division, 2021, p. 28.

다양한 사료를 통해 여러 관점과 해석을 바탕으로 자신의 해석을 정당화하면서 결론을 도출해 나가는 과정을 문항에서도 실제 구현하고 있다.

3. 중등학교 역사 탐구 기반 평가와 문항의 실제

1) 역사 탐구 기반 평가와 GCE O-레벨 및 GCE N(A)-레벨 시험

싱가포르에서 평가의 목적은 적절한 교육적 판단을 내리고 학생의 학습을 강화하기 위하여 학생의 학습과 발달에 대한 증거를 수집하고 분석하는 과정이다. 중등학교를 마치고 졸업의 자격을 받는 GCE-레벨 시험에서도 학생이 학습한 내용의 성취에 대한 정보를 얻기 위해서 교육과정, 수업, 평가가 밀접하게 방향이 맞추어져 있다.

중등학교 저학년과 고학년의 구분이 있고, 〈역사〉와 〈통합 인문학(역사 선택)〉에서도 내용 범위의 차이가 있지만 모든 역사 과목의 평가목표는 동일하다. 중등학교 고학년 〈역사〉 및 〈통합 인문학(역사 선택)〉의 평가목표는 〈표 4〉와 같다.

　이러한 3가지의 평가목표는 저차원적 사고 능력(평가목표 1)과 고차원적 사고 능력(평가목표 2, 평가목표 3)으로 명확하게 구분되고 있다. 이 중 '[평가목표 1] 지식의 전개'는 지식에 대한 평가라 할 수 있다. '[평가목표 2] 설명 구성 및 역사지식의 소통'은 사실적 지식을 넘어 역사 개념을 활용해서 학습자 스스로 설명을 구성하는 것에 초점을 두어 평가하는 것이다. '[평가목표 3] 사료를 해석하고 평가하는 것'은 출처가 다양한 여러 역사 사료의 관점을 비교·대조하고, 사실과 의견 및 판단을 구별하여 합리적인 증거와 주장을 고려

---

26 Singapore Ministry of Education, *History Syllabus Upper Secondary Express*, 2016, pp. 36~37(2023 고학년 역사교육과정에 따른 GCE O-레벨 및 GCE N(A)-레벨 시험은 2024년에 시행될 예정이므로, 2013 고학년 역사교육과정의 평가목표를 제시한다).

하여 결론을 내는 과정을 평가하는 것이라 할 수 있다. [평가목표 2]와 [평가목표 3]은 사실적 지식 이상의 고차원적 사고를 평가하는 것이다.[27]

역사수업에서 권장하는 교수법이 역사 탐구 기반 수업이므로 평가에서도 '역사하기'를 반영한 사료 기반 사례 연구(Source-based Case Study)와 구조화된 논술형 문항(Structured-Essay Questions)은 역사 학습자의 자질을 발휘할 수 있도록 하기에 적절한 평가로 간주되고 있다.[28]

사료 기반 사례 연구는 학생들이 1차 사료 및 2차 사료에 대해 자신의 이해를 입증하게 한다. 다양한 사료를 읽으면서, 모든 사료가 완벽하지 않을 수도 있다는 것을 전제하고 사료를 해석하고 비교하고 비판하여 출처에 따른 관점을 이해하는 과정에서 역사적 주장을 만들어 낼 수 있는가를 평가한다. 구조화된 논술형 문항은 과거의 증거를 조사, 분석, 평가한 후 체계적인 방법으로 과거를 재구성해야 한다.[29]

이러한 사료 기반 사례 연구와 구조화된 논술형 문항이 GCE O-레벨 및 GCE N(A)-레벨 시험에서는 어떻게 반영되고 있는지는 평가 개요를 통해 더 알 수 있다. 〈통합 인문학(역사 선택)〉의 GCE O-레벨 및 GCE N(A)-레벨 시험의 개요는 〈표 5〉와 같다.

---

27 Lee, S. B., "The History Curriculum in Singaporean Secondary", pp. 135~138.
28 Singapore Ministry of Education, *History Syllabus Upper Secondary Express*, 2016, p. 36.
29 Singapore Ministry of Education, *History Syllabus Upper Secondary Express*, 2016, p. 36.

표 5 GCE O-레벨 및 GCE N(A)-레벨 통합 인문학(역사 선택) 평가 개요[30]

	GCE O-레벨	GCE N(A)-레벨
시간	시험지 당 각 1시간 40분	시험지 당 1시간 40분
총점과 비중	시험지 당 50점(50%)	시험지 당 50점(50%)
[섹션 A] 사료 기반 사례 연구 (Source-based Case Study) [평가목표 1]+[평가목표 3] 30점(30%)	• 사료 기반 사례 연구 주제는 교육과정에 규정되어 있음. • **5개의 하위 질문**들로 구성되며 모든 문항에 답해야 함. • **최대 6개**의 사료들이 제시되고, 각 사료 분량은 **150단어**를 넘지 않음.	• 사료 기반 사례 연구 주제는 교육과정에 규정되어 있음. • **5개의 하위 질문**들로 구성되며 모든 문항에 답해야 함. • **최대 5개**의 시료들이 제시되고, 각 사료 분량은 **120단어**를 넘지 않음.
[섹션 B] 구조화된 논술형 문항 (Structured-Essay Questions) [평가목표 1]+[평가목표 2] 20점(20%)	• 2개 세트 중에 1개 세트[(a), (b)]에 답해야 함. • (a)는 8점, (b)는 12점 • (a)는 사건 또는 쟁점에 대한 **설명을 구성**하도록 요구함. • (b)는 사건 또는 쟁점을 **평가하고 판단하도록 요구함.**	• 2개 세트 중에 1개 세트[(a), (b)]에 답해야 함. • (a)는 8점, (b)는 12점 • (a)는 사건 또는 쟁점을 **기술** • (b)는 사건 또는 쟁점을 **설명**

* [평가목표 1]은 [평가목표 2]와 [평가목표 3]의 일부로 구성됨.
** 중등학교 고학년 역사교육과정과 통합 인문학(역사 선택)의 평가 계획에 따라 연구자가 작성함.

GCE O-레벨 및 GCE N(A)-레벨 시험에서 필수교과인 《통합 인문학》은 〈사회〉를 필수과목으로 하므로 [시험지 1]은 〈사회〉이고, [시험지 2]는 〈역사 선택〉이다. 〈사회〉와 〈역사 선택〉의 총점이 100점이다.[31]

〈통합 인문학(역사 선택)〉 문항은 [섹션 A]와 [섹션 B]로 구별된다. [섹

---

30 Singapore Ministry of Education, *History Syllabus Upper Secondary Express*, 2016, pp. 37~38; Singapore Examination and Assessment Board, *Singapore-cambridge General Certification of Education Ordinary Level History(Syllabus 2174)*, 2021, pp. 6~7; Singapore Examination and Assessment Board, *Singapore-cambridge General Certification of Education Normal(Academic) Level History(Syllabus 2195)*, 2021, pp. 7~8; Singapore Examination and Assessment Board, *Singapore-cambridge General Certification of Education Ordinary Level Humanities(Social Studies, History) Syllabus 2273*, 2021, pp. 19~20; Singapore Examination and Assessment Board, *Singapore-cambridge General Certification of Education Normal(Academic) Level Humanities(Social Studies, History Syllabus 2176)*, 2020, pp. 19~20.

31 독립된 선택과목으로 역사는 [시험지 1], [시험지 2]가 역사이며, 점수를 합산하여 100점이다.

션 A]는 사료 기반 사례 연구이고, [섹션 B]는 구조화된 논술형 문항이다. 사료 기반 사례 연구는 연구 주제가 교육과정에 규정되어 있으며, 같은 주제가 좁은 범위에서 깊게 출제된다고 볼 수 있다. 사료 기반 사례 연구는 [평가목표 1]과 [평가목표 3]으로 설계되어 있으며, 교육과정의 사료 기반 사례 연구가 문항에 반영되어 있다. 사료 기반 사례 연구에서 GCE O-레벨 및 GCE N(A)-레벨 시험 차이는 〈표 4〉와 같이 제시되는 사료의 수와 사료의 분량이라 할 수 있다.

구조화된 논술형 문항은 응시자가 2개 세트에서 1개 세트[(a), (b)]를 선택할 수 있다. GCE O-레벨 시험이 사건이나 쟁점에 대해 설명을 구성하거나 평가하고 판단하도록 요구한다면, GCE N(A)-레벨 시험은 사건이나 쟁점에 대해 기술하거나 설명하도록 요구한다. 이처럼 구조화된 논술형 문항은 [평가목표 1]과 [평가목표 2]를 평가한다.

2) GCE O-레벨 및 GCE N(A)-레벨 시험의 통합 인문학(역사 선택) 문항의 실제

(1) 사료 기반 사례 연구(Source-based Case Study)

교육과정에서 사료 기반 사례 연구를 지정하고, 교과서에서 주제를 깊이 있게 다루므로, GCE-O레벨 및 GCE-N(A)레벨 시험에서도 비판적으로 사고할 수 있는 세부 주제로 출제되고 있다. 〈표 6〉은 사료 기반 사례 연구의 최근에 출제된 세부 주제이다.

표 6 통합 인문학(역사 선택)의 사료 기반 사례 연구의 세부 주제[32]

내용 / 연도	GCE O-레벨 [사료 기반 사례 연구] 주제 현대 세계 질서의 성립, 1990s-1991	GCE N(A)-레벨 [사료 기반 사례 연구] 주제 현대 세계 질서의 성립, 1990s-1953
2018	독일 제국의회 화재 정말 공산주의자들이 화재에 대한 책임이 있었을까? 아니면 나치에 의해 실제로 제국의회에 불이 났을까?	바이마르 공화국이 약했기 때문에 나치가 권력을 잡았는가?
2019	스탈린에 의해 수행된 숙청 스탈린은 정말로 이러한 조치를 취할 필요가 있었을까, 아니면 실제로 존재하지 않는 반대를 상상했을까?	스탈린 첫 번째 5개년 계획은 성공적이었는가?
2020	나치 독일의 유대인 1930년대 독일 국민은 정말 독일의 반유대주의 정책을 지지했을까?	트루먼 대통령이 맥아더 장군을 주한 유엔군 사령관직에서 해임한 것은 옳은 결정이었는가?
2021	스탈린의 산업화 정책 스탈린의 산업화 정책은 노동자들의 삶을 더 힘들게 만들었는가?	나치의 주요 목표는 독일 경제의 실업을 줄이는 것이었을까, 아니면 전쟁을 준비하는 것이었을까?
2022	나치 독일의 실업 히틀러는 공약을 어느 정도까지 이행했을까?	스탈린 통치하의 러시아에서 집단농장화는 얼마나 성공했을까?
2023	소련은 왜 쿠바에 미사일 기지를 설치했을까?	뮌헨반란[33]은 실패였는가?

사료 기반 사례 연구의 주제가 제한되어 있어 주제는 반복되지만, 세부 주제는 다르게 다루어지고 있음을 알 수 있다. 예를 들어 사례 기반 사례 연구 중에 '나치 독일의 사례 연구'의 경우 GCE O-레벨 시험에서는 '나치 독일의 실업(2022년)', '나치 독일의 유대인(2020년)', '독일 제국의회 화재(2018년)'를 다루었다. 이에 비하여, GCE N(A)-레벨 시험에서는 '뮌헨 반란(2023년)', '나치

---

32 Singapore Asia Publishers Pte Ltd, *Singapore-Cambridge GCE O-LEVEL Examinations Papers HUMANITIES(HISTORY)*, 2023; Singapore Asia Publishers Pte Ltd, Singapore-Cambridge GCE N(A)-LEVEL Examinations Papers HUMANITIES (HISTORY), 2023; Educational Publishing House Pte Ltd, Singapore-Cambridge GCE O-LEVEL Examinations Papers Combined Humanities History Elective, 2024.

33 1923년 히틀러는 600명의 무장돌격대와 함께 바이마르공화국에 대항해 반란을 일으켰다. 이를 가리켜 '뮌헨 반란', '히틀러 폭동'이라고 한다.

의 주요 목표(2021년)', '나치의 권력 장악(2018)'과 같이 나치 독일이라는 주제에서 여러 상황과 쟁점을 다루고 있다.

이 중에서 2022년 GCE O-레벨 〈통합 인문학(역사 선택)〉에서 '나치 독일의 실업'이라는 사례를 가지고 사료 기반 사례 연구가 어떻게 평가되고 있는지 살펴보겠다. '나치 독일의 실업'에 대한 성취기준의 주요 지식은 '히틀러의 통치가 독일에 미친 영향-경제 회복과 나치의 경제 통제, 그리고 군사화'에 해당되며, 학습 결과로 지식·기능 영역의 '권위주의 정권의 부상과 그것이 국가와 세계질서의 정치적, 사회적, 경제적 맥락에 미친 영향을 평가한다'에 해당된다고 볼 수 있다.[34]

사료 기반 사례 연구의 형식은 문두와 사료를 구별하여 별도로 제시하고 있다. 〈예시문항 1〉과 같이 (a)~(e)의 5개 문항 문두를 먼저 앞쪽에 제시하고, 세부 주제인 '나치 독일의 실업'에 대해 배경 정보와 함께 다양한 설명과 관점이 있는 사료 6개 〈A~F〉를 제시하고 있다. 학생들은 사료(A~F)에서 세부 문항에 단계별로 답하며, 마지막으로 (e)에서 묻고 있는 "나치가 독일의 실업 문제를 해결했다"는 주장의 근거로서 어느 정도까지 사료를 신뢰할 수 있는지에 대해 해석하고 평가를 강조하고 있다.

---

34 Singapore Ministry of Education, *History Syllabus Upper Secondary Express*, 2016, pp. 28~29.

　　2022년 GCE O-레벨 〈통합 인문학(역사 선택)〉 사료 기반 사례 연구의 문두[35]
　　　　　　　　- 나치 독일의 실업

(a) 사료 A

히틀러가 이 연설을 했던 **이유**는 무엇이라고 생각합니까? 답의 근거를 제시하시오. [5]

(b) 사료 B

나치 독일의 경제 상황을 입증하는 **증거**로서 이 사료를 얼마나 **신뢰**할 수 있습니까? 답의 근거를 제시하시오. [6]

(c) 사료 C와 D

사료 D는 사료 C의 **신뢰성**을 어느 정도까지 **입증**하고 있습니까? 답의 근거를 제시하시오. [5]

(d) 사료 E와 F

사료 F의 내용으로 미루어 볼 때, 사료 E의 내용이 **의외(surprised)**라고 느꼈습니까? 답의 근거를 제시하시오. [6]

(e) 모든 사료 A-F

"나치가 독일의 실업 문제를 해결했다"라는 **주장을 뒷받침하는 근거를** 이 사료들에서 어느 정도까지 찾아볼 수 있습니까? 사료와 본인의 지식을 활용해서 답의 근거를 제시하시오. [8]

(a)~(e)의 5개 문항 문두에 이어서 제시되는 '나치 독일의 실업'에 대한 배경 정보는 다음과 같다.

1929년 월가 주식 시장 폭락 후, 미국은 독일 경제를 개선하기 위해 제공한 차관을 회수했다. 독일 정부는 그 차관을 상환할 자금이 없었기 때문에, 독일 경제는 하락했고 곤두박질쳤다. 독일의 기업들은 어쩔 수 없이 폐업해야 했고 수백만 명의 독일인이 실직했다. 1933년 1월에는 아돌프 히틀러가 독일 총리가 되었다. 히틀러는 독일의 경제 문제를 해결하고 실업을 조속히 감소시키겠다는 공약을 내세워 지지를 얻었다. *히틀러는 공약을 어느 정도까지 이행했을까?*

배경 정보는 독일에서 실업 문제가 발생한 원인에 대하여 사전 지식을

---

35 Singapore Asia Publishers Pte Ltd, *Singapore-Cambridge GCE O-LEVEL Examinations Papers HUMANITIES(HISTORY)*, 2023, pp. (2022)1~(2022)16; Educational Publishing House Pte Ltd, *Singapore-Cambridge GCE O-LEVEL Examinations Papers Combined Humanities History Elective*, 2024, pp. 1(2022)~15(2022)(나치 독일의 실업에 대한 사료 기반 사례 연구 세부 문항을 포함한 출처임).

제공한다. 또한, "히틀러는 공약을 이행하여 독일의 실업 문제를 해결했는가?"의 '탐구 질문'을 제시하여 히틀러의 실업 감소 공약이 어느 정도 이행되었는지에 대해 호기심을 유발하고 있다. 탐구 질문에 결론을 도출하는 데 다양한 사료(Source)가 증거로 활용되며, 증거 사료를 분석하고 해석하는 과정에서 사료의 신뢰성을 평가하도록 하고 있다.

사료 A~F 중에 사료 B를 소개하면, 1936년 선거 운동 중에 만들어진 나치 포스터의 하나이다. 이 포스터는 독일 경제가 개선되었는지를 강조함으로써, 편향성 있는 정치적 선전일 수 있다는 점을 파악하는 것이 사료 출처 분석의 중요한 부분이라 할 수 있다.

 2022년 GCE O-레벨 통합 인문학(역사 선택) 사료 기반 사례 연구의 신뢰성 평가

사료 B: 1936년 선거 당시 나치 포스터 중 하나

(b) 나치 독일의 경제 상황을 입증하는 증거로서 이 사료를 얼마나 신뢰할 수 있습니까? 답의 근거를 제시하시오.

포스터 내용
이전: 실업, 절망, 황량, 파업, 직장폐쇄.
현재: 일, 기쁨, 규율, 우호. 총통(Fuhrer)에게 투표하라!

〈예시문항 2〉는 나치 독일의 경제 상황을 입증하는 '증거'로서 신뢰성을 평가하고 있다. 이 문항은 사료를 "얼마나 신뢰할 수 있는지?"에 대한 것이다. 이에 대한 예시 답안을 소개하면 다음과 같다.[36]

---

[36] Singapore Asia Publishers Pte Ltd, *Singapore-Cambridge GCE O-LEVEL*

사료 B는 신뢰성이 있다. 사료 B에서는 나치 독일의 경제가 나치 정부 덕에 개선되었음을 보여준다. 이는 포스터에서 드러나는데, 이 포스터에는 파업하는 노동자들의 모습, 직장폐쇄 된 노동자들의 모습, 벤치에 앉아 절망에 빠진 한 실업자의 모습을 보여준다. 이러한 모습들은 나치 통치 이전 상황을 가리킨다. 그와 대조적으로, 전면에는 말끔한 제복을 입고 노동을 상징하는 삽을 단단히 잡고 있는 나치 통치 기간의 한 나치 병사가 묘사되어 있다. 이는 나치 정부가 안정성을 복원시키고 사람들의 일자리를 만들어 내서 독일 경제를 개선했음을 보여주고 있다. 나치 독일의 경제 개선은 나치의 경제 정책들 때문이었다. 집권한 히틀러는 독일 국민에게 재고용 기회를 주는 공공 근로 계획을 개시했다. 독일 노동국이라는 기관에서 도로, 고속도로, 공공건물 건설 관련 일자리 창출을 통해 실업을 줄였다.

하지만 사료 B에는 의도가 숨어 있기 때문에 사료 B를 신뢰할 수 없다. 사료 B는 1936년 선거 운동 중에 만들어진 나치 포스터이다. 이 포스터는 바이마르 공화국 치하에서 국민이 접했던 끔찍한 궁핍에 비해 독일 경제가 얼마나 개선되었는지를 강조함으로써, 나치당에 유리하게 나치당을 묘사하고 있다는 점에서, 나치당 쪽으로 편향된 정치적 선전이다. 또한 독일 정부의 라인란트 재점령 여부에 대한 국민투표가 1936년에 있었다. 따라서 나치 정부가 경제를 향상시켰으므로, 국민은 정부의 라인란트 재점령 안에 찬성표를 행사함으로써, 정부에 대한 신뢰를 보여주고 정부를 계속 지지해야 함을 상기시키려는 숨은 의도가 있는 사료이다. 따라서 이 숨은 의도 때문에, 사료 B를 신뢰할 수 없다.

GCE O-레벨 및 GCE N(A)-레벨 시험에 대한 채점 기준은 공개되지

Examinations Papers ANSWERS, HUMANITIES(HISTORY), 2023, pp. 1~2.

않기 때문에 실제 채점 과정은 알 수 없으나, 시험지 출판을 인가받은 출판사의 예시 답안을 보면, 사료 B에 대하여 신뢰성이 있다고 평가한 경우와 신뢰성이 없다고 평가한 경우에 중요한 것은 역사적 주장의 증거임을 알 수 있다. 역사 탐구는 역사가들이 역사를 연구하는 방식의 반영이므로 '증거'에 기반해야 된다.

사료 B에 대하여 나치 독일의 공공 근로 계획이 개시되고 도로, 고속도로, 공공건물 건설 관련 일자리 창출을 통해 실업을 줄였으므로,[37] 신뢰성이 있다고 한정해서 쓴 경우는 최상위 수준의 점수는 받지 못했을 것이라 추측된다. 신뢰성을 평가하기 위해서는 사료의 출처가 심층 분석되어야 하기 때문이다. 이와 같이 출처에 근거한 사료의 분석과 해석을 평가하고 있다.

(2) 구조화된 논술형 문항(Structured-Essay Questions)

구조화된 논술형 문항은 [섹션 B]에 해당하며, [평가목표 1] 지식의 전개, [평가목표 2] 설명 구성 및 역사지식의 소통과 관련 있는 문항이다. 출제의 범위는 같은 연도에 치러진 [섹션 A]의 사료 기반 사례 연구에서 평가되는 주제를 제외하고 〈통합 인문학(역사 선택)〉 교육과정 내용에 있는 모든 주제가 범위이다. 예를 들어 2022년에 사료 기반 사례 연구으로 '나치 독일 사례 연구'에서 나왔다면, 구조화된 논술형 문항에서는 이를 제외하고 출제된다. 〈예시문항 3〉은 2022년 GCE O-레벨과 GCE N(A)-레벨의 구조화된 논술형 문항이다.

---

37 Ling, J. & Paul, A., "Unit 2 – The world in crisis", *All About History: The Making of the contemporary world order 1870s–1991*, Person Education South Asia Pte Ltd, 2014, p. 91.

GCE O-레벨	GCE N(A)-레벨
현대 세계 질서의 성립, 1900s-1991	현대 세계 질서의 성립, 1900s-1953
한 가지 문항에 답하시오. (2번, 3번에서 선택)	한 가지 문항에 답하시오. (2번, 3번에서 선택)
2. 이 문항은 유럽의 2차 세계대전 발발에 대한 것입니다. (a) 1938년에 독일이 오스트리아를 병합했던 이유를 **설명하시오.** [8] (b) '유화정책 실패로 1939년에 유럽에서 전쟁이 발발했다'는 진술에 **어느 정도까지 동의하십니까?** 답을 설명하시오. [12]	2. 아시아태평양 지역의 2차 세계대전 발발에 대한 문항입니다. (a) 1941년 12월 일본의 진주만 공격에 대해 **기술하시오.** [8] (b) 아래 각각의 항목이 아시아 태평양 지역의 전쟁 발발의 원인이 된 양상에 대하여 **설명하시오.** [12] （ⅰ） 일본의 팽창주의 정책 （ⅱ） 미국의 대일 정책
3. 이 문항은 냉전에 대한 질문입니다. (a) 미국이 한국전에 개입하게 되었던 이유를 **설명하시오.** [8] (b) '소비에트 연방이 위협을 느꼈기 때문에 쿠바 미사일 위기가 발생했다'는 진술에 대해 **어느 정도까지 동의하십니까?** 답을 설명하시오. [12]	**3. 이 문항은 한국전쟁에 대한 질문입니다.** (a) **한국전쟁에서 중국의 역할에 대해 기술하시오.** [8] (b) **아래 각각의 항목이 한국전쟁 발발에 원인이 되었던 양상에 대해 설명하시오.** [12] （ⅰ）**2차 세계대전 후 한반도 분단** （ⅱ）**초강대국 간에 냉전과 같은 긴장**

〈통합 인문학(역사 선택)〉 1번이 사료 기반 사례 연구라면, 2번, 3번이 구조화된 논술형 문항이며, 2번, 3번 중에 한 개 문항을 선택할 수 있다.

GCE O-레벨 시험에서 구조화된 논술형 문항이 사건이나 쟁점에 대해 설명을 구성하거나, 평가하고 판단하여 결론을 도출하도록 요구한다면, GCE N(A)-레벨 시험은 사건이나 쟁점에 대해 기술하거나 설명하도록 요구한다. 학습 결과로 지식·기능에서 속진과정은 사건이나 쟁점에 대해 '평가한다'이지만, 보통-인문과정은 '설명한다', '분석하다'의 차이가 있다.

만약 속진과정의 A학생이 2번, 3번 중에 2번 문항을 선택했다면, (a)문

---

38 Singapore Asia Publishers Pte Ltd, *Singapore-Cambridge GCE O-LEVEL Examinations Papers HUMANITIES(HISTORY)*, 2023, p. 6; Singapore Asia Publishers Pte Ltd, *Singapore-Cambridge GCE N(A)-LEVEL Examinations Papers HUMANITIES(HISTORY)*, 2023, p. 6.

항은 "1938년에 독일이 오스트리아를 병합했던 이유를 설명하시오"가 된
다. 이 문항은 독일이 오스트리아를 병합한 이유에 대한 설명으로 한정된
다. 이와 비교해 (b)문항은 "유화정책 실패로 1939년에 유럽에서 전쟁이 발
발했다"는 진술에 어느 정도까지 동의하십니까?"로 유화정책 실패가 2차
세계대전의 원인이라고 할 수 있는지에 대해 평가하고 판단하도록 요구하
고 있다는 것을 확인할 수 있다.

보통－인문과정의 B학생이 2번, 3번 중에 3번 문항을 선택했다면, (a)문
항은 "한국전쟁에서 중국의 역할에 대해 기술하시오"가 된다. (b)문항에서
는 한국전쟁 발발 원인에 대해 2개의 항목(2차 세계대전 후 한반도 분단, 초강대국 간에
냉전과 같은 긴장)에 대해 설명해야 한다. [평가목표]를 통해 (a)문항의 '기술'과
(b)문항의 '설명'의 차이를 비교하면, '기술(Describe)'은 지식을 떠올려 대상이
나 과정의 내용을 기술하는 것을, '설명(Explain)'에서는 역사지식을 스스로 구
성하여 설명한다는 의미까지를 포함하고 있음을 알 수 있다. (b)문항에 대
해서는 한국전쟁 원인이 되었던 양상에 대해 '역사적 중요성'의 역사 개념
을 고려하여야 한다. "한반도 분단이 한국전쟁의 원인이 되었는가?", "초
강대국 간의 냉전과 같은 긴장이 한국전쟁 원인이 되었는가?" 등의 질문을
바탕으로 역사지식을 구성하여 설명할 필요가 있다.

4. 맺음말

싱가포르 역사교육과정에서 추구하는 '역사 탐구'가 학교 수업에서 어
떻게 가능할까? 싱가포르 중등학교 저학년 역사수업에서는 모든 학생이 그

룹으로 1년에 하나의 역사 탐구를 의무적으로 시행해야 한다.[39] 그리고 고학년 과정에서는 역사교육과정에 '사료 기반 사례 연구'가 규정되어 있고, 평가에서도 다양한 출처의 사료를 비교, 비판, 해석하며 자신의 역사적 주장을 만들어 내는 탐구의 과정이, GCE O-레벨, GCE N(A)-레벨 문항에서도 비슷하게 출제되고 있었다. 따라서 수업에서도 '역사 탐구'의 과정을 실행할 수 있을 것으로 판단하였다. 물론 교과서나 GCE O-레벨 및 GCE N(A)-레벨 문항의 탐구는 탐구 수준으로 본다면 사료를 분석하여 자신의 결론에 도달하는 구조화된 탐구(Structured Inquiry)에 가깝다.

이러한 싱가포르 사례가 주는 '탐구'에 기반한 수업과 평가를 위한 시사점은 다음과 같다. 첫째, 역사 탐구 기반 수업이 안착되기 위해서는 평가문항이 교육과정-수업과 긴밀하게 연계되어야 한다. 싱가포르 중등학교 고학년 역사교육과정은 탐구의 과정을 중시하고 탐구의 방향을 구체적으로 제시했다고 볼 수 있다. 다양한 사료를 기반으로 신뢰성을 평가하고, 비교, 비판, 해석하면서, 과거 사람들의 관점을 이해하는 속에서 자신의 결론을 내리는 역사 탐구의 경험이 곧 GCE O-레벨 및 GCE N(A)-레벨 문항에서 단계별로 구현되었다. 다시 말하면 다양한 사료를 통해 역사지식의 본질에 대해 비판적으로 사고하게 하는 역사교육의 가치가 교육과정과 평가문항에서 일관성을 가지고 반영되고 있다.

둘째, 학생이 '역사하기'를 통해 역사학 고유의 본질저 사고 과정을 깊이 있게 탐구할 수 있도록 교육과정에서 교과 내용을 줄이고 사료 기반 사례 연구를 제시할 필요가 있다. 이를 위해서는 역사학습의 근본적인 목적과 가치를 먼저 세우고 학생의 자기 주도적인 학습에 초점을 두어야 한다. 싱가포르 신민(xinmin) 중등학교의 고학년 교육과정 운영과 시간표를 보면

---

39 Singapore Ministry of Education, *History Syllabus Lower Secondary Express Course/Normal(Academic Course)*, Curriculum Planning and Development Division, 2021, p. 16.

〈통합 인문학(역사 선택)〉은 1주에 2회로 각각 60분, 40분이다.[40] 우리나라의 세계사와 비슷한 과목이지만, 현대 세계의 질서로 가르칠 내용의 범위를 줄이고, 역사 개념, 탐구 과정 등을 중요하게 다루고 있다는 점에 주목할 수 있다.

셋째, 논술형 문항은 구조화되어 있다는 점에서 형식적으로 우리나라의 서·논술형 문항과 유사한 면이 있었다. 그러나 역사적 쟁점을 평가하고 판단하도록 하는 문항은 교사로 하여금 역사적으로 논쟁이 되는 현재의 사회적 이슈들을 어떻게 가르쳐야 하는가에 대해 시사점을 제공하고 있다. 가령, 2021년 GCE O-레벨 3번 (b)문항은 "북한이 위협을 느꼈기 때문에 한국전쟁을 일으켰다. 이 진술에 얼마나 동의하십니까?"를 묻고 있다. 한국전쟁 사례 연구의 주요 지식인 '한국전쟁의 원인'에 대하여, 전쟁 원인의 쟁점을 깊이 있게 탐구해야 쓸 수 있는 문항이다. 이는 곧 학생의 호기심을 유발하는 역사적 질문에 답하는 깊이 있는 탐구의 결과물로 역사 글쓰기의 필요성을 시사한다.

싱가포르 중등학교 고학년 역사교육과정과 GCE O-레벨 및 GCE -N(A)레벨 문항은 역사 탐구와 탐구를 기반으로 한 평가를 지향하고 있다. 그러나 실제 싱가포르에서는 시험 성공을 위한 지식과 전달을 강조하는 교사 중심의 수업 문화가 예외 없이 지속되고 있다는 비판도 나오고 있다. 모든 학생이 졸업자격시험의 결과에 따라 각자의 학업 능력에 적합한 과정을 선택하게 되므로 싱가포르 역사교사들은 학생들이 시험에서 우수한 결과를 내야 한다는 강박관념을 가지고 있다는 것이다.[41]

---

40 https://www.xinminsec.moe.edu.sg/resources/students/timetables/school-timetable/ (2024. 1. 24. 검색).

41 Baildon, M., Afandi, S., Bott, S., & Rajah, C., "Guiding students in Singapore to investigate historical controversy using a disciplinary approach", *History Education Research Journal*, 15-2, 2018, p. 310.

싱가포르 역사교육과정에서 '탐구'는 국가에서 의도한 교육과정이다. 또한 GCE O-레벨 및 GCE N(A)-레벨 시험에서는 역사 탐구를 반영한 사료 기반 사례 연구와 구조화된 논술형 문항이 출제되고 있다. 다만 본 연구에서는 실제 싱가포르에서 학생과 교사는 이 시험을 어떻게 받아들이고 있는지, GCE O-레벨 및 GCE N(A)-레벨 문항이 실제 어떤 채점 기준으로 점수를 부여하는지에 대해서는 파악하지 못하였다. 국가 교육과정에서 제시하는 역사 탐구를 실제 수업에서는 어떻게 구현하는지, 그리고 학생과 역사교사는 GCE O-레벨 및 GCE -N(A)레벨 시험에 대해 실제 어떻게 인식하고 있는지, 어떤 채점 기준으로 사료 기반 사례 연구와 구조화된 논술형 문항의 점수를 부여하는지는 후속 과제로 남긴다.

부록

2022년 GCE O-레벨 [통합 인문학(역사 선택)] 사료 기반 사례 연구

(a) 사료 A: 1933년 2월 독일 의회(Reichstag)에서 있었던 히틀러의 연설에서 발췌

이 연설은 히틀러가 수상이 된 후 실시한 첫 번째 대중 연설이었다.

> 전 정부의 정책들 때문에 수십만이 절망의 나락으로 떨어졌고 실직했습니다. 매년 수만건의 파산이 발생하고 실업이 급증합니다. 현재 실업자는 700만에서 800만 명에 이릅니다. 전 정부는 14년간 집권하면서 파괴할 수 있는 것은 다 파괴했습니다. 전 정부 집권 14년만에 벌어진 일입니다. 그런데 누구도 이 추세를 멈추기 위한 어떤 조치도 취하지 않았습니다.
> 튀링겐 성(Thuringia)의 경우를 예로 들면, 지방 정부의 연간 세수가 2,600만 마르크입니다. 이 돈을 가지고 행정비용, 공공건물 유지비용, 교육비용 등을 충당해야 합니다. 또 복지 비용도 충당해야 합니다. 그런데 복지 지원 비용만 해도 4,500만 마르크를 투입해야 하는 실정입니다!
> 오늘 저는 온 국민께 간청합니다: '우리에게 4년만 주십시오. 그 다음에 우리를 심판해주십시오.'

히틀러가 이 연설을 했던 이유는 무엇이라고 생각합니까? 답의 근거를 제시하시오. [5]

(b) 사료 B: 1936년 선거 당시 나치 포스터 중 하나

전(Before): 실업, 절망, 황량, 파업, 직장폐쇄.
현재: 일, 기쁨, 규율, 우호. 총통(Fuhrer)에게 투표하라!'

나치 독일의 경제 상황을 입증하는 증거로서 이 사료를 얼마나 신뢰할 수 있습니까? 답의 근거를 제시하시오. [6]

(c) 사료 C와 D

사료 C: 2015년에 온라인에 올라온 나치 경제에 관한 글에서 발췌한 사료

1932년에 실업자는 560만이었다. 1939년에 실업자 수는 급감했다. 하지만 전체적인 그림이 그렇게 단순하지만은 않다.

나치 독일에서 유대인들이 일하는 것을 실효적으로 불가능하게 만드는 법이 제정되었고, 여성들 역시 노동 시장의 다수 영역들에서 배척당했다. 또 다른 '속임수'는 젊은 남성들의 군 복무를 의무화해서 청년 실업을 줄이는 방법이었다.

실업자 수치가 급감했던 부분저 이유는 바로 그런 요인들이다. 1934년이 되자 실업자 수가 270만으로 떨어졌고, 1936년이 되자 실업자 수는 160만에 불과했다. 1938년에는 실업자 수가 40만으로 감소했다. 어떤 서유럽 국가의 실업 감소율도 독일의 실업 감소율에는 비견할 수 없었다. 이는 히틀러의 경제 기적이었다.

사료 D: 유럽 전역 노동자 권리 향상과 근로 조건 향상을 위한 운동을 전개하던 한 단체가 1937년에 네덜란드에서 발표한 보고서

나치 정부는 경제 문제에 대처하는 일이 갈수록 힘들어지고 있음을 자각하고 있다. 사방에서 필수 식자재 부족, 물가 상승(모든 공식적인 노력을 총동원해서 막아봐도 물가는 계속 상승), 노동자들의 임금인상 요구에 대한 보도가 나오고 있다.

총통이 실업을 종식시켰다는 말은 나치주의자들이 가장 애용하는 허풍이다. 사실 실업자 수치가 공식 통계상으로는 크게 하락했는데, 이것은 군대 재무장, 거대 군대 창설, 의무 병역, 자동차 도로 건설, 실업자 농촌 파견 등의 정책에 따른 결과이다. 하지만 이 실업자 통계 수치는 주간 근로 시간 30시간 미만인 노동자들과 노인 등 고용 불가능한 사람들은 포함되지 않은 수치임을 염두할 필요 있다.

사료 D는 사료 C의 신뢰성을 어느 정도까지 입증하고 있습니까? 답의 근거를 제시하시오. [5]

(d) 사료 E와 F

사료 E: 1936년 로버트 레이*가 독일의 한 공장을 순회하던 중 실시한 연설에서 발
       췌한 사료

노동자든 기능공이든 농부든 아니면 중산층이든, 우리는 모두 전혀 새로운 국민입니다!

노동자들을 보십시오! 우리 함께 독일 공장들을 들여다봅시다. 예전에는 희망이 없었습니다. 이제는 기쁨이 가득합니다. 예전에는 절망이 팽배했습니다. 지금은 모두가 다시 일어서고 다시 깨어나고 있습니다. 독일 노동자들은 이분, 즉, 우리 총통께서 밤낮으로 자신들의 문제를 해결하려 고민하신다고 생각합니다.

총통께서는 향후 4년간 우리에게 아주 큰 과업을 부여했습니다. 그 과업을 달성하려면 엄청난 희생이 필요할 것입니다. 상황이 수월하지는 않을 것입니다. 국력이 증대될수록, 이러한 새로운 희생과 새로운 과업들의 규모도 더욱 커질 것입니다. 하지만 모든 새로운 공장들이 우리의 국력을 키워줄 것입니다. 새로운 건설 사업마다 우리 국가의 발전을 촉진시켜줄 것입니다.

* 레이는 1933년 5월 노동조합이 금지된 후 이를 대체한 나치 조직인 독일 노동전선의 수장

사료 F: 1936년 한 기차에서 우연히 들은 대화. 불행한 노동자와 나치 여성 연맹 회
       원 간에 대화

여성: 할 일이 있다는 것에 감사해야 하고, 실업을 없애주신 총통께 고마워해야 합니다.

노동자: 저는 비가 오나 눈이 오나 밖에서 일합니다. 삽으로 땅을 파는 일을 하는데
        시급이 51페니히입니다. 6개월 전에는 66페니히였습니다. 1933년에 제가
        실직했습니다. 현재는 1년 휴가가 겨우 10일뿐인 의무 병역을 이행하고 있
        습니다. 남자로서 그만큼 하면 충분합니다! 1933년에 실업자 수가 600만을
        넘었는데, 현재는 200만에 불과합니다. 정말로 많이 감소했습니다. 하지만
        우리가 손가락이 닳도록 일하는데도 임금은 계속 내려가고 있다는 것도 사
        실입니다.

여성: (노동자가 한 말에 영향을 받음) 하지만 14년간 국가를 부실하게 경영했는데,
      그것이 당장 시정되기는 어렵겠지요. 히틀러는 기적을 달성했고, 매년 상황이
      나아지고 있어요. 아마 내년에는 기쁨을 통한 힘 프로그램으로 멋진 휴가를 받
      을 수 있을 겁니다

사료 F의 내용으로 미루어 볼 때, 사료 E의 내용이 의외(surprised)라고 느꼈습니까? 답의 근거를 제시하시오. [6]

(e) 모든 사료 A–F

"나치가 독일의 실업 문제를 해결했다"라는 **주장을 뒷받침하는 근거를** 이 사료들에서 어느 정도까지 찾아볼 수 있습니까? 사료와 본인의 지식을 활용해서 답의 근거를 제시하시오. [8]

제10장

미국 워싱턴주의 역사 교실기반평가를 통해 본 학습을 위한 평가*

지모선

1. 머리말

교사는 학습 의도와 성취기준을 알아야 하며, 모든 학생이 이 기준을 얼마나 잘 달성하고 있는지를 알아야 한다. 그리고 학생들의 현재 지식과 이해 수준과 성취기준의 차이를 고려하여 다음 단계는 어디로 가야할 지 방향을 파악해야 한다. 즉, "어디로 가고 있는가?", "어떻게 가고 있는가?", "다음은 어디로 가야 하는가?"[1]

사람들은 자신의 이행(移行) 방향을 결정하는 평가를 중요하게 여긴다. 예를 들면, 시대와 사회적 요구에 따라 조금씩 변화하기는 하였지만, 고등학교 3학년 학생들의 수능이 있다. 이러한 평가의 특징은 대부분 대규모 평

---

* 이 장은 지모선, 「미국 워싱턴주 역사 평가 문항의 특징과 시사점 탐색 —교실기반평가 (Classroom—Based Assessment)를 중심으로—」, 『역사교육논집』 85, 2024의 내용을 수정·보완한 것이다.

1 Hattie, J., *Visible learning: A synthesis of over 800 meta—analyses relating to achievement*, Routledge, 2009, p. 239.

가로 실시되며, 결과 처리가 서열화되어 학생 관심사는 점수가 된다.[2] 그렇다면 교실기반평가(Classroom-Based Assessment)는 어떠하며 그 중요성은 어떠할까? 교실기반평가는 단 한번으로 그 학생의 많은 것이 결정되는 것이 아니기 때문에 저부담 평가라고 할 수 있다. 그러나 학생들은 교실에서 끊임없이 학습하고, 점검하며, 평가받는 과정을 반복한다. 학생이 목표로 하는 특정한 점수를 받는 날은 그동안 교실에서 거친 수많은 평가와 긴밀히 연결되어 있으며, 그와 독립적으로 존재하는 것이 아니다. 이와 관련하여 맥 케이(McKay, P.)는 교실기반평가의 중요성을 언급하며, 학교와 교사가 학교교육 활동에서 내리는 많은 의사 결정들이 학생들의 미래에 누적된 영향을 주기 때문에, 학교에서 시행하는 평가는 많은 영향력을 갖는다고 주장하였다.[3] 따라서 교실기반평가는 학생들의 미래에 많은 영향을 주어왔으며, 앞으로도 그 영향은 지속될 것이다. 얼(Earl, L. M.)에 따르면 교실기반평가는 교수·학습을 바꿀 수 있는 엄청난 잠재력을 가지고 있다. 얼은 팝햄(Popham, J.)의 연구를 인용하며, 4,000여 건의 연구조사 리뷰를 확인한 결과, 교실에서 평가가 제대로 시행된다면 학생의 학습 속도를 두 배 가량 높일 수 있으며, 학업 성취도 역시 크게 향상시킬 수 있다고 언급하였다.[4] 이러한 점에서 교실기반평가에 주목해야 한다.

국내에도 교실 속 학생의 학습을 위한 평가를 이끌어내기 위한 관심과 노력이 지속되고 있다. 교육과정-수업-평가간의 유기적인 연계를 모색하는 시도 속에서 형성 평가의 중요성이 부각되고 있으며,[5] 미래의 핵심역량을 함양하기 위해서 평가가 지식 습득 여부를 판단하는 평가에서 교실에서 학생의

---

2 심규남,『교실기반 초등영어 평가의 이해』, 한빛문화, 2017, pp. 17~20.
3 McKay, P., *Assessing young language learners*, Cambridge University Press, 2006, p. 20.
4 로나 M. 얼 지음, 온정덕·윤지영 옮김,『학습 과정으로서의 평가』, 학지사, 2022, p. 17.
5 김성숙·김희경·서민희·성태제,『교수학습과 하나되는 형성 평가』, 학지사, 2015.

역량과 기술을 표현하는 수행평가로의 전환도 강조되고 있다.[6] 이와 같은 맥락에서 2015 개정 교육과정에서는 과정중심평가를 공식화하였다.

이 연구에서는 미국 워싱턴주에서 교실기반평가로 개발된 역사 문항을 검토함으로써 한국 역사교육 교실기반평가에 실마리를 찾고자 한다. 워싱턴주의 교실기반평가는 전통적 평가인 학습 결과에 대한 평가가 아니라 학생들의 학습 과정과 성취도를 파악할 수 있는 학습을 위한 평가이다. 이는 학생 개개인의 학습 과정과 성장을 평가하는 데 유용하며, 단순히 점수만을 중시하는 평가 방식의 한계를 극복할 수 있다.

워싱턴주 교실기반평가는 OSPI—Development(사회, 예술, 건강과 체육 교육, 교육 기술에 대한 교실기반평가)로 워싱턴주 교육청(Washington Office of Superintendent of Public Instruction)에서 관리하는 시험이다. 그 중 이 장에서는 OPSI—Development(Office of Superintendent of Public Instruction-Development) 역사 문항을 분석하고자 한다.[7] 이 문항들은 '공통 핵심 기준(Common Core State Standards, 이하 CCSS)'[8]과 '사회과 주별 기준 작성을 위한 대학, 직장 및 시민 생활 프레임워크(The College, Career, and

---

6 유신복·신이나, 「중학교 교사의 형성 평가 리터러시 유형과 영향 요인 탐색」, 『지방교육경영』 27–1, 2024, p. 32.

7 워싱턴주 의회는 OSPI–Development에 대해 "사회, 예술, 건강과 체육 교육이 잘 갖춰진 완전한 교육을 보장하는 데 중요"하며, "특히, 학교의 시민적 임무는 포괄적인 시민 교육과 평가를 통해 강화되고 발전"되므로 "학생들이 자신이 가진 권리와 책임이 어디에서 유래하는지, 그리고 이를 어떻게 행사할 수 있는지를 배우는 것이 중요"하다고 언급하였다. ENGROSSED HOUSE BILL, 2579 Chapter 113, Laws of 2006.

8 미국은 1980년대 초부터 학생들의 낮은 학업 성취도와 교육 경쟁력에 대한 위기의식을 느끼기 시작하여, 이에 대한 대처 방안으로 2010년에 학문 기준인 CCSS를 개발하였다. 즉, CCSS는 미국 학생들의 학업 성취도를 높이기 위한 수단으로 도입되었다. 공교육과정에서 가르치고 배워야 할 '무엇'을 국가수준에서 제시하고, 이를 교사와 학부모가 명확히 인지하여 교육을 할 때, 수업의 질이 향상되고 나아가 학생의 학업 성취를 증진시킨 다는 것이다. 그러나 2015년 12월 '모든 학생 성공법(Every Student Succeeds Act, ESSA)'이 시행되면서 각 주(state)는 교육에 대한 다양한 특색 있는 정책을 펼치고, 학문 기준으로서의 공통 핵심 기준을 자율적으로 개정 및 적용하는 과정에 있다. 최숙기, 「공통핵심교육과정(CCSS)의 읽기 텍스트 위계화 방안에 관한 연구」, 『교육과정평가연구』 14–2, 2011, p. 36; 이미미, 「미국 공통 핵심 기준 개혁 담론 속 역사 과목의 동향 분석」, 『사회과교육』 52–2, 2013, pp. 92~94.

Civic Life Framework for Social Studies State Standards: C3, 이하 C3 프레임워크)[9]를 기반으로 개발된 '사회과 K-12 학습성취기준(The Social Studies K-12 Learning Standards)'을 바탕으로 교사단체, 시민단체, 다양한 이해 관계자들의 협업을 통해 개발되었다. 이는 학문적 연구와 현장의 실천적 지식을 포괄한 자료이다. 워싱턴 교육청 사이트에는 다양한 자료와 구체적 채점 기준이 공개되어 있고, 학교 현장과 워싱턴 교육청이 교실기반평가 결과를 공유하여 개선해 나가고 있다는 점에서 교실기반평가의 독립성과 체계성을 갖추고 있다.

특히, 평가 취지와 목적이 현장에서 제대로 구현되기 위해서는 개발된 문항들을 분석하고 개선 방향을 지속적으로 탐색하고 논의하는 과정이 필요하다. 그런데 워싱턴주의 교실기반평가는 평가 결과가 교육청에 보고되고, 이를 기반으로 또다시 문항이 수정되는 등 매년 문항에 대한 개선 작업이 이루어지고 있다는 점에서 이러한 환류 과정을 잘 구현하고 있다.

이 장에서는 워싱턴주 사회과 역사영역 K-12 학습성취기준과 교실기반평가를 살펴본 후, 이에 근거해서 개발된 역사 문항들을 검토하고자 한다. 이를 통해 워싱턴 교육청에서 교실기반평가를 어떻게 지원하는지와 역사 문항의 특징을 분석하고자 한다. 이러한 워싱턴주의 교실기반평가 사례는 한국 역사교육의 평가 체계를 개선하는 데 중요한 모델이 될 수 있다.

---

9 C3 프레임워크는 문해력 향상을 위해 CCSS와 사회과(Social Studies)의 연계를 위해 개발되었다. C3 프레임워크의 목표는 학교 교육을 통해 누구나 대학, 직업, 공민적 삶에 준비된 학생을 기르는 데 있으며, 학습 방법으로 '탐구'를 강조한다. 윤옥경, 「초등 사회과 지리 수업에서 C3 프레임워크에 기반한 탐구의 적용과 한계」, 『한국지리환경교육학회지』 31-1, 2022, p. 25.

2. 워싱턴주 사회과 역사영역 K-12 학습성취기준과 교실기반평가

1) 워싱턴주 사회과 역사영역 K-12 학습성취기준

교실기반평가의 바탕이 된 사회과 K-12 학습성취기준은 사회과 교육 전문가 및 교사들이 개발하고 적용하며, CCSS와 C3 프레임워크를 바탕으로 2019년에 개정되었다. 미국에서 문해력에 대한 연구는 각 학문 영역에 고유한 읽기와 쓰기가 존재하며, 역사 읽기와 쓰기는 학교 교육을 통해 체계적으로 학습해야 한다고 주장한다.[10] 이러한 주장에 따라 CCSS에서 "역사·사회 리터러시 읽기와 쓰기 표준"을 개발하여 명시하였다.[11] C3 프레임워크는 CCSS를 연계하여 각각의 교육 내용과 방법에 대한 달성 기준을 제공하는 것으로, 전국적으로 적용되는 표준이며 각 주에서는 이를 상세화한다.[12] 이러한 맥락에서 워싱턴주 사회과 역사영역 K-12 학습성취기준과 CCSS와 C3 프레임워크의 연계성은 자연스럽다.

워싱턴주의 사회과 K-12 학습성취기준은 워싱턴주 교육청 홈페이지(https://ospi.k12.wa.us/)에 전체 통합본 문서로 게시되어 있으며, K-5학년, 6~8학년, 9~12학년에 대한 사회과 세부 교과 영역을 살펴볼 수 있다. 사회과 K-12 학습성취기준은 〈공민(Civic)〉, 〈경제(Economics)〉, 〈지리(Geography)〉, 〈역사

---

10 이미미, 「호주와 미국의 역사교육과정에 나타난 핵심역량 분석」, 『비교교육연구』 24-1, 2014, p. 171.

11 CCSS는 초등학교 단계에 해당되는 K학년부터 5학년까지는 교과에 대한 구분 없이 '읽기(Reading), 쓰기(Writing), 말하기·듣기(Speaking & Listening), 언어(Language)'의 4개의 영역에 따라 학년별 세부 성취기준을 제시한다. CCSS에서 타 교과를 위한 문해력이 별도로 제시되는 것은 6-12학년에 해당되는 중등학교 단계이다. 전영주, 「CCSS 및 미국 ELA 교과서 탐색을 위한 교과 어휘 능력 연구」, 『국어교육』 182, 2023, p. 222.

12 조의호, 「미국 초등 사회과의 탐구설계모델(IDM)기반 교수·학습자료 분석」, 『사회과교육』 59-3, 2020, p. 192.

(History)〉, 〈사회과 기능(Social Studies Skills)〉으로 구성되어 있다.

워싱턴주 고등학생들은 주 규정(WAC 180-51-067, WAC 180-51-068, WAC 180-51-210)에 따라 졸업을 위해 사회과에서 3학점을 이수해야 하는데[13] 필수 과목은 〈미국사〉 1학점, 〈현대 세계사〉, 〈현대 세계 문제〉중 0.5학점을 이수하도록 권장하고 있다. 또한, 학생들은 선택 과목으로 1학점을 이수해야 하며, 〈세계사〉를 0.5학점 이수하도록 권장하고 있다.[14]

워싱턴주에서는 사회과 교육을 핵심 요소로 간주하며, 토착 원주민 부족의 역사와 문화에 대한 교육을 의무화하고, 이를 모든 교과의 학습성취기준에 필수적으로 제시하고 있다.[15] 이처럼 교육과정에서 그동안 줄곧 국가 중심의 역사에서 소외되어 왔던 인물들까지 역사적 행위자의 범위를 확장하는 것은 소외된 집단에 속한 학생들뿐 아니라 모든 학생에게 중요하다. 원주민 역사를 학습하는 것은 원주민 전통을 지닌 학생들이 있는 교실뿐만 아니라, 모든 배경을 가진 학생들에게 다양한 사람들이 역사에 어떻게 기여했는지 이해하는 기회를 제공하기 때문이다.[16]

사회과 K-12 학습성취기준은 학년별로 개념·지역적 영역 및 연대기를

---

13 워싱턴주 교육위원회(The Washington State Board Of Education, SBE)는 2011년 11월 수업 시간을 기반한 학점 취득에 대한 새로운 규정을 채택하였다. 고등학교의 경우 1학점 취득을 위해 일주일에 5시수 1년(150시간, 수업시간 50분) 들어야 가능하지만, 증가된 학점 요건을 충족할 수 있도록 학군이 학생들의 주의 기준을 충족하는데 필요한 수업 시간을 결정하고 개별화할 수 있도록 허용하는 것으로 변경되었다. https://www.sbe.wa.gov/faqs/high_school_credits (2024. 2. 10. 검색).

14 https://www.sbe.wa.gov/faq/social-studies-2-what-social-studies-graduation-requirement (2024. 2. 10. 검색).

15 2015년 워싱턴주에서는 토착 원주민 부족의 역사와 이들이 개발한 교육과정을 모든 학교에서 가르치도록 의무화하는 상원법안 Senate Bill 5433을 통과시켰다. 이 법안은 원주민 부족의 역사에 대한 교육을 의무화하고, 교육과정과 연계를 강조한다. https://ospi.k12.wa.us/student-success/resources-subject-area/time-immemorial-tribal-sovereignty-washington-state (2023. 10. 3. 검색).

16 Barton, K., "Agency, choice and historical action: How history teaching can help students think about democratic decision making", *Citizenship Teaching and Learning*, 7-2, 2012, p. 133.

순차적으로 제공한다. 이 기준은 K~5학년, 6~8학년, 9~12학년 내에서 자유롭게 재배열 할 수 있지만, 학생들의 이사와 권장 순서를 따를 때의 장점을 고려하여 사회과 K-12 학습성취기준 권장 순서를 따를 것을 권고한다. 사회과 K-12 학습성취기준의 목표는 "교사와 지역 학군이 사회과 프로그램 범위 및 순서를 설계하고, 모든 학생이 사회과 K-12 학습성취기준이 설명하는 기능과 표준을 습득할 기회를 갖도록 수업을 개발하는 데 도움을 주는 것"[17]이다. 역사 영역의 목표는 "학생이 지역, 워싱턴주, 부족, 미국사 및 세계사에 대한 역사적 사고, 연대기, 시대, 전환점, 주요 아이디어, 개인 및 주제에 대한 지식을 이해하고 적용하여 현재와 미래를 어떻게 형성하는지 평가"하는 것이다.[18] 이를 바탕으로 역사 영역의 수행성취기준 H1-H4는 K-5, 6~8학년, 9~12학년에 걸쳐 나선형 방식으로 적용된다. H1-H4는 아래와 같다.

> H1. 역사적 연대기를 이해한다.
> H2. 역사상 주요 사건을 형성한 인과 요인을 이해하고 분석한다.
> H3. 역사적 사건에 대한 다양한 관점과 해석이 있다는 것을 이해한다.
> H4. 역사적 사건이 현재 문제와 사건 분석에 어떻게 영향을 미치는지 이해한다.

워싱턴주 사회과 역사영역 K-12 학습성취기준은 〈표 1〉과 같이 구성되며, 그 중 C3 프레임워크는 지속적인 이해(Enduring Understanding)와 예시질문(Sample Questions)에 반영된다.[19]

---

17 Office of Superintendent of Public Instruction, *Social Studies Learning Standards*, Washington Office of Superintendent of Public Instruction, 2019, p. iii.

18 Office of Superintendent of Public Instruction, *Social Studies Learning Standards*, 2019, p. 2.

19 Office of Superintendent of Public Instruction, *Social Studies Learning Standards*, p. viii.

표1 워싱턴주 사회과 역사영역 K-12 학습성취기준 <역사>[20]

H4: 역사적 사건이 현재 문제와 사건 분석에 어떻게 영향을 미치는지 이해한다.

지속적 이해

▶ (세계) 초기 사회들 간 지역적·세계적 연결이 형성되었을 때, 오늘날까지도 지속적인 영향을 미치는 방식으로 세계는 변화하였다.

▶ (워싱턴주) 역사적 자료를 분석하고 해석함으로써, 역사가는 워싱턴주 역사의 주요 사건들을 형성한 다양한 인과적 요소를 파악할 수 있다.

▶ (미국) 역사적 자료를 분석하고 해석함으로써, 역사가는 미국사에서 주요 사건들을 형성한 다양한 인과적 요소들을 파악할 수 있다.

구성요소	예시질문
(세계) 6학년이 끝날 때까지, 학생들은: H4.6-8.1 세계사의 역사적 사건이 현재 문제와 사건들을 이해하는 데 어떻게 도움이 되는지 분석한다. (워싱턴주) 7학년이 끝날 때까지, 학생들은: H4.6-8.2 워싱턴주 역사의 역사적 사건이 현재 문제와 사건들을 이해하는 데 어떻게 도움이 되는지 분석한다. (미국) 8학년이 끝날 때까지, 학생들은: H4.6-8.3 미국사의 역사적 사건이 현재 문제와 사건들을 이해하는 데 어떻게 도움이 되는지 분석한다.	▶ (세계/워싱턴주/미국) 역사적 사건의 영향을 어떻게 해석할 수 있을까? ▶ (세계) 고대나 중세 사회에서 발생한 사건이 현재 사건에 어떻게 지속적으로 영향을 주고 있는가? ▶ (워싱턴주) 워싱턴주의 과거 역사적 사건들이 현재와 어떤 관계를 맺고 있는가? ▶ (미국) 미국의 과거 역사적 사건들이 현재와 어떤 관계를 맺고 있는가? 원주민, 유색 인종, 노예제로 인해 발생한 소외(marginalization)가 남긴 유산은 어떤 것들이 있을까?

워싱턴주 토착 원주민 부족 교육과정 연계

중학교 교육과정
H4.6-8.1: 워싱턴주 역사: 2 단원
H4.6-8.2: 워싱턴주 역사: 1 단원(영토와 조약 체결), 1 단원(1855년 왈라왈라 조약 위원회[21]), 2, 3 단원
H4.6-8.3: 미국사: 1, 2, 3, 4 단원

　　　문서의 상단에는 ① 수행성취기준(Performance Standards)이 제시되는데, 이

---

20 Office of Superintendent of Public Instruction, *Social Studies Learning Standards*, p. 72.

21 왈라왈라 조약(The Walla Walla Treaty)은 1885년 5월, 현재 오리건, 워싱턴, 아이다호 지역에 위치한 컬럼비아 대평원에서 수천 명의 원주민 부족 대표들이 왈라왈라 계곡에 모여 미국 정부와 맺은 조약이다. 약 2주 동안 회의를 통해 부족 대표들은 미국 정부에 60,000 평방 마일을 양도하고, 그 대가로 워싱턴주의 야카마(Yakama) 보호구역, 오리건주의 우마틸라-카이유스-왈라와라(Umatilla-Cayuse-Walla Walla) 보호구역, 아이다호의 네즈 퍼스(Nez Perce) 보호구역을 받기로 합의하였다. Clifford, E., "The Legacy of the Walla Walla Council, 1855", *Oregon Historical Quarterly*, 106-3, 2005, p. 398.

는 교과에서 학습해야 할 개념과 기능을 서술하며, 역사에서는 앞서 언급한 H1-H4의 수행성취기준이 K-5, 6~8학년, 9~12학년에 동일하게 적용된다.

② 지속적인 이해는 단원에서 배워야 할 핵심 개념들을 구체화하여 서술한 부분으로, 이 개념들은 세계, 워싱턴수, 미국 등 학습의 초짐에 따라 조직된다.[22] 이것은 학생들이 그들의 학습 경로를 통해 이해해야 할 핵심 개념이나 원칙을 의미하며, 다양한 상황이나 맥락에서 적용할 수 있는 중요한 지식을 포함한다. 예를 들어, 역사적 사건이 현재 사회에 어떻게 영향을 미치는지, 경제 원칙이 개인의 결정에 어떻게 반영되는지 등 핵심적인 이해를 포함할 수 있다.[23]

③ 구성요소(Components)는 학년별로 습득해야 할 이해와 기능을 서술한 부분으로, 학년별 학습성취기준을 의미한다. 구성요소에서 사용하고 있는 번호 체계 의미는 다음과 같다. 예를 들어, H4.6-8.1 순서에서 "H"는 역사를 의미하며, 첫 번째 숫자 4는 수행성취기준을, "6~8"은 6~8학년을 나타내고, 마지막 숫자 1은 구성요소를 나타낸다.[24]

④ 예시질문은 학년별로 제시된 각 구성요소와 관련하여 학생들이 탐구할 수 있는 질문을 제공한다. 이는 탐구를 독려하기 위해 개방형 질문으로 구성되며, 학생들에게 지속적인 이해를 탐구하고 깊이 있는 학습을 위한 출발점으로 사용된다.[25] 예시질문은 학생들이 정보를 분석하고 해석하며, 비판적 사고와 문제 해결 능력을 발전시키는 데 도움을 준다.[26] 예를 들어, "역사적 사건의 영향을 어떻게 해석할 수 있을까?" 또는 "고대나 중세 사회에서 발생한 사건이 현재 사건에 어떻게 지속적으로 영향을 주고 있는가?"

---

22 Office of Superintendent of Public Instruction, *Social Studies Learning Standards*, p. viii.
23 Office of Superintendent of Public Instruction, *Social Studies Learning Standards*, p. iv.
24 Office of Superintendent of Public Instruction, *Social Studies Learning Standards*, p. iii.
25 Office of Superintendent of Public Instruction, *Social Studies Learning Standards*, p. viii.
26 Office of Superintendent of Public Instruction, *Social Studies Learning Standards*, p. iv.

와 같은 질문이 포함된다.

마지막으로 문서의 하단 부분에는 ⑤ 워싱턴주 토착 원주민 부족 교육과정 연계(Since Time Immemorial Connections)가 포함되어 있다. 이 부분은 제시된 수행성취기준, 학년별 학습성취기준, 예시질문이 워싱턴주의 역사교육과정 중 어떤 단원과 연결될 수 있는지 안내한다.

2) 워싱턴주 역사 교실기반평가

교실기반평가의 역할과 의미는 평가의 역사 속에서 변화해 왔다. 20세기 여러 국가에서 평가는 학생의 학업 성취도를 측정하기 위한 과학적이고 객관적으로 보이는 체계로 강조되었다. 일부 국가에서는 평가가 차등적인 중등교육과 대학 입시의 결정적인 요소가 되기도 했다. 이러한 평가는 모든 학생에게 일련의 선다형 시험을 치르게 하고, 점수에 기초하여 사회에서 각 개인의 역할을 결정하는 방식이었다. 이는 미국에서 SAT의 탄생으로 이어졌으며, 이러한 외부 시험이나 검사는 '문지기(gatekeeper)'들이 힘을 행사하여 최소한 객관적인 평가라는 환상을 심어주었다. 이러한 변화 속에서 교실기반평가는 총괄 평가의 역할로서 부모, 교사, 학생에게 학업 성취수준을 알리는 방식으로 사용되었고, 외부에서 이루어지는 시험을 모방하여 학생을 분류하고 선택할 필요성을 강화하는 지역 수준의 문지기로 작용했다. 교사들은 성적 통지, 보상과 벌칙, 프로그램 결정과 같은 시스템을 통해 이 과정에 기여했다.[27]

1980년대 이후, 대규모 평가 결과가 책임을 묻기 위한 수단이 되면서, 학생과 교사에게 '부담'이 되었고, 대규모 개혁과 평가의 용도에 대한 논쟁을 불러왔다. 비록 외부 평가가 정책 지형을 지배하고 있지만, 교실에서 이

---

27 로나 M. 얼, 『학습 과정으로서의 평가』, pp. 31~32.

루어지는 평가와 그것이 학생들의 학습 과정을 근본적으로 바꿀 수 있는 잠재력에 대한 관심이 높아졌다. 많은 연구자들은 평가가 학생의 학습 차이를 만들어 낸다는 것을 증명하였고, 학습을 지원하기 위한 평가를 수업의 일부분으로 명시할 것을 요구하었다.[28] 이러한 관점에서 최근 몇 년 동안 교실기반평가가 유례없이 중요한 위치를 차지하게 되었는데, 이는 학습이 끝난 후에 총괄 평가를 하는 대신, 지속적인 평가를 수행하여 학습자의 과제 수행 능력을 평가하고, 데이터를 수집하는 방식이다.[29] 교실기반평가는 교사나 학생들이 수행하는 모든 활동을 포함하며, 수집된 정보는 교수·학습활동을 수정 방안을 궁리하는 데 사용된다.[30] 또한, 교실기반평가는 결과 측정보다는 학습 과정에 직접적인 도움을 제공하는 데 중점을 두고 있어, 주로 교수 활동과 관련된 학습에 초점을 맞춘다.[31] 기존의 평가가 주로 학습 결과에 대한 평가였다면 학습을 위한 평가이자 더 나아가 학습 과정으로서의 평가라고 할 수 있다.

학습에 평가를 포함하는 것은 학생들의 참여와 동기에 주의를 기울이는 것을 의미한다. 이는 학습의 진행과 학습 목표에 주목하게 하며, 수업과 평가의 관계를 계획하고 연결 짓는 것을 의미한다. 이는 학생들을 전체뿐만 아니라 개별적으로 생각함을 의미한다. 또한, 중요한 아이디어를 강화하고, 차이나 오해를 파악하게 하며, 학생들이 명확하게 이해하도록 이끄는 학생들의 신념을 형성하게 함을 의미한다.[32]

---

28 로나 M. 얼, 『학습 과정으로서의 평가』, p. 33·49.

29 Estaji, M. & Kardoust, A., "EFL Teachers' use of classroom-based assessment strategies", *Electronic Journal of Foreign Language Teaching*, 18-2, 2021, p. 172.

30 Black, P. & Wiliam, D., "Assessment and classroom learning", *Assessment in Education: Principles, Policy and Practice*, 5-1, 1998, p. 7.

31 Shepard, L. A., "Classroom assessment to support teaching and learning", *The ANNALS of the American Academy of Political and Social Science*, 683-1, 2019, pp. 183~200.

32 로나 M. 얼, 『학습 과정으로서의 평가』, p. 84.

또한, 교실기반평가는 교사가 필요에 따라 조정할 수 있으며, 평가자로서 교사는 학생의 인지적·사회적·정서적·신체적 발달 과정이나 상태에 대한 지식을 평가 계획과 시행에 반영해야 한다.[33] 학습은 교실이 아니라 개인이 하는 것이며, 교실에는 다양한 흥미, 배경, 이해를 지닌 개별 학생들이 존재한다. 따라서 워싱턴주에서는 대략적인 평가 기간을 제시하고, 문항 자료집에 평가 문항이 신체적·교육적·사회·문화적 배경에 따라 수정할 수 있음을 명시한다. 교실기반평가는 일정한 교육 프로그램을 기반으로 하며, 워싱턴주의 경우 사회과 역사영역 K-12 학습성취기준을 근거하기 때문에 교육과정기반평가의 성격을 갖는다. 그러므로 워싱턴주의 사회과 역사영역 K-12 학습성취기준에서 요구하는 능력을 어느 정도 성취했는지를 파악하는 데 사용된다.[34]

2023년 12월 기준 워싱턴주 교육청 홈페이지에는 초등학교 11개, 중학교 10개, 고등학교 12개의 사회과 문항들이 각각의 문항 자료집 형태로 탑재되어 있다. 초등학교에서는 〈공민〉 2개, 〈경제〉 2개, 〈지리〉 3개, 〈역사〉 4개 문항이 제시되어 있으며, 이 중 〈지리〉의 2개 문항은 〈경제〉와 〈역사〉 문항과 통합이다. 중학교에서는 〈공민〉 2개, 〈경제〉 2개, 〈지리〉 2개, 〈역사〉 4개 문항이 제시되어 있다. 고등학교에서는 〈공민〉 2개, 〈경제〉 3개, 〈지리〉 2개, 〈역사〉 4개, 국제적 관점의 1개 문항이 제시되어 있으며, 이 중 경제와 역사에 제시된 1개 문항, 그리고 지리와 역사의 1개 문항은 통합이다. 〈표 2〉는 워싱턴

---

33 심규남, 『교실기반 초등영어 평가의 이해』, 한빛문화, 2017, p. 59.

34 워싱턴주는 주 행정명령(RCW 28A.230.095)에 따라 매년 학생들이 학습성취기준에 도달했는지를 평가한다. 워싱턴주 교육청은 전문가 및 교사들의 주도로 K-12 학습성취기준을 기반으로 "예술, 교육 기술, 건강 및 체육 교육, 사회"에 대한 교실기반평가를 매년 개발하여 홈페이지에 탑재한다. 학교 현장에서는 교사 주도하에 4 또는 5학년, 5, 7 또는 8학년, 11 또는 12학년에 교실기반평가를 실시한 후, 평가 수행 내용과 결과를 워싱턴주 교육청에 보고한다. 2022~2023년의 결과보고는 2023년 6월 30일까지 온라인에 등록하도록 공지되어 있으며, 이에 대한 결과는 아직 공개되어 있지 않다. https://ospi.k12.wa.us/student-success/learning-standards-instructional-materials/edtech-assessment-reporting-verification (2023. 12. 10. 검색).

주 교육청에서 개발한 역사 문항 주제를 학교급별로 정리한 것이다.

표 2 워싱턴주 사회과목 권장 범위와 순서 및 역사 문항 주제[35]

		권장범위	교육청 역사 문항 주제
유치원		자신(가까운&먼; 지금과 옛날)	
초등학교	1	가족(가까운&먼; 지금과 옛날)	
	2	공동체(가까운&먼; 지금과 옛날)	
	3	문화: 사람, 장소, 환경	·문화적 기여(**지리와 통합문항**)
	4	워싱턴주 역사(지역 원주민 역사 포함)	·파고들기
	5	미국사 (식민지 이전부터 헌법의 시대까지)	·빅 아이디어는 무엇인가? ·갈등의 원인
중학교	6	세계지리 및 세계사 (고대문명~1945)	·왜 역사인가? ·지속가능한 문화들(6~8학년) ·갈등의 원인(6~8학년)
	7	워싱턴주 역사 (지역 원주민 역사 포함)	·파고들기
	8	미국사 및 정부(주로 19세기)	
고등학교	9·10	세계사(1450~현재)	·시대에 따른 기술(9~10학년) ·갈등의 원인(경제와 통합문항)(9~10학년)
	11	미국사와 정부 (주로 20세기와 21세기)	·문화적 상호작용(지리와 통합문항) ·파고들기
	12	현대 세계의 문제와 시민	

워싱턴주 교육청 역사 문항 주제를 살펴보면, 역사에서 일반적 형태인 연대기, 정치·사회·경제·문화 같은 주제, 시대사 등이 아니라 각 문항별로 서로 연관성이 없는 주제로 나열하고 있다. 그러나 〈표 2〉에서 확인할 수 있듯, '갈등의 원인'이나 '파고들기'에 대한 특정 주제들은 반복하여 제시하고 있으며, 〈경제〉나 〈지리〉 과목과 통합된 문항도 존재한다. 위의 주제들은 학문적이고 사회적으로 다양한 역사 해석을 가능하게 하며, 역사 탐구 방식을 배울 수 있는 기회를 제공한다는 점에서 의미가 있다.

---

35 https://ospi.k12.wa.us/ (2023. 10. 10. 검색).

3. 교실에서 평가하기

1) 교실기반평가 지원하기

워싱턴주 역사 문항 자료집의 내용은 문항별로 차이가 있지만, 구성은 모두 동일하다. 문항 자료집의 표지와 차례는 〈그림 1〉과 같다. 여기서 주목할 점은 교실기반평가를 어떻게 하는지에 대한 구체적인 방법을 자료집을 통해 제공받을 수 있다는 점과, 워싱턴주 교육청이 이러한 자료집을 통해 교실기반평가를 적극적으로 지원하고 있다는 점이다. 한국도 2022 개정 교육과정에서 '교수·학습 및 평가'라고 명시하고 있지만, 워싱턴주의 이러한 형태의 자료집이 교사들에게 실질적인 도움이 될 수 있다.

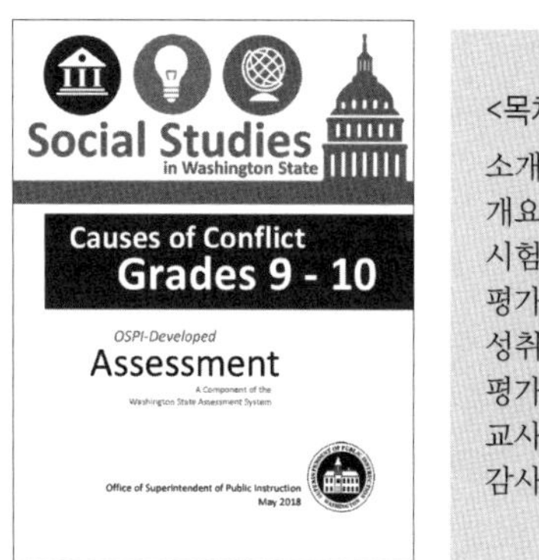

<그림 1> 워싱턴주 역사 문항 자료집(갈등의 원인 9~10학년) 표지와 목차

워싱턴주 역사 문항 자료집은 교실기반평가에 대한 소개에서 "교사가 학생의 성장을 측정하고 평가할 수 있는 기회를 제공"하고 "교사들은 학습 목표가 달성되었는지 여부를 판단하고, 교과 과정을 조직하는 데 영향"을 미치며 "학생들이 습득한 지식과 기술을 보여줄 수 있 기회를 제공"한다고

서술하고 있다. 또한 교사는 교실기발평가를 통해 첫째, 학생들이 해당 과목에서 기대되는 지식과 기술을 얼마나 잘 습득했는지에 대한 정보, 둘째, 교수 방법을 지속적으로 강화할 수 있는 정보, 셋째, 학생들이 학습 경험의 일부로서 자신의 성취를 측정하는 데 참여할 수 있는 자원이라는 정보, 3가지 정보를 얻을 수 있다고 제시하고 있다.[36]

'개요'에서는 해당 주제와 전체 문서 내용을 서술하며, "개발된 평가 문항은 형성 평가, 총괄 평가, 수행평가, 수업 계획이나 학습 단원의 일부, 사전·사후 평가, 또는 포트폴리오로 활용될 수 있다"[37]고 언급하고 있다.

'시험 관리'에서는 교사가 평가를 실시할 때 어떻게 평가 환경을 효과적으로 관리해야 하는지에 대한 내용을 서술하고 있다. 예를 들어, "교육청 정책 및 절차에 따라 안전하고 적절하게 감독되는 교실 환경에서 실시되어야 한다"[38]라고 제시하고 있다.

'평가에 대한 설명'에서는 출제 의도, 평가 시 필요한 학습자 능력과 활동, 평가를 해결하기 위해 필요한 이전 학습 경험[출처 분석하기(자세히 읽기), 출처 인용하기, 텍스트 기반의 증거 사용하기, 표절 피하기]을 제시한다. 이에 대하여 학습 경험이 있다면 평가는 5~10일이 소요되며, 평가를 교육 도구로 사용한다면, 3~6주가 필요하다고 안내한다.[39]

'성취기준'에서는 평가 문항을 작성 기반인 C3 프레임워크, 워싱턴주 사회과 필수학습요소(Essential Academic Learning Requirements, EALR)와 학년별 성취기준(Grade Level Expectations, GLEs), CCSS의 역사/사회과 문해력 성취기준을 제시

---

36 Office of Superintendent of Public Instruction, *OSPI–Assessment*, Washington Office of Superintendent of Public Instruction, 2018, p. iii.

37 Office of Superintendent of Public Instruction, *OSPI–Assessment*, p. 1.

38 Office of Superintendent of Public Instruction, *OSPI–Assessment*, p. 1.

39 Office of Superintendent of Public Instruction, *OSPI–Assessment*, p. 2.

한다.[40] 워싱턴주의 사회과 역사영역 K-12 학습성취기준은 CCSS와 C3 프레임워크를 반영하고 있으며, 성취기준이 "현행 교육과정상의 목표와 내용을 분석하여 상세화한 목표나 내용의 진술문"[41]이라고 할 때, 수업이나 평가에서 실질적인 기준이나 지침의 역할을 할 수 있다. 그러므로 성취기준은 교육 목표와 평가의 기준으로서 중요한 요소이다.

'평가 문항'에서는 평가 시행 시 교사의 지시 사항, 개별화 교육 프로그램(Individualized Education Program, IEP) 및 504 계획(장애를 지닌 학생들을 위한 조정), 종교·문화적 차이에 따른 문항 수정 가능성을 포함한 지침과 학생용 자료(평가 과제, 평가기준표, 활동 안내 자료)가 포함되어 있다.[42] 이 자료들은 학습자의 다양한 교육 및 사회·문화적 배경을 고려한 평가의 중요성을 강조하며, 학생들이 역사적 탐구 과정을 경험할 수 있도록 다양한 학생용 자료를 제공한다.

마지막으로 '교사를 위한 자료'에서는 평가 준비 사항으로 준비물과 안내 사항이 제시된다. 안내 사항에서는 평가에 참여하기 전에 학생들에게 다양한 분석 방법(신뢰할 수 있는 자료와 신뢰할 수 없는 자료 평가 방법, 주장을 표현하는 방법, 논문이나 발표에서 출처를 적절히 인용하는 방법과 참고문헌에 APA, MLA, 시카고 인용 방식으로 출처를 표기하는 방법)을 소개해야 한다고 제시하고 있다. 마지막으로 시간 관리 지침과 해당 평가와 관련된 어휘 목록이 포함되어 있다.[43]

미국에서는 2002년에 아동낙오방지법(No Child Left Behind Act)이 시행된 이후, 채점의 어려움에도 복잡한 학습 결과를 효과적으로 측정할 수 있는 서논술형 문항 사용이 강조되고 있다.[44] 519명의 중등학교 교사들의 평가 및 채점에 대

---

40 Office of Superintendent of Public Instruction, *OSPI-Assessment*, pp. 3~5.

41 Heo, K., et al., *Research on the development of models for each subject based on national common absolute evaluation standards*, Korean Educational Development Institute, 1997, p. 39.

42 Office of Superintendent of Public Instruction, *OSPI-Assessment*, pp. 7~12.

43 Office of Superintendent of Public Instruction, *OSPI-Assessment*, pp. 13~16.

44 신선희, 「미국의 작문평가」, 『작문연구』 13, 2011, p. 119.

한 관행과 의견을 묻는 연구 결과에 따르면, 미국 교사들 역시 교실기반평가에서 선다형 문항이 바람직하지 않다는 데 동의하고 있다.[45]

이러한 기조에 따라, 워싱턴주의 교실기반평가 문항은 서술형(또는 발표) 형태이다. 평가 문항은 〈표 3〉과 같이 단독 과제형으로 구성되며, 평가 과제(task)와 평가기준이 포함된다. 단독 과제형은 문항에서 자료나 정보를 제공하지 않고, 제목이나 명제, 주제만으로 질문을 제기하여 학생들이 답하는 형태이다. 예를 들어 〈표 3〉의 "갈등의 원인(Cause of Conflict Grade 9~10)"에서는 "갈등에 대한 원인을 분석"하도록 하는 과제를 제시하지만 과제 해결을 위한 구체적인 자료는 포함되어 있지 않다.

표 3   갈등의 원인 9~10학년(Causes of Conflict Grade 9~10) 평가 과제(단독과제형)[46]

갈등의 원인을 이해하는 것은 현재의 갈등을 해결하거나 미래의 갈등 발생을 예방하는 데 도움이 될 수 있다. 당신은 갈등에 대해 연구하고 다양한 사회과학적 관점에서 그 원인을 분석해 보자.

〈과제(task)〉
당신은 소논문(paper)과 발표에서 다음과 같은 활동을 해야 한다.
- 갈등의 주요 원인에 대한 주장을 제시하시오.
- 여러 사회과학적 관점에서 갈등을 고려하여 당신의 주장을 지지하는 증거를 제시하시오.
- 갈등을 일으킨 주요 요인에 대한 반론을 다루시오.
- 논문이나 발표에서 관련 정보를 제공하는 4개 이상의 신뢰할 수 있는 출처를 명시적으로 제시하시오.
  ◦ 출처에서 정보를 추출할 때 출처를 인용하시오: 예를 들어 요약, 의역, 인용할 때나 사실, 수치, 아이디어를 언급할 때
  ◦ 참고문헌이나 인용 서적 목록의 각 출처에 대한 완벽한 출판 정보를 표시하시오.

* 사회과학적 관점은 사회과학 분야의 렌즈이다. 예시로는 지리적, 경제적, 정치적, 문화적 관점이 있다.

---

45 Frary, R. B., Cross, L. H., & Weber, L. J., "Testing and grading practices and opinions of secondary teachers of academic subjects: implications for instruction in measurement. *Educational Measurement: Issues and Practice*, 2-3, 1993, pp. 23~30.

46 Office of Superintendent of Public Instruction, *(Social Studies in Washington state) Causes of Conflict Grade 9-10*, Office of Superintendent of Public Instruction, 2018, p. 7.

미국에서는 학생들이 스스로 답을 구상하는 평가의 공통적 목적을 '응답 구성형 문항(constructed-response questions)'으로 표현한다. 응답 구성형 문항은 학생들의 지식, 기술, 비판적 사고 능력을 평가하는 문항으로, 학생이 직접 답을 구성해야 하는 형태를 의미한다.[47] 답안에서 학생의 반응을 허용하는 방식에 따라, 응답 자유형과 응답 제한형으로 구분되는데,[48] 워싱턴주에서는 학생들이 스스로 구체적 근거나 사례를 찾도록 하면서도 "두 가지 역사적 사건이 현재 문제에 대한 이해와 어떤 관련이 있는지에 대하여 분석"의 요소를 제한하는 식으로 응답 제한형 문항을 택한다.

과제에 이어 평가기준은 문항에 해당하는 구체적인 내용 요소와 기능을 바탕으로 구성되어, 채점 타당도를 높이고 있다. 평가자는 평가기준을 통해 결과물을 여러 평가 요소로 나누고, 각 요소에 대한 수행 기준을 근거로 점수를 부여함으로써 분석적으로 채점할 수 있게 된다. 각 평가기준은 학년별·문항별로 차이가 있는데, 예를 들어, 〈표 3〉의 "갈등의 원인 9~10학년(Cause of Conflict Grade 9~10)"의 경우 〈표 4〉와 같이 주장, 증거, 추론, 이론, 출처의 기능적 측면을 중심으로 제시되어 있다.[49] 또한, 〈표 5〉의 학생 체크리스트(student's checklist)는 학생이 스스로 과제 수행 과정을 점검해 볼 수 있도록 도와준다.

---

[47] 김래영 외, 「중등 수학과 서술형평가 체계의 실제와 대안적 발전 방향 모색」, 『수학교육논문집』 26-3, 2012, p. 275.

[48] 서술 방식, 응답 범위 등을 제한하지 않고, 학생들이 자유롭게 답하도록 하는 응답 자유형은 고차 사고력을 평가할 수 있으나, 응답 제한형에 비해 출제할 수 있는 문항 수가 적고, 채점의 객관성과 신뢰성 확보가 어렵다는 단점이 있다. 박선운·황미영, 「사회과 서·논술형 평가 개선 방향 모색」, 『교육연구』 81, 2021, p. 71.

[49] Office of Superintendent of Public Instruction, *OSPI-Assessment*, 2018, p. 8.

	수준/배점			
	4	3	2	1
주장	·나는 갈등을 일으킨 주요 요인에 대한 주장을 했다. ·나의 주장은 명확하고, 구체적이며, 논쟁의 여지가 있다. ·나는 주장의 복잡성 및/또는 모호성을 인정했다.	·나는 갈등을 일으킨 주요 요인에 대한 주장을 했다. ·나의 주장은 명확하고, 구체적이며, 논쟁의 여지가 있다.	·나는 갈등을 일으킨 주요 요인에 대한 주장을 했다. ·나의 주장은 명확하고 논쟁의 여지가 있지만, 너무 일반적이다.	·나는 갈등을 일으킨 주요 요인에 대한 주장을 했지만, 나의 주장은 불문명하고, 모호하며 논쟁의 여지가 없다. 또는 역할을 한 요인을 설명했지만, 주요 요인에 대한 주장은 하지 않았다.
증거	·나는 주장을 위해 철저하고 설득력 있는 증거를 제시했다. ·나는 주장에 대한 증거를 명확하고 일관된 논리로 제시하였다. ·나는 보강 증거들 간에 분명한 연관성을 제시하였다. ·나는 여러 사회과학적 관점(예: 지리적, 경제적, 정치적, 그리고 문화적)을 사용하여 철저히 분석했다.	·나는 주장을 위해 적절한 증거를 제공하였다. ·나는 주장에 대한 증거를 대체로 명확하고 일관된 논리를 제공하였다. ·나는 보강 증거들 간에 분명한 연관성을 제시하지 않았다. ·나는 여러 사회과학적 관점을 사용하여 철저히 분석했다.	·나는 주장을 위해 불균형하고 피상적인 증거를 제시했다. ·증거를 주장에 연결하는 일부 논리에는 논리적인 결함이 있다. ·나는 보강 증거를 전혀 제시하지 않았다. ·나는 여러 사회과학적 관점에서 제한된 분석을 포함했다.	·나는 주장을 위해 최소한이고/또는 관련 없는 증거를 제시하였으며, 출처로부터의 사실과 세부 사항을 거의 또는 전혀 사용하지 않았다. ·증거를 주장에 연결하는 대부분의 논리에는 결함이 있다. ·나는 보강 증거를 전혀 제시하지 않았다. ·나는 사회과학적 관점을 언급하였지만 분석 없이, 또는 하나의 관점만 제시했다.
추론	·나는 모든 증거를 정확하게 해석했다. ·나는 인물, 이슈, 사건, 연대기 및/또는 원인과 결과에 대해 타당하게 제시했다. ·나는 역사적 맥락에서 증거를 제시했다. ·나는 나와 반대되는 입장에 대해 공정하고 균형 잡힌 해석과 반박을 제시했다.	·나는 증거를 정확하게 해석했다. ·나는 인물, 이슈, 사건, 연대기 및/또는 원인과 결과에 대해 타당하게 제시했다. ·나는 나와 반대되는 입장에 대해 해석과 반박을 제공했다.	·나는 대부분의 증거를 정확하게 해석하였다. ·나는 대체로 인물, 이슈, 사건, 연대기 및/또는 원인과 결과에 대해 타당하게 제시했다. ·나는 나와 반대되는 입장에 대해 반박 주장을 언급했다.	·나는 대부분의 증거를 잘못 해석했다. ·나는 인물, 이슈, 사건, 연대기 및/또는 원인과 결과에 대해 모순되게 제시했다. ·나는 나와 반대되는 입장에 대해 반박 주장을 언급하지 않았다.

---

50 Office of Superintendent of Public Instruction. *(Social Studies in Washington state)* *Causes of Conflict Grade 9-10*, p. 8.

	수준/배점			
	4	3	2	1
인용	·나는 관련 정보를 제공하는 신뢰할 수 있는 4개 이상의 출처를 소논문이나 발표에서 명시적으로 언급했다.	·나는 관련 정보를 제공하는 3개의 신뢰할 수 있는 출처를 소논문이나 발표에서 명시적으로 언급했다.	·나는 관련 정보를 제공하는 2개의 신뢰할 수 있는 출처를 소논문이나 발표에서 명시적으로 언급했다.	·나는 관련 정보를 제공하는 1개의 신뢰할 수 있는 출처를 소논문이나 발표에서 명시적으로 언급했다.
출처	·출처는 다양하고(1차 및 2차 자료), 한 개 이상의 관점을 나타내며, 심층적이고 신뢰할 수 있는 정보를 제시했다.	·출서는 다양하고(1차 및 2차 자료), 한 개 이상의 관점을 제시했다.	·출처는 다양하지 않고, 주로 한 가지 관점을 제시했다.	·출처는 다양하지 않고, 나는 내 증거를 위해 한 개 출처에 너무 많이 의존했다.

 9~10학년 갈등의 원인 학생 체크리스트(student's checklist)[51]

학생 체크리스트
☐ 나는 갈등의 주요 원인에 대한 주장을 제시했다.
☐ 나는 갈등을 일으킨 주요 요인에 대한 반박 주장을 다루었다.
☐ 나의 증거는 관련 정보를 제공하는 네 개 이상의 신뢰할 수 있는 출처에 대한 소논문이나 발표에 명시적인 참고문헌을 포함하며, 나는 이러한 출처들을 소논문이나 발표 내에서 인용했다.
☐ 나는 다양한 사회과학적 관점을 고려하여 주장을 지지하는 증거를 제시했다.
☐ 나는 출판 세부 정보가 포함된 서지 목록과 단행본 목록을 제시했다. 나는 표절하지 않았다.

평가기준에 따르면, 학생들이 자신의 생각을 말하거나 글쓰기를 할 때, 자신의 주장을 뒷받침할 증거를 사용하고, 이를 평가하는 과정이 중요하다. 또한, 학생들이 주장을 할 때 관련 사료를 수집하고 신뢰성을 평가해야 하며, 충분한 증거를 사용하여 추론을 만들어야 한다. 이러한 점은 CCSS 및 C3 프레임워크에서도 강조되는 부분으로,[52] 평가와 사회과 역사영역 K-12 학습성취기준이 밀접하게 연계되어 있음을 보여준다.

---

51 Office of Superintendent of Public Instruction, *(Social Studies in Washington state) Causes of Conflict Grade 9-10*, 2018, p. 11.

52 박선경, 「역사 문해력의 개념과 역사교육과정 적용」, 『역사와 담론』 97, 2021, pp. 396~399.

2) 역사 문항의 특징

역사 문항의 특징은 크게 세 가지로 나눌 수 있다.

첫째, 학생들이 평가 과제를 해결하는 데 도움이 되는 다양한 자료를 제공한다는 점이다. 이 자료들은 학생들이 작성(또는 발표)할 내용과 논리를 선택하고 조직하는 데 도움을 주는 계획용 자료로 시각 자료(handout, graphic organizer), 연습지(worksheet), 논증적 서술 개요(outline for an argumentative essay), 참고문헌(works cited, MLA) 등을 포함하며, 문항별로 다양하게 구성되어 있다.

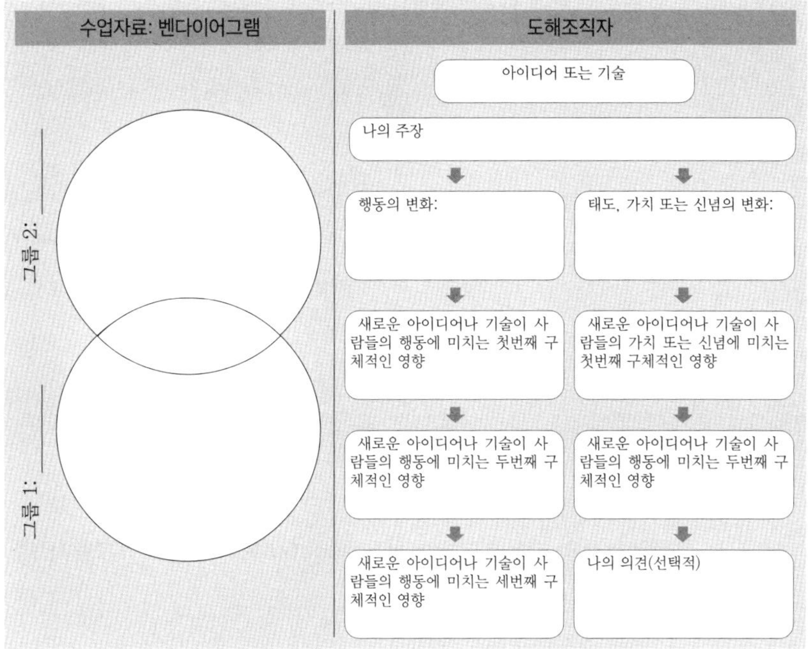

<그림 2> '문화적 기여 3학년(Cultural Contributions Grade 3)'과
'파고들기' 4학년(Dig Deep Grade 4)'의 계획용 자료[53]

---

53 Office of Superintendent of Public Instruction, *(Social Studies in Washington state) Cultural Contributions Grade 3*, Office of Superintendent of Public Instruction, 2018; Office of Superintendent of Public Instruction, *(Social Studies in Washington state) Dig Deep Grade 4*, Office of Superintendent of Public Instruction.

〈그림 2〉의 계획용 자료를 통해 보듯이, 초등학교에서는 도해조직자(graphic organizer)를 제시한다. 도해조직자는 화살표와 선 등의 배열을 통해 구성, 내용, 개념 간의 관계를 시각적·공간적으로 표현하는 교수기법이다.[54] 최근 텍스트의 구성과 조직을 분석하는 담화적 능력이 강조됨에 따라 도해조직자에 대한 관심이 점차 커지고 있다.[55]

논증적 서술 개요	참고문헌(MLA)
주제: 논지(주장과 그에 대한 증거를 포함하되, 아직 설명하지 않음): 배경: 이유/증거 #1: 이유/증거 #2: 이유/증거 #3: 반론: 결론:	**출처 #1** ____, ____. " ____________ " 저자(이름, 성) "글 제목(웹 출처, 잡지, 참고 도서)" ____________, ____. 출처 제목(이탤릭체-손으로 쓴 경우에만 밑줄) 날짜 페이지 번호(들) 출처 유형 접속 날짜(홈페이지 전용) **출처 #2** ____, ____. " ____________ " 저자(이름, 성) "글 제목(웹 출처, 잡지, 참고 도서)" ____________, ____. 출처 제목(이탤릭체-손으로 쓴 경우에만 밑줄) 날짜 페이지 번호(들) 출처 유형 접속 날짜(홈페이지 전용) **출처 #3** ____, ____. " ____________ " 저자(이름, 성) "글 제목(웹 출처, 잡지, 참고 도서)" ____________, ____. 출처 제목(이탤릭체-손으로 쓴 경우에만 밑줄) 날짜 페이지 번호(들) 출처 유형 접속 날짜(홈페이지 전용)

<그림 3> '갈등의 원인 9~10학년(Causes of Conflict Grades 9~10)'의 계획용 자료[56]

---

54 이제영, 「그래픽 오거나이저의 활용이 영어 읽기 및 쓰기 능력에 미치는 효과 : 메타분석」, 『인문사회 21』 9-6, 2018, p. 949.

55 문여경, 「도해조직자에 의한 역사텍스트 학습방안」, 한국교원대학교 석사학위논문, 2003; 나미란, 「역사대화에 의한 초등 역사 인과관계 학습모형 개발」, 한국교원대학교 석사학위논문, 2016.

56 Office of Superintendent of Public Instruction, *(Social Studies in Washington state) Causes of Conflict Grade 9-10*, 2018, p. 10·12.

〈그림 3〉을 통해 확인할 수 있듯이 중학교의 경우 논증적 서술 개요, 참고문헌(MLA)을 제공하고 있다. 이 자료들은 역사 글쓰기 작업을 계획하는 데 도움이 되는 도구로, 학생들이 주장-증거-(반론)-결론에 맞춰 개요를 작성할 수 있도록 지원한다. 해당 자료들은 자료 수집 및 분석에 어려움을 겪고 타당한 근거를 갖춘 글쓰기에 도전하는 학생에게 유용하다. 특히, 교실기반평가의 특징 중 하나는 평가 과정에서 비계(scaffolding)를 허용하는 것이다. 여기서 비계는 학생들이 과제를 완수하는 데 필요한 도움을 제공할 뿐만 아니라, 점차 독립적으로 과제를 완수할 수 있도록 지원하는 것을 의미한다.[57] 학생들은 도전할 만한 적절한 과제를 만났을 때 성장한다. 오류와 실수가 학습의 일상적인 부분으로 여겨지고 적절한 피드백이 제공되며 과제에 대해 다시 생각하고 수행할 기회가 주어질 때, 학생들에게 발전할 기회와 과제에 계속 참여할 동기를 제공할 수 있다. 평가가 이렇게 설계되면 학생들의 동기는 강화된다.[58] 따라서 이러한 학생들의 수준에 맞는 적절한 계획용 자료들은 비계가 적용된 평가라고 할 수 있다.

둘째, 한국에서 초등학교와 중등학교로 학교급을 나누어 교육과정과 평가를 개발하는 것과 달리 워싱턴주에서는 학교급을 나누지 않고, 학년이 진전됨에 따라 역사 문해력이 진전되고 있는가를 위계적으로 평가한다. 역사 문해력는 역사적으로 가치 있는 다양한 텍스트를 읽고 이해하며, 이를 창작하고 쓸 수 있는 능력이다. 이 능력은 다양한 출처에서 증거를 수집하고 평가하며, 통찰력 있는 결정을 내리고, 역사적 의견을 표현하여 문제를 해결하고, 과거에 대한 해석을 설득력 있고 논리적으로 제시하는 것을 포함한다. 따라서 역사 문해력는 역사 탐구의 절차적 측면뿐만 아니

---

[57] 심규남, 『교실기반 초등영어 평가의 이해』, pp. 58~67.
[58] 로나 M. 얼, 『학습 과정으로서의 평가』, p. 118.

라, 역사 학습의 내용과 탐구 방법을 통합하여 사고하고 실천하는 능력을 의미한다.[59] 미국 THLC 교육과정(Teaching History, Learning Citizenship: Tool for Civic Engagement)의 개발자인 노크스(Nokes, J. D.)는 역사 문해력이 학생들의 시민적 행동을 촉구하는 데 중요한 역할을 하며, 소셜미디어와 온라인 정보의 타당성과 신뢰성을 평가하고, 관련 정보를 찾는 데 필수적이라고 보았다.[60]

초등학교에서는 역사적 지식을 바탕으로 사건들을 비교하고, 학생들이 자신의 언어로 설명하도록 요구하는 문항들로 구성되어 있다. 예를 들어, 3학년 학생들은 "자신의 문화적 연표와 다른 사람들의 연표 사이의 공통점과 차이점을 비교한다(H1.3.2)", "다양한 문화 및 소수민족집단(ethnic)이 지역사회와 세계사에 미친 영향을 보여주는 기여들을 설명한다(H2.3.1)"는 사회과 역사영역 K-12 학습성취기준에 따라 "사례를 포함하여 문화 집단을 소개하고, 비교·대조(Cultural Contributions Grade 3)"하는 평가 과제를 수행한다. 5학년 학생들은 "다른 중요한 사건들에 의해 발생한 역사적 사건들을 보여주기 위해 연표를 작성한다(H1.5.1)", "미국의 중요한 역사적 사건들이 현재의 결정에 영향을 미치고 미래에 영향을 미친다는 것을 인식하고 설명한다(H4.5.1)"는 학년별 성취기준에 따라 "갈등의 원인을 설명하고, 갈등에 이르기까지의 주요 사건들의 연표를 작성(Causes of Conflict Grade 5)"하는 과제를 작성한다.

중학교의 문항은 학생들이 다른 관점을 이해하기 전에 먼저 자신의 입장을 제시하는 형태로 구성되어 있다. 예를 들어, 중학교 6~8학년 사회과 역사영역 K-12 학습성취기준에서는 "세계사의 역사적 사건이 현재 문제와 사건들을 이해하는 데 어떻게 도움이 되는지 분석한다(H4.6-8.1)", "문화와 소

---

59 김민정, 「역사 문해력 함양을 위한 미국의 교육과정 자료 비교 분석」, 『역사교육논집』 84, 2023, pp. 4~5.

60 Nokes, J., *Building Students' Historical Literacies: Learning to Read and Reason with Historical Texts and Evidence*, 2nd edition, Routledge, 2022, p. 7·11.

수민족집단(ethnic)이 주정부 수립 이후 워싱턴주 역사에 어떻게 기여했는지 설명하고 분석한다(H2.6-8.3)” 등을 제시하며 역사적 발달에 대해 다양한 집단의 공헌이 있었음을 강조하고 있다. 문항은 “역사를 조사하는 것이 현재의 사건이나 문제를 이해하는 데 어떻게 도움이 되었는지, 그에 대한 입장을 제시(Enduring Cultures Grade 6-8)”하거나 “특정 역사적 그룹이 현재 사회에 어떻게 기여했는지 주장(Causes of Conflict 6-8)”하는 과제를 수행한다.

고등학교에서는 학생들이 역사지식을 이해하고 확인하며 재조직하는지, 나아가 자신의 주장과 반론을 비교하여 여러 지식들을 평가하고 종합하는지의 여부를 평가한다. 이를 통해 학생들은 자신의 주장을 제시하고, 분석을 바탕으로 한 증거와 추론으로 그 주장을 뒷받침하는 능력을 키울 수 있다.

고등학교 9~10학년의 사회과 역사영역 K-12 학습성취기준에서는 “세계사(1450년~현재)에서 사건들의 다양하고 복잡한 원인과 결과를 분석한다(H2.9-10.4)”, “세계사(1450년~현재)에서 다양한 관점의 역사적 자료를 분석하고 해석한다(H3.9-10.1)” 등을 제시한다. 이러한 역사적 사고는 역사적 사건에 대해 다양한 관점을 갖고 그것을 해석해야 함을 강조한다. 학생들은 〈표 3〉의 과제인 갈등의 주요 원인을 분석하기 위해서는 갈등의 주요 원인을 선정하고, 그 요인에 대한 반론을 검토하는 과정을 거쳐야 한다. 역사적 사고 개념은 역사 이해가 갖는 복합적이고 성찰적인 성격을 반영하는 것으로 역사적 사실이나 내용 지식과 밀접한 관계가 있다. 따라서 위와 같은 과제를 제대로 수행하기 위해서는 충분한 배경지식이 필요하다.

그러나 하나의 관점으로 조직된 역사지식은 다양한 관점을 상상하기 어렵게 만들고, 역사적 사건에 내재된 풍부한 논의를 음미하는 데 방해가 될 수 있다. 〈표 3〉의 과제와 같이 ‘여러 사회과학적 관점을 고려’하는 방식은 하나의 고정된 지식이 아닌, 다양한 관점을 생각해볼 여지를 제공한다. 이는 역사가 해석의 대상임을 보다 구체적이고 직관적으로 이해하는 데 도움이 되며, 서로 다른 역사 해석이 현재에 어떤 의미를 갖는지를 이해할 수 있게 한다.

이러한 문항은 학생들이 동일한 형식의 문항을 반복적으로 경험하게 하고, 학년이 올라갈수록 점차 복잡한 과제를 제시한다. 학생들은 역사적 사건에 관한 다양한 자료를 읽으며 과거 사건의 의미를 이해하고 탐구하는 문항들을 통해 역사적 사고 과정을 배운다. 특히, "당신의 주장을 뒷받침하는 증거를 제시하라"라거나, "신뢰할 수 있는 출처를 명시하라"라는 문항은, 학생들로 하여금 역사가가 역사를 연구할 때 사용하는 증거에 기반 한 추론, 참고문헌의 활용 방식을 환기하게 한다. 평가기준에서는 증거, 추론, 인용, 출처 표시를 포함하여, 학생들이 역사가의 방법을 사용해 답안을 작성하는지 여부를 평가 요소로 활용하고 있다. 이러한 방식으로 다양한 문서를 읽고, 여러 역사적 주장을 비교하며 증거를 검토하는 경험은 학교를 졸업한 후에도 다양한 선택을 하는데 효과적인 도구가 될 수 있다.[61] 이는 최근 역사적 사실의 암기를 중심으로 하는 역사교육에서 사고를 강조하는 역사교육이 강조하는 있는 것과도 결을 같이 한다. 역사적 사고를 기반으로 학생들이 스스로 역사를 해석하고 자신의 관점으로 역사적 사실을 바라보는 것은, 그들의 생각에 따라 역사적 관점과 역사 이해가 달라질 수 있음을 의미한다.[62]

셋째, 문항들은 역사적 사건들이 학생들의 삶과 관련되어 있음을 강조

---

61 Wineburg, S., Martin, D., & Monte-Sano, C., *Reading Like a Historian: Teaching Literacy in Middle & High School History Classrooms*, Teachers College Press, Columbia University, 2011, pp. Ⅴ~Ⅵ; 이소은, 「역사적 탐구를 통해 시민적 참여의 증진을 모색하는 교육과정 분석」, 『역사교육논집』 84, 2023, pp. 49~50.

62 김한종, 「다양한 관점으로 역사 보기 −역사학습을 위한 범주화−」, 『역사교육』 160, 2021, pp. 104~105.

하고 있다. 사회과 역사영역 K-12 학습성취기준에서는 "개인이 워싱턴주 역사에서 변화를 일으킨 방법을 분석하고 설명한다(H2.4.1)", "개인이 미국사에서 변화를 일으킨 방법을 분석하고 설명한다" 등을 제시하고 있다. 문항에서는 "어떤 아이디어나 기술이 사람들의 삶에 어떻게 영향을 미쳤는지에 대해 제시(What's the Big Idea? Grade 5)", "역사적으로 발생한 기술 변화가 오늘날 우리의 삶에 미치는 영향에 대해 분석(Technology Through the Age Grade 9-10)", "문화적 영향이 우리의 삶에 어떻게 영향을 미치는지(Cultural Interactions Grade 11)" 등을 통해 삶과의 관련성을 강조한다. 이러한 문항들은 역사교육이 단순히 과거에 대한 학습과 역사학 관련 기술 습득을 넘어, 역사 학습을 통해 현재 우리 사회를 비판적으로 바라보고, 특정 사회 문제 해결에 개인이 참여하여 사회 변화를 이끌 수 있는 효능감을 심어주는 데 중요한 역할을 한다는 것을 보여준다. 이처럼 워싱턴주의 역사 문항들은 역사교육에 대한 학문적 접근을 바탕으로, 단순히 학문적 특성의 습득에 그치지 않고 학생들의 실제 삶에도 적용되기를 기대한다.

4. 맺음말

평가는 학생의 성장을 측정할 수 있는 기회를 제공하며, 교사에게는 학습 목표가 충족되었는지 판단하고 교육과정을 구성하는 데 도움을 준다. 교사는 학생 학습을 개선하고 확장하기 위해 평가를 사용하는 데 중요한 역할을 한다. 또한, 평가는 학생이 스스로 학습 상태를 진단하고 습득한 지식과 기술을 드러낼 수 있는 기회를 제공한다. 특히, 답지가 주어지는 선택형 문항과 달리 워싱턴주의 역사 문항은 학생이 스스로 답안을 구성하도록 하여 종합적 사고력을 측정하기에 유리하다. 역사 과목에서는 사실 암기보다는 고차원적 사고력이 중요하기 때문에, 이러한 접근은 한국 역사교육 평가 연구에도 시사점을 제공할 수 있다.

이 장에서는 교실기반평가로 개발 된 미국 워싱턴주 역사 문항 자료집 구성을 통해 교실기반평가를 워싱턴 교육청이 어떻게 지원하고 있는지와 역사 문항들의 특징을 검토하였다. 워싱턴주 교육청은 사회과 역사영역 K-12 학습성취기준을 기반으로 매년 개발하며 교사는 교실에서 평가 후, 평가 수행 내용과 결과를 워싱턴주 교육청에 보고한다. 역사 평가 문항은 초등학교 4개, 중학교 4개, 고등학교 4개 문항으로, 문항 자료집의 형태로 워싱턴주 교육청 홈페이지에 제시되어 있다. 문항 자료집의 차례는 '개요', '시험 관리', '평가에 대한 설명', '성취기준', '평가 문항', '교사를 위한 자료'로 구성되어 있으며, 문항의 형식은 서술형 작성(또는 발표)의 단독 과제형 및 응답 제한형으로 과제 해결을 위한 구체적 자료는 포함되어 있지 않다. 평가기준은 기능적인 측면을 중심으로 제시되어 있으며, 이것은 CCSS와 C3 프레임워크에서도 강조되는 부분이다.

역사 문항의 특징은 크게 세 가지로 나눌 수 있다. 첫째, 학생들이 평가 과제를 해결하는 데 도움이 되는 다양한 자료를 제공한다는 것이다. 초등학교의 경우 고차원적 사고를 보조하는 도구로서 한국 초등학교 역사교육에서도 주목을 받고 있는 도해조직자를 다양하게 구성하고 있다. 중등학교의 경우 역사 글쓰기 작업을 계획하는 도움을 주는 도구로 논증 에세이 개요, 참고문헌(MLA)을 제공하여, 평가에 비계가 적용될 수 있도록 하였다.

둘째, 워싱턴주에서는 초등학교-중학교-고등학교의 평가를 함께 개발하며, 학년의 진전에 따라 역사 문해력의 수준을 위계적으로 평가한다. 초등학교의 경우 역사적 지식을 바탕으로 사건들을 비교하고, 학생들이 자신의 언어로 설명하도록 요구하는 문항이 제시된다. 중학교의 문항은 학생들이 다른 관점을 이해하기 전에 자신의 입장을 제시하는 형태에 해당한다.

고등학교에서는 학생들이 자신의 주장을 제시하고, 분석을 기반으로 하는 증거와 추론으로 그 주장을 뒷받침하는 문항들로 구성되어 있다.

셋째, 워싱턴주 역사 문항들은 역사적 사건들이 학생들의 삶과 관련되어 있음을 강조하며, 역사교육에 대한 학문적 접근을 바탕으로 지식 습득에 그치지 않고, 학생들의 실제적인 삶에도 적용되기를 기대하고 있다.

한국과 미국의 역사교육 맥락을 고려할 때, 미국 워싱턴주의 사례를 한국에 그대로 적용하는 것은 적절하지 않다. 그러나 초등학교와 중등학교의 평가 문항을 함께 개발한다는 점이나, 역사 문해력 신장을 위한 평가 문항 방법에 대해서는 고려해 볼 여지가 있다. 이는 한국의 역사교육과정에서 역사 탐구와 역사 문해력을 강조하는 상황에서 교육 내용도 이러한 강조점에 맞춰야 하며, 역사 수업에서 이를 충실히 수행하고 있는지를 검토하는 데 중요한 기준이 될 수 있기 때문이다.

참고문헌

제1장

1. 자료

Armstrong, J., Collishaw, R., Piper, J., & Ruypers, J., *History Uncovered Canadian History Since World War I*, Nelson Education Ltd, 2014.

Ontario MOE, *Social Studies Grades 1 to 6 History and Geography Grade 7 and 8*, 2013.

Ontario MOE, *The Ontario Curriculum Grades 9 and 10 Canadian and World studies*, 2018.

2. 단행본

김민정 외, 『역사교육 첫걸음』, 책과함께, 2022.

김영은 외, 『고교학점제 도입에 따른 교과목 체계와 이수 경로 탐색』 연구보고 RRC 2021-2, 한국교육과정평가원, 2021.

박진동, 「역사교육의 정의하는 핵심 역량: 캐나다의 역량 중심 교육과정」, 강선주 편, 『세계는 역사를 어떻게 교육하는가』, 한울 아카데미, 2018.

소경희, 『주요국의 핵심역량 중심 교육과정 운영 실태 조사 연구』, 교육부, 2013.

이근호 외, 『미래 핵심역량 계발을 위한 교과 교육과정 탐색: 교육과정, 교수·학습 및 교육평가 연계를 중심으로』 연구보고 RRC 2013-2, 한국교육과정평가원, 2013.

홍원표 외, 『외국의 역량기반 교육과정 현장적용 사례 연구: 호주와 뉴질랜드, 캐나다, 영국의 사례를 중심으로』 연구보고 RRC 2010-2, 한국교육과정평가원, 2010.

Seixas, P. & Morton, T., *The Big Six: Historical Thinking Concepts*, Nelson Education, 2013.

3. 논문

박은아, 「해외 사회과 교육과정 비교를 통한 역량기반 사회과 교육과정 구성의 시사점 탐색」, 『교육과정평가연구』 23-1, 2020.

박중규, 「캐나다의 전기 중등 교육과정에서의 서술형 평가 실태」, 『2016 해외교육동향 기획기사(상권)」, 한국교육개발원 교육정책네트워크연구센터, 2016.

소경희·강지영·한지희, 「교과교육과정 개발을 위한 역량 모델의 가능성 탐색: 영국, 독일, 캐나다 교육과정 고찰을 중심으로」, 『비교교육연구』 23-3, 2013.

임영석, 「캐나다 중등교육 연구: 교육의 내실화를 중심으로」, 『학습자중심교과교육연구』 18-10, 2018.

장채옥, 「역사교과서를 통해 본 캐나다의 다문화교육」, 경인교육대학교 석사학위논문, 2015.

정혜승, 「캐나다 온타리오주 자국어 교육과정의 학생 질문 교육 내용 분석」, 『교육과정평가연구』 25-3, 2022.

조철기, 「캐나다 퀘벡 주 지리교육과정과 지리과의 핵심역량」, 『한국지리환경교육학회지』 21-3, 2013.

최진영·장혜인, 「캐나다 온타리오와 호주의 사회과 교육과정 및 미국 C3 Framework의 핵심 개념, 일반화된 지식과 기능 관련 내용 분석: 역사 영역을 중심으로」, 『교과교육학연구』 20-5, 2016.

Bussell, D., "Historical Thinking in Ontario Secondary Schools: A Multiple Study", Ph.D. Dissertation, University of Toronto, 2022.

Ningsih, T. Z., Sariyatun Sariyatun, & Sutimin, L. A., "Development of portfolio assessment to measure student's skill of using primary source evidence", *The New Educational Review*, 52-2, 2019.

Ofianto, A., Ningsih, T. Z., & Abidin, N. F., "The development of historical thinking assessment to examine students' skills in analyzing the causality of historical events", *European Journal of Educational Research*, 11-2, 2022.

Pollock, S., "Education in the Age of Fracture: A Historical Analysis of the Development of Ontario's 2013 and 2015 Canadian and World Studies Curriculum", Ph.D. Dissertation, University of Toronto, 2017.

Seixas, P., "'Scaling Up' the Benchmarks of Historical Thinking", *A Report on* the National Meeting of The Historical Thinking Project, 2008.

Seixas, P., "A Modest Proposal for Change in Canadian History", *Teaching History*, 137, 2009.

Seixas, P., Gibson, L., & Erickan, K., "A design process for assenssing historical thinking: The case of a one-hour test", edited by Ercikan, K. & Seixas, P., *New directions in assessing historical thinking*, Routledge, 2015.

Smith, M. D., "New multiple-choice measure of historical thinking: An investigation of cognitive validity", *Journal Theory and Research in Social Education*, 46-1, 2017.

4. 기타

EQAO, Ontario Secondary School Literacy Test (OSSLT) Framework, 2021, https://www.eqao.com/the-assessments/osslt/ (2024. 3. 2. 검색).

온타리오주에서 승인한 교과서 목록, https://libguides.lakeheadu.ca/c.php?g =717711&p=5123230 (2023. 7. 22. 검색).

제 2 장

1. 자료

Trautwein, U., et al., *Kompetenzen historischen Denkens erfassen: Konzeption, Operationalisierung und Erste Befunde des Projects "Historical Thinking-Competencies in History(HiTCH)*, Waxmann, 2017.

2. 단행본

보도 폰 보리스 지음, 이길상·최정희 옮김, 「역사적 사고의 역량, 역사적 구조의 이해, 혹은 역사적 규범에 관한 지식」, 린다 심콕스·애리 윌셔트 엮음, 『세계의 역사 교육 논쟁』, 푸른역사, 2015.

Daumüller, M. & Seidenfuß, M., *Endstation Geschichtsunterricht. Die Sicht von Schulabgängern auf ihren Geschichtsunterricht*, LIT, 2017.

Körber, A., editiors. *Kompetenzen historischen Denkens. Ein Strukturmodell als Beitrag zur Kompetenzorientierung in der Geschichtsdidaktik*, ars una, 2007.

Pandel, H. J., *Geschichtsdidaktik. Eine Theorie für die Praxis*, Wochenschau, 2013.

3. 논문

고유경, 「독일의 역량중심 교육과정과 역사교육의 변화」, 『독일연구』 35, 2017.

고유경, 「역사적 사고 역량을 어떻게 평가할 것인가? 독일 HiTCH 프로젝트의 시도」, 『역사교육』 165, 2023.

박미향, 「독일 역사교육에서의 역사의식과 역량 논의 -뤼젠((Jörn Rüsen)의 역사이론과 FUER 모델을 중심으로-」, 부산대학교 박사학위논문, 2022.

박주현, 「역사과 교과 역량 설정과 평가의 과제」, 『역사와 교육』 31, 2022.

이미미, 「역사적 사고 그리고 역사 역량 -우리는 무엇을, 왜 추구할 것인가-」, 『역사교육연구』 40, 2021.

Bertram, C., et al., "Learning Historical Thinking With Oral History Interviews: A Cluster Randomized Controlled Intervention Study of Oral History Interviews in History Lessons", *American Educational Research Journal*, 54-3, 2017.

Bertram, C., et al., "Empirische Bildungsforschung trifft Geschichtsdidaktik: Die Zeitzeugenstudie", edited by Schreiber, W. et al., *Geschichtsdidaktischer Zwischenhalt. Beiträge aus der Tagung 《Kompetent machen für ein Leben in, mit und durch Geschichte》 in Eichstätt vom November 2017*, Waxmann, 2019.

Bracke, S., et al., "History Education Research in Germany. Empirical Attempts at Mapping Historical Thinking and Learning", edited by Köster, M. et al., *Researching History Education. International Perspectives and Disciplinary Traditions*, Wochenschau, 2014.

Hasberg, W. & Körber, A., "Geschichtsbewusstsein dynamisch", edited by

Körber, A., *Geschichte-Leben-Lernen. Bodo von Borries zum 60. Geburtstag*, Wochenschau. 2003.

Jeismann, K. E., "Didaktik der Geschichte. Die Wissenschaft von Zustand, Funktion und Veränderung geschichtlicher Vorstellugen im Selbstverständnis der Gegenwart", edited by Kosthorst, E., *Geschichtswissenschaft. Didaktik-Forschung-Theorie*, Vandenhoeck & Ruprecht, 1977.

Kölbl, C. & Konrad, L., "Historical Consciousness in Germany. Concepts, Implementation, Assessment", edited by Ercikan, K. & Seixas, P., *New Directions in Assessing Historical Thinking*, Routledge, 2015.

Körber, A., et al., "Sind Kompetenzen historischen Denkens messbar?", edited by Frederking, V., *Schwer messbare Kompetenzen. Herausforderungen für die empirische Fachdidaktik*. Schneider, 2008.

Körber, A. & Meyer-Hamme, J., "Historical Thinking, Competencies, and Their Measurement", edited by Ercikan, K. & Seixas, P., *New Directions in Assessing Historical Thinking*, Routledge, 2015.

Kühberger, C., et al., "Umgang mit Darstellugen der Vergangenheit. Historische De-Konstruktion historisch empirisch messen", *Geschichte in Wissenschaft und Unterricht*, 69, 2018.

Meyer-Hamme, J., et al., "Der HiTCH-Test-ein Instrument zur Erfassung von Kompetenzen historischen Denkens", edited by Schreiber, W. et al., *Geschichtsdidaktischer Zwischenhalt. Beiträge aus der Tagung 《Kompetent machen für ein Leben in, mit und durch Geschichte》 in Eichstätt vom November 2017*, Waxmann, 2019.

Pandel, H. J., "Dimensionen des Geschichtsbewußtseins. Ein Versuch, seine Struktur für Empirie und Pragmatik diskutierbar zu machen", *Geschichtsdidaktik*, 12, 1987.

Schöner, A., "Kompetenzbereich historische Sachkompetenzen", edited by Körber, A., et al., *Kompetenzen historischen Denkens. Ein Strukturmodell als Beitrag zur Kompetenzorientierung in der Geschichtsdidaktik*, ars una, 2007.

Schörken, R., "Geschichtsdidaktik und Geschichtsbewußtsein", *Geschichte in Wissenschaft und Unterricht*, 23, 1972.

Trautwein, U., et al., "Entwicklung und Validierung eines historischen
    Kompetenztests zum Einsatz in Large-Scale-Assessments
    (HiTCH)", *Forschung in Ankopplung an Large-Scale Assessments*,
    Bundesministerium für Bildung und Forschung, 2016.
Waldis, M., et al., "Material-Based and Open-Ended Writing Tasks for
    Assessing Narrative Competence among Students", edited by Ercikan,
    K. & Seixas, P., *New Directions in Assessing Historical Thinking*,
    Routledge, 2015.

4. 기타

https://uni-tuebingen.de/fakultaeten/wirtschafts-und-sozialwissenschaftliche-
    fakultaet/faecher/fachbereich-sozialwissenschaften/hector-institut-
    fuer-empirische-bildungsforschung/forschung/aktuelle-studien/
    hitch/#c1510410 (2022. 2. 10. 검색).
https://klugprojekt.de/#fortbildungsprogramm (2022. 1. 7. 검색).

제 3 장

1. 자료

김태훈, 「정시확대보다 학종 개선과 근본적 교육개혁이 우선」, 『National Assembly
    Review』, 2019.

立行政法人大入試センタ, 「【史】作問のねらいとする主な「思考力·判力·表現
    力」についてのイメジ(素案)」, https://www.dnc.ac.jp/albums/abm.
    php?d=110&f=abm00000587.pdf&n=史_h30.pdf (2024. 1. 7. 검색).
立行政法人大入試センタ, 「過去３年分の試問題」 https://www.dnc.ac.jp/kyotsu/
    kakomondai/ (2024. 3. 6. 검색).
立行政法人大入試センタ, 「大入共通テスト利用大情報」, https://www.dnc.ac.jp/
    kyotsu/daigaku_jouhou.html (2024. 2. 11. 검색).

立行政法人大入試センタ, 「令和５年度大入者選に係る大入共通テスト問題作成方針」, https://www.dnc.ac.jp/albums/abm.php?d=494&f=abm00000288.pdf&n=令和５年度大入者選に係る大入共通テスト出題科・科目の出題方法等及び問題作成方針.pdf (2024. 1. 7. 검색).

立行政法人大入試センタ, 「令和６年度 問題評・分析委員報告書(本試)」, https://www.dnc.ac.jp/kyotsu/hyouka/r6_hyouka/r6_hyoukahoukokusyo_honshiken.html (2024. 3. 6. 검색).

立行政法人大入試センタ, 「平成26年度大入試センタ試施結果の要」, 2014. 2. 6, https://www.dnc.ac.jp/albums/abm.php?d=589&f=abm00002867.pdf&n=平成26年度大入試センタ試施結果の要.pdf (2024. 1. 7. 검색).

立行政法人大入試センタ, 「平成30年告示高等校習指導要領にえした令和７年度大入共通テストからの出題科・科目について」, 立行政法人大入試センタプレス表資料, 2021. 3. 24. https://www.dnc.ac.jp/news/albums/abm.php?d=186&f=abm00003082.pdf&n= (2024. 1. 7. 검색).

文部科省, 「「平成３３年度大入者選施要項の見直しに係る予告(平成29年７月通知)」における多面的・合的な評の施について」, 2020. 3. 18.

文部科省, 「高大接改革」, https://www.mext.go.jp/a_menu/koutou/koudai/ (2023. 7. 27. 검색).

文部科省, 「高大接改革の進況について」, 2019. 1. 18, https://www.mext.go.jp/b_menu/shingi/chukyo/chukyo3/siryo/__icsFiles/afieldfile/2019/01/24/1412253-4.pdf (2023. 4. 2. 검색).

文部科省, 「高大接改革行プラン」, 2015. 1. 16, https://www.mext.go.jp/b_menu/shingi/chukyo/chukyo12/sonota/__icsFiles/afieldfile/2015/01/23/1354545.pdf (2024. 4. 8. 검색).

文部科省, 「高等校習指導要領平成30年告示解(則編)」, 2018. 7.

文部科省, 「高等校習指導要領平成30年告示解(地理史編)」, 2021. 8.(일부개정)

文部科省, 「校基本調査」, https://www.mext.go.jp/b_menu/toukei/chousa01/kihon/1267995.htm (2024. 2. 11. 검색).

文部科省, 「大入共通テスト施方針策定にたっての考え方 」, 2017. 10. 24, https://www.mext.go.jp/component/a_menu/education/micro_detail/__icsFiles/afieldfile/2017/10/24/1397731_002.pdf (2023. 10. 3. 검색).

文部科省, 「大入試のあり方にする討議 提言(案)」, 大入試のあり方にする討議(第28回) R3.6.30, 2021. 6. 30, https://www.mext.go.jp/content/20210629-mxt_

daigakuc02-000016365_2_1.pdf (2023. 5. 9. 검색).

文部科省,「平成32年度大入者選に係る大入試センタ試施大綱」, 2018. 6. 4.

文部科省,「令和3年度大入者選に係る大入共通テスト施大綱」, 2019. 6. 4.

文部科省,「令和５年度大入者選に係る大入共通テスト施大綱」, 2021.

日本術議 史委員 高校史育にする分科,『提言 再び高校史育のあり方について』, 2014. 6. 13.

日本術議 史委員 高校史育にする分科「提言 〈史合〉に期待されるもの」, 2016. 5. 16.

日本術議 史委員 中高大史育にする分科, 「(提言)史的思考力を育てる大入試のあり方に
   ついて」, 2019. 11. 22.

日本術議 心理・育委員・史委員・地域究委員合同 高校地理史科育にする分科,『提言
   新しい高校地理・史育の創造―グロバル化にした時空間認識の育成―』, 2011.
   8. 3.

中央育審議,「新しい時代にふさわしい高大接の現に向けた高等校育,大育,大入者選の一
   的改革について―すべての若者が夢や目標を芽吹かせ,未に花開かせるために―」
   (答申), 2014. 12 .22.

2. 단행본

山內太地・本間正人,『高大接改革―わる入試と育システム』, 筑摩書房, 2016.

3. 논문

김선희·김부미,「일본 대학입학공통테스트의 수학 평가 방안 분석」,『학습자중심교과
   교육연구』20-10, 2020.

김평원,「대입 제도의 공정성에 관한 교사의 인식과 학생부종합전형의 개선 방안 연
   구」,『인하교육연구』24-3, 2018.

최미숙,「일본 '대학공통테스트' 국어 서술형 문항 연구」,『국어교육학연구』53-2,
   2018.

高大接システム改革議,「高大接システム改革議「最終報告」」, 2016. 3. 31, https://
   www.mext.go.jp/component/b_menu/shingi/toushin/__icsFiles/afieldfi
   le/2016/06/02/1369232_01_2.pdf (2023. 4. 2. 검색).

教育再生実行会議,「高等学校教育と大学教育との接続・大学入学者選抜の在り方につ
   いて（第四次提言）」, 2013.10.31, https://staff.gku.ac.jp/~soumu/data/1.
   toushin/H25_1031teigenNo.4.pdf (2023. 6. 4. 검색).

鈴木誠,「コンピテンス基盤型教育とフィンランドの大学入試改革」, 東北大学高度教養
　　　教育·学生支援機構編,『個別大学の入試改革』, 東北大学出版会, 2018.
福澤光祐,「高大接続改革と「大学入学共通テスト(仮称)」の検討状況」,『化学と教育』
　　　65-7, 2017.
山地弘起,「大学入学共通テストがめざすもの-「思考力」をどう捉えるか-」,『薬学教育』
　　　4, 2020.
山村滋,「高大接続の実相と課題」,『名古屋高等教育研究』22, 2022.
西尾博行,「大学入学共通テストの政策過程に関する一考察」,『大学教育研究ジャーナ
　　　ル』18, 2021.
水原克敏,「教育課程政策の原理的課題-コンピテンシーと2017年学習指導要領改訂
　　　-」,『教育学研究』84-4, 2017.
水原克敏,「2020 年大学入試改革に向けた大学及び高等学校の動向分析-多面的·総合
　　　的な評価を中心に-」,『尚絅学院大学紀要』78, 2019.
倉元直樹,「大学入試制度改革の論理に関する一考察-大学入試センター試験はなぜ廃
　　　止の危機に至ったのか-」,『大学入試研究ジャーナル』27. 2017.
倉知三裕,「大学入学共通テスト試行調査問題(歴史的分野)の分析-思考力·判断力·表
　　　現力を評価する歴史テスト問題の特色-」,『探究』31, 2021.
椎名久美子,「令和３年度入学者選抜における共通テストの利用実態」, 独立行政法
　　　人 大学入試センター 研究開発部,『大学入学共通テストはどのように利
　　　用されているのか』, 令和４(2022)年度大学入試センター研究開発部報告
　　　書(Report2022-07), 2023. 5, https://www.dnc.ac.jp/albums/abm.
　　　php?d=120&f=abm00003464.pdf&n=大学入試センター·シンポジウム
　　　2022.pdf (2024. 2. 4.검색).
荒井清佳,「シンポジウムの趣旨と大学入学共通テストの概要」, 独立行政法人 大
　　　学入試センター 研究開発部,『大学入学共通テストはどのように利用さ
　　　れているのか』, 令和４(2022)年度大学入試センター研究開発部報告書
　　　(Report2022-07), 2023. 5, https://www.dnc.ac.jp/albums/abm.
　　　php?d=120&f=abm00003464.pdf&n=大学入試センター·シンポジウム
　　　2022.pdf (2024. 2. 4.검색).

4. 기타

게이오대학 전형요강 https://www.keio.ac.jp/ja/admissions/ (2024. 2. 15. 검색).

국립공문서관디지털아카이브 https://www.digital.archives.go.jp/
gallery/0000000219 (2024. 7. 19 검색).
도쿄대학 전형요강 https://www.u-tokyo.ac.jp/content/400192909.pdf (2024.
2. 15. 검색).
도쿄도립대학 전형요강 https://www.tmu.ac.jp/entrance/faculty.html (2024.
2. 15. 검색).
릿쿄대학 전형요강 https://www.rikkyo.ac.jp/admissions/undergraduate/
(2024. 2. 15. 검색).
와세다대학 전형요강 https://www.waseda.jp/inst/admission/undergraduate/
system/ (2024. 2. 15. 검색).

<h1 style="text-align:center">제 4 장</h1>

1. 자료

2008年高考北京文綜卷歷史部分.

2008年高考歷史試卷 山東卷.

2008年普通高等學校招生全國統一考試 歷史(上海卷).

2008年普通高等學校招生全國統一考試 歷史江蘇.

2008年普通高等學校招生全國統一考試(全卷Ⅰ) 文科綜合(歷史部分).

2008年普通高等學校招生全國統一考試(全卷Ⅱ) 文科綜合(歷史部分).

2008年浙江高考文科綜合歷史部分.

2020年7月全國統一高考歷史試題浙江卷.

2020年江蘇省高考歷史試卷.

2020年江蘇省高考歷史試卷.

2020年高考史試卷 山東卷.

2020年普通高等學校招生全國統一考試 文科綜合能力測試(歷史部分).

2020年全國統一高考歷史試卷新課標Ⅰ.

2023年1月高考浙江歷史眞題.

2023年普通高等學校招生全國統一考試新課標卷文科綜合歷史學科.

2023年普通高等學校招生全國統一考試全國甲卷歷史.

2023年普通高等學校招生全國統一考試全國乙卷歷史.
2023年普通高中學業水平等級性考試 (北京卷) 歷史.
教育部考試中心, 「2019年普通高等學校招生全國統一考試大綱(歷史)」, 2018.
北京市2020年普通高中學業水平等級性考試 歷史.
中華人民共和國教育部, 『普通高中歷史課程標準(2017年版2020年修訂)』, 人民敎育出版
　　　社, 2020.
中華人民共和國教育部令, 『中小學敎材編寫審定管理暫行辦法』, 2001. 6.
中華人民共和國育部, 「關于做好2021年普通高校招生工作的通知(2021-02-08)」.
中華人民共和國育部, 「國務院辦公廳關于新時代推進普通高中育人方式改革的指導意見」
　　　(2019-06-19).

2. 단행본

권소연·김유리·박장배·오병수·구난희, 『중국의 역사교육과 교과서』, 고구려연구재단,
　　　2006.
김진구 외, 『2017학년도 한국사 수능 필수화에 따른 출제 방안 탐색』, 한국교육과정평
　　　가원, 2014.
한국교육과정평가원, 『세계 각국의 대학입시제도 연구』 연구보고 RRO 2018-1, 한국
　　　교육과정평가원, 2018.

普通高中曆史課程標准修訂組·徐藍·朱漢國, 『普通高中曆史課程標準(2017年版2020
　　　年修訂) 解讀』, 高等敎育出版社, 2020.

3. 논문

구난희, 「高考 역사 시험의 운영구조와 문항구성 양상」, 『역사교육연구』 47, 2023.
김유리, 「역사교학대강에서 역사과정표준으로 -최근 중국의 역사교육과정 개혁-」, 『역
　　　사교육』 96, 2005.
김유리, 「국정제로 회귀한 중국의 중학교 역사교과서 분석」, 『역사교육』 148, 2018.
윤세병, 「중국의 역사과 교육과정의 현황 -2011·2017 과정표준을 중심으로-」, 『역사
　　　교육논집』 65, 2017.

高月新, 「'考試大綱'與高考試題觀照下的高中歷史敎學」, 『基礎敎育論輯』 2015-03,
　　　2015.

劉暉龍, 「試論學科思維價值在新課程高考歷史科的考查創新」, 『中國考試』 2016-04, 2016.

徐奉先, 「恢復高考40年歷史科考試命題評述」, 『中國考試』 2017-10(306), 2017.

育部考試中心, 「落實立德樹人根本任務推進歷史學科考試改革—2017年高考歷史評析」, 『中國考試』 2017-7, 2017.

鄭林趙·孫瑞, 「基于學科能力的高考歷史命題究」, 『中國考試』 2019-8(328), 2019.

鄭若玲·徐東波, 「高考科目改革向何處去—基于70年高考科目設置變遷與困境的分析」, 『中國教育科研參考』 2021-2(492), 2021.

4. 기타

「中 수능 '가오카오' 내일 시작」, 『뉴시스』, https://www.newsis.com/view/ NISX20240606_0002763446 (2024. 6. 10. 검색).

한국교육과정평가원, 「2024학년도 대학수학능력시험 채점 결과 보도자료」, https:// www.suneung.re.kr/boardCnts/view.do?boardID=1500230&boardSeq= 5086202&lev=0&m=0302&searchType=S&statusYN=W&page=1&s=sun eung (2024. 6. 15. 검색).

한국교육과정평가원, 「2025학년도 대학수학능력시험 학습 방법 안내」, 2024, https://www.suneung.re.kr/boardCnts/view.do?boardID=1500229&boa rdSeq=5086603&lev=0&m=0301&searchType=S&statusYN=W&page=1 &s=suneung (2024. 6. 14. 검색).

「重磅！2022高考人数比例提前曝光！歷史生不到三成？選物理更困難上大學」, 『搜狐網』, https://www.sohu.com/a/494688668_701436 (2023. 10. 20. 검색).

제 5 장

1. 자료

Central Board of Secondary Education, *Handbook of Assessment and Evaluation: Best Practices in Item Design and Test Development*, CBSE, 2021.

Central Board of Secondary Education, *CBSE Sample Question Paper 2021-2022 TERM II -Class XII History*, 2021. https://cbseacademic.nic.in/web_material/SQP/ClassXII_2021_22/History-SQP_Term2.pdf.

Central Board of Secondary Education, *CBSE History Syllabus 2023-2024 Class XI-XII*, 2023. https://cbseacademic.nic.in/web_material/CurriculumMain24/SrSec/History_SrSec_2023-24.pdf.

Central Board of Secondary Education, *CBSE History Sample Question Paper Class XII 2023-2024*, 2023. https://cbseacademic.nic.in/web_material/SQP/ClassXII_2023_24/History-SQP.pdf.

Central Board of Secondary Education, *CBSE History Marking Scheme Class XII 2023-2024*, 2023. https://cbseacademic.nic.in/web_material/SQP/ClassXII_2023_24/History-MS.pdf.

Ministry of Human Resource Development, *National Education Policy 2020*, MHRD, 2020.

National Council of Educational Research and Training, *National Curriculum Framework 2005*, NCERT, 2005.

National Council of Educational Research and Training, *Examination Reforms 2.5*, NCERT, 2006.

National Council of Educational Research and Training, *Continuous and Comprehensive Evaluation Guidelines*, NCERT, 2019.

National Council of Educational Research and Training, *Learning Outcomes at the Higher Secondary Stage*, 2020. https://ncert.nic.in/pdf/publication/otherpublications/Draft_LO.pdf.

National Council of Educational Research and Training, *Themes in Indian History Part I* , NCERT, 2022.

National Council of Educational Research and Training, *Themes in Indian History Part III* , NCERT, 2022.

National Council of Educational Research and Training, *National Curriculum Framework for School Education 2023*, NCERT, 2023.

2. 논문

박소영, 「인도의 역량 기반 평가제도 시도와 과도기적 특징 ―중앙중등교육위원회

(CBSE) 주관 12학년 역사과 수료시험 분석을 중심으로」, 『남아시아연구』 29-3, 2023.

배지혜, 「독일 대학입학자격시험 아비투어의 역사과 시험 분석 -'사료의 분석과 비교' 문항을 중심으로-」, 『역사교육』 158, 2021.

河井由佳, "インドの大入試における格差是正措置", 小川佳万 編, 『アジアの大入試における格差是正措置』 83-96, 島: 島大高等育究センタ, 2017.

3. 기타

ANI, "It's a lie, chapters on Mughals have not been dropped: NCERT chief clarifies", *THE TIMES OF INDIA*, 2023, https://timesofindia.indiatimes.com/india/its-a-lie-chapters-on-mughals-have-not-been-dropped-ncert-chief-clarifies/articleshow/99256032.cms?from=mdr (2023. 8. 31. 검색).

Burdett, N., *Review of High Stakes Examination Instruments in Primary and Secondary School in Developing Countries*, 2017, https://riseprogramme.org/sites/default/files/publications/RISE_WP-018_Burdett.pdf (2023. 8. 1. 검색).

Kapur, M., "India's culture of high-stakes testing needs to be dismantled", *QUARTZ*, 2019, https://qz.com/india/1728666/indias-high-stakes-testing-culture-needs-to-be-dismantled (2023. 6. 25. 검색).

Pai. A., "Why the CBSE introduced and then withdrew continuous evaluation", *INDIA TODAY*, 2021, https://www.indiatoday.in/india-today-insight/story/why-the-cbse-introduced-and-then-withdrew-continuous-evaluation-1821304-2021-07-01 (2023. 8. 5. 검색).

Shankar, R., "CBSE Board Exam 2024: More MCQs to be asked, weightage reduced for short & long answer questions", *THE TIMES OF INDIA*, 2023, https://timesofindia.indiatimes.com/education/news/cbse-board-exam-2024-more-mcqs-to-be-asked-weightage-reduced-for-short-long-answer-questions/articleshow/99300835.cms (2023. 7. 3. 검색).

제 6 장

1. 자료

Opetushallitus, *Lukion Opetussuunnitelman Perusteet 2015*, Opetushallitus, 2015.

Opetushallitus, *Lukion Opetussuunnitelman Perusteet 2019*, Opetushallitus, 2019.

The Finnish National Board of Education, *National Core Curriculum for Basic Education*, Next Print Oy, 2016.

2. 단행본

Leskinen, J., *Kohti sosialismia! Pirkkalan peruskoulun marxilainen kokeilu 1973–75*, Siltala, 2016.

Sahlberg, P., "The global educational reform movement and its impact on schooling", edited by Mundy, K., Green, A., Lingard, B., & Verger, A., *The handbook of global education policy*, John Wiley & Sons, 2016.

Seixas P. & Morton, T., *The Big Six: Historical Thinking Concepts*, Nelson Education, 2013.

3. 논문

강선주, 「역사교육과정 개발 방법: 역사교육 개선의 방향 설정과 역사교육 연구 성과 활용 방안을 중심으로」, 『역사교육』 146, 2018.

김성자, 「뉴질랜드 NCEA '역사' 시험의 역사적 사고 평가」, 『역사교육논집』 85, 2023.

백은진, 「2022 개정 역사과 교육과정이 남긴 과제: 역사 교과 고유성과 역사 탐구」, 『역사교육연구』 25, 2023.

이미미, 「역사적 사고 그리고 역사 역량: 우리는 무엇을, 왜 추구할 것인가?」, 『역사교육연구』 40, 2021.

이해영, 「핀란드 역사교육과정의 시사점: 목표, 내용을 연계한 평가기준 사례 제시」, 『청람사학』 30, 2019.

이현·김현수, 「핀란드 대입제도의 특징 분석: 대입 경쟁을 둘러싼 쟁점과 시사점을 중심으로」, 『교육비평』 47, 2021.

정재윤, 「핀란드 국가핵심교육과정의 역사교육 평가기준과 실천」, 『민주평화연구』 6-2, 2023.

Kupiainena, S., Ouakrim-Soiviob, N., & Hanskac, J., "Finnish matriculation examination's exam in Social Studies-an appropriate gatekeeper and competence support?", *Journal of Social Science Education*, 22-2, 2023.

Rantala, J., "How Finnish Adolescents Understand History: Disciplinary Thinking in History and Its Assessment Among 16-Year-Old Finns", *Education Sciences*, 2, 2012.

Rantala, J. & Ouakrim-Soivio, N., "Historical Thinking Skills: Finnish History Teachers' Contentment with Their New Curriculum", *International Journal of Research on History Didactics, History Education & History Culture*, 40, 2019.

Rautiainen, M., Räikköne, E., Veijola, A., & Mikkonen, S., "History teaching in Finnish general upper secondary schools: Objectives and practices", *History Education Research Journal*, 16-2, 2019.

Veijola, A. & Mikkonen, S., "Historical Literacy and Contradictory Evidence in Finnish High School Setting: The Bronze Soldier of Tallinn", *Historical Encounters: A journal of historical consciousness, Historical Cultures, and History Education*, 3-1, 2016.

Veijola, A. & Rantala, J., "Assessing Finnish and Californian high school students' historical literacy through a document based task", *Journal of Humanities and Social Science Education*, 2018.

4. 기타

핀란드 대학입학시험위원회, https://www.ylioppilastutkinto.fi/ (2024. 5. 20. 검색).

핀란드 대학입학시험위원회 대학입학자격 역사 과목 모의시험, https://tiedostot. ylioppilastutkinto.fi/kokeet/2023-03-24_HI_fi/grading-instructions. html (2024. 5. 20. 검색).

핀란드 국가교육위원회, https://www.oph.fi/en/education-and-qualifications/subjects-general-upper-secondary (2024. 5. 20. 검색).

https://www.oph.fi/sites/default/files/documents/curriculum-for-general-
upper-secondary-schools-in-a-nutshell-2020_0.pdf (2024. 5. 20. 검색).

제 7 장

1. 단행본

김재홍·김미경·차조일·유은정, 『교과별 핵심 개념에 대한 학생의 이해 특성 분석과 교
수학습 전략 탐색』, 한국교육과정평가원, 2021.

서지영·김소영·홍수진·신명선, 『학교교육 내실화를 위한 수행평가 개선 연구(Ⅰ)』, 연
구보고 RRE 2008-1, 한국교육과정평가원, 2008.

천은수, 『다중시각(Multiperspectivity)을 통한 객관적인 역사 이해 과정과 역사학습의
실제』, 나눔북스, 2023.

허경철·백순근·박경미·최미숙·양길석·김광주, 『수행평가 정책 시행 실태 분석과 개
선 대책 연구』, 연구보고 CRE 99-2, 한국교육과정평가원, 1999.

Bergmann, K., Multiperspektivität –Geschichte selber Denken–, wochenschau
verlag, 2008.

Fusarelli, B. C. & Cooper, B. S., *The Rising State: How State Power is
Transforming Our Nation's Schools*, SUNY Press, 2009.

Smith, M., Breakstone, J., & Wineburg, S., *History Assessments of Thinking:
A Validity*, Cognition & Instruction, 2019.

Stephen L., "A Large-Scale Assessment of Historical Knowledge and
Reasoning NAEP U. S. History Assessment", *New Directions in
Assessing Historical Thinking*, Routledge, 2013.

Pizmony-Levy, O. & Saraisky, N. G., *Who Opts Out and Why?: Results from
a National Survey on Opting Out of Standardized Tests*, Teachers
College Columbia University Press, 2016.

Phelps, R. P., *Defending Standardized Testing*, Psychology Press, 2006.

VanSledright, B., *Assessing Historical Thinking and Understanding: Innovative
Designs for New Standards*, Taylor & Francis, 2014.

Vergari, S., "New York", The rising state: how state power is transforming our nation's schools, State University of New York Press, 2009.

2. 논문

강선주, 「'다중시각의 역사수업', 개념과 가치 충돌의 해결 방안」, 『역사교육』 154, 2020.

김경희·이명진, 「교수학습과 학생평가 개선을 위한 서·논술형 평가 지침 활용 및 피드백 효과 제고 방안」, 『교육과정평가연구』 24-3, 2021.

김민정·김미선, 「한국사능력검정시험 평가 문항 현황과 개선 방안」, 『역사교육논집』 47, 2011.

박도영 외, 「서·논술형 대학수학능력시험 체제 도입 방안」, 『KICE position paper』 12-5, 2020.

박선운·황미영, 「사회과 서·논술형 평가 개선 방향 모색: 한국과 미국 워싱턴주 사회과 서·논술형 평가 문항 분석을 중심으로」, 『교육연구』 81, 2021.

박진동, 「공간 개념을 활용한 수능 역사 문항 분석과 평가의 방향」, 『역사교육논집』 64, 2017.

오정현, 「역사과 평가 문항의 위계성 검토」, 『역사교육연구』 9, 2009.

이미미·홍선이, 「한국사능력검정시험 문항 풀이 과정 분석을 통한 역사 선다형 문항 개선 방향 탐색」, 『교육과정평가연구』 22-3, 2019.

이윤미, 「미국교육에서 표준화시험의 역사적 전개와 시사점: 카네기재단의 역할」, 『비교교육연구』 28-4, 2018.

조대훈, 「고부담 시험에 대한 세 가지 이야기: 미국 뉴욕시 공립학교 사회과 교사들에 대한 질적 연구」, 『시민교육연구』 43-4, 2011.

장의선, 「지리과 서술형 문항의 주요 유형에 관한 연구 -NAEP의 지리과 4학년 문항을 사례로-」, 『대한지리학회지』 47-6, 2012.

장의선, 「지리과 서술형 문항의 채점에서 '블러핑'의 문제」, 『2013년 하계학술대회 자료집』, 2013.

장의선, 「지리과 서술형 문항의 채점에서 '블러핑'의 문제」, 한국사회과교육학회 2013년 하계학술대회발표문, 2013.

천은수, 「다중시각(Multiperspectivity)의 역사인식과 역사교육」, 한국교원대학교 박사학위논문, 2021.

천은수, 「역사교육에서 다중시각(Multiperspectivity): 인식론적 측면으로 바라본 다중시각의 개념과 구조」, 『청람사학』, 2021.

천은수, 「다중시각(Multiperspectivity)을 통한 객관적 역사 이해와 교육 가능성 탐색 ―동일한 대상을 시각자가 서로 다르게 보는 근원을 중심으로」, 『교육발전』 42-3, 2023.

천은수, 「미국 뉴욕주 역사/사회 리전트 시험(Regents Exams) 문항 분석 및 시사점 ―선택형과 서답형 문항―」, 『역사교육』 166, 2023.

최상훈, 「역사적 사고력의 육성을 위한 평가문항 개발 방안」, 『역사와 역사교육』 5, 2000.

최상훈, 「대학수학능력시험 역사영역 평가목표의 개선 방안」, 『역사교육연구』 6, 2007.

Beadie, N., "From Student Markets to Credential Markets: The Creation of the Regents Examination System in New York State, 1864-1890", *History of Education Quarterly*, 39-1, 2017.

DeBray, E., "Richard Mills and the New York State Board of Regents, 1995-2001, parts A & B", *Journal of Cases in Educational Leadership*, 7-2, 2004.

Dee, T. S., Jacob, B. A., & McCrary, J., "Rules and Discretion in the Evaluation of Students and Schools: The Case of the New York Regents Examinations", *Columbia Business School Research Paper*, 31-21, 2011.

Dietz, S., "State High School Tests: Exit Exams and Other Assessments", Center on Education Policy, 2010.

Isaacs, T., "150 Years of Statewide Assessment in New York: Are the Regents Examinations Still Fit for Purpose?", *Assessment in Education: Principles*, Policy & Practice, 21-3, 2014.

Gonen, Y., "State Considers Making Too-Hard Regents Test Optional", *The New York Post* https://nypost.com/2012/04/24/state-considers-making-too-hard-regents-test-optional/ (2023. 01. 07. 검색).

Gradwell, J. M., "Teaching in Spite of, Rather than Because of, the Test", *Measuring History: Cases of State-Level Testing Across the United States*, edited by S. G. Grant, Information Age, 2006.

Grant, S. G., Gradwell, J. M., & Cimbricz, S. K., "A Question of Authenticity: The Document-Based Question as an Assessment of Students' Knowledge of History", *Journal of Curriculum and Supervision*, 19-4, 2004.

Grant, S. G., "Research on History Tests", *Measuring History: Cases of*

State-Level Testing Across the United States, edited by S. G. Grant, Information Age, 2006.

Martin, D., Maldonado, S., Schneider, J., & Smith, M., "A Report on the State of History Education: State Policies and National Programs", *National History Education Clearinghouse*, 2011.

NYSED, "Learning Standards for Social Studies", University of the State of New York — New York State Education Department, 1996.

NYSED, "History of Regents Examinations: 1865 to 1987 Preliminary Regents Examinations", University of the State of New York New York State Education Department, 2010.

NYSED, "New York State education department test development process", New York State Education Department, 2015.

NYSED, "Timeline & History of New York State Assessments", University of the State of New York — New York State Education Department, 2015.

NYSED, "New York State Grades 9–12 Social Studies Framework", University of the State of New York — New York State Education Department, 2017.

NYSED, "New York State K–12 Social Studies Framework", University of the State of New York — New York State Education Department, 2017.

NYSED, "PowerPoint Presentation: An Overview of the Framework–based Regents Examination in Global History and Geography Ⅱ – May 2018", NYSED Office of State Assessments, 2018.

NYSED, "Educator Guide to the Regents Examination in Global History and Geography Ⅱ (Grade 10) First Administration June 2019", University of the State of New York — New York State Education Department, 2019.

NYSED, "Timeline for Regents Examination in United States History and Government and Regents Examination in United States History and Government (Framework), 2021", NYSED Office of State Assessments, 2021.

NYSED, "Educator Guide to the Regents Examination in United States History and Government (Framework) First Administration June 2022", University of the State of New York — New York State Education Department, 2022.

NYSED, "New York State Diploma Requirements Applicable to All Students

Enrolled in Grades 9-12", University of the State of New York - New York State Education Department, 2022.

NYSED, "REGENTS HIGH SCHOOL EXAMINATION GLOBAL HISTORY AND GEOGRAPHY Ⅱ (GRADE 10) Friday, June 17, 2022", University of the State of New York - New York State Education Department, 2022.

NYSED, "Administration of the New York State Alternate Assessment in the 2022-23 School Year", University of the State of New York - New York State Education Department, 2023.

NYSED, "Regents Examination in United States History and Government (Framework) Test Design, 2023", University of the State of New York - New York State Education Department, 2023.

NYSED OSA, "Regents Examination in United States History and Government: August 2018", University of the State of New York - New York State Education Department, 2018.

NYSED OSA, "Regents Examination in United States History and Government: January 2018", University of the State of New York - New York State Education Department, 2018.

NYSED OSA, "Regents Examination in United States History and Government: June 2018", University of the State of New York - New York State Education Department, 2018.

NYSED OSA, "Regents Exam in Global History and Geography Ⅱ: August 2019", University of the State of New York - New York State Education Department, 2019.

NYSED OSA, "Regents Exam in Global History and Geography Ⅱ: June 2019", University of the State of New York - New York State Education Department, 2019.

NYSED OSA, "Regents Examination in United States History and Government: August 2019", University of the State of New York - New York State Education Department, 2019.

NYSED OSA, "Regents Examination in United States History and Government: January 2019", University of the State of New York - New York State Education Department, 2019.

NYSED OSA, "Regents Examination in United States History and Government:

June 2019", University of the State of New York – New York State Education Department, 2019.

NYSED OSA, "Regents Exam in Global History and Geography Ⅱ: January 2020", University of the State of New York – New York State Education Department, 2020.

NYSED OSA, "Regents Examination in United States History and Government: January 2020", University of the State of New York – New York State Education Department, 2020.

NYSED OSA, "Regents Exam in Global History and Geography Ⅱ: August 2022", University of the State of New York – New York State Education Department, 2022.

NYSED OSA, "Regents Exam in Global History and Geography Ⅱ: June 2022", University of the State of New York – New York State Education Department, 2022.

NYSED OSA, "Regents Exam in Global History and Geography Ⅱ: January 2023", University of the State of New York – New York State Education Department, 2023.

Paul, R., "State Considers Dropping Regents Exam for Global History for Some Students, to Central New York Teachers' Dismay", *The Syracuse Post Standard*, 2012, https://www.syracuse.com/news/2012/05/state_considers_dropping_regen.html (2023. 1. 7. 검색).

Reich, G. A., "Testing Historical Knowledge: Standards, Multiple-Choice Questions and Student Reasoning", *Theory and Research in Social Education*, 37-3, 2009.

Robelen, E. W., "AP Geography, Environmental Science Thrive", *Education Week*, 3, 2012.

U. S. Department of Education, "An Overview of NAEP", National Assessment Governing Board, 2019.

Watson, R. S., "Stability and Change in New York State Regents Mathematics Examinations, 1866~2009: A Socio-Historical Analysis, Ann Arbor", Ph.D. Dissertation, The City University of New York, 2010.

Wineburg, S., "Crazy for History", *Journal of American History*, 90, 2004.

3. 기타

「2028 대입 개편 논의 ‘시동’…논·서술형 등 ‘미래형 수능’ 검토」, 『한국대학신문』, https:// news.unn.net/news/articleView.html?idxno=236653 (2020. 11. 9. 검색).

College Board, 2014, https://apcentral.collegeboard.org/courses/ap-united- states- history (2023. 3. 23. 검색).

https://www2.ed.gov/nclb/landing.jhtml (2023. 12. 1.검색).

Understanding the CRQ (Updated July 2023), https://www.nysed.gov/sites/ default/files/programs/state-assessment/ghg2-understanding-crq. pdf(2023. 2. 2. 검색).

NCLB(No Child Left Behind Act) United States education, britannica, https:// www.britannica.com/topic/No-Child-Left-Behind-Act (2024. 7. 7.검색).

Winerip, M., “10 Years of Assessing Students with Scientific Exactitude”, The New York Times”, https://www.nytimes.com/2011/12/19/education/ new-york-city-student-testing-over-the-past-decade.html (2011. 12. 19. 검색).

제 8 장

1. 단행본

교육부, 『2015 개정 교육과정에 따른 평가기준-고등학교 사회과』, 2018.
김민정 외, 『역사교육 첫걸음』, 책과함께, 2022.

New Zealand Ministry of Education, *The New Zealand Curriculum*, 2007, https://nzcurriculum.tki.org.nz/The-New-Zealand-Curriculum (2024. 6. 14. 검색).

New Zealand Ministry of Education, *Curriculum Achievement Objectives by Learning Area*, 2007, https://nzcurriculum.tki.org.nz/The-New- Zealand-Curriculum (2023. 11. 10. 검색).

Seixas, P. & Morton, T., *The Big Six: Historical Thinking Concepts*, Nelson

College Indigenous, 2013.

Wilschut, A., *Images of time: The role of a historical consciousness of time in learning history*, Information Age, 2012.

2. 논문

김현미, 「뉴질랜드 지리 평가 탐색: NCEA Level 3을 중심으로」, 『한국지리환경교육학회지』 26-1, 2018.

박지혜, 「뉴질랜드의 고교 졸업 자격 제도(NCEA)가 우리나라 고교 졸업 요건 설정에 주는 시사점 탐색」, 『비교교육연구』 30-3, 2020.

이미미, 「역사적 사고 그리고 역사 역량: 우리는 무엇을, 왜 추구할 것인가」, 『역사교육연구』 40, 2021.

Biata, G., "Good education in an age of measurement: On the need to reconnect with the question of purpose in education", *Educational Assessment, Evaluation and Accountability*, 21-1, 2009.

Ormond, B., "Curriculum decisions – the challenges of teacher autonomy over knowledge selection for history", *Journal of Curriculum Studies*, 49-5, 2017.

Priestley, M. & Sinnema, C., "Downgraded curriculum? An analysis of knowledge in new curricula in Scotland and New Zealand", *The Curriculum Journal*, 25-1, 2014.

Seixas, P., "A Model of Historical Thinking", *Educational Philosophy and Theory*, 49-6, 2017.

Shemilt, D., "Assessment of Learning in History Education: Past, Present, and Possible Futures", edited by Metzger, S. & Harris, L., *The Wiley International Handbook of History Teaching and Learning*, New York : Wiley-Blackwell, 2018.

Wineburg, S., "A sobering big idea", *Phi Delta Kappa*, 87-5, 2006.

Wood, B. & Sheehan, M., "Transformative disciplinary learning in history and social studies: Lessons from a high autonomy curriculum in New Zealand", *Curriculum Journal*, 32-3, 2021.

3. 기타

교육부, 2024학년도 대학수학능력시험 응시자 현황(보도자료), https://www.moe.go.kr/boardCnts/viewRenew.do?boardID=294&boardSeq=97319&lev=0&searchType=null&statusYN=W&page=1&s=moe&m=020402&opType=N (2023. 12. 7. 검색).

NZQA, Assessment Report : Level 3 History 2021, https://www.nzqa.govt.nz/nqfdocs/ncea-resource/reports/2021/level3/91438-report-2021.pdf (2023. 12. 8. 검색).

NZQA, Assessment Schedule – 2021: Assessment Schedule – 2021, 2021. https://www.nzqa.govt.nz/nqfdocs/ncea-resource/schedules/2021/91438-ass-2021.pdf (2023. 9. 21. 검색).

NZQA, Assessment Standard(AS91001), https://www.nzqa.govt.nz/nqfdocs/ncea-resource/achievements/2019/as91001.pdf (2023. 11. 15. 검색).

NZQA, Assessment Standard(AS91436), https://www.nzqa.govt.nz/nqfdocs/ncea-resource/achievements/2019/as91436.pdf (2023. 11. 15. 검색).

NZQA, Assessment Standard(AS91438), https://www.nzqa.govt.nz/nqfdocs/ncea-resource/achievements/2019/as91438.pdf (2023. 11. 15. 검색).

NZQA, Assessment Standard(AS91439), https://www.nzqa.govt.nz/nqfdocs/ncea-resource/achievements/2019/as91439.pdf (2023. 11. 15. 검색).

https://www.nzqa.govt.nz/nqfdocs/ncea-resource/achievements/2019/as91436.pdf (2023. 11. 15. 검색).

https://ncea.education.govt.nz/social-sciences/history?view=assessment (2023. 12. 2. 검색).

https://ncea.education.govt.nz/social-sciences/history/1/1?view=standard (2023. 12. 2. 검색).

https://ncea.education.govt.nz/social-sciences/history/1/2?view=standard (2023. 12. 2. 검색).

https://ncea.education.govt.nz/social-sciences/history/1/3?view=standard (2023. 12. 2. 검색).

https://ncea.education.govt.nz/social-sciences/history/1/4?view=standard (2023. 12. 2. 검색).

https://koreareview.co.nz/ncea-started/ (2023. 12. 4. 검색).

https://www.nzqa.govt.nz/nqfdocs/ncea-resource/exemplars/2021/91438-
	exp-2021-achievement.pdf (2023. 12. 8. 검색).
https://www.nzqa.govt.nz/nqfdocs/ncea-resource/exemplars/2021/91438-
	exp-2021-merit.pdf (2023. 12. 8. 검색).
https://www.nzqa.govt.nz/nqfdocs/ncea-resource/exams/2020/91436-
	exm-2020.pdf (2023. 2. 19. 검색).
https://www.nzqa.govt.nz/nqfdocs/ncea-resource/exams/2021/91436-
	exm-2021.pdf (2023. 2. 19. 검색).
https://www.nzqa.govt.nz/nqfdocs/ncea-resource/exams/2022/91436-
	exm-2022.pdf (2023. 9. 11. 검색).
https://www.nzqa.govt.nz/nqfdocs/ncea-resource/exams/2023/91436-
	exm-2023.pdf (2023. 11. 21. 검색).
https://www.nzqa.govt.nz/nqfdocs/ncea-resource/exams/2023/91436-
	res-2023.pdf (2023. 11. 21. 검색).
https://www.nzqa.govt.nz/nqfdocs/ncea-resource/exams/2020/91438-
	exm-2020.pdf (2023. 2. 19. 검색).
https://www.nzqa.govt.nz/nqfdocs/ncea-resource/exams/2021/91438-
	exm-2021.pdf (2023. 2. 19. 검색).
https://www.nzqa.govt.nz/nqfdocs/ncea-resource/exams/2022/91438-
	exm-2022.pdf (2023. 9. 11. 검색).
https://www.nzqa.govt.nz/nqfdocs/ncea-resource/exams/2023/91438-
	exm-2023.pdf (2023. 11. 21. 검색).
https://www.nzqa.govt.nz/nqfdocs/ncea-resource/exams/2020/91439-
	exm-2020.pdf (2023. 2. 19. 검색).
https://www.nzqa.govt.nz/nqfdocs/ncea-resource/exams/2021/91439-
	exm-2021.pdf (2023. 2. 19. 검색).
https://www.nzqa.govt.nz/nqfdocs/ncea-resource/exams/2022/91439-
	exm-2022.pdf (2023. 9. 11. 검색).
https://www.nzqa.govt.nz/nqfdocs/ncea-resource/exams/2023/91439-
	exm-2023.pdf (2023. 11. 21. 검색).
https://www2.nzqa.govt.nz/ncea/about-ncea/ncea-levels-and-certificates/
	(2023. 11. 1. 검색).
https://www2.nzqa.govt.nz/ncea/about-ncea/#e1158_heading1 (2023. 10. 29. 검색).

https://www2.nzqa.govt.nz/ncea/understanding-secondary-quals/
university-entrance/ue-subjects/ (2023. 11. 3. 검색).

https://www2.nzqa.govt.nz/ncea/understanding-secondary-quals/
university-entrance/ (2023. 11. 3. 검색).

https://www2.nzqa.govt.nz/ncea/understanding-secondary-quals/
university-entrance/ (2023. 11. 3. 검색).

https://www2.nzqa.govt.nz/search/?q=standard%20attainment&size=n_15_n&f
ilters%5B0%5D%5Bfield%5D=resource_types&filters%5B0%5D%5Bvalues%
5D%5B0%5D=ALL&filters%5B0%5D%5Btype%5D=all (2023. 12. 4. 검색).

https://www.moe.go.kr/boardCnts/viewRenew.do?boardID=294&boardSeq=96
578&lev=0 (2023. 12. 7. 검색).

제 9 장

1. 자료

Singapore Ministry of Education, *History Syllabus Lower Secondary Express
Course/ Normal(Academic Course)*, Curriculum Planning and
Development Division, 2016, 싱가포르 교육부 홈페이지 https://www.moe.
gov.sg/ (2023. 9. 1. 검색).

Singapore Ministry of Education, *History Syllabus Lower Secondary Express
Course/ Normal(Academic Course)*, Curriculum Planning and
Development Division, 2021. 싱가포르 교육부 홈페이지 https://www.moe.
gov.sg/ (2023. 9. 1. 검색).

Singapore Ministry of Education, *History Syllabus Upper Secondary Express
Course/ Normal(Academic Course)*, Curriculum Planning and
Development Division, 2016. 싱가포르 교육부 홈페이지 https://www.moe.
gov.sg/ (2023. 9. 1. 검색).

Singapore Ministry of Education, *History/Humanities(History) Syllabus Upper
Secondary Express Course/ Normal(Academic Course)*, Curriculum
Planning and Development Division, 2023. 싱가포르 교육부 홈페이지

https://www.moe.gov.sg/ (2023. 9. 1. 검색).

Singapore Examination and Assessment Board, *Singapore-cambridge General Certification of Education Ordinary Level History(Syllabus 2174)*, 2021. 싱가포르 SEAB 홈페이지 https://www.seab.gov.sg/ (2023. 9. 1. 검색).

Singapore Examination and Assessment Board, *Singapore-cambridge General Certification of Education Normal(Academic) Level History(Syllabus 2195)*, 2021. 싱가포르 SEAB 홈페이지 https://www.seab.gov.sg/ (2023. 9. 1. 검색).

Singapore Examination and Assessment Board, *Singapore-cambridge General Certification of Education Ordinary Level Humanities(Social Studies, History) Syllabus 2273*, 2021. 싱가포르 SEAB 홈페이지 https://www.seab.gov.sg/ (2023. 9. 1. 검색).

Singapore Examination and Assessment Board, *Singapore-cambridge General Certification of Education Normal(Academic) Level Humanities(Social Studies, History Syllabus 2176)*, 2020. 싱가포르 SEAB 홈페이지 https://www.seab.gov.sg/. (2023. 9. 1. 검색).

Singapore Examination and Assessment Board, *Singapore-cambridge General Certification of Education Ordinary Level Humanities(Social Studies, History Syllabus 2261)*, 2024. 싱가포르 SEAB 홈페이지 https://www.seab.gov.sg/ (2023. 9. 1. 검색).

Singapore Examination and Assessment Board, *Singapore-cambridge General Certification of Education Normal(Academic) Level Humanities(Social Studies, History) Syllabus 2126*, 2024. 싱가포르 SEAB 홈페이지 https://www.seab.gov.sg/ (2023. 9. 1. 검색).

Singapore Examinations and Assessment Board, *2023 Singapore-Cambridge GCE N(T)-, N(A)- & O-Level Examinations Registration Information for School Candidates*, 2023. 싱가포르 SEAB 홈페이지 https://www.seab.gov.sg/ (2023. 9. 1. 검색).

Singapore Examinations and Assessment Board, *2023 Singapore-Cambridge GCE N(T), N(A), O-Level Examinations Rules and Regulations for Candidates*, 2023. 싱가포르 SEAB 홈페이지 https://www.seab.gov.sg/ (2023. 9. 1. 검색).

2. 단행본

고길곤, 『싱가포르 다시 보기(제2판)』, 문우사, 2021.
백선희, 『싱가포르 교육과정의 특징과 한국에 주는 시사점』, 세계교육정책 인포메이션
(CP-2017-01-01), 한국교육개발원, 2017.
정영근 외, 『주요국의 교육과정 실행 모니터링 사례 분석: 핀란드, 영국, 싱가포르, 호
주의 교육과정 혁신 주안점을 중심으로』, KICE이슈페이퍼(ORM 2020-40-
3), 2020.

Singapore Asia Publishers Pte Ltd, *Singapore-Cambridge GCE O-LEVEL
Examinations Papers HUMANITIES(HISTORY)*, 2023.
Singapore Asia Publishers Pte Ltd, *Singapore-Cambridge GCE N(A)-LEVEL
Examinations Papers HUMANITIES(HISTORY)*, 2023.
Educational Publishing House Pte Ltd, *Singapore-Cambridge GCE O-LEVEL
Examinations Papers Combined Humanities History Elective*, 2024.
Levstik, L. & Barton, K., *Doing History: Investigating with Children in
Elementary and Middle Schools*, 3rd edition, Lawrence Erlbaum
Associates, 2005.
Ling, J. & Paul, A., *All About History: The Making of the contemporary world
order 1870s-1991. Unit 2 - The world in crisis*, Person Education South
Asia Pte Ltd, 2014.
Ling, J. & Paul, A., *All About History: The Making of the contemporary world
order 1870s-1991. Unit 3 - Bi-Polarity and the Cold War*, Person
Education South Asia Pte Ltd, 2014.

3. 논문

김종호, 「이주민이 세운 국가의 역사 교과서 - 싱가포르 역사교육과정과 역사 교과서
로 보는 국가와 민족 만들기 -」, 『역사교육』 169, 2024.
임은진, 「21세기 핵심역량과 지리 교육과정: 싱가포르의 교육 정책과 지리 교육과정」,
『한국지리환경교육학회지』 22-1, 2014.
송석민·김재근, 「싱가포르의 대학 입학시험 및 제도 분석과 시사점」, 『학습자중심교과
교육연구』 21-20, 2021.
윤지영·온정덕, 「역량의 특성에 따른 교과 교육과정의 설계 방식 고찰 : 호주와 싱가포

르 과학과 교육과정 비교를 중심으로」, 『교육논총』 37-2, 2017.

임은진, 「21세기 핵심역량과 지리 교육과정: 싱가포르의 교육 정책과 지리 교육과정」, 『한국지리환경교육학회지』 22-1, 2014.

조철기 외, 「싱가포르 사회과 교육과정 분석을 통한 시사점 탐색」, 『중등교육연구』 67-2, 2019.

추병완, 「싱가포르의 다문화 도덕교육」, 『도덕윤리과교육』 27, 2008.

Afandi, S., "The new inquiry-based approach: what it means for the teaching and learning of history in Singapore schools", *HSSE Online*, 2-2, 2013.

Afandi, S. & Lim, I. M., "History Education in Singapore: Development and Transformation", *Education in Singapore*, 66, 2022.

Baildon, M., Afandi, S., Bott, S. & Rajah, C., "Guiding students in Singapore to investigate historical controversy using a disciplinary approach", *History Education Research Journal*, 15-2, 2018.

Deng, Z. & Gopinathan, S., "PISA and High Performing Education Systems: Explaining Singapore's Education Success", *Comparative Education*, 52-4, 2016.

Lee, S. B., "The History Curriculum in Singaporean Secondary: An Interpretive Study of Background, Developments and Issues", Ph. D. thesis in Graduate School of Education, University of Wertern Austialia, 2017.

Lim, L. & Tan, M., "Meritocracy, policy and pedagogy: Culture and the politics of recognition and redistribution in Singapore", *Critical Studies in Education*, 61-3, 2020.

4. 기타

과목 기반 등급제, https://www.moe.gov.sg/microsites/psle-fsbb/full-subject-based-banding/about-full-sbb.html (2023. 11. 10. 검색).

국제학업성취도결과, https://www.moe.gov.sg/news/press-releases/20231205-singapore-strong-showing-in-pisa-2022-affirms-resilience-of-education-system-through-covid-19-pandemic (2023. 12. 30. 검색).

리센룽 총리의 2004년 8월 22일 국경일 집회 연설, https://www.pmo.gov.sg/Newsroom/National-Day-Rally-2004 (2024. 4. 16. 검색).

싱가포르 개황, https://www.mofa.go.kr/www/brd/m_4099/view.
do?seq=367596&page=1 (2023. 4. 5. 검색).
싱가포르 시험지 출판, https://www.seab.gov.sg/home/services/distributors-of-
past-years'-question-papers (2023. 4. 20. 검색).
싱가포르 중등학교 교육과정, https://www.moe.gov.sg/secondary/course (2023.
11. 22. 검색).

제 10 장

1. 단행본

김성숙·김희경·서민희·성태제, 『교수학습과 하나되는 형성평가』, 학지사, 2015.
로나 M. 얼 지음, 온정덕·윤지영 옮김, 『학습 과정으로서의 평가』, 학지사, 2022.
심규남, 『교실기반 초등영어 평가의 이해』, 한빛문화, 2017.

Hattie, J., *Visible learning: A synthesis of over 800 meta-analyses relating to achievement*, Routledge, 2009.

Heo, K., et al., *Research on the development of models for each subject based on national common absolute evaluation standards*, Korean Educational Development Institute, 1997.

McKay, P., *Assessing young language learners*, Cambridge University Press, 2006.

Nokes, J., *Building Students' Historical Literacies: Learning to Read and Reason with Historical Texts and Evidence, 2nd edition*, Routledge, 2022.

Office of Superintendent of Public Instruction, *Social Studies Learning Standards*, Washington Office of Superintendent of Public Instruction, 2019.

Office of Superintendent of Public Instruction, *OSPI-Assessment*, Washington Office of Superintendent of Public Instruction, 2018.

Wineburg, S., Martin, D., & Monte-Sano, C., *Reading Like a Historian: Teaching Literacy in Middle & High School History Classrooms*, Teachers College Press, Columbia University, 2011.

2. 논문

김민정, 「역사 문해력 함양을 위한 미국의 교육과정 자료 비교 분석」, 『역사교육논집』 84, 2023.

김래영 외, 「중등 수학과 서술형평가 체계의 실제와 대안적 발전 방향 모색」, 『수학교육논문집』 26-3, 2012.

김한종, 「다양한 관점으로 역사 보기 -역사학습을 위한 범주화-」, 『역사교육』 160, 2021.

나미란, 「역사대화에 의한 초등 역사 인고관계 학습모형 개발」, 한국교원대학교 석사학위논문, 2016.

문여경, 「도해조직자에 의한 역사텍스트 학습방안」, 한국교원대학교 석사학위논문, 2003.

박선경, 「역사 문해력의 개념과 역사교육과정 적용」, 『역사와 담론』 97, 2021.

박선운·성경희, 「다문화사회를 고려한 경제교육 방향 모색」, 『경제교육연구』 30-1, 2023.

박선운·황미영, 「사회과 서·논술형 평가 개선 방향 모색」, 『교육연구』 81, 2021.

박진동, 「역사교육 평가 연구의 성과 분석과 향후 과제」, 『역사교육연구』 22, 2015.

박혜영·이명애·이명진, 「우리나라 미래 초·중등학교 교육평가 방향 탐색」, 『교육과정평가연구』 22-3, 2019.

신선희, 「미국의 작문평가」, 『작문연구』 13, 2011.

유신복·신이나, 「중학교 교사의 형성평가 리터러시 유형과 영향 요인 탐색」, 『지방교육경영』 27-1, 2024.

윤옥경, 「초등 사회과 지리 수업에서 C3 프레임워크에 기반한 탐구의 적용과 한계」, 『한국지리환경교육학회지』 31-1, 2022.

이미미, 「미국 공통 핵심 기준 개혁 담론 속 역사 과목의 동향 분석」, 『사회과교육』 52-2, 2013.

이미미, 「호주와 미국의 역사교육과정에 나타난 핵심역량 분석」, 『비교교육연구』 24-1, 2014.

이소은, 「역사적 탐구를 통해 시민적 참여의 증진을 모색하는 교육과정 분석」, 『역사교육논집』 84, 2023.

이제영, 「그래픽 오거나이저의 활용이 영어 읽기 및 쓰기 능력에 미치는 효과 : 메타분석」, 『인문사회21』 9-6, 2018.

전영주, 「CCSS 및 미국 ELA 교과서 탐색을 위한 교과 어휘 능력 연구」, 『국어교육』

182, 2023.

조의호, 「미국 초등 사회과의 탐구설계모델(IDM)기반 교수·학습자료 분석」, 『사회과교육』 59-3, 2020.

최숙기, 「공통핵심교육과정(CCSS)의 읽기 텍스트 위계화 방안에 관한 연구」, 『교육과정평가연구』 14-2, 2011.

Barton, K., "Agency, choice and historical action: How history teaching can help students think about democratic decision making", *Citizcnship Teaching and Learning*, 7-2. 2012.

Black, P. & Wiliam. D., "Assessment and classroom learning. Assessment in Education: Principles", *Policy and Practice*, 5-1, 1998.

Clifford, E. T., "The Legacy of the Walla Walla Council, 1855", *Oregon Historical Quarterly*, 106-3, 2005.

Estaji, M. & Kardoust, A., "EFL Teachers' use of classroom-based assessment strategies", *Electronic Journal of Foreign Language* Teaching, 18-2, 2021.

Frary, R. B., Cross, L. H., & Weber, L. J., "Testing and grading practices and opinions of secondary teachers of academic subjects: implications for instruction in measurement", *Educational Measurement: Issues and Practice*, 12-3, 1993.

Shepard, L. A., Classroom assessment to support teaching and learning. *The ANNALS of the American Academy of Political and Social Science*, 683-1, 2019.

3. 기타

워싱턴주 교육청 https://ospi.k12.wa.us/ (2023. 10. 3. 검색).
워싱턴주 교육위원회 https://www.sbe.wa.gov/ (2024. 2. 10. 검색).